21世纪应用型本科会计系列教材
根据新会计准则、新税法、新公司法编写

财务会计学

CAIWU KUAIJIXUE

（最新版）

◎主　编　张蔚文　凌辉贤　陈世文
◎副主编　夏唐兵　范时云　彭文华
　　　　　甘　敏　刘　丽　欧阳春云

西南财经大学出版社

图书在版编目(CIP)数据

财务会计学(最新版)/张蔚文,凌辉贤,陈世文主编．—成都:西南财经大学出版社,2013.8

ISBN 978-7-5504-1076-3

Ⅰ.①财…　Ⅱ.①张…②凌…③陈…　Ⅲ.①财务会计—高等学校—教材

Ⅳ.①F234.4

中国版本图书馆 CIP 数据核字(2013)第 120323 号

财务会计学(最新版)
主　编:张蔚文　凌辉贤　陈世文
副主编:夏唐兵　范时云　彭文华
　　　　甘　敏　刘　丽　欧阳春云

责任编辑:李特军
助理编辑:李晓嵩
封面设计:墨创文化
责任印制:封俊川

出版发行	西南财经大学出版社(四川省成都市光华村街55号)
网　　址	http://www.bookcj.com
电子邮件	bookcj@foxmail.com
邮政编码	610074
电　　话	028-87353785　87352368
照　　排	四川胜翔数码印务设计有限公司
印　　刷	郫县犀浦印刷厂
成品尺寸	185mm×260mm
印　　张	21.75
字　　数	495 千字
版　　次	2013 年 8 月第 1 版
印　　次	2013 年 8 月第 1 次印刷
印　　数	1—4000 册
书　　号	ISBN 978-7-5504-1076-3
定　　价	44.00 元

1. 版权所有,翻印必究。
2. 如有印刷、装订等差错,可向本社营销部调换。
3. 本书封底无本社数码防伪标志,不得销售。

序 言

会计是通用的商业语言，会计准则的国际协调与趋同是资本市场国际化的要求。1992年，我国进行了"两则两制"改革，实现了会计模式转换，由计划经济模式转换为市场经济模式。其后，多次修订《会计法》，并颁布实施《企业会计准则》和《企业会计制度》等。2006年2月15日，修订和制定颁布了新会计准则，对会计的确认、计量、记录和报告编制等方面进行了适合社会主义市场经济要求的深入改革，并适应了经济全球化的发展要求。会计准则改革伊始，迫切要求高等院校会计教材推陈出新，以解决会计教育的适应性问题。广东培正学院会计学系紧紧把握我国会计改革实际，结合自己多年丰富的教学经验，组织专家及时编写了会计系列教材。

财务会计学是会计课程体系之中坚，是会计日常核算之教范，关系到会计学理念的更新和会计改革成果的应用。该教材充分吸收了会计改革的最新成果，厘清"破旧立新"关系，显示出两大特色：

一、目标明确，针对性强。该教材以应用型本科教学为目标，在内容的广度上不贪大求全，在内容的深度上主张"浅尝辄止"，立足论述通俗易懂，广泛适应高学历、大众化的教育对象。

二、体例仿真，实用性强。该教材加大实务教学力度，凡例近乎现实，教学模拟执业，着重培养学生的实际操作能力。

新会计准则体系的颁布，将全面冲击会计学教材体系，各类高等院校应尽快地吸收最新会计改革成果，竞相出新书、出好书，为我国会计事业的发展做贡献。该教材及时迎合了我国会计改革和会计教育发展变化的要求，对学习与推广新的企业会计准则很有帮助，故我乐于为其作序。

2007年6月11日

前言一

有较强生命力的教材，应该以满足读者的需要为宗旨，不断适应环境的变化。

21世纪应用型本科会计系列教材之一的《财务会计学》出版近七年来，受到广大读者的厚爱与支持，但我们从未满足于现状，总是力求更好。

《财务会计学》获得中国大学出版社协会中南地区优秀教材二等奖，随后又被推荐参评"十一五"和"十二五"国家级规划教材。这是对我们的极大鼓励和鞭策。为了进一步完善本教材，同时考虑到自2009年出版修订版以来，我国财会制度的变动情况，我们又组织新的编写人员对本教材的修订版进行再次修订。此次最新版的修订工作除了进一步弥补原教材与现行规章制度衔接不够密切的不足之外，还尽可能吸收了国内外财会理论界近年来所取得的一些理论研究成果。为了更加方便使用者使用此教材，我们还专门配备了教学课件和习题集。

《财务会计学》教材最新版修订工作由张蔚文教授主持，参与修订工作的人员有：凌辉贤副教授、陈世文副教授、彭文华副教授、甘敏副教授、范时云讲师、夏唐兵讲师、刘丽讲师、欧阳春云讲师等，杨玉国副教授参与了部分章节的审稿工作。我们希望《财务会计学》最新版能够得到广大读者的再次认可，也期待热心读者提出批评意见，以便我们修订和完善，从而为读者提供更好的服务。

编　者

2013年6月于广州华南师范大学增城学院

前言二

本书作为应用型本科教材，编者在编写过程中，按照"浅、宽、精、新、用"的教学改革思想，试图充分体现高等本科应用教育特色，以达到培养具备职业技术应用能力和基本素质的高等技术应用型本科专门人才的目的。

本书是在学完初级会计学课程，掌握了会计的基本理论、基本方法之后，对财务会计理论和方法的进一步深化。因此，本书旨在承前启后，使其成为从会计学原理迈向会计专业课程的一座"桥梁"。本书适用于会计学专业本专科生教学，也可供企业经济管理人员，尤其是会计人员培训和自学之用。

本书由张蔚文教授主编，负责全书写作大纲的拟定和编写的组织工作，并对全书进行总纂。参加编写的人员还有：熊建设副教授、姚忠云副教授、邱志德副教授、高伟志副教授、陈世文讲师、曾松讲师、张旺锋讲师、邓巧飞讲师、徐慧硕士。参与全书的电子输入和校对的有孙勇老师、王翠敏老师、刘巧梅老师等。

本书在编写过程中，得到国务院学位委员会委员、我国会计学权威、中国会计学教授会会长、中国会计学会副会长、中南财经政法大学博士生导师、广东培正学院会计学系顾问郭道扬教授的大力支持，他带病为本书写序和进行具体指导。在此，我们对郭道扬教授表示衷心的感谢和敬意！同时，本书还参考了大量的相关著作、教材和文献，吸收和借鉴了同行相关的最新成果，在此谨向有关作者表示深深的谢意！

由于编者水平有限，书中的错误和缺点恳请广大师生和读者给予批评指正，以便本书再版时更正。

编　者

2007年6月于广东培正学院

目 录

第一章 绪论 ……………………………………………………… (1)
  第一节 财务会计的涵义 …………………………………… (1)
  第二节 财务会计的目标 …………………………………… (4)

第二章 企业会计准则 …………………………………………… (6)
  第一节 企业会计准则概述 ………………………………… (6)
  第二节 财务会计的基本前提 ……………………………… (14)
  第三节 财务会计信息的质量要求 ………………………… (16)
  第四节 财务会计基本要素及其确认和计量 ……………… (19)

第三章 货币资金 ………………………………………………… (27)
  第一节 库存现金 …………………………………………… (27)
  第二节 银行存款 …………………………………………… (31)
  第三节 其他货币资金 ……………………………………… (40)

第四章 应收款项 ………………………………………………… (45)
  第一节 应收票据 …………………………………………… (45)
  第二节 应收账款 …………………………………………… (49)
  第三节 其他应收款及预付款项 …………………………… (55)

第五章 存货 ……………………………………………………… (58)
  第一节 存货的确认和分类 ………………………………… (58)
  第二节 存货的计价 ………………………………………… (61)
  第三节 原材料 ……………………………………………… (67)
  第四节 周转材料 …………………………………………… (77)
  第五节 存货期末计价和清查 ……………………………… (85)

第六章 金融资产 (89)
第一节 金融资产概述 (89)
第二节 交易性金融资产 (89)
第三节 持有至到期投资 (92)
第四节 可供出售金融资产 (97)
第五节 金融资产减值 (102)

第七章 长期股权投资 (109)
第一节 长期股权投资概述 (109)
第二节 长期股权投资的取得 (110)
第三节 长期股权投资核算的成本法 (112)
第四节 长期股权投资核算的权益法 (114)
第五节 长期股权投资的减值 (118)

第八章 固定资产 (119)
第一节 固定资产的性质、分类与计量 (119)
第二节 固定资产的取得 (120)
第三节 固定资产折旧 (126)
第四节 固定资产的后续支出 (131)
第五节 固定资产的期末计价 (133)
第六节 固定资产清理 (134)
第七节 固定资产的盘盈与盘亏 (137)

第九章 无形资产、商誉和长期待摊费用 (139)
第一节 无形资产 (139)
第二节 商誉 (152)
第三节 长期待摊费用 (154)

第十章 投资性房地产 (156)
第一节 投资性房地产概述 (156)

第二节　投资性房地产的取得 …………………………………… (157)
　　第三节　投资性房地产的后续计量 ……………………………… (159)
　　第四节　投资性房地产的处置 …………………………………… (161)

第十一章　流动负债 …………………………………………………… (164)
　　第一节　流动负债概述 …………………………………………… (164)
　　第二节　短期借款 ………………………………………………… (166)
　　第三节　应付账款、应付票据和预收账款 ……………………… (167)
　　第四节　应付职工薪酬 …………………………………………… (175)
　　第五节　应交税费 ………………………………………………… (180)
　　第六节　应付利息、应付股利和其他应付款 …………………… (197)

第十二章　非流动负债 ………………………………………………… (200)
　　第一节　非流动负债概述 ………………………………………… (200)
　　第二节　长期借款 ………………………………………………… (203)
　　第三节　应付债券 ………………………………………………… (206)
　　第四节　长期应付款 ……………………………………………… (214)
　　第五节　借款费用资本化 ………………………………………… (219)
　　第六节　或有事项和预计负债 …………………………………… (229)

第十三章　所有者权益 ………………………………………………… (238)
　　第一节　所有者权益概述 ………………………………………… (238)
　　第二节　实收资本 ………………………………………………… (241)
　　第三节　资本公积 ………………………………………………… (246)
　　第四节　留存收益 ………………………………………………… (249)

第十四章　收入、费用和利润 ………………………………………… (258)
　　第一节　收入、费用和利润概述 ………………………………… (258)
　　第二节　利润总额的形成 ………………………………………… (262)
　　第三节　所得税费用 ……………………………………………… (277)
　　第四节　净利润及其分配 ………………………………………… (282)

第十五章　财务会计报告 ·· (285)
　　第一节　财务会计报告概述 ·· (285)
　　第二节　资产负债表 ·· (288)
　　第三节　利润表 ··· (293)
　　第四节　现金流量表 ·· (295)
　　第五节　所有者权益变动表 ·· (306)
　　第六节　财务报表附注 ··· (307)

第十六章　财务报表分析 ·· (310)
　　第一节　财务报表分析概述 ·· (310)
　　第二节　财务报表分析常用的财务比率 ································· (314)

附录 ··· (328)

参考文献 ··· (338)

第一章 绪论

第一节 财务会计的涵义

一、现代会计概述

会计是通过一定的程序和方法，将企业大量的、日常的业务数据经过一系列的记录、分类、汇总、分析过程后转化为有用的会计信息。因而，会计是企业经营管理的基本组成部分，主要提供各方面决策所需要的信息。

第二次世界大战后，西方企业经营的社会化程度达到了前所未有的高度，极大地促进了会计的发展。在这一时期，会计本身有两个重要特点：一个特点是会计工艺同电子计算技术相结合；另一个特点是会计理论与方法随着企业内、外对会计信息的不同要求而分化为两个新的领域，即管理会计与财务会计。

1. 管理会计的定义

管理会计是现代会计分支之一。它是把财务资料等各种信息，运用数学、统计学等的一系列技术方法，通过整理、计算、对比、分析，主要向企业内部各级管理人员提供的对内报告会计。它用以对日常经济活动进行短期或长期经营决策，制定有关预测、指导、评估和控制企业拥有的资源能充分合理使用的内部决策。其主要功能是预测企业未来发展趋势。在技术方法上管理会计灵活多样，无一定之规，到目前为止，管理会计还没有一套比较完善、定型的被各国公认的制度规范。

2. 财务会计的定义

财务会计是现代会计的分支之一。它与管理会计相对称，是传统会计的继承和发展。财务会计是按照会计准则的要求，采用既定程序和方法对过去、现在所发生的经济活动，通过确认、计量、记录和定期编制财务报告等程序，将各项会计要素的数据转换为有助于会计决策或者合乎其他目标的有用信息的对外报告专业会计。旨在为企业以外的信息使用者提供需要的会计信息。其主要职能是向企业外部信息使用者报告关于企业的获利能力、财务状况及现金流量等会计信息。在时态上属于反馈过去、反映现在；在程序方法上，它有一套比较科学、统一定型且被大众公认的制度规范。

财务会计和管理会计所提供的对外或对内的信息，都是通过收集相同的会计原始资料后进行不同的处理的。但是，管理会计所提供的对内信息的内容比财务会计所提供的对外信息的覆盖面更广、更详细，结构松散、形式灵活多样，具有有效的针对性。

二、财务会计的特征

现代企业会计分支之一的财务会计与传统会计和管理会计比较，具有以下特征：

1. 财务会计的主体

财务会计的主体是整个经济实体。通常是定期（年度、半年度、季度和月度）揭示整个企业的财务状况、经营成果、现金流量、所有者权益变动，而不仅仅单独揭示企业内部某一部分或某一项具体业务的经营成果情况。

2. 财务会计的服务对象

财务会计的服务对象主要是企业外部有关方面，具体包括与企业经济利益相关的投资者、潜在的投资者、债权人、主管机关、财税部门及其他有关方面人员。它同时也为企业内部经营管理服务。

3. 财务会计的加工对象

财务会计的加工对象是已发生或已完成的交易事项数据。这就使财务会计产生的会计信息又具有两方面的特点：一方面，会计信息生成的数据是以历史成本为主，表现为历史信息；另一方面，主要是用货币计量的财务信息。

4. 财务会计的处理程序

财务会计处理程序必须遵循公认会计原则或企业会计准则的规范要求。这一特点是财务会计区别于传统会计的关键，也是它不同于管理会计的一个重要方面。

5. 财务会计的循环程序

财务会计的循环程序比较固定，必须遵循根据原始凭证编制记账凭证，根据记账凭证登记账簿，根据分类账编制财务报表。凭证、账簿、报表均有一定格式。这一特点是财务会计不同于管理会计的另一个重要方面。

6. 财务会计提供的会计信息

财务会计提供的会计信息只具有相对的精确性。因为市场经济是动态经济，企业与企业之间发生的交易和在企业内部产生的事项都带有不同程度的不确定性。在确认、计量、记录和报告时往往需要会计人员在公认会计准则或企业会计准则所允许的范围内进行合理的估计、判断和选择，但是真实、可靠和公正，则是对财务会计信息的基本要求。

7. 财务会计运用的会计惯例

财务会计运用了若干普遍接受的会计惯例，表现在对会计要素的确认、记录、计量和报告等四个主要加工程序中保留了传统会计中的一些精华。比如会计确认一般以权责发生制为基础；会计计量一般以历史成本计价；会计记录普遍运用以借贷为记账符号的复式记账系统；财务会计报告框架包括会计报表、附注。

三、财务会计与管理会计的区别

上述内容提到，财务会计与管理会计所提供的对外或对内的信息，都是通过收集相同的会计原始资料后进行不同的处理的。它们的最终目的都是为了改善经营管理、提高经济效益。所以说，这两个现代企业会计上的重要分支在实务上是互相渗透、互相利用和密切联系的。

然而，财务会计与管理会计存在着明显的区别，主要表现在以下四个方面：

1. 资料的收集和管理方面

财务会计通过各种日记账和分类账等一定程序和方法，记录、分类、汇总或用电算化处理后转化为对决策有用的会计信息。管理会计没有规定的程序，可以结合运用现代数学进行选择、整理、计算、对比、分析，在对复杂的经济问题进行衡量、评价、预测的过程中，甚至可运用运筹学、概率论、线性规划等特殊方法。此外，财务会计强调会计记录的连续性、系统性和全面性（"三性"），管理会计的每一方面都有自己的概念框架而并不强调"三性"。

2. 遵循的规范要求方面

财务会计的整个处理程序必须遵循公认的会计原则或企业会计准则的规范要求。管理会计在技术方法上灵活多样，无一定之规，到目前止，管理会计还没有一套比较完善、定型的并且被各国所公认的制度规范。

3. 信息的反映方面

财务会计着重反映过去的、以货币计量表示的概括性信息，而且反映的时间距离是定期的。管理会计着重预测未来的、不限于货币计量的任何针对性信息，可以根据需要在任何日期反映。

4. 报告的格式方面

财务会计有规定的或公认的格式，比如资产负债表、利润表、所有者权益变动表、现金流量表、附注等。管理会计的报告格式灵活多样，不拘一格，可以是各种预算、成本报告、工作报告或对特定问题的专门分析等。

财务会计和管理会计的信息流向可简化为图 1-1 所示信息。

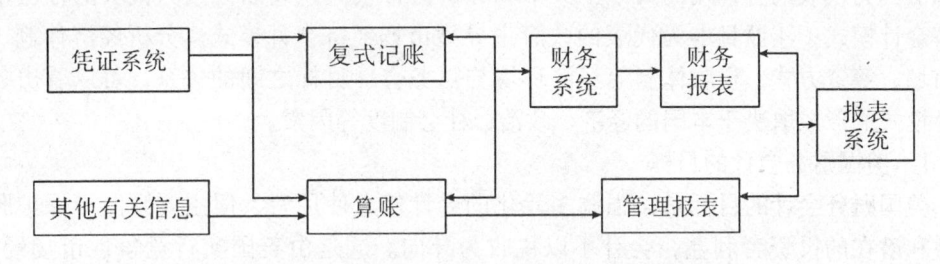

图 1-1 财务会计和管理会计信息流向示意图

因此，把会计作为一项服务性活动，从会计服务的对象来看，财务会计侧重于为企业外界有经济利害关系的团体或个人服务，为他们提供最基本、按通用格式表示的财务信息。管理会计主要为企业内部管理人员服务，为他们提供有效经营和最优化决策需要的信息。

第二节　财务会计的目标

一、财务会计的目标与社会经济环境

财务会计的目标是指人们通过会计实践所期望达到的结果——最终应能满足内、外信息使用者为作出决策而对信息的要求。在不同的社会经济环境下，财务会计目标应根据信息使用者的类型及其侧重点而有所不同。我国著名会计学家娄尔行所译的《论财务会计概念》指出："编制财务报告的目的并非一成不变，它们要受到财务报告所处的经济、法律、政治、社会环境的影响。"在众多社会经济环境因素中，不同的社会经济环境因素对财务会计目标的影响程度是不同的，会计目标是会计模式运行的导向，会计模式内部的一切内容，诸如会计管理体制、会计准则的制定与实施、会计信息的披露制度、会计监督体系等都必须围绕会计目标协调地发挥作用，通过优化会计行为来实现会计目标。会计目标是会计工作的基本服务方向，它代表着社会各利益集团要求的基本倾向，是由不同层次、不同系列的目标所构成的一个网络体系。而一个国家的财务会计目标是什么，最终取决于其所处的社会经济环境。由此可以得出结论：社会经济环境通过会计目标而作用于会计模式的具体内容。

二、西方各国财务会计的目标

当前西方各国会计模式主要有四种：①以美国为代表的竞争性市场经济会计模式；②以法国为代表的有计划的资本主义市场经济会计模式；③以德国为代表的社会市场经济会计模式；④以日本为代表的政府主导型市场经济会计模式。分析经济体制、证券市场、筹资方式、税收体制等经济环境与财务会计目标之间的关系，可以看出各国会计模式的形成取决于本国的经济、政治、社会制度等因素。

1. 美国财务会计的目标

美国财务会计的目标是：强调多元化的会计信息使用者，但主要倾向于保护股东利益和潜在的投资者利益，会计不以税收为导向。这是由美国实行竞争性市场经济，公有化程度比重小，政府决策的集中程度较低，资源配置中政府的力量较弱，证券市场发达，股份公司是美国的经济基础，企业证券筹资比重大，强调计税按税法进行等社会经济环境决定的。

2. 法国财务会计的目标

法国财务会计的目标是：以税收为导向，强调会计为宏观经济服务，重视社会责任。这是由法国实行有计划的资本主义市场经济，公有化程度比重较高，政府决策的集中程度很强，政府在资源配置上力量强，证券市场不发达，股份公司相对其他国家的重要性差等社会经济环境决定的。

3. 德国财务会计的目标

德国财务会计的目标是：强调债权人利益，并以税收为导向，但因为经济中讲求公平，所以非常重视社会责任。这是由德国实行社会市场经济，公有化程度比重较低，政府决策的集中程度较弱,资源配置中政府的力量较弱,证券市场较为发达,股份公司相对重要,企业借款筹资比重高,证券筹资比重较低,强调计税按会计利润进行等社会经济环境决定的。

4. 日本财务会计的目标

日本财务会计的目标是:强调债权人利益和投资人利益,但其基本目标是促进微观经济的发展和壮大。这是由日本实行的是政府主导型市场经济,公有化比重高,政府决策集中程度强,政府在资源配置上力量很强,证券市场发达,股份公司在国民经济中起着重要的作用,企业筹资中借款筹资比重高,税法要求计税以会计利润为依据等社会经济环境决定的。

综上所述,影响财务会计目标的基本立足点是经济体制。首先,公有化比重越高,政府在经济中的力量越强,会计目标越强调为宏观经济服务;相反,则会计服务的对象呈多元化倾向。其次,证券市场的发达与否、企业筹资方式等决定了会计目标的某些倾向,证券市场越发达、企业证券筹资越重要,则强调保护股东利益;相反,企业借款筹资越重要,则强调保护债权人的利益。再次,税收体制是决定会计是否为税收服务的唯一因素,税法要求计税按会计利润进行,则会计需要为税法服务。最后,经济中的"公平、公正"概念决定了会计是否重现社会责任目标。

三、我国财务会计的目标

1. 向财务会计报告的使用者提供对决策有用的会计信息

财务会计的基本目标是向会计报告使用者提供与企业财务状况、经营成果和现金流量等相关的会计信息,有助于财务会计报告使用者作出经济决策。

2. 反映企业管理层受托责任的履行情况

在现代公司制下,企业所有权和经营权分离,企业管理层受委托人之托经营管理企业及其各项资产,负有受托责任。换言之,企业管理层所经营管理的各项资产基本上是由投资者投入的资本(或者留存收益作为再投资)或者向债权人借入的资金形成的,企业管理层有责任妥善保管并合理、有效地使用这些财产。因此,财务会计报告应当反映企业管理层受托责任的履行情况,以有助于评价企业的经营管理责任以及资源使用的有效性。

我国财务会计的目标主要是由我国的下列社会经济环境所决定的:我国实行的是社会主义市场经济,公有制经济占主导地位,政府决策集中程度高,政府在资源配置上的力量很强,证券市场起步不久,企业通过证券市场筹资比重不大,向银行贷款筹资比重较大,资本的取得还是以直接投资为主要方式,受托责任将是一种直接关系,国有资产在众多企业中仍占主导地位。

纵观国内外的财务会计,尽管财务会计在提供信息和信息偏向上由于信息使用者对信息的需求不同而有所不同,但财务会计的总目标是基本相同的,即向各类会计信息使用者提供企业的财务状况、经营成果和现金流量的会计信息,满足企业内、外信息使用者决策需要。

第二章 企业会计准则

第一节 企业会计准则概述

一、会计准则概述

会计准则是处理会计对象的标准，是进行会计工作的规范，是评价会计工作质量的准绳。具体来说，会计准则是会计人员从事会计工作（主要从事会计确认、计量、记录、报告工作）应遵循的基本原则。"会计准则"和"会计原则"并不是涵义完全一样的概念。会计准则倾向于实务指导，是一套行之有效的规范化会计程序和方法。会计原则侧重于理论指导，是对会计实践经验的规律总结。但是严格地区分这两个概念，是比较困难的事情，现实中的会计界常常混同使用会计准则和会计原则，现在已经不再将这两者加以区别。

会计准则是从长期的会计实务中抽象和概括出来的、在实践中不断发展和完善起来的一种规范体系。它是社会生产发展到一定阶段的必然结果。19世纪后半叶，资本主义经济发展迅速，股份公司逐渐成为企业组织形式的主流，企业的所有权与经营权拆分开来，形成了会计信息使用者和提供者的分离，股东、债权人、国家宏观管理部门和企业管理当局等不同的信息使用者都需要得到真实可靠的会计报告，并对会计信息的可理解性和可比性提出了更高的要求。社会环境的发展变化推动了会计信息走向标准化。世界上最早出现的会计准则是经济大危机之后的1932年由美国公共会计协会与纽约证券交易所制定的一套比较完整的会计原则。美国公认会计原则正式形成的起点，一般被认为是以美国注册会计协会成立会计程序委员会作为第一个全国性会计准则制订机构为标志。几十年来，美国会计程序委员会以及之后的会计原则委员会和财务会计准则委员会为不断地完善公认会计原则体系做了大量的工作，使得这套体系成为各国会计准则体系的典范。

世界各国的会计准则，一种是由民间机构（如美国的财务会计准则委员会和英国的会计准则委员会）制定的；另一种是由国家机构（如我国的财政部和日本的大藏省）出面制定的。

针对不同性质的会计主体的要求，会计准则可以分为营利组织企业会计准则和适用于公共事业单位的非营利组织会计准则。我国财政部于1997年5月28日发布了《事业单位会计准则（试行）》，并于1998年1月1日起试行。

会计准则体系一般认为可以分成两个层次：

第一个层次是基本准则，又称指导性准则，是指适用面最广、对会计核算具有普遍指导意义的准则，是所有会计主体必须共同遵守的会计核算基本规律。基本会计准则主要是就会计核算基本内容作出的原则性规定，包括四个方面的内容：会计假设，会计核算的一般原则，会计要素的确认、计量准则，会计报告的基本内容与要求。

第二个层次是具体准则，又称应用性准则，是在基本会计准则的基础上，对不同经济业务的会计处理的具体规定。主要内容包括基本业务准则、会计报表准则、特殊业务会计准则和特殊行业会计准则。基本业务准则是对不同行业会计核算中的共性业务会计处理的规范，包括固定资产会计、折旧会计等。会计报表准则是对企业提供的会计报表、报表附注和财务情况说明书的格式及内容、列示方法等方面的规定，如现金流量表、关联方关系及其交易等。特殊业务会计准则是对企业一些不普遍发生的特殊经济业务的会计处理方法的规定，包括租赁会计、企业合并会计、破产会计等。特殊行业会计准则是对一些生产、经营规律特殊的行业的经济业务作出的会计处理规范，如银行业务、保险基本业务、农业基本业务等。

二、我国1992年颁布的《企业会计准则》

新中国成立以来，我国一直采用的是由财政部制定和颁布的统一会计制度，规范国有企业的会计事务。这种全国统一的会计制度，服务于国家单一利益关系的需要，会计核算是以国家利益为唯一目标。改革开放使我国的经济体制从高度集中的计划经济向社会主义市场经济转变，打破了原有计划经济环境下国家是唯一利益关系人的局面，逐渐形成多元化利益格局。企业的所有者、债权人、管理当局、职工和政府管理部门这些不同的利益关系主体对会计信息提出了多元化的要求。例如，要求允许企业根据自身不同情况，选择适合的会计方法等。20世纪80年代后期开始兴起的企业股份制改造，带来了会计的社会化、国际化协调问题。社会公众以及国家宏观管理部门对上市公司的会计核算和信息披露提出了更高的要求。因此，为了提高会计信息的透明度，保证会计信息的可靠性，同时公平地兼顾所有与企业有着利益关系的利益主体的利益，制定与市场经济相适应的会计准则的工作被提到议事日程上来。1988年10月我国财政部成立了会计准则课题组，着手研究与制定会计准则。经过反复论证与广泛征集意见，我国财政部于1992年11月正式颁布了《企业会计准则》，1993年7月1日起施行该准则。该准则的适用范围是设在中国境内的所有企业。

《企业会计准则》属于基本会计准则，全文共10章、66条，就财务会计的目标、概念、财务报表的要素、确认、计量和报告的原则等作了明确的规定，对企业会计的一般要求和主要方面作出了原则性的规定，为制定具体会计准则和会计制度提供了依据。《企业会计准则》的颁布标志着我国新的会计规范体系基本形成，体现了我国会计制度向国际惯例靠近，是我国会计改革的重大成果。

1993年起，财政部又开始起草和制定具体准则。1997年5月，第一个具体会计准则《企业会计准则——关联方关系及其交易的披露》正式颁布，首先由上市公司执行。1998年起，财政部又陆续颁布了《现金流量表》、《资产负债日后事项》、《债务重组》、《收入》、《投资》、《建造合同》、《会计政策、会计估计变更和会计差错更正》、《非货币性交易》、《或有事项》、《无形资产》、《借款费用》、《租赁》、《中期报告》、《存货》、《固定资产》等具体准则。

三、我国2006年颁布的《企业会计准则》

1993年，"两则两制"（《企业会计准则》、《企业财务通则》、分行业的企业会计制度、财务制度）刚刚在全国范围内全面推广实施，财政部即开始研究制定能适应我国社会主义市场经济发展需要的会计准则，旨在使我国的会计实务与国际接轨。从1998年到2002年，财政部共发布了16项企业会计准则。2002年以来，财政部加快了会计准则体系建设的步伐，同时也加大了会计准则与国际趋同的力度。在条件基本成熟的基础上，财政部于2006年2月15日全面推出了由1项基本准则和38项具体准则组成的企业会计准则体系。这是我国经济生活中的重大事件，在中国会计发展历史上具有里程碑的意义。

（一）新会计准则体系的框架结构

新会计准则体系是一个有机整体，由1个基本准则、38个具体准则和1个应用指南构成。

1. 基本准则

基本准则由11章50条构成：第一章总则（11条）、第二章会计信息质量要求（8条）、第三章资产（3条）、第四章负债（3条）、第五章所有者权益（3条）、第六章收入（3条）、第七章费用（4条）、第八章利润（4条）、第九章会计计量（3条）、第十章财务会计报告（5条）、第十一章附则（2条）。基本准则处于新会计准则体系的第一层次。基本准则涉及整个会计工作和整个会计准则体系的指导思想和指导原则，对38个具体准则起统驭和指导作用，各具体准则的基本原则均来自基本准则，不得违背基本准则的精神。可以这样说，基本准则是"准则的准则"，它的作用不仅体现在具体准则的制定上，而且对实际工作也具有指导作用。这是因为，现行的38个具体准则基本上涵盖了现阶段各类企业经济业务的一般情况，但是，企业中可能存在某些特殊的经济业务，随着经济发展，还可能出现新的经济业务，这些业务暂时没有具体准则来规范。在这种情况下，会计人员可以根据基本准则的精神对经济业务进行判断和处理。

修订后的基本准则与1992年的基本准则比较，呈现出以下五个特点：

（1）继续坚持我国基本准则的定位。国际会计准则体系中《编制财务报表的框架》的内容与我国的基本准则有相似之处，但该框架不作为准则体系的组成部分，主要是用于指导准则制定机构的制定工作。我国已经有了基本准则，十多年来已被理论界和实务界所接受。所以，这次修订基本准则，没有将原来的基本准则改为类似于国际会计准则理事会的《编报财务报表的框架》，仍沿用《企业会计准则——基本准则》的形式，只对其中的部分内容作出修改。

（2）对会计目标进行修改。会计目标是财务会计最终要达到的结果。在国外，也称为财务报表的目标。在1992年的基本准则中，我国对会计基本目标的表述是：会计信息应当符合国家宏观经济管理的要求；满足有关各方面了解企业财务状况和经营成果的需要；满足企业加强内部经营管理的需要。这个目标过于宽泛，缺乏指导性。根据会计的本质和国内外会计实践，修订后会计的基本目标是：企业会计应当如实提供有关企业财务状况、经营成果和现金流量等方面的有用信息，以满足有关各方面对信息的需要，有助于使用者作出经济决策，并反映管理层受托责任的履行情况。基本准则根据这些新情况对会计目标有关内容作出了相应的修改。

（3）对会计一般原则进行完善。原基本准则中的一般原则，具体规定了12项原则。这12项原则都是为保证会计信息的真实、可靠、及时、有用、清晰明了等，国外一般称为会计信息或财务报表的质量特征。本次修改将原一般原则改为会计信息的质量要求。这样更能体现本章的内容实质。此外，在原来12项一般原则基础上，增补了会计的经济实质重于法律形式的原则要求，这也是近年来国际上通行的要求。另外，本次修订同时对原12项原则的内容作了适当的补充和完善。

（4）对会计要素的定义作了重大调整。这次重大调整的主要原因是2000年国务院发布的《企业财务会计报告条例》对资产、负债、所有者权益、收入、费用、利润六大会计要素进行了重新定义，取代了原基本准则中关于会计要素定义的规定。基本准则修订后的这部分内容完全按照《企业财务会计报告条例》的规定进行，而且是本次基本准则修改的核心部分。除了修改六大会计要素的定义外，还吸收了国际准则中的合理内容，例如，在利润要素中引入国际准则中的"利得"和"损失"概念。

（5）对财务报告进行修改。原基本准则第九章财务报告规定财务报告由会计报表、会计报表附注和财务情况说明书构成。目前我国上市公司和其他企业不再编制财务情况说明书，但对附注内容非常重视。因此，本次修改删除了财务情况说明书的提法，将第九章财务报告改为财务会计报告。在语言表述上做到中国化和通俗化，便于理解、操作和执行。

2. 具体准则

具体准则共有38项，其中，新制定的会计准则有22项，以前制定、现在修订的有16项。它们是：①存货准则；②长期股权投资准则；③固定资产准则；④无形资产准则；⑤投资性房地产准则；⑥建造合同准则；⑦生物资产准则；⑧石油天然气开采准则；⑨金融工具确认和计量准则；⑩金融资产转移准则；⑪金融工具列报准则；⑫套期保值准则；⑬资产减值准则；⑭职工薪酬准则；⑮借款费用准则；⑯债务重组准则；⑰收入准则；⑱原保险合同准则；⑲再保险合同准则；⑳所得税准则；㉑每股收益准则；㉒股份支付准则；㉓企业年金基金准则；㉔政府补助准则；㉕非货币性资产交换准则；㉖租赁准则；㉗或有事项准则；㉘财务报表列报准则；㉙现金流量表准则；㉚中期财务报告准则；㉛分部报告准则；㉜关联方披露准则；㉝资产负债表日后事项准则；㉞会计政策、会计估计变更和差错更正准则；㉟企业合并准则；㊱合并财务报表准则；㊲外币折算准则；㊳首次执行企业会计准则的准则。这38项具体准则基本涵盖了各类企业的主要经济业务。具体准则处于会计准则体系的第二层次，是根据基本准则制定的、用来指导企业各类经济业务确认、计量、记录和报告的规范。

具体会计准则分为一般业务准则、特殊行业的特定业务准则和报告准则三类。

（1）一般业务准则。它主要规范各类企业普遍适用的一般经济业务的确认和计量。包括存货，会计政策、会计估计变更和差错更正，资产负债表日后事项，建造合同，所得税，固定资产，租赁，收入，职工薪酬，股份支付，政府补助，外币折算，借款费用，长期股权投资，企业年金基金，每股收益，无形资产，资产减值，或有事项，投资性房地产，企业合并等具体准则项目。

（2）特殊行业的特定业务准则。它主要规范特殊行业的特定业务的确认与计量。包括石油天然气开采，生物资产，金融工具确认和计量，金融资产转移，套期保值，金融工具列报，原保险合同，再保险合同等具体准则项目。

（3）报告准则。它主要规范普遍适用于各类企业的报告类准则，如财务报表列报，现金流量表，合并财务报表，中期财务报告，分部报告，关联方披露等具体准则项目。

3. 企业会计准则应用指南

企业会计准则应用指南处于会计准则体系的第三个层次，是根据基本准则和具体准则制定的、指导会计实务的操作性指南。企业会计准则应用指南主要解决在运用准则处理经济业务时所涉及的会计科目、账务处理、会计报表及其格式，它类似于以前的会计制度。鉴于这次会计准则体系改革的幅度很大，如果由企业自行设计科目报表可能会出现混乱的局面，所以财政部制定了企业会计准则应用指南。

企业会计准则应用指南类似会计制度，但是，不应将它称为会计制度。因为企业会计应用指南是会计准则体系的组成部分，与基本准则和具体准则有机地结合在一起，相对而言，企业会计准则应用指南更为具体、可操作性更强。此外，很多国家的会计准则体系中，并不存在企业会计制度，通常会计制度是由企业自行制定的。不将企业会计准则应用指南称为会计制度的做法与国际上通行的做法保持一致。

（二）新会计准则体系颁布和实施的意义

新准则体系是比较科学、全面和完善的，既突出了会计国际协调的宏观方向，又坚持了"充分体现中国特色"的基本原则；既具有前瞻性，又具有很强的操作性。更为重要的是，新准则体系适应了我国经济发展和世界经济一体化的需要，是一项与时俱进、推陈出新、利在当代、功在千秋的良好制度安排，具有重大的现实意义。

1. 有利于我国融入国际经济体系

随着全球经济一体化和国际资本市场的发展，会计准则的国际协调或趋同已成为必然趋势。中国加入世界贸易组织以后，越来越多的企业开始走上国际经济舞台，企业跨国经营、跨国上市、跨国投资和跨国融资的现象日益增多。要使中国融入国际经济体系，会计作为商业通用语言，必须国际化。会计国际化的关键点之一就是会计准则的国际化。只有各国采用相同或相似的会计准则，才能在国际经济活动中提供可比的会计信息，否则会增加会计信息的转换成本，给企业在国际经济中的活动带来不利影响。改革开放以来，我国会计制度建设取得了长足的进步，但现行企业会计制度仍然存在不足之处，与国际会计准则之间还有一定的差异。在经济全球化的今天，减少或消除我国企业会计准则与国际会计准则的差异，使我国企业会计准则与国际会计准则进行充分协调，可以提高我国企业会计信息在全球经济中的可比性，降低我国企业信息报告成本和融资成本，有利于推进我国当前实施的企业"走出去"战略。因此，制定一套在充分考虑我国国情的基础上，与国际会计准则充分协调的新会计准则体系是我国融入国际经济体系的迫切需要。同时对世界经济格局也将产生积极而深远的影响。

2. 有利于建立和完善现代企业制度

我国正在建立和完善"产权明晰、权责明确、政企分开、管理科学"的现代企业制度。在这种制度下，企业周围形成了一个与企业有密切经济联系且庞大的利害关系人群体。为了作出正确的决策，这些利害关系人需要真实、可靠的信息，尤其是真实、公允、可比的会计信息。而且，完善的公司治理机制本身也应包括完善的会计信息报告制度。建立和完善现代企业制度需要高质量的会计信息，而没有高质量的会计准则，就不可能有高质量的会计信息。新的企业会计准则体系贯彻了先进、科学的会计理念，从中国的实际出发，借鉴了国际会计准则中适合中国国情的会计政策和程序，使企业提供高质量的会计信息有了制度保证。新会计准则体系的颁布和实施必将对建立和完善现代企业制度产生积极的影响。

3. 有利于提高会计人员的职业水平

一个国家的会计发展水平与一个国家会计人员的职业水平有着直接关系。改革开放以来，我国会计人员的职业水平有了很大的提高。但是，从整体看，与我国迅速发展的经济要求还有一定的差距，与国际上先进国家的会计水平相比，差距更大。提高会计人员整体的职业水平，增强其职业判断能力，成为我国会计界面临的一个重大课题。提高会计人员的职业水平一靠培训，二靠在实践中锻炼。以新会计准则体系培训为契机，将国际上先进的会计理念和先进的会计方法传授给会计人员，将有利于会计人员职业水平的提高；实施新会计准则体系，将使会计人员有机会在会计实践中锻炼和提高职业判断能力。如同 1992 年颁布和实施"两则两制"一样，此次新会计准则体系的颁布和实施也必将对我国会计人员的整体职业水平的提高起着巨大的推动促进作用。

4. 有利于提升我国会计的国际地位

新会计准则体系颁布和实施后，我国积极参与会计国际协调的态度和我国会计改革上取得的巨大成就，全世界有目共睹，人们纷纷给予了高度评价。2006 年 2 月 15 日，国际会计准则委员会（IASB）主席戴维·泰迪在我国会计准则和审计准则发布会上指出，由于我国的努力，使得全球会计准则国际趋同的步伐加快。新准则体系的建立，有利于我国更快地实现制定高质量的会计准则的目标，促进全球会计领域的交流与合作，增强我国在国际会计领域的影响力，从而有利于进一步提高我国会计的国际地位。

(三) 新会计准则体系的特点

新会计准则体系较好地处理了借鉴国际惯例与立足国情的关系、继承与发展的关系、科学规范与便于理解和操作执行的关系。所以，与以前颁布类似的会计规范相比，新会计准则体系表现出如下特点。

1. 科学性

首先是会计理念的科学性。企业的目标是生存、发展和获利，为了实现这一目标，企业管理者必须追求企业资源长期成果的最大化，而不是短期成果的最大化，这就要求企业管理者更加关注企业未来的发展，更加关注企业所面临的机会和风险，更加关注企业资产的质量和营运效率。这些理念在新会计准则体系中得到了比较充分的体现。新会计准则体系比以往更加关注企业资产的质量，更加强调对企业资产负债日的财务状况进行真实、公允的反映，更加强调企业的盈利模式和资产的营运效率，而不仅仅是营运效果。

其次是体系结构和表述的科学性。新会计准则体系是由基本准则、具体准则和应用指南构成的一个有机整体。在这个有机整体中，既有一般的原则指导，又有实务的操作指南；既体现了国际协调性，又密切结合中国实际。新会计准则体系体例合理、表述清晰、定义科学，是一套质量较高的会计准则体系。

最后是会计政策和方法的科学性。新会计准则体系保留了在我国行之有效的会计政策和方法，剔除了一些不合时宜的、旧的会计政策和方法（如存货计价的后进先出法等），引进了一些符合中国实际的、新的会计政策和方法（如在合并会计报表中引入实体理论等）。这使得新会计准则体系的会计政策和方法具有科学性。

2. 全面性

纵向上看，基本准则、具体准则和应用指南是一个有机整体；横向上看，38项具体准则和1个应用指南基本上涵盖了各类企业的主要经济业务。这些业务不仅包括以前的一些常规业务，而且包括了随着经济活动的发展而出现的新业务（如金融工具、套期保值等）。即使将来出现具体准则没有涵盖的新经济业务，企业也可以根据基本准则进行判断和处理。

3. 可操作性

以前，人们对已颁布的会计准则的批评之一在于其缺乏可操作性，令从事会计实务工作的人员在具体运用时觉得无所适从。现在，这种局面得到了改变。新会计准则体系不仅对会计确认、计量、记录和报告提供了一般的原则指导，而且对如何运用会计准则提供了操作指南。在新会计准则体系中，应用指南以会计人员喜闻乐见的会计科目和会计报表的形式对如何运用会计准则作出了规范，避免了会计人员在具体运用时出现无所适从的情况，避免了在实施新会计准则体系时可能出现的混乱局面。

4. 与国际会计准则之间的充分协调性

新会计准则体系借鉴了国际会计准则中适合中国实情的内容，绝大部分会计政策和方法与国际会计准则的要求是一致的。从总体上看，我国新会计准则体系与国际会计准则之间保持了高度的协调性（或趋同性），但同时，新会计准则与现行的国际会计准则之间也存在一定的差异，表现在如下几个方面：

（1）公允价值的应用。在新会计准则体系中，对公允价值的应用采取了适度和谨慎的态度，其适用范围比国际会计准则中公允价值的适用范围更窄一些、限制更严一些。例如，在生物资产的准则中，我国新会计准则采用的是按成本计量，而国际会计准则主张采用公允价值计算。再如，我国新会计准则规定投资性房地产取得时，应按取得时的实际成本进行初始计量，而对后续计量采用公允价值进行了严格限制，要求企业应于会计期末以成本模式对投资性房地产进行后续计量。但如果有确凿证据表明，投资性房地产的公允价值能够可靠取得，也可以采用公允价值模式计量。就是说，我国新会计准则规定投资性房地产后续计量优选模式是成本模式，而在国际会计准则中首选的是公允价值模式。

（2）企业合并的会计处理方法。在国际会计准则关于企业合并的会计处理方法中，只讨论了非控制下的企业合并，没有讨论同一控制下的企业合并。同时规定只能采用购买法，取消了权益结合法。而在我国新会计准则中的企业合并，讨论了两种类型的企业合并,即同一控制下的企业合并和非同一控制下的企业合并,并规定,在同一控制下的企业合并采用权益结合法,非同一控制下的企业合并采用购买法。

(3)关联方的披露。国际会计准则认为国有企业也应按照关联交易的准则进行充分披露。我国新会计准则规定,只有存在投资关系而且一方对另一方有一定的影响并存在一定的经济利益关系的情况下,国有企业之间才视为关联方;否则国有企业不视为关联方。这是由中国的国情决定的。因为中国的国有企业之间有的并不存在投资与被投资的关系,这与国外由政府控制的企业不是一个概念。

(4)政府补助的会计处理。国际会计准则中规定,企业收到的所有政府补助都计入当期损益。我国新会计准则规定,对于政府补助,如果国家有关文件中对其会计处理作出了规定,企业应按国家的规定进行处理,如果国家规定明确作为资本公积的,就作为资本公积;如果国家文件没有作出会计处理的规定,企业在收到有条件的政府补助后作为负债处理,符合条件的转入当期收入;企业取得无条件的政府补助应作为当期收入处理。

(5)资产减值的会计处理。我国的资产减值准则明确规定,企业提取的资产减值以后不得转回,特别是固定资产减值不得转回;而国际会计准则规定,资产减值准备是可以转回的。

我国的新会计准则体系与现行的国际会计准则存在的上述差异是由我国的国情决定的。在目前阶段,这些方面的差异体现了中国特色。从总体上看,我国新会计准则体系与国际会计准则具有高度的趋同性。

5. 层次性

新会计准则体系具有明显的层次性。基本准则处于会计准则体系的最高层次,它是制定具体准则和应用指南的依据,也是指导会计实务的规则;具体准则和应用指南不得违反基本准则的要求。具体准则处于会计准则体系的第二个层次,它是根据基本准则制定的对各类企业经济业务确认、计量、记录和报告的规范。应用指南是根据基本准则和具体准则制定的、指导企业进行会计实务的操作指南。新会计准则体系的这三个层次相互联系、各有分工。基本准则在整个准则体系中起统驭作用,主要规范会计目标、会计基本假定、会计信息的质量要求、会计要素的确认和计量等,为具体会计准则的制定和会计实务提供指南。具体准则主要解决各类企业中各类经济业务的确认、计量、记录和报告的问题。应用指南则是为了解决会计准则的实际运用问题,为实际应用提供会计科目和会计报表方面的指导。

6. 动态性

新会计准则体系是一个开放的系统。当实务中出现更科学的会计处理方法时,可以对应用指南进行修订,使新会计准则应用指南中体现实务出现的新的、更科学的会计处理方法。在出现新的经济业务时,一旦条件成熟,也可以制定新经济业务的确认、计量、记录和报告规范,将这些规范加入具体准则的行列,使之成为会计准则体系的一个组成部分。即使是基本准则,也可以根据经济的发展和其他环境的变化进行修改。所以新会计准则体系具有动态性。

第二节 财务会计的基本前提

财务会计基本前提是指组织财务会计工作必须具备的前提条件，不具备这些条件，就无法有效地进行会计工作。它也称为财务会计的基本假设或会计假设，是财务会计的理论基础。离开这些前提条件，就不能构建财务会计的理论体系。它是从会计实践中抽象出来的，其最终目的是为了保证会计核算资料的合理性、可靠性和有用性。

2006年我国《企业会计准则——基本准则》规定，财务会计基本前提由会计主体、持续经营、会计期间、货币计量和权责发生制五项内容构成。

一、会计主体

会计主体是指会计为之服务的特定单位，它规定会计核算的空间范围和界限。会计核算和监督应以企业发生的各项经济业务为对象，记录和反映企业自身的各项生产经营活动。其目的是反映一个特定单位的财务状况、经营成果和现金流量，为包括投资者在内的各个方面的信息使用者作出正确经济决策和投资决策服务。会计所要反映的总是特定的对象，只有明确规定会计核算的对象，将会计所要反映的对象与其他经济实体区别开来，与主体所有者区别开来，才能保证会计核算工作的正常开展，实现会计的目标。只有明确了会计主体，才能对以下几方面的范围进行确认：

（1）划定会计所要处理的经济业务事项的范围。只有那些影响会计主体经济利益的经济业务事项才能加以确认和计量。会计工作中通常所讲的资产、负债的增减，收入的取得，费用的发生，都是针对特定会计主体而言的。

（2）把握会计处理的立场。例如，企业作为一个会计主体，采购材料导致现金减少、存货增加或者债务增加、存货增加。

（3）将会计主体的经济活动与会计主体所有者的经济活动区分开来。无论是会计主体的经济活动，还是会计主体所有者的经济活动，都最终影响所有者的经济利益。但是，为了真实反映会计主体的财务状况、经营成果和现金流量，必须将会计主体的经济活动与会计主体所有者的经济活动区别开来，因此要求会计人员必须站在这个特定会计主体立场来开展会计工作。

总之，明确界定会计主体是开展会计确认、计量、记录和报告工作的重要前提。

会计主体不同于法律主体。一般来说，法律主体往往是一个会计主体，但是，会计主体不一定是法律主体。从财务会计的角度来看，会计主体应是一个独立核算的经济实体，特别是需要单独反映经营成果与财务状况、编制独立的财务会计报告的实体。

二、持续经营

持续经营是指在可以预见的将来，会计主体将会按当前的规模和状态继续经营下去，不会停业，也不会大规模削减业务，它规定会计核算时间范围和界限。明确持续经营，就意味着会计主体将按既定的用途使用资产，按既定的和约条件清偿债务，会计人员就可以在此基础上选择会计政策和估计方法。例如，只有在持续经营假设下，企业的资产才能按历史成本计价，固定资产才可以按其使用年限计提折旧等。由于持续经营是根据企业发展的一般情况所作的假设，企业（会计主体）在生产经营过程中缩减经营规模乃至停业的可能性总是存在的。为此，往往要求定期对企业持续经营这一假设作出分析和判断。一旦判断企业不符持续经营基本前提，就应当改变会计核算的方法。

三、会计期间

会计期间也称会计分期，是指将一个企业（会计主体）持续经营的生产经营活动划分为若干连续的、长短相同的期间，分期结算账目，编制财务报表，从而及时地向各方提供会计主体有关财务状况、经营成果和现金流量信息。它是对持续经营的补充，即补充规定会计核算时间范围和界限。

为什么要会计分期呢？根据持续经营假设，一个企业要按当前的规模和状态继续经营下去，最终确定企业的经营成果，只能等到一个企业在若干年后歇业的时候核算一次盈亏。但是，生产经营活动和财务经营决策要求及时得到有关信息，不能等到歇业时一次性地核算盈亏。为此，将持续不断的经营活动划分为多个相等的期间，分期核算和反映。会计分期对会计原则和会计政策的选择有着重要影响。由于会计分期，产生了当期与其他期间的差别，从而出现权责发生制和收付实现制的区别，进而出现了应收、应付、递延这样的会计处理方法。

根据《中华人民共和国会计法》（以下简称《会计法》）的规定，我国企业按日历年度为一个会计年度，即每年的1月1日至12月31日为一个会计年度，每一个会计年度下再分为半年度（即每年的1月1日至6月30日）、季度（即每季的第1天到该季的最后1天）、月度（即每月的第1天到该月的最后1天）。半年度、季度和月度均称为会计中期。

四、货币计量

货币计量是指会计主体在进行财务会计确认、计量和报告时以货币计量，反映会计主体的财务状况、经营成果和现金流量。货币计量规定了会计核算的主要计量尺度。

以货币作为主要计量单位，为会计计量提供了方便，但同时也带来了一些问题，货币作为一种特殊商品，其价值不是固定不变的。为了简化会计信息，也便于会计信息的利用，在币值变动不大的情况下，一般不考虑币值的变动。然而，由于世界性的通货膨胀给经济发展带来很大的影响，对于财务会计报告如何反映通货膨胀的影响这种客观要求有逐渐增长的趋势，并因此产生了通货膨胀会计。

我国的《企业会计准则》规定，在我国，要求以人民币作为记账本位币，这是对货币计量前提的具体化。同时也规定，业务收支以外币为主的企业，也可以采用某种外币作为记账本位币，但编制的会计报表应折算为人民币反映。境外提供给境内的财务会计报表应当折算为人民币反映。

五、权责发生制

权责发生制是指在收入和费用发生时，按照"受益"原则进行确认，不必等到实际收到现金或者支付现金时才确认。它规定会计核算的记账基础，反映了与国际会计准则一致的要求。

权责发生制也称应计制，它要求会计主体在一定期间内发生的各项业务，凡符合收入确认标准的本期收入，不论其款项是否收到，均作为本期收入记账；凡符合费用确认标准的本期费用，不论其款项是否付出，均作为本期费用记账。反之，凡不符合收入确认标准的款项，即使在本期收到，也不能作为本期收入记账；凡不符合费用确认标准的款项，即使本期付出，也不能作为本期费用记账。这表明，权责发生制所反映的经营成果与现金的收付是不一致的。

我国 2006 年出台的《企业会计准则——基本准则》第一章第九条规定，企业应当以权责发生制为基础进行会计确认、计量和报告。这是因为在真实地反映企业的财务状况和经营成果方面，权责发生制较之收付实现制具有较大的优越性。

第三节　财务会计信息的质量要求

财务会计信息的质量要求是指财务会计报告应达到的基本标准和要求。为了实现财务会计报告目标，保证会计信息的质量，必须明确会计信息的质量要求。关于财务会计的质量要求的内容，会计界在认识上还不统一。我国 2006 年出台的《企业会计准则——基本准则》第二章规定有以下八项要求：客观性、相关性、明晰性、可比性、实质重于形式、重要性、谨慎性、及时性。

一、客观性

客观性，又称真实性，是指企业财务会计核算应当以实际发生的交易或者事项为依据进行会计确认、计量和报告，如实地反映符合确认和计量要求的各项会计要素及其他相关信息，保证会计信息真实可靠、内容完整。会计信息的客观性主要包括真实性和可靠性两方面含义。

真实性是指会计反映的结果应当同企业实际的财务状况和经营成果相一致。每一项会计记录都要有合法的凭证为依据，不允许弄虚作假。财务会计报告必须如实反映情况，要保证账证、账账、账表、账实之间相互一致。

可靠性是指对于经济业务的记录和报告，应当做到不偏不倚，以客观的真实为依据，而不应当受主观意志的左右，力求使会计信息可靠。

二、相关性

相关性，又称有用性，是指企业会计核算提供的会计信息应当与财务报告使用者的经济决策需要相关，有助于财务会计报告使用者对企业过去、现在或者未来的情况作出评价或者预测。

对会计信息的相关性要求，紧随着企业内外环境的变化而变化，在高度集中的计划经济体制下，企业的会计工作和会计信息主要是为满足国家对企业进行直接管理服务的。随着社会主义市场经济的建立和不断完善，国家对企业的管理逐步由直接管理转向间接管理，主要是利用经济杠杆进行宏观调控。与此相适应，国家对企业会计信息的需要发生了变化。另外，随着企业筹资渠道的多元化，企业之间的经济联系也迅速增强，会计信息的外部使用者已不再局限于国家，而扩大到其他投资者、各种债权人等与企业有经济利害关系的群体。同时，随着企业自主权的扩大，会计信息在企业内部经营管理中发挥着更大的作用。因此，在目前情况下，强调会计信息的相关性，就是要求企业会计信息要满足投资者、债权人等利益相关者进行经济决策的需要。

三、明晰性

明晰性，又称可理解性，是指企业会计核算提供的会计信息应当清晰明了，便于财务会计报告使用者理解和使用。

企业会计核算提供会计信息的目的在于帮助有关方面进行经济决策，要运用会计信息就必须理解会计信息的内涵。这就要求会计信息能简单明了地反映企业的财务状况与经营成果，容易为使用者所理解；要在保证会计信息的客观性与相关性的前提下，力争使会计信息简明易懂。当然，要真实发挥会计信息的作用还需要使用者具备一定的会计专业知识。

四、可比性

可比性是指企业会计核算提供的会计信息应当是可比的（即相互可比）。

可比性包括两个方面的相互可比：一方面是同一企业不同时期的相同或相似的交易或事项，应当采用一致的会计政策，不得随意变更。确实需要变更的，应当在附注中说明。另一方面是不同企业发生的相同或相似的交易或事项，应当采用规定的会计政策，确保会计信息口径一致，相互可比。

企业会计信息的使用者不但要通过阅读某一会计期间的财务报告掌握企业在一定时期的经营成果与财务状况，而且要能够比较企业不同时期的财务报告，以明确企业财务状况与经营成果的变化趋势。因此，企业提供的财务报告应当具有可比性，即对于同一企业在不同时期发生的相同类型的经济业务，应该使用一致的会计处理程序与方法。在会计核算中，相同的业务往往存在着多种会计处理方法，例如，存货计价方法、固定资产折旧的计算方法，产品成本的计算方法等。企业可以在国家统一的允许范围内选择运用。但是，为了保证财务报告前后期有关数据的可比性，便于信息使用者作出正确的经济决策，要求企业的各种会计处理方法和财务报告的指标口径、核算内容、编制规则在前后各期保持一致。此外，强化可比性的要求，还可以防止某些企业或个人通过会计处理方法的变动，人为地操纵企业的资产、负债、收入、费用、利润等会计指标，掩饰企业的财务状况和经营成果。强调可比性并不是要求企业采用的会计政策绝对不变，如原来用的会计程序和方法不符合客观性与相关性要求，企业就不宜继续采用。企业确有必要改变原有的会计处理程序与方法时，应当将变更的内容和理由、变更的影响数据等，在财务报告附注中予以说明。

由于比较不同的投资机会等原因，信息使用者还需要能够比较不同企业的财务报告，以评估不同企业相对的财务状况、经营成果和现金流量。因此，企业在编制财务报告时，对于相同的经济业务，应当采用相同的会计程序和方法。这就要求，一方面，国家统一的规定要尽量减少企业选择会计政策的余地；另一方面，企业要严格按照国家统一的规定选择会计政策。

五、实质重于形式

实质重于形式是指企业会计核算应当按照交易事项的经济实质进行会计确认、计量和报告，而不应仅以交易或事项的法律形式为依据。

为什么要求实质重于形式呢？这是因为，有时候交易或事项的法律形式并不是总能完全真实地反映其实质内容，在某些情况下交易或事项的实质可能与其外在法律形式不尽相同。因此，为了真实反映企业的财务状况和经营成果，就必须依据交易或事项的实质而非外在法律形式进行会计确认、计量和报告，即坚持实质重于形式的要求。例如，对资产的确认，企业以融资租赁方式租入的固定资产，从法律形式来看，其所有权尚不属于承租企业，但从经济实质来看，该资产受承租企业实际控制，因此应当将其作为承租企业的资产进行核算，否则就不能真实反映该项业务对企业的影响。

六、重要性

重要性是指企业会计核算提供的会计信息应当反映与企业财务状况、经营成果和现金流量等有关的所有重要交易或事项。

企业应在保证尽可能全面完整地反映企业的财务状况与经营成果的前提下，根据一项交易或事项是否会对会计信息使用者的决策产生重大影响来决定对其反映的精确程度，以及是否可在会计报表上予以单独反映。凡是对会计信息使用者的决策有较大影响的交易或事项，应作为会计确认、计量和报表的重点；对不重要的经济业务则可以采用简化的处理程序和方法，也不必在会计报表上详细列示。

强调会计信息的重要性，在很大程度上是出于对会计信息的效用与加工会计信息的成本这两个方面的考虑。如果把企业纷繁复杂的经济活动事无巨细地详细记录与报告，不但会提高会计信息的加工成本，而且会使会计信息使用者无法有所侧重或有针对性地选择所需的会计信息，从而不利于信息使用者作出正确的经济决策。

重要性的具体应用需要依赖职业判断，企业应当根据其所处环境和实际情况，从项目的性质和金额大小两个方面来判断其重要性。

七、谨慎性

谨慎性，又称稳健性，是指企业会计核算对交易或事项进行会计确认、计量和报告应当保持应有的谨慎，不应高估资产或者收益、低估负债或者费用。在对某一会计事项有多种不同的处理方法可供选择时，应尽可能选择一种不导致高估资产或收益的方法，以免损害企业的财务实力，防止信息使用者对企业的财务状况与经营成果持盲目乐观的态度。

企业经营存在风险，实施谨慎性要求，对存在的风险加以合理估计，有利于在风险实际发生之前化解风险，并对防范风险起到预警作用，有利于企业在市场上的竞争。例如，对存货、有价证券、无形资产、固定资产、在建工程等不良资产的市价低于成本时，相应地计提资产的减值准备；对期末应收账款预计坏账发生，计提坏账准备。

将计提的各项准备计入当期损益，体现了谨慎性的要求。但是不得计提秘密准备，否则，就属于谨慎要求的滥用。

八、及时性

及时性指企业对于已经发生的交易或事项及时进行会计确认、计量和报告，不得提前或者延后。会计信息应具有有效性，只有能够满足经济决策的及时需要，信息才有价值，所以为了实现财务会计目标，就必须满足会计信息的及时性要求。

及时性包括两个方面的及时：一方面是及时记录，就是要求对企业的经济业务及时地进行会计处理，本期的经济业务应当在本期内进行处理，不能延至下一个会计期间或提前至上一个会计期间；另一方面是及时报告，就是要把会计资料及时地传递出去，将财务报告及时报出，也就是说，财务报告应该在会计期间结束后规定的日期内呈报给有关单位或个人。及时记录与及时报告是紧密联系的两个方面，及时记录是及时报告的前提，只有将会计资料及时地记录下来，才有可能及时地报告；及时报告是会计信息时效性的重要保证，如果不能及时报告，那么即使会计记录很及时也会使会计信息失去时效性。因此，企业会计应将及时记录与及时报告两者很好地统一起来。

为了保证会计信息的及时性，还要对资产负债日后至财务报告之前发生的有关事项加以确认或披露。

第四节 财务会计基本要素及其确认和计量

一、财务会计基本要素概念

为了实现财务会计的目标，在明确了财务会计的基本前提和信息质量要求之后，还需要对企业发生的能够以货币计量的交易或事项按经济特征进行适当的分类。对财务会计所要反映的交易或事项按其经济特征所作的基本分类项目，称为财务会计要素，简称会计要素。由于企业财务会计的最终成果以财务报告的形式向有关方面提供，而编制财务报告的依据是企业的日常会计资料，这就要求企业财务报告（特别是财务报表）所反映的内容及其基本分类，应与日常会计处理保持一致。而日常会计处理对交易或事项内容的分类，应该满足编制财务报告的要求。因此，企业财务会计的基本要素既是会计核算的具体分类，同时也是作为财务报告核心内容的财务报表的基本构成要素。

由于企业对外提供的财务报表主要有资产负债表、利润表、现金流量表和所有者权益变动表，故财务报表的基本要素相应分为资产负债表要素、利润表要素、现金流量表要素和所有者权益变动要素。然而，国际会计准则与各国会计准则所规定的报表要素，在数量、名称以及定义等方面均有所不同。例如，国际会计准则规定，资产负债表要素为资产、负债与权益，收益表要素为收益与费用。我国《企业会计准则》规定，资产负债表要素包括资产、负债和所有者权益；利润表要素包括收入、费用与利润。我国《企业会计准则——基本准则》没有对现金流量表要素和所有者权益变动表要素作出规定,而是针对资产负债表与利润表规定了资产、负债、所有者权益、收入、费用、利润六项要素,也即反映企业财务状况的会计要素(资产、负债、所有者权益)和反映企业经营成果的会计要素(收入、费用、利润)两大类财务会计基本要素。

二、反映企业财务状况的会计要素及其确认

反映企业财务状况的会计要素包括资产、负债和所有者权益。

(一)资产

1. 资产的定义及特征

资产是指企业过去的交易或事项形成的、由企业拥有或者控制的、会给企业带来经济利益的资源。

根据上述资产的定义,可以归纳出资产具有以下几个方面的特征:

(1)资产的内涵是资源。企业的资产只限于资源,非资源不是企业的资产。一个企业的资源,就其存在形式来看,既有有形的,比如机器设备、存货等,也有无形的,比如专利权、商誉权等;既可以是货币形式的,比如现金、银行存款等,也可以是实物形式的,比如房屋建筑物、机器设备等。强调资产的内涵是资源,并不意味着所有的资源都是企业的资产。

(2)资产应为企业拥有或者控制的资源。一项资源是否属于企业的资产,通常要看其所有权是否属于该企业,但企业是否拥有一项资源的所有权,不是确认资产的绝对标准。有些资源虽然其所有权不属于特定企业,但为该企业所实际控制,也是该企业的资产。这里所讲的"实际控制"一项资源,从形式上看,意味着企业对该项资源具有实际经营管理权,能够自主地运用它从事经营活动,谋求经济利益;从实质上看,它意味着企业享有与该项资源的所有权有关的经济利益,并承担着相应的风险。比如,企业以融资租赁方式租入的固定资产,尽管所有权不属于承租企业,但由于受承租企业实际控制,因而在会计实务中都将其列作承租企业的资产。总之,一个企业现在不具有所有权或不能实际控制的资源,都不是该企业的资产。

(3)资产预期会给企业带来经济利益。作为资产的资源必须具有能为特定企业带来未来经济利益的潜力,即具有有用性的特点。企业现在所拥有或控制的资源,必须能为企业带来未来经济利益,才属于企业的资产。反之,不能为企业带来未来经济利益的,就不能作为企业的资产予以确认。过去属于企业资产的一项资源,如果由于种种原因不能再为企业带来未来经济利益,就不应再将其列作企业的资产,比如报废的机器设备。而原来不能为企业提供经济利益,因而不属于企业资产的某些东西,如果随着技术的进步,转化为对企业有用之物,能为企业带来未来经济利益时,就应将其列作企业现在的资产。比如现在能够有效利用的"三废"(废水、废渣、废气)。

(4)资产是由企业过去的交易或者事项形成的。资产作为经济资源,都是企业通过过去的交易或者事项所取得的,只有过去的交易或事项才能增加或减少企业的资产。不能根据谈判中的交易或计划的交易来确认一笔资产。交易是指企业经过市场交换的渠道而获得的经济资源所有权或者实际控制权的行为;事项是指在上述交换行为之外而获取的经济资源所有权或实际控制权的行为,如接受外部单位或某人的财产捐赠行为。

2. 资产的分类

为了正确反映企业的财务状况，一般将企业的全部资产按其流动性的不同划分为两类：

（1）流动资产。流动资产是指那些可以合理地预期将在1年内转换为现金或被销售、耗用的资产，主要包括货币资金、应收票据、应收账款、预付账款、应收股利、其他应收款、存货等。

（2）非流动资产。非流动资产是指除流动资产以外的所有其他资产，主要包括持有至到期投资、长期股权投资、长期应收款、固定资产、在建工程、无形资产、商誉、长期待摊费用等。

3. 资产的确认

将一项资源确认为资产，需要符合资产的定义，并同时满足以下两个条件：

（1）与该资源有关的经济利益很可能流入企业。经济利益很可能流入企业表现在以下三方面：首先，该资源本身是现金或者能转化为现金；其次，该资源是待售物品，企业可以通过这些物品未来的出售收回现金；最后，该资源可以用于未来的生产经营活动，这些生产经营活动可以为企业带来现金流入。

（2）该资源的成本或者价值能够可靠地计量。在会计核算中常常要进行估计，但对一个项目如果无法作出合理的估计，就不应将其确认为企业的资产。例如，某一诉讼案件会带来的赔款收入，如果不能可靠地计量赔款的金额，就不能将其确认为资产。

（二）负债

1. 负债的定义及特征

负债是指企业过去的交易或事项形成的、预期会导致经济利益流出企业的现时义务。

根据负债的定义，可以归纳出负债具有以下几个方面的特征：

（1）负债是企业承担的现时义务。负债必须是实际已经发生的债务，企业预期将来可能发生的债务不能作为企业的负债。比如企业管理部门决定今后购置资产，这项决定的实施属于未来的交易，其本身并不产生现时的义务，因而不属于企业现时的负债。

（2）负债的清偿预期会导致经济利益流出企业。负债在将来是通过转移资产或者提供劳务的方式予以清偿的。在大多数情况下是通过支付现金的方式来偿还的，也有的是用商品或者其他资产或者提供劳务来偿还的，还有的可以通过举借新债来偿还。

（3）负债是由企业过去的交易或事项形成的。负债实质上就是企业通过过去的交易或事项所承诺的，并通过合同或契约所认定的当前的债务。比如企业目前承担着一笔应付账款，这笔债务之所以形成，是因为企业在过去购置了一批材料或者其他货物等。

2. 负债的分类

负债按其偿还期的长短可以分为以下两类：

（1）流动负债。流动负债是指偿还期在1年或超过1年的一个营业周期以内的债务。主要包括短期借款、应付票据、应付账款、应付职工薪酬、应交税费、应付股利、其他应付款等。

（2）非流动负债。非流动负债是指偿还期在 1 年或超过 1 年的一个营业周期以上的债务。主要包括长期借款、应付债券、长期应付款等。

3. 负债的确认

将一项义务确认为负债，需要符合负债的定义，并同时满足以下两个条件：

（1）与该义务有关的经济利益很可能流出企业。首先，支付现金或银行存款；其次，转让除现金和银行存款之外的其他资产；最后，提供劳务或以其他义务替代这项义务等。

（2）未来流出企业的经济利益的金额能够可靠地计量。负债通常有一个可确定的到期偿付金额，或者虽无金额，但有一个合理估计数；有确切的受款人和偿付日期，或者受款人和偿付日期可以合理地估计确定。反之，若金额无法确定或估计、无法确定或合理估计受款人和偿付日期，就不能确定为负债。

（三）所有者权益

1. 所有者权益的定义及特征

所有者权益是指企业资产扣除负债后由所有者享有的剩余权益。公司的所有者权益又称为股东权益。所有者权益是所有者对企业资产的剩余索取权。

根据所有者权益的定义，可以归纳出所有者权益具有以下几个方面的特征：

（1）所有者权益是企业最终产权的数额大小。所有者权益的多少，实质上是指企业最终产权的数额大小，它是指企业的资产总额减去负债总额的差额。这个差额代表了企业的全部净资产，这才是企业的投资者即所有者应享有的剩余权益。

（2）所有者权益受两个内在因素的影响。所有者权益受到内在因素的影响，一方面是所有者对企业的增资或减资的情况；另一方面是企业税后利润中不再分配的剩余部分大小。

2. 所有者权益的来源构成

所有者权益按其来源不同分为以下几个部分：

（1）投入资本。投入资本是指所有者投入企业的资本部分，它既包括构成企业注册资本或者股本部分的金额，即实收资本或股本，也包括投入资本超过注册资本或者股本部分的金额，即资本公积或股本公积。

（2）直接计入所有者权益的利得和损失。利得是指由企业非日常活动所形成的、会导致所有者权益增加的、与所有者投入资本无关的经济利益的流入，比如政府补助、盘盈利得、捐赠利得等各项营业外收入。

损失是指由企业非日常活动所发生的、会导致所有者权益减少的、与向所有者分配利润无关的经济利益的流出，比如公益性捐赠支出、盘亏损失、非常损失等各项营业外支出。

（3）留存收益。留存收益是指企业历年实现的净利润留存于企业的部分，主要包括计提的盈余公积和未分配利润。前者指从利润中提取的公积金，后者指企业留于以后年度分配的利润。

总而言之，所有者权益由本钱（资本）和利钱（盈余）两大部分构成，会计上应将两者严格区分，并要明确提供投资者是谁、投入资本是多少的信息，以明确产权关系。

3. 所有者权益的确认条件

由于所有者权益体现的是所有者在企业中的剩余权益，因此，所有者权益的确认主要依赖于其他会计要素，尤其是资产和负债的确认；所有者权益金额的确定也主要取决于资产和负债的计量。

三、反映企业经营成果的会计要素及其确认

反映企业经营成果的会计要素包括收入、费用、利润。

（一）收入

1. 收入的定义及特征

收入是指企业在日常活动中形成的、会导致所有者权益增加的、与投资者投入资本无关的经济利益的总流入。

根据收入的定义，可以归纳出收入具有以下几方面的特征：

（1）收入应当是企业在日常活动中形成的。收入主要是企业通过销售商品、对外提供劳务或者让渡资产使用权这些日常活动而形成的。不是从企业上述日常活动中产生的收益，就不属于企业的收入，而作为利得处理。例如，出售固定资产所取得的收益就不能作为企业的收入。

（2）收入应当会导致经济利益的流入，该流入不包括所有者投入的资本。无论企业是销售商品或对外提供劳务或者让渡资产使用权，都会使企业增加资产，例如，增加银行存款、库存现金、形成应收账款等经济利益的流入，与投资者投入的资本金无关。

（3）收入应当最终会导致所有者权益增加。所有者权益增加的来源除了投资者投入资本增加以外，最大的增加来源是企业实现的利润，而利润增加的决定因素又是收入，所以说收入应当最终会导致所有者权益增加。

2. 收入的分类

为了正确反映企业的经营成果，一般将企业收入按其来源分为三类：

（1）销售商品收入。这是指工业和商业企业销售商品（产品）取得的收入。

（2）提供劳务收入。这是指企业提供咨询服务、安装服务、开发软件服务等取得的收入。

（3）让渡资产使用权收入。这是指企业出租固定资产和无形资产取得的收入。

3. 收入的确认条件

收入的确认，除了应该符合收入定义外，还应当同时符合以下条件：

（1）与收入相关的经济利益很可能流入企业从而导致企业资产的增加或者负债的减少。收入可能表现为企业资产的增加，如增加银行存款或库存现金、形成应收账款；也可能表现为企业负债的减少，如以商品或劳务抵偿债务；也可能表现为同时引起资产的增加和负债的减少，如销售商品抵偿债务，同时收取部分现金或银行存款。

（2）经济利益的流入额能够可靠地计量。收入的金额能够可靠地计量，一般来说，销售商品收入可以根据购销合同中规定的价格和成交量确定，但是，如果存在影响价

格变动的不确定因素,则在销售商品价格最终确定之前,不应确认为销售商品收入。

(二) 费用

1. 费用的定义及其特征

费用是指企业在日常活动中发生的、会导致所有者权益减少的、与向所有者分配利润无关的经济利益的总流出。

根据费用的定义,可以归纳出费用具有以下几个方面的特征:

(1) 费用应当是企业在日常活动中发生的。费用是企业在销售商品、提供劳务等日常活动中发生的经济利益的流出,如固定资产清理损失就不是日常活动发生的经济利益的流出,所以属于损失。

(2) 费用应当导致经济利益的流出,该流出不包括向所有者分配的利润。费用的发生表现为资产的减少,如耗用存货、减少银行存款或者库存现金等,但这种经济利益的流出,与向所有者分配利润是无关的。

(3) 费用应当最终导致所有者权益的减少。所有者权益减少的最大因素就是企业利润的减少,而费用则是利润减少的决定因素,所以说费用应当最终导致所有者权益的减少。

2. 费用的分类

为了正确反映企业的经营成果,一般将企业的费用按其归属不同分为三类:

(1) 直接费用。直接费用是指在生产商品或者提供劳务过程中发生的能直接计入有关生产经营成本中的各项直接费用,包括直接人工费、直接材料费和其他直接费用等。

(2) 间接费用。间接费用是指企业生产车间为组织和管理生产经营活动而发生的共同费用和不能直接计入产品成本的各项费用,如制造费用。间接费用应按一定标准分配计入生产经营成本。

(3) 期间费用。期间费用是指企业行政管理部门为组织和管理生产经营活动而发生的管理费用、财务费用,为销售和提供劳务而发生的销售费用等。期间费用直接计入当期损益。

3. 费用的确认条件

费用的确认,除了应当符合费用定义外,还至少应当同时符合以下两个条件:

(1) 与费用相关的经济利益应当很可能流出企业,从而导致企业资产的减少或者负债的增加。费用实质上就是在生产和销售商品或提供劳务过程中发生资源耗费或劳力和劳务的消耗,从而引起资产实物量和价值量的减少、现金及其等价物的流出或负债的增加(如负担利息)。

(2) 经济利益的流出额能够可靠计量。费用导致经济利益的流出额必须能可靠地计量,比如耗用存货金额、负担利息金额、现金及其等价物的金额是可以可靠地计量的,否则,是不能确认为费用的。

(三) 利润

1. 利润的定义及特征

利润是指企业在一定会计期间的经营成果。利润反映的是企业的经营业绩情况,是业绩考核的重要指标。

根据利润的定义，可以归纳出利润具有以下两个方面的特征：

（1）利润是企业取得的最终的、综合的、用货币形式来表现的经营成果。

（2）从会计要素之间的关系来看，企业实现的利润应是企业收入减去费用的差额。

2. 利润的来源构成

（1）收入减去费用后的净额。会计上将利润定义为广义上收入与广义上费用之间的差额。收入减去费用后的净额反映的是企业日常活动的业绩。

（2）直接计入当期利润的利得和损失等。这是指应当计入当期损益、最终会引起所有者权益发生增减变动的、与所有者投入或者向投资者分配利润无关的利得或者损失。直接计入当期利润的利得和损失反映的是企业非日常活动业绩。

3. 利润的确认条件

利润反映的是收入减去费用、利得减去损失后的净额，因此，利润的确认主要依赖于收入和费用以及利得和损失的确认，其金额的确定也主要取决于收入、费用、利得、损失金额的计量。

四、会计等式

（一）会计等式的定义及作用

会计等式是指反映各会计要素之间数量关系的等式。

会计等式揭示了各会计要素之间的联系，所以，会计等式是复式记账、进行试算平衡、编制会计报表的理论依据。

（二）各会计期间会计等式的表达形式

1. 会计期初（一个会计期间开始时）

企业的资产、负债、所有者权益之间存在的数量关系表达式为：

资产 = 负债 + 所有者权益

2. 会计期中（结账之前）

随着企业生产经营活动的进行，在会计期间内，企业一方面会取得收入（广义），并因此而增加资产（或减少负债）；另一方面要发生各种各样的费用（广义），并因此而减少资产（或增加负债）。因此，企业在会计期中（结账之前），期初的会计等式就转化为下面的表达形式：

资产 = 负债 + 所有者权益 +（收入 - 费用）

3. 会计期末（一个会计期间结束时）

到会计期末，企业将收入与费用相抵消，计算出本期利润（或亏损），并将利润按规定程序进行分配后，会计期末的会计等式又恢复到期初的表达形式：

资产 = 负债 + 所有者权益

五、财务会计计量

(一) 会计计量基本要求和会计计量属性的构成

1. 会计计量的概念

会计计量是指确定企业经济活动对有关会计要素的数量增减变化产生多大的影响的过程。会计计量主要是货币计量,因此也可称之为货币计价。会计计量与会计确认是紧密相连的,比如编制记账凭证既是会计确认的过程,同时也是会计计量的过程。

2. 会计计量的基本要求

会计计量的基本要求是指企业在符合确认条件的会计要素登记入账并列报于会计报表及其附注时,应当按照规定的会计计量属性进行计量,确定其金额。

3. 会计计量属性的构成

会计计量属性主要由以下几方面构成:

(1) 历史成本。在历史成本计量下,资产按照购置时支付的现金或者现金等价物的金额,或者按照购置资产时所付出的对价的公允价值计量。负债按照因承担现时义务而实际收到的款项或者资产的金额,或者承担现时义务的合同金额,或者按照日常活动中为偿还负债预期需要支付的现金或者现金等价物的金额计量。

(2) 重置成本。在重置成本计量下,资产按照现在购置相同或者相似资产所需支付的现金或者现金等价物的金额计量。负债按照现在偿付该项债务所需支付的现金或者现金等价物的金额计量。

(3) 可变现净值。在可变现净值计量下,资产按照其正常对外销售所能收到现金或者现金等价物的金额扣除该资产至完工时估计将要发生的成本、估计的销售费用以及相关税费后的金额计量。

(4) 现值。在现值计量下,资产按照预计从其持续使用和最终处置中所产生的未来净现金流出量的折现金额计量。

(5) 公允价值。在公允价值计量下,资产和负债按照在公平交易中,熟悉情况的交易双方自愿进行资产交换或者债务清偿的金额计量。

(二) 会计计量属性的应用原则

会计计量属性的应用原则包括如下两方面:

(1) 企业在对会计要素进行计量时,一般应当采用历史成本计量属性。这是因为历史成本计价以原始凭证为依据,具有客观性和可验性。

(2) 企业会计准则允许采用重置成本、可变现净值、现值、公允价值计量的,应当保证所确定的会计要素金额能够取得并可靠计量,主要是在某些情况下,为了提高会计信息质量,实现财务报告目标。如果这些金额无法取得或者可靠计量的,则不允许采用这些计量属性。

第三章 货币资金

第一节 库存现金

一、货币资金的性质和范围

1. 货币资金的性质

货币资金是指可以立即投入流通，用以购买商品或劳务，以及清偿债务的交换媒介。

在所有的资产中，货币资金的流动性最强，并且是唯一能够直接转化为其他任何资产形态的流动资产，也是最能够代表企业现实购买力水平的资产。为了确保生产经营活动的正常进行，企业必须拥有一定数量的货币资金。同时，企业所拥有的货币资金量，也是分析企业偿债能力与支付能力的重要指标。

2. 货币资金的范围

货币资金包括库存现金、银行存款（不包括被冻结存款）和其他货币资金。

二、库存现金

库存现金是指存于企业用于零星开支的现钞，包括人民币和外币。

库存现金管理的内容，主要包括以下几个方面：

（一）库存现金的使用范围

企业、事业单位在经济往来中的结算业务，直接用库存现金收付的称为现金结算。企业可在以下范围内使用库存现金：

（1）职工工资、津贴；

（2）个人劳务报酬；

（3）根据国家规定颁发给个人的科学技术、文化艺术、体育等各种奖金；

（4）各种劳保、福利费用以及国家规定的对个人的其他支出；

（5）向个人收购农副产品和其他物资的价款；

（6）出差人员必须随身携带的差旅费；

（7）结算起点（1 000 元）以下的零星支出；

（8）中国人民银行确定需要支付库存现金的其他支出。

凡是超出上述范围的一切经济往来，即不属于库存现金结算范围的，企业都应通过开户银行进行转账结算。

（二）库存现金限额

企业的库存现金限额由其开户银行根据实际需要核定，一般为企业 3～5 天的日常零星开支需要量。边远地区和交通不便地区的企业的库存现金限额可以多于 5 天，但最多不得超过 15 天的日常零星开支。

（三）库存现金日常收支管理

企业办理库存现金收支业务时，应当遵守以下规定：

（1）企业库存现金收入应于当日送存开户银行，如当日送存确有困难的，由开户银行确定送存时间。

（2）企业支付库存现金，可以从本单位库存现金限额中支付或者从开户银行提取，不得从本单位的库存现金收入中直接支付（即坐支）。

（3）企业从开户银行提取库存现金时，应当在取款凭证上写明具体用途，由本单位财会部门负责人签字盖章，交开户银行审核后，予以支付库存现金。

（4）企业因采购地点不固定，交通不便，生产或者市场急需，抢险救灾以及其他特殊情况必须使用库存现金的，开户单位应当向开户银行提出申请，由本单位财会部门负责人签字盖章，经开户银行审核批准后，予以支付库存现金。

（5）企业不准用不符合财务制度的凭证顶替库存现金，即不得"白条抵库"；不准谎报用途套取库存现金；不准用银行账户代其他单位和个人存取库存现金；不准用单位收入的库存现金以个人名义存储，即不得"公款私存"；不准保留账外公款，即不得设置"小金库"等。

（四）企业库存现金的内部控制制度

（1）不允许由单独一人自始至终地操纵和处理一笔业务，必须在各个独立的部门之间有明确、合理的分工。企业库存现金收支与保管应由出纳人员负责；经营库存现金的出纳人员不得兼任稽核工作，以及会计档案保管工作和收入、支出、费用、债权债务账目的登记工作。

（2）企业所有库存现金收付业务，首先都必须办理凭证手续，即取得或填制证明收付款的原始凭证并由主管会计人员或其指定人员审核后，方可据以填制库存现金收款凭证或库存现金付款凭证，并要在原始凭证上盖"现金收讫"与"现金付讫"章。对于不真实、不合法的原始凭证不予受理，对记载不明确、手续不完善的原始凭证应退回给经办人，要求其更正或补办手续。

（3）企业的出纳人员应定期进行轮换，不得由一人长期从事出纳工作。对企业的库存现金，出纳人员应做到日清日结，由财务主管人员进行抽查与稽核，发现溢缺，必须查明原因并按规定进行处理，以保证库存现金的正确使用和安全完整。

（五）库存现金的核算

1. 库存现金的总分类核算

为了总括地反映企业库存现金的收入、支出和结存情况，企业应设置"库存现金"科目，该科目属于资产类科目，其借方登记库存现金的增加数，贷方登记库存现金的减少数，期末余额在借方，反映企业实际持有的库存现金的金额。

库存现金总分类账由负责总账的财会人员进行总分类核算。可以根据库存现金收付款凭证和银行存款付款凭证直接登记。如果企业日常库存现金收支量较大,为了简化核算工作,可以根据实际情况,采用科目汇总表或汇总记账凭证的核算形式,根据科目汇总表或汇总记账凭证定期或月终登记。

企业收入库存现金时,借记"库存现金"科目,贷记相关科目。企业支出库存现金时,借记相关科目,贷记"库存现金"科目。

【例3-1】珠江公司201×年3月31日的"库存现金"科目余额为500元,4月份发生如下库存现金业务,请分别进行账务处理。

(1) 4月1日,开出现金支票,提取现金17 000元备用。

借:库存现金　　　　　　　　　　　　　　　　　17 000
　　贷:银行存款　　　　　　　　　　　　　　　　　17 000

(2) 4月2日,企业购买A材料10 000元,增值税进项税额1 700元,用库存现金支付。

借:材料采购——A材料　　　　　　　　　　　　　10 000
　　应交税费——应交增值税(进项税额)　　　　　　1 700
　　贷:库存现金　　　　　　　　　　　　　　　　　11 700

(3) 4月12日,购入80元的办公文具用品,以现金支付。

借:管理费用　　　　　　　　　　　　　　　　　　80
　　贷:库存现金　　　　　　　　　　　　　　　　　80

(4) 4月20日,采购员王强到南京市出差,预借差旅费1 200元,出纳以现金支付。

借:其他应收款——王强　　　　　　　　　　　　　1 200
　　贷:库存现金　　　　　　　　　　　　　　　　　1 200

(5) 4月28日,出租包装物收入租金300元,收入押金500元。

借:库存现金　　　　　　　　　　　　　　　　　　800
　　贷:其他业务收入——出租包装物和商品　　　　　300
　　　　其他应付款——包装物押金　　　　　　　　　500

(6) 4月30日,销售材料得货款700元,增值税销项税额119元,共计收入现金819元。

借:库存现金　　　　　　　　　　　　　　　　　　819
　　贷:其他业务收入——销售材料　　　　　　　　　700
　　　　应交税费——应交增值税(销项税额)　　　　　119

2. 库存现金的明细分类核算

为了加强对库存现金的管理,随时掌握库存现金收付的动态和库存余额,保证库存现金的安全,企业必须设置"库存现金日记账"。"库存现金日记账"的格式一般采用三栏式(如表3-1所示),由出纳人员根据审核无误的库存现金收款凭证、库存现金付款凭证,按照库存现金业务发生的先后顺序,逐日逐笔登记,每日终了,应计算全天的库存现金收入合计数、库存现金支出合计数和库存现金结余数,并将结余数与实际库存数进行核对,做到账款相符。如果发现账款不符,应及时查明原因进行处理。月份终了,"库存现金日记账"的余额应与"库存现金"总账的余额核对相符。例3-1的经济业务登记如表3-1所示。

表3-1　　　　　　　　　　　　　库存现金日记账

201×年		凭证		摘要	借方	贷方	借或贷	余额
月	日	字	号					
4	1			期初余额			借	500
4	1	银付	1	提现	17 000		借	17 500
4	2	现付	2	购买原材料		11 700	借	5 800
4	12	现付	3	购买办公用品		80	借	5 720
4	20	现付	4	王强借差旅费		1 200	借	4 520
4	28	现收	5	收包装物租金和押金	800		借	5 320
4	30	现收	6	销售材料	819		借	6 139
4	30			本月合计	18 619	12 980	借	6 139

3. 库存现金清查的核算

库存现金清查是指对库存现金的盘点与核对,包括出纳人员每日终了前进行的库存现金账款核对和清查小组进行的定期或不定期的库存现金盘点与核对。库存现金清查一般采用实地盘点法。清查小组清查时,出纳人员必须在场。清查的内容主要是检查是否挪用库存现金、"白条抵库"、超限额留存现金以及账款是否相符等。对于库存现金清查的结果,应编制"库存现金盘点报告表"。

有外币库存现金的企业,应当按人民币和各种外币分别设置"库存现金日记账"进行明细核算。

出纳人员在每日终了或单位在定期和不定期的库存现金清查中,发现库存现金溢缺时,在查明溢缺原因之前,应通过"待处理财产损溢"科目核算:属于库存现金短缺,按实际短缺金额,借记"待处理财产损溢"科目,贷记"库存现金"科目;属于库存现金溢余,按实际溢余金额,借记"库存现金"科目,贷记"待处理财产损溢"科目。待查明溢缺原因后做如下处理:

(1) 若为库存现金短缺,属于应由责任人赔偿或保险公司赔偿的部分,借记"其他应收款"科目,贷记"待处理财产损溢"科目。属于无法查明的其他原因,借记"营业外支出"科目,贷记"待处理财产损溢"科目。

(2) 若为库存现金溢余,属于应支付给有关人员或单位的,应借记"待处理财产损溢"科目,贷记"其他应付款"科目。属于无法查明原因的溢余部分,经批准后,借记"待处理财产损溢"科目,贷记"营业外收入"科目。

【例3-2】珠江公司201×年4月30日的库存现金日记账的账面余额为6 139元,而盘点库存现金时,发现实际金额为6 339元。5月3日,查明多余库存现金100元为应付职工张一之的津贴款。另外100元无法查明原因,经批准后,转作营业外收入。企业的账务处理如下:

(1) 4月30日：
借：库存现金　　　　　　　　　　　　　　　　　　200
　　贷：待处理财产损溢　　　　　　　　　　　　　　　　　200
(2) 5月3日：
借：待处理财产损溢　　　　　　　　　　　　　　　　200
　　贷：其他应付款——张一之　　　　　　　　　　　　　　100
　　　　营业外收入　　　　　　　　　　　　　　　　　　　100

【例3-3】珠江公司201×年5月31盘点库存现金时，发现库存现金短缺200元。经查明原因，应由出纳赔偿50元，其余150元不能确定原因，6月2日，经批准转作营业外支出。企业的账务处理如下：

(1) 5月31日：
借：待处理财产损溢　　　　　　　　　　　　　　　　200
　　贷：库存现金　　　　　　　　　　　　　　　　　　　　200
(2) 6月2日：
借：其他应收款——出纳员　　　　　　　　　　　　　　50
　　营业外支出——盘亏损失　　　　　　　　　　　　　150
　　贷：待处理财产损溢　　　　　　　　　　　　　　　　　200

第二节　银行存款

一、银行存款管理制度

银行存款就是企业存入银行或其他金融机构的各种款项。企业根据业务的需要，在银行开设账户进行存款、取款和各种收支转账业务的结算。

1. 银行存款开户的有关规定

企业的银行存款账户分为基本存款账户、一般存款账户、专用存款账户、临时存款账户四种。企业只能选择一家银行的一个营业机构开立一个基本存款账户，主要用于办理日常转账结算和工资、奖金和库存现金的支取。

一般存款账户是存款人因借款或其他结算需要，在基本存款账户开户银行以外的银行营业机构开立的银行结算账户，用于办理存款人借款转存、借款归还和其他结算的资金收付。该账户可以办理库存现金缴存，但不得办理库存现金支取。

专用存款账户是存款人按照法律、行政法规和规章，对其特定用途资金进行专项管理和使用而开立的银行结算账户，用于办理各项专用资金的收付。

临时存款账户是存款人因临时需要并在规定期限内使用而开立的银行结算账户，用于办理临时机构以及存款人临时经营活动发生的资金收付。

企业在银行开立账户后，可到开户银行购买各种银行往来使用的凭证（如送款单、进账单、现金支票、转账支票等），用以办理银行存款的收付款项。

2. 银行结算纪律和原则

（1）结算纪律。单位和个人办理支付结算，不准签发没有资金保证的票据或远期支票，套取银行信用；不准签发、取得和转让没有真实交易和债权债务的票据，套取银行和他人资金；不准无理拒绝付款，任意占用他人资金；不准违反规定开立和使用账户。

（2）结算原则。《支付结算办法》规定了单位、个人和银行办理支付结算必须遵守的原则：恪守信用，履约付款；谁的钱进谁的账，由谁支配；银行不垫款。

《支付结算办法》还规定了结算行为中的各方对其各种违规行为应承担的责任，包括民事责任、行政责任乃至刑事责任。

二、银行结算方式

结算方式是指用一定的形式和条件来实现企业间或企业与其他单位和个人间货币收付的程序和方法，分为库存现金结算和支付结算两种。企业除按规定的范围使用库存现金结算外，大部分货币收付业务应使用支付结算。

目前采用的支付结算方式有：银行汇票、商业汇票、银行本票、支票、信用卡、汇兑、委托收款、异地托收承付和信用证共九种。

1. 银行汇票

银行汇票是汇款人（单位或个人）将款项交存当地银行，由银行签发给汇款人持往异地办理转账结算或支取库存现金的票据。银行汇票以银行信用为基础，属于银行票据，出票人和付款人都是出票银行，具有较高的信誉。为了方便申请人的使用，银行汇票还专门设置了实际结算金额栏，在交易过程中，可根据实际需要在出票金额以内填写实际结算金额，受到法律保护。银行汇票具有使用灵活、票随人到、兑现性强等特点，适用于先收款后发货或钱货两清的商品交易。银行汇票的使用范围较广，单位和个人的各种款项结算，均可使用银行汇票。

汇款人使用银行汇票，应向出票银行填写"银行汇票申请书"，详细列明汇款人名称或姓名、汇款人账号或住址、用途、汇款金额、收款人名称或姓名、收款人账号或住址、代理付款行等事项并签章，签章为其预留银行的印鉴，并将款项交存银行。出票银行受理银行汇票申请书，收妥款项后签发银行汇票。如需支取库存现金的，应在汇票的"汇款金额"栏填明"现金"字样后再填写汇款金额，并用压数机压印出票金额，将"银行汇票"和"解讫通知"一并交给汇款人。

收款企业在收到付款单位送来的银行汇票时，应在出票金额以内，根据实际需要的款项办理结算，并将实际结算金额和多余金额准确、清晰地填入银行汇票和解讫通知的有关栏内，银行汇票的实际结算金额低于出票金额的，其多余金额由出票银行退交汇款人。收款企业还应填写进账单，并在汇票背面"持票人向银行提示付款签章"处签章，签章应与预留银行的印鉴相同，然后，将"银行汇票"和"解讫通知"、进账单一并交汇入银行办理结算，银行审核无误后，办理转账。

银行汇票一律记名，可以背书转让。背书是指在票据背面或者粘单上记载有关事项并签章的票据行为。汇款人取得银行汇票后即可持银行汇票向汇票中所填明的收款单位办理结算。银行汇票的收款人还可以将银行汇票背书转让给他人。背书转让以不超过出票金额为限。未填写实际结算金额或实际结算金额超过出票金额的银行汇票不得背书转让。

银行汇票可以用于转账，填明"现金"字样的银行汇票也可以用于支取库存现金。银行汇票的提示付款期为1个月，即自出票日起1个月内（按次月对日计算）。逾期的银行汇票送兑付银行不予受理。银行汇票见票即付。填明"现金"字样和代理付款行的银行汇票丢失，失票人可以向银行申请挂失，或者向法院申请公示催告或提起诉讼。但未填明"现金"字样和代理付款行的银行汇票丢失不得挂失。银行汇票金额起点为500元。

2. 商业汇票

商业汇票是由收款人或付款人（或承兑申请人）签发，由承兑人承兑，并于到期日向收款人或被背书人支付款项的票据。商业汇票签发的前提是在银行开立存款账户的法人与其他组织之间具有真实的交易关系或债权或债务关系。商业汇票同城异地均可以使用。

商业汇票的承兑是指汇票付款人承诺在汇票到期日支付汇票金额的票据行为。商业汇票的承兑期限由交易双方商定，但最长不得超过6个月。商业汇票的提示付款期限为自汇票到期日起10日内。汇票的承兑人负有在汇票到期时无条件支付票款的责任。付款人应当自收到提示承兑的汇票之日起3日内承兑或者拒绝承兑。付款人拒绝的，必须出具拒绝承兑的证明。

存款人领购商业汇票，必须填写"票据和结算凭证领用单"，并加盖预留银行印鉴，存款账户结清时，必须将剩余的空白商业汇票全部交回银行注销。

商业汇票一律记名。商业汇票可以进行背书转让。符合条件的商业承兑汇票的持票人可持未到期的商业承兑汇票连同贴现凭证，向银行申请贴现。

按承兑人的不同，商业汇票分为商业承兑汇票和银行承兑汇票。商业承兑汇票是由银行以外的付款人（购货企业）承兑的商业汇票，银行承兑汇票则是由银行承兑的商业汇票。

商业承兑汇票是指由收款人签发，付款人承兑，或由付款人签发并承兑的票据。商业承兑汇票按双方约定签发。由收款人签发的商业承兑汇票应交付款人承兑，由付款人签发的商业承兑汇票应经付款人本人承兑。付款人须在商业承兑汇票正面签署"承兑"字样和承兑日期，签章后将商业承兑汇票交给收款人。承兑不得附有条件，否则视为拒绝承兑。商业承兑汇票的承兑人是付款方，因此，付款人应于商业承兑汇票到期日之前准备好足够资金交存其开户银行，开户银行根据收到的到期商业承兑汇票将款项转给收款人、被背书人或贴现银行。如果汇票到期，付款人的存款户余额不足支付，其开户银行将商业承兑汇票退还给收款人的开户行交给收款人，由其自行处理，同时，银行按规定对付款人处以一定金额的罚款；如商业承兑汇票到期前已办理贴现，贴现银行则将已贴现的商业承兑汇票退还给贴现人，并对贴现人执行扣款，扣款不足按逾期贷款处理，同时对付款人处以罚款。

银行承兑汇票是由收款人或承兑申请人签发，并由承兑申请人向其开户银行申请，经银行审查同意承兑的票据。签发银行承兑汇票，承兑银行按汇票金额的大小向承兑申请人收取一定的承兑手续费（票面金额的0.5‰）。银行承兑汇票到期时，承兑银行按承兑协议以及票据无条件将款项付给收款人、被背书人或贴现银行，随后向承兑申请人收回票款。如果汇票到期，承兑申请人付款不足，承兑银行对承兑申请人实行扣款，扣款不足部分按逾期贷款处理，同时对承兑申请人尚未支付的汇票金额按照每天 0.5‰ 计收罚息。

商业汇票到期时，收款人应填制进账单，连同商业汇票、解讫通知一并送交银行办理收款。

3. 银行本票

银行本票是申请人将款项交存银行，由银行签发以办理转账结算或支取库存现金的票据，适用于同城办理转账结算或支取库存现金。单位和个人在同一票据交换区域需要支付各种款项，均可以使用银行本票。银行本票对于企事业单位和个人在同城范围办理转账结算具有明显的优点，对于促进我国的经济发展将起到重要的作用。为此，《中华人民共和国票据法》（以下简称《票据法》）以法律的形式确立了银行本票的法律地位。

银行本票分为定额本票和不定额本票两种。定额银行本票面额为 1 000 元、5 000 元、10 000 元和 50 000 元。在票面划去转账字样的，为现金本票。银行本票的提示付款期限自出票日起最长不得超过 2 个月。在付款期内银行本票见票即付。

申请人使用银行本票，应向银行填写"银行本票申请书"，填明收款人名称、申请人名称、支付金额、申请日期等事项并签章。申请人或收款人为单位的，不得申请签发现金银行本票。出票银行受理银行本票申请书，收妥款项签发银行本票。不定额银行本票用压数机压印出票金额。出票银行在银行本票上签章后交给申请人。

申请人取得银行本票后，即可向该票所填明的收款单位办理结算。收款单位可以根据需要在票据交换区域内背书转让银行本票。

收款企业在收到银行本票时，应该在提示付款时在本票背面"持票人向银行提示付款签章"外加盖预留银行印鉴，同时填写进账单，连同银行本票一并交开户银行转账。

4. 支票

支票是银行的存款人签发给收款人办理结算或委托开户行将款项支付给收款人的票据。

支票结算方式是同城结算中应用比较广泛的一种结算方式。单位和个人在同一票据交换区域的各种款项（包括商品交易、劳务供应、其他款项）结算，均可以使用支票。支票由银行统一印制，支票上印有"库存现金"字样的为现金支票，现金支票只能用于支取库存现金；支票上印有"转账"字样的为转账支票，转账支票只能用于转账。支票上未印有"库存现金"或"转账"字样的为普通支票，普通支票既可以用于支取现金，也可以用于转账。在普通支票左上角划两条平行线的，为划线支票，划线支票只能用于转账，不得支取现金。

支票的提示付款期为自出票日起 10 日内，中国人民银行另有规定的除外。超过提示付款期的，持票人开户银行不予受理，付款人不予付款。支票一律记名，转账支票可以根据需要在票据交换区域内背书转让。

存款人领购支票，必须填写"票据和结算凭证领用单"并加盖预留银行印鉴。存款账户结清时，必须将剩余的空白支票全部交回银行注销。

出票人不得签发空头支票，签发空头支票的，银行除退票外，还按票面金额处以5%但不低于1 000元的罚款。持票人有权要求出票人赔偿支票金额2%的赔偿金。签发支票时，应使用蓝黑墨水，将支票上的各种要素填写齐全，并在支票上加盖预留银行的印鉴。出票人预留银行的印鉴是银行审核支票的依据。银行也可以与出票人约定使用支票密码，作为银行审核支付支票金额的条件。

5．信用卡

信用卡是指商业银行向个人和单位发行的，凭此向特约单位购物、消费和向银行存取现金，且具有消费信用的特制载体卡片。

信用卡按使用对象分为单位卡和个人卡，按信誉等级分为金卡和普通卡。

凡在中国境内金融机构开立基本存款户的单位可以申领单位卡。单位卡可申领若干张，持卡人资格由法定代表人或其委托的代理人书面指定和注销，持卡人不得出租或转借信用卡。单位卡账户的资金一律从其基本存款账户转账存入，在使用过程中，需要向其账户续存现金的，也一律从其基本存款账户转入，不得交存现金，不得将销货收入的款项存入其账户。单位卡一律不得用于10万元以上的商品交易、劳务供应款项的结算，不得支取现金。个人卡账户的资金以其持有的现金存入或以其工资性款项及属于个人的劳务报酬收入转账存入。严禁将单位的款项存入个人卡账户。

信用卡在规定的限额和期限内允许善意透支，透支额金卡最高不得超过10 000元，普通卡最高不得超过5 000元，透支期限最长为60天。透支利息，自签单之日或银行记账日起15日内按日息0.5‰计算，超过15日按日息1‰计算，超过30日或透支金额超过规定限额的，按日息1.5‰计算。透支计算不分段，按最后期限或者最高透支额的最高利率档次计息。超过规定限额或规定期限，并且经发卡银行催收无效的透支行为称为恶意透支。持卡人使用信用卡不得发生恶意透支。

单位或个人申领信用卡，应按规定填制申请表，连同有关资料一并送交发卡银行。符合条件并按银行要求交存一定金额的备用金后，银行为申领人开立信用卡存款账户，并发给信用卡。

企业如不需要继续使用信用卡，应持单位卡主动到发卡银行办理销户。销户时，信用卡上余额应转入基本存款账户，不得提取现金。

6．汇兑

汇兑是汇款人委托银行将其款项汇给外地收款人的结算方式。单位和个人的各种款项的结算，均可使用汇兑结算方式。

汇兑分为信汇、电汇两种。信汇是指汇款人委托银行通过邮寄方式将款项划转给收款人。电汇是指汇款人委托银行通过电报将款项划给收款人。这两种方式由汇款人根据需要选择使用。汇兑结算方式适用于异地之间的各种款项结算，其优点是划拨款项简便、灵活。

企业采用这一结算方式，付款单位汇出款项时，应填写银行印发的汇款凭证，列明收款单位名称、汇款金额及汇款的用途等项目，送达开户银行，委托银行将款项汇往收汇银行。收汇银行将汇款收进收款单位存款账户后，向收款单位发出收款通知。

7. 委托收款

委托收款是收款人委托银行向付款人收取款项的结算方式。单位和个人凭已承兑商业汇票、债券、存单等付款人债务证明办理款项的结算，均可以使用委托收款结算方式。委托收款在同城、异地均可以使用。委托收款还适用于收取电费、电话费等付款人众多、分散的公用事业费等有关款项。

委托收款结算款项的划回方式，分邮寄和电报两种，由收款人选用。收款人办理委托收款应向银行提交委托收款凭证和有关的债务证明。在委托收款凭证上写明付款单位的名称、收款单位名称、账号及开户银行，委托收款金额的大小写，款项内容，委托收款凭据名称并附寄单证张数等。企业的开户银行受理委托收款后，将委托收款凭证寄交付款单位开户银行，由付款单位开户银行审核，并通知付款单位。

付款单位收到银行交给的委托收款凭证及债务证明，应签收并在3天之内审查债务证明是否真实，是否是本单位的债务，确认之后通知银行付款。

付款单位应在收到委托收款的通知次日起3日内，主动通知银行是否付款。如果不通知银行，银行视同企业同意付款并在第4日银行开始营业时，将款项主动划给收款人开户银行。

付款人在3日内审查有关债务证明后，认为债务证明或与此有关的事项符合拒绝付款的规定，应出具拒绝付款理由书和委托收款凭证第五联及持有的债务证明，并送交银行，向银行提出拒绝付款，由银行将拒绝付款理由书和有关单证寄给收款人开户银行转交收款人。

付款人在付款期满日营业终了前，若无足够的资金支付全部款项，即为无款支付，银行于次日上午开始营业时，通知付款人将有关单证在2日内退回开户银行，由银行将有关凭证连同单证退回收款人开户行转交收款人。

8. 异地托收承付

异地托收承付是根据购销合同由收款人发货后委托银行向异地付款人收取款项，由付款人向银行承认付款的结算方式。使用异地托收承付结算方式的收款单位和付款单位，必须是国有企业、供销合作社以及经营管理较好，并经开户银行审查同意的城乡集体所有制工业企业。办理异地托收承付结算的款项，必须是商品交易，以及因商品交易而产生的劳务供应的款项。代销、寄销、赊销商品的款项，不得办理托收承付结算。

托收承付结算款项的划回方法，分为邮寄和电报两种，由收款人根据需要选用。收款单位办理托收承付，必须具有商品发出的证件或其他证明。托收承付结算每笔的金额起点为10 000元。新华书店系统每笔的金额起点为1 000元。

采用托收承付结算方式时，购销双方必须签有符合《中华人民共和国合同法》（以下简称《合同法》）的购销合同，并在合同上订明使用托收承付结算方式。收付双方办理托收承付结算，必须重合同、守信用。收款人对同一付款人发货托收累计3次收不回货款的，收款人开户银行应暂停收款人向该付款人办理托收；付款人累计3次提出无理拒付的，付款人开户银行应暂停其向外办理托收。销货企业按照购销合同发货后，应填写托收承付凭证，盖章后连同发运的证件（包括铁路、航运、公路等运输部门签发的运单、运单副本和邮局包裹回执）或其他符合托收承付结算的有关证明和交易单证送交开户银行办理托收手续。

销货企业开户银行接受委托后,将托收结算凭证回单联退给企业,作为企业进行账务处理的依据,并将其他结算凭证寄往付款单位开户银行,由付款单位开户银行通知付款单位承认付款。

购货企业收到托收承付结算凭证和所附单据后,应立即审核是否符合订货合同的规定。按照《支付结算办法》的规定,承付货款分为验单付款与验货付款两种,这在双方签订合同时约定。验单付款是购货企业根据经济合同对银行转来的托收结算凭证、发票账单、托运单及代垫运杂费等单据进行审查无误后,即可承认付款。为了便于购货企业对凭证的审核和筹措资金,结算办法规定承付期为 3 天,从付款人开户银行发出承付通知的次日算起(承付期内遇节假日顺延)。购货企业在承付期内,未向银行表示拒绝付款,银行视作承付,并在承付期的次日上午银行开始营业时,将款项主动从付款人的账户内按照销货企业指定的划款方式,划给销货企业。验货付款是购货企业待货物运达企业,对其进行检验与合同完全相符后才承认付款。为了满足购货企业组织验货的需要,结算办法规定承付期为 10 天,从运输部门向购货企业发出提货通知的次日算起。承付期内购货企业未表示拒绝付款的,银行视为同意承付,于 10 天期满的次日上午银行开始营业时,将款项划给收款人。

在承付期内,如果购货企业发现与购销合同不符,应在承付期满之前向银行提出全部或部分拒绝付款,并填写"拒绝付款理由书",注明拒绝付款理由。银行同意部分或全部拒绝付款的,应在拒绝付款理由书上签注意见,并将拒绝付款理由书、拒付证明、拒付商品清单和有关单证寄收款人开户银行交销货企业。

9. 信用证

信用证是指开证行依照申请人(付款人)的申请,向受益人(收款人)开出的在一定期限内凭符合信用证条款的单据支付的付款承诺。信用证结算方式是国际结算的一种主要方式。经中国人民银行批准经营结算业务的商业银行总行以及经商业银行总行批准开办信用证结算业务的分支机构,也可以办理国内企业之间商品交易的信用证结算业务。

采用信用证结算方式的,收款单位收到信用证后,即备货装运,签发有关发票账单,连同运输单据和信用证,送交银行,根据退还的信用证等有关凭证编制收款凭证;付款单位在接到开证行的通知时,根据付款的有关单据编制付款凭证。

信用证开立方式可采用信开和电开两种。信开信用证,应由开证行加盖信用证专用章和经办人名章并加编密押,寄送通知行;电开信用证,应由开证行加编密押,以电传方式发送通知行。信用证只限于转账结算,不得支取现金。

三、银行存款的核算

1. 银行存款的总分类核算

为了总括地反映企业银行存款的收入、支出和结存情况,企业应设置"银行存款"科目,该科目属于资产类科目,其借方登记企业银行存款的增加数,贷方登记企业银行存款的减少数,期末余额在借方,反映企业银行存款的结余额。企业在银行的其他存款,如外埠存款、银行本票存款、银行汇票存款、信用卡存款、信用证存款等,在

"其他货币资金"科目核算,不通过"银行存款"科目核算。

银行存款总分类账可以根据银行存款的收付款凭证和库存现金付款凭证直接登记,也可以根据实际情况,采用科目汇总表或汇总记账凭证的核算形式,根据科目汇总表或汇总记账凭证定期或月终登记,还可以根据多栏式银行存款日记账汇总登记。"银行存款"总分类账与"库存现金"总分类账一样,应由不从事出纳工作的会计人员负责登记。

企业收入银行存款时,借记"银行存款"科目,贷记相关科目。企业提取现金和支出银行存款时,借记"库存现金"科目和相关科目,贷记"银行存款"科目。

【例3-4】珠江公司201×年8月31日的"银行存款"科目余额为92 000元,9月份发生如下银行存款业务,分别进行账务处理。

(1) 9月1日,将库存现金15 000元存入银行。

  借:银行存款   15 000
    贷:库存现金   15 000

(2) 9月6日,销售商品货款20 000元,增值税销项税额3 400元,共计23 400元,收到转账支票一张。

  借:银行存款   23 400
    贷:主营业务收入——销售商品   20 000
      应交税费——应交增值税(销项税额) 3 400

(3) 9月16日,签发转账支票一张,支付前欠A公司的购货款18 000元。

  借:应付账款——A公司   18 000
    贷:银行存款   18 000

(4) 9月30日,以银行存款支付职工工资60 000元。

  借:应付职工薪酬——工资   60 000
    贷:银行存款   60 000

2. 银行存款的明细分类核算

为了加强对银行存款的管理,随时掌握银行存款收付的动态和结余情况,企业应设置"银行存款日记账",进行银行存款的明细分类核算。由企业的出纳人员根据银行收款凭证、付款凭证及所附的有关原始凭证,按照经济业务发生的先后顺序逐日逐笔登记,每日终了,应结出账面余额。例3-4中的业务登记银行存款日记账见表3-2。

表3-2   银行存款日记账

201×年		凭证		摘要	结算凭证		借方	贷方	借或贷	余额
月	日	字	号		种类	号数				
9	1			期初余额					借	92 000
9	1	银付	1	现存	进账单	3312	15 000		借	107 000
9	6	银收	2	销售商品	转支	2078	23 400		借	130 400
9	16	银付	3	支付A公司货款	转支	7867		18 000	借	112 400
9	30	银付	4	支付本月工资				60 000	借	52 400
9	30			本月合计			38 400	78 000	借	52 400

银行存款日记账，应按银行或其他金融机构的名称、存款种类分别设置。有外币存款的企业，应分别按人民币存款和外币存款进行明细分类核算。

3．银行存款的核对

为了保证银行存款的安全与完整以及核算的正确性，出纳人员应定期对银行存款日记账与银行转来的对账单逐笔核对（每月至少核对一次），保证账实相符。若不相符，其原因主要有以下两种：

（1）企业或银行记账发生错误。如借贷方记错、金额错误、账目漏记和重记等。对于记账错误，属于企业发生的错误，应及时予以更正；属于银行发生的错误，应立即通知银行核查更正。

（2）存在未达账项。所谓未达账项，是指银行与企业之间，由于结算凭证传递上的时间差，导致一方已入账而另一方尚未入账的款项。未达账项主要有以下四种情况：

① 银行已经收款入账，而企业尚未收款入账的款项；
② 银行已经付款入账，而企业尚未付款入账的款项；
③ 企业已经收款入账，而银行尚未收款入账的款项；
④ 企业已经付款入账，而银行尚未付款入账的款项。

上述任何一种未达账项的存在，都会导致企业银行存款日记账余额与银行对账单的余额不一致。对于未达账项，应编制"银行存款余额调节表"进行调节。

银行存款余额调节表是在企业银行存款日记账余额与银行对账单余额的基础上加减双方的未达账项，使其达到平衡。其计算公式如下：

企业银行存款日记账余额＋银行已收入账企业尚未入账的款项－银行已付入账企业尚未入账的款项＝银行对账单余额＋企业已收入账银行尚未入账的款项－企业已付入账银行尚未入账的款项

需要说明的是，"银行存款余额调节表"主要是用来核对企业与银行双方的记账有无差错，不能作为记账的依据。对于因未达账项而使双方账面余额出现的差异，无须作账面调整，待结算凭证到达后再进行账务处理，登记入账。

现举例说明"银行存款余额调节表"的编制。

【例3-5】珠江公司201×年6月银行存款日记账和银行对账单分别如表3-3、表3-4所示。

表3-3　　　　　　　　　　银行存款日记账

201×年		凭证号码	摘要	借方	贷方	借或贷	余额
月	日						
6	（略）	（略）	承前页			借	77 640
			支付材料款（转支4321）		22 375	借	55 265
			收到货款（托收）	19 800		借	75 065
			收到货款（转支7268）	14 720		借	89 785
			兑付设备款（商业汇票）		15 240	借	74 545
			收到货款（转支8811）	18 854		借	93 399
			支付材料款（转支4322）		11 220	借	82 179
			提现（现4680）		401	借	81 778

表 3-4　　　　　　　　　　　　　　银行对账单

201×年		凭证号码	摘要	借方	贷方	借或贷	余额
月	日						
6	(略)	(略)	承前页			贷	77 640
			收到货款（托收）		19 800	贷	97 440
			支付材料款（转支 4321）	22 375		贷	75 065
			兑付设备款（商业汇票）	15 240		贷	59 825
			托收收到货款		17 648	贷	77 473
			收到货款（转支 7268）		14 720	贷	92 193
			短期借款计息	2 460		贷	89 733
			提现（现 4680）	401		贷	89 332

经过逐笔核对，有未达账项 4 笔，据以编制银行存款余额调节表如表 3-5 所示。

表 3-5　　　　　　　　　　　　银行存款余额调节表

项目	金额	项目	金额
企业银行存款日记账余额	81 778	银行对账单余额	89 332
加：银行已收入账企业尚未入账	17 648	加：企业已收入账银行尚未入账	18 854
减：银行已付入账企业尚未入账	2 460	减：企业已付入账银行尚未入账	11 220
调节后的余额	96 966	调节后的余额	96 966

第三节　其他货币资金

其他货币资金是指企业除库存现金、银行存款以外的其他各种货币资金，包括外埠存款、银行汇票存款、银行本票存款、信用卡存款、信用证保证金存款和存出投资款等。由于这些资金的存放地点和用途都与库存现金和银行存款不同，因此在会计上作为其他货币资金进行单独核算。

为了总括地反映和监督其他货币资金的收、支和结存情况，企业应设置"其他货币资金"科目。该科目属于资产类科目，其借方登记企业其他货币资金的增加额，贷方登记企业其他货币资金的减少额，期末余额在借方，表示企业其他货币资金的结余额。为了分别反映和监督各项其他货币资金的收、支和结存情况，应按其他货币资金的种类分设"外埠存款"、"银行汇票"、"银行本票"、"信用卡"、"信用证"和"存出投资款"等明细分类科目，进行明细分类核算。

一、外埠存款

外埠存款是指企业到外地进行临时或零星采购时，汇往采购地银行开立采购专户的款项。企业将款项委托当地银行汇往采购地开立专户时，根据汇出款项凭证，编制付款凭证，进行账务处理，借记"其他货币资金——外埠存款"科目，贷记"银行存款"科目。

外出采购人员报销用外埠存款支付材料的采购货款等款项时，企业应根据供应单位发票账单等报销凭证，编制付款凭证，借记"材料采购"或"原材料"、"库存商品"、"应交税费——应交增值税（进项税额）"等科目，贷记"其他货币资金——外埠存款"科目。

采购员完成采购任务，将多余的外埠存款转回当地银行时，应根据银行的收款通知，编制收款凭证，借记"银行存款"科目，贷记"其他货币资金——外埠存款"科目。

【例3-6】珠江公司在外埠存款账户存入50 000元。采购员以外埠存款购买原材料，材料价款40 000元，增值税进项税6 800元，材料尚未收到。采购结束，将多余的资金3 200元转回原开户银行。公司的账务处理如下：

（1）开设外埠存款账户时：
借：其他货币资金——外埠存款　　　　　　　　　　　　50 000
　　贷：银行存款　　　　　　　　　　　　　　　　　　　　50 000

（2）收到供货单位发票时：
借：材料采购——原材料　　　　　　　　　　　　　　　40 000
　　应交税费——应交增值税（进项税额）　　　　　　　　6 800
　　贷：其他货币资金——外埠存款　　　　　　　　　　　46 800

（3）将多余的资金3 200元转回原开户银行时：
借：银行存款　　　　　　　　　　　　　　　　　　　　3 200
　　贷：其他货币资金——外埠存款　　　　　　　　　　　3 200

二、银行汇票存款

银行汇票存款是指企业为取得银行汇票，按照规定存入银行的款项。

企业应向银行填送"银行汇票申请书"并将款项交存开户银行，取得银行汇票后，根据银行盖章退回的申请书存根联，编制付款凭证，借记"其他货币资金——银行汇票"科目，贷记"银行存款"科目。

企业使用银行汇票支付款项后，应根据发票账单等有关凭证，经核对无误后编制会计分录，借记"材料采购"或"原材料"、"库存商品"、"应交税费——应交增值税（进项税额）"等科目，贷记"其他货币资金——银行汇票"科目。银行汇票使用完毕，应转销"其他货币资金——银行汇票存款"科目。如实际采购支付后银行汇票有多余款或因汇票超过付款期等原因而退回款项时，应根据开户行转来的银行汇票第四联（多余款收账通知），借记"银行存款"科目，贷记"其他货币资金——银行汇票"科目。

【例3-7】珠江公司向开户银行申请银行汇票，按要求填写了"银行汇票申请书"，取得银行汇票，金额为30 000元。使用汇票购买原材料，原材料价款20 000元，增值税进项税额3 400元。之后将余款6 600元退还，收妥入账。公司的账务处理如下：

（1）取得银行汇票时：

借：其他货币资金——银行汇票　　　　　　　　　　　　30 000
　　贷：银行存款　　　　　　　　　　　　　　　　　　　　　30 000

（2）购买商品并取得发票时：

借：材料采购——原材料　　　　　　　　　　　　　　　20 000
　　应交税费——应交增值税（进项税额）　　　　　　　　3 400
　　贷：其他货币资金——银行汇票　　　　　　　　　　　　23 400

（3）将余额退还时：

借：银行存款　　　　　　　　　　　　　　　　　　　　　6 600
　　贷：其他货币资金——银行汇票　　　　　　　　　　　　6 600

三、银行本票存款

银行本票存款是指企业为取得银行本票按规定存入银行的款项。

企业向银行提交"银行本票申请书"并将款项交存银行，取得银行本票后，应根据银行盖章退回的申请书存根联，编制付款凭证，借记"其他货币资金——银行本票"科目，贷记"银行存款"科目。企业使用银行本票支付购货款等款项后，应根据发票账单等有关凭证，借记"材料采购"或"原材料"、"库存商品"、"应交税费——应交增值税（进项税额）"等科目，贷记"其他货币资金——银行本票"科目。如企业因本票超过付款期等原因而要求银行退款时，应填制进账单一式两联，连同本票一并交银行，根据收回本票时盖章退回的进账单第一联，借记"银行存款"科目，贷记"其他货币资金——银行本票"科目。

【例3-8】珠江公司填制"银行本票申请书"，向其开户银行申请金额为40 000元的银行本票，银行于当日签发。公司使用本票购买原材料，材料价款30 000元，增值税进项税5 100元。收款单位将多余额退还，珠江公司收妥存入开户银行。公司的账务处理如下：

（1）取得银行本票时：

借：其他货币资金——银行本票　　　　　　　　　　　　40 000
　　贷：银行存款　　　　　　　　　　　　　　　　　　　　　40 000

（2）购买原材料时：

借：材料采购——原材料　　　　　　　　　　　　　　　30 000
　　应交税费——应交增值税（进项税额）　　　　　　　　5 100
　　贷：其他货币资金——银行本票　　　　　　　　　　　　35 100

（3）将余额退还开户银行时：

借：银行存款　　　　　　　　　　　　　　　　　　　　　4 900
　　贷：其他货币资金——银行本票　　　　　　　　　　　　4 900

四、信用卡存款

信用卡存款是指企业为取得信用卡按照规定存入银行的款项。

企业应按规定填制申请表,连同支票和有关资料一并送交发卡银行,根据银行盖章退回的进账单第一联,借记"其他货币资金——信用卡"科目,贷记"银行存款"科目。企业用信用卡购物或支付有关费用,借记有关科目,贷记"其他货币资金——信用卡"科目。企业在信用卡使用过程中,需要向其他账户续存资金的,按实际续存的金额,借记"其他货币资金——信用卡"科目,贷记"银行存款"科目。

【例3-9】珠江公司向其开户银行申请领用信用卡,存入50 000元。公司使用信用卡支付原材料价款2 000元,增值税进项税340元。公司的账务处理如下:

(1) 开立信用卡时:

借:其他货币资金——信用卡　　　　　　　　　　　　　　50 000
　　贷:银行存款　　　　　　　　　　　　　　　　　　　　　50 000

(2) 支付材料价款时:

借:材料采购——原材料　　　　　　　　　　　　　　　　2 000
　　应交税费——应交增值税(进项税额)　　　　　　　　　　340
　　贷:其他货币资金——信用卡　　　　　　　　　　　　　2 340

五、信用证保证金存款

信用证保证金存款是指企业为取得信用证按规定存入银行的保证金。

企业向银行申请开立信用证,应按规定向银行提交开证申请书、信用证申请人承诺书和购销合同。企业向银行交纳保证金,根据银行退回的进账单第一联,借记"其他货币资金——信用证保证金"科目,贷记"银行存款"科目。根据开证行交来的信用证来单通知书及有关单据列明的金额,借记"材料采购"或"原材料"、"库存商品"、"应交税费——应交增值税(进项税额)"等科目,贷记"其他货币资金——信用证保证金"科目和"银行存款"科目。如果企业收到未用完的信用证保证金存款余额,应借记"银行存款"科目,贷记"其他货币资金——信用证保证金"科目。

【例3-10】珠江公司向其开户银行申请信用证,存入30 000元保证金。利用信用证购入原材料价款20 000元,增值税进项税3 400元,以信用证进行结算。公司的账务处理如下:

(1) 委托银行开出信用证时:

借:其他货币资金——信用证保证金　　　　　　　　　　　30 000
　　贷:银行存款　　　　　　　　　　　　　　　　　　　　　30 000

(2) 购买原材料时:

借:材料采购——原材料　　　　　　　　　　　　　　　　20 000
　　应交税费——应交增值税(进项税额)　　　　　　　　　3 400
　　贷:其他货币资金——信用证保证金　　　　　　　　　　23 400

六、存出投资款

存出投资款是指企业已存入证券公司，但尚未进行短期投资的货币资金。

【例3-11】 珠江公司将银行存款 300 000 元划入某证券公司，准备进行短期股票投资。成交某项股票，投资成本 100 000 元。公司的账务处理如下：

（1）划出投资款时：

借：其他货币资金——存出投资款　　　　　　　　　　　　　300 000
　　贷：银行存款　　　　　　　　　　　　　　　　　　　　　300 000

（2）购入股票时（短期）：

借：交易性金融资产——股票　　　　　　　　　　　　　　　100 000
　　贷：其他货币资金——存出投资款　　　　　　　　　　　　100 000

第四章 应收款项

第一节 应收票据

一、应收票据概述

(一) 应收票据的内容

应收票据是指企业因销售商品、提供劳务等而收到的商业汇票。商业汇票是一种由出票人签发的，委托付款人在指定日期无条件支付确定金额给收款人或者持票人的票据。

商业汇票的付款期限，最长不得超过 6 个月。定期付款的汇票付款期限自出票日起计算，并在汇票上记载具体到期日；出票后定期付款的汇票付款期限自出票日起按月计算，并在汇票上记载；见票后定期付款的汇票付款期限自承兑或拒绝承兑日起按月计算，并在汇票上记载。商业汇票的提示付款期限，自汇票到期日起 10 日内。符合条件的商业汇票的持票人，可以持未到期的商业汇票连同贴现凭证向银行申请贴现。

(二) 应收票据的分类

1. 根据承兑人不同，商业汇票分为商业承兑汇票和银行承兑汇票

商业承兑汇票是指由付款人签发并承兑，或由收款人签发交由付款人承兑的汇票。商业承兑汇票的付款人收到开户银行的付款通知，应在当日通知银行付款。付款人在接到通知的次日起 3 日内（遇法定休假日顺延）未通知银行付款的，视同付款人承诺付款，银行将于付款人接到通知的第 4 日（遇法定休假日顺延）上午开始营业时将票款划给持票人。付款人提前收到由其承兑的商业汇票，应通知银行于汇票到期日付款。银行在办理划款时，付款人存款账户不足支付的，银行应填制付款人未付票款通知书，连同商业承兑汇票邮寄持票人开户银行转交持票人。

银行承兑汇票是指由在承兑银行开立存款账户的存款人（这里也是出票人）签发的，由承兑银行承兑的票据。企业申请使用银行承兑汇票时，应向其承兑银行按票面金额的 5‰ 交纳手续费。银行承兑汇票的出票人应于汇票到期前，将票款足额交存其开户银行，承兑银行应在汇票到期日或到期日后的见票当日支付票款。银行承兑汇票的出票人于汇票到期前未能足额交存票款时，承兑银行除凭票向持票人无条件付款外，对出票人尚未支付的汇票金额按照每天 0.5‰ 计收利息。

2. 按照票据是否带息，商业汇票分为带息票据和不带息票据

带息票据是指商业汇票到期时，承兑人除向收款人或被背书人支付票面金额款外，

还应按票面金额和票据规定的利息率支付自票据生效日起至票据到期日止的利息的商业汇票。

不带息票据是指商业汇票到期时，承兑人只向收款人或被背书人支付票面金额款项的商业汇票。

（三）应收票据的到期日

应收票据的到期日是商业汇票出票时约定的付款日期。在会计实务中，票据的期限一般有按月表示和按日表示两种。

票据的期限按月表示时，票据的期限不考虑各月份实际天数的多少，统一按次月对日为整月计算。如2月3日签发的4个月期的商业汇票，到期日为6月3日。票据的期限按月表示时，带息票据的利息按月数和月利率计算。

票据的期限按日表示时，票据的期限不考虑月数，统一按票据的实际天数计算。在票据的签发日和承兑日这两天中，只计算其中一天。如3月3日签发的承兑期为180天的商业汇票，其到期日为8月30日。

二、应收票据的取得

企业收到商业汇票时，应按应收票据的票面金额，借记"应收票据"科目，贷记"主营业务收入"、"应交税费——应交增值税（销项税额）"、"应收账款"等科目。

【例4-1】 珠江公司某月内发生如下应收票据的业务：

（1）向华南公司销售商品一批，增值税专用发票上注明的商品价款为200 000元，增值税销项税额为34 000元。当日收到华南公司签发的期限为3个月不带息商业承兑汇票一张。珠江公司的账务处理如下：

借：应收票据——华南公司　　　　　　　　　　　　234 000
　　贷：主营业务收入——销售商品　　　　　　　　　　200 000
　　　　应交税费——应交增值税（销项税额）　　　　　34 000

（2）珠海公司所欠货款117 000元（其中产品价款100 000元，增值税17 000元），经协商采用商业汇票结算，收到对方开出的期限为2个月的商业承兑汇票一张。珠江公司的账务处理如下：

借：应收票据——珠海公司　　　　　　　　　　　　117 000
　　贷：应收账款——珠海公司　　　　　　　　　　　　117 000

三、应收票据持有期间的利息

企业所持有的带息票据，在票据到期之前，尽管利息尚未收到，但企业已经取得收利息的权利。如果应收票据的利息金额较大，对企业财务成果有较大影响的，应按月计提利息；如果应收票据的利息金额不大，对企业财务成果无较大影响的，可以于季末和年度终了时，按应收票据的票面价值和确定的利率计提票据利息。

计提利息时，借记"应收利息"科目，贷记"财务费用"科目。

应收票据利息＝应收票据票面金额×票面利率×期限

【例4-2】 珠江公司201×年9月1日销售一批产品给A公司，货已发出，增值税专用发票上注明的价款为 100 000 元，增值税销项税额为 17 000 元，当日收到 A 公司签发的期限为 6 个月的商业承兑汇票一张，票面利率为 8%。企业的账务处理如下：

（1）2006 年 9 月 1 日收到票据时：

借：应收票据——A 公司　　　　　　　　　　　　　　　　　117 000
　　贷：主营业务收入——销售商品　　　　　　　　　　　　　　100 000
　　　　应交税费——应交增值税（销项税额）　　　　　　　　　 17 000

（2）201×年 12 月 31 日计提利息时：

票据利息 = 117 000 × 8% × 4/12 = 3 120（元）

借：应收利息——A 公司　　　　　　　　　　　　　　　　　　 3 120
　　贷：财务费用——利息支出　　　　　　　　　　　　　　　　 3 120

四、应收票据到期

企业对持有的即将到期的商业汇票，应匡算划款时间，提前委托开户银行收款。对于不带息的商业汇票，到期值就是面值。带息商业汇票，到期值是本利和。用公式表示为：

带息商业汇票到期值 = 面值 + 面值 × 票面利率 × 期限

【例 4-3】续例 4-1（1），珠江公司到期收到华南公司 234 000 元。账务处理如下：

借：银行存款　　　　　　　　　　　　　　　　　　　　　　234 000
　　贷：应收票据——华南公司　　　　　　　　　　　　　　　234 000

【例 4-4】续例 4-2，A 公司到期支付某企业商业汇票本息。

应收票据利息 = 117 000 × 8% × 6/12 = 4 680（元）
商业汇票到期值 = 117 000 + 4 680 = 121 680（元）
转入当期收入的利息 = 4 680 - 3 120 = 1 560（元）

其会计分录为：

借：银行存款　　　　　　　　　　　　　　　　　　　　　　121 680
　　贷：应收票据——A 公司　　　　　　　　　　　　　　　　117 000
　　　　应收利息——A 公司　　　　　　　　　　　　　　　　 3 120
　　　　财务费用　　　　　　　　　　　　　　　　　　　　　 1 560

如果该票据为商业承兑汇票，票据到期时，A 公司账户资金不足，由银行退票，企业应转入"应收账款"。

借：应收账款——A 公司　　　　　　　　　　　　　　　　　117 000
　　贷：应收票据——公司　　　　　　　　　　　　　　　　　117 000

五、应收票据转让

应收票据转让是指持票人因偿还前债务和购买所需物资等原因，将未到期的商业汇票背书后转让给其他单位或个人的活动。

企业可以将自己持有的商业汇票背书转让 背书是指持票人在票据背面签字，签字人称为背书人,背书人对票据的到期付款负连带责任。

企业将持有的应收票据背书转让,以取得所需物资时,按计入物资成本的价值,借记"在途物资"、"材料采购"、"原材料"、"库存商品"等科目,按取得的增值税专用发票上注明的增值税额,借记"应交税费——应交增值税(进项税额)"科目,按应收票据的账面余额,贷记"应收票据"科目。如有差额,借记或贷记"银行存款"等科目。

【例4-5】某企业利用持有B公司的面值为20 000元的不带息商业承兑汇票购买原材料价款15 000元,增值税进项税额2 550元,收到差额款2 450元存入银行。

借:材料采购——原材料　　　　　　　　　　　　　　　　15 000
　　应交税费——应交增值税(进项税额)　　　　　　　　　2 550
　　银行存款　　　　　　　　　　　　　　　　　　　　　2 450
　贷:应收票据——B公司　　　　　　　　　　　　　　　　20 000

六、应收票据贴现

企业持有的应收票据在到期前,如果出现资金短缺,可以持未到期的商业汇票经过背书后向其开户银行申请贴现,以便获得所需资金。"贴现"是指企业将持有的未到期的票据转让给银行,银行受理后从票据到期值中扣除贴现日至票据到期日的贴现利息及其他相关的手续费后,将余额付给企业的一种融资行为。可见,票据贴现实质上是企业融通资金的一种形式。

在应收票据贴现时,企业支付给银行从贴现日至票据到期日的利息,称为贴现息。银行计算贴现息时确定的利率,称为贴现率。

贴现款 = 票据到期值 - 贴现息

贴现息 = 票据到期值 × 贴现率 × 贴现天数/360

无论商业汇票的到期日按日表示还是按月表示,上式中的贴现天数一律按实际贴现天数计算。

【例4-6】201×年5月20日,珠江公司持北江公司出票日期为3月20日、期限为4个月、面额为200 000元的不带息商业汇票到银行贴现,贴现率为6%。企业的账务处理如下:

贴现息 = 200 000 × 6% × 61/360 = 2 033.33(元)

贴现款 = 200 000 - 2 033.33 = 197 966.67(元)

借:银行存款　　　　　　　　　　　　　　　　　　　　197 966.67
　　财务费用——利息支出　　　　　　　　　　　　　　　2 033.33
　贷:应收票据——北江公司　　　　　　　　　　　　　　200 000

【例4-7】如例4-6中应收票据为带息的商业承兑汇票,票面利率为4%,利息没有预提,其他资料不变。则其账务处理为:

票据到期值 = 200 000 + 200 000 × 4% × 4/12 = 202 666.66(元)

贴现息 = 202 666.66 × 6% × 61/360 = 2 060.44(元)

贴现款 = 202 666.66 - 2 060.44 = 200 606.22(元)

借：银行存款 200 606.22
　　贷：应收票据——北江公司 200 000
　　　　财务费用——利息收入 606.22

如果票据到期承兑方无钱支付，贴现银行将票款从企业账户中划回，商业汇票退还本公司。

借：应收账款——北江公司 202 666.66
　　贷：银行存款 202 666.66

如果企业的银行账户余额不足，银行将作为逾期贷款处理。

借：应收账款——北江公司 202 666.66
　　贷：短期借款 202 666.66

第二节　应收账款

一、应收账款的概念

应收账款是指企业因销售商品、提供劳务等经营活动，应向购货单位或接受劳务单位收取的款项，主要包括企业销售商品或提供劳务等应向有关债务人收取的价款及代购货单位垫付的包装费、运杂费等。

应收账款的入账价值，包括因销售商品或提供劳务从购货方或接受劳务方应收的合同或协议价款（应收的合同或协议价款不公允的除外）、增值税销项税额以及代购货单位垫付的包装费、运杂费等。在存在商业折扣的情况下，企业应收账款的入账金额应按扣除商业折扣以后的实际售价确认；在存在现金折扣的情况下，应收账款应以未减去现金折扣的金额，作为入账价值，实际发生的现金折扣，作为"财务费用"记入当期损益。由于发生现金折扣时增值税专用发票已经开出，因此，现金折扣不影响增值税额。企业发生销售折让时，应冲减当期的销售收入。

二、应收账款的核算

为了反映应收账款的增减变动及其结存情况，企业应设置"应收账款"科目，不单独设置"预收账款"科目的企业，预收的账款也在"应收账款"科目核算。

企业销售商品等发生应收款项时，借记"应收账款"科目，贷记"主营业务收入"、"应交税费——应交增值税（销项税额）"等科目；收回应收账款时，借记"银行存款"等科目，贷记"应收账款"科目。

企业代购货单位垫付包装费、运杂费时，借记"应收账款"科目，贷记"银行存款"等科目。收回代垫费用时，借记"银行存款"科目，贷记"应收账款"科目。

如果企业应收账款改用应收票据结算，在收到承兑的商业汇票时，借记"应收票据"科目，贷记"应收账款"科目。

1. 在没有折扣时，应收账款的处理方法

【例4-8】珠江公司向A公司销售产品，价款为100 000元，增值税销项税额为

17 000元，款项已办妥委托银行收款手续。企业的账务处理如下：

（1）办妥托收手续时：

借：应收账款——A公司　　　　　　　　　　　　　　　　117 000

　　贷：主营业务收入——销售商品　　　　　　　　　　　100 000

　　　　应交税费——应交增值税（销项税额）　　　　　　 17 000

（2）收到银行收款通知时：

借：银行存款　　　　　　　　　　　　　　　　　　　　117 000

　　贷：应收账款——A公司　　　　　　　　　　　　　　117 000

2. 在存在商业折扣时，应收账款的处理方法

商业折扣是指对商品价目单所列的价格给予一定的折扣，实际上是对商品报价进行的折扣。一般说来，商业折扣用百分比表示，如5%，10%，20%等；也可用金额表示，也有以数量表示，如买10件送1件等。在存在商业折扣时，顾客一次购买越多，所享受的折扣也就越多。商业折扣的目的是为了让顾客多购买商品。销售实现时，商业折扣已经产生，应收款项以商品报价减商业折扣后的实际成交价格入账，对会计核算不会产生任何影响。

【例4-9】珠江公司向B公司销售产品一批，商品价款总额为200 000元，适用增值税率为17%，购货方享受10%的商业折扣，已办妥委托银行收款手续。企业的账务处理如下：

（1）办妥托收手续时：

借：应收账款——B公司　　　　　（200 000×1.17×90%）210 600

　　贷：主营业务收入——销售商品　　（200 000×90%）180 000

　　　　应交税费——应交增值税（销项税额）　　　　　　 30 600

（2）收到银行收款通知时：

借：银行存款　　　　　　　　　　　　　　　　　　　　210 600

　　贷：应收账款——B公司　　　　　　　　　　　　　　210 600

3. 在存在现金折扣的情况下，应收账款的处理方法

现金折扣是销售方为鼓励购买方早日付款而给出的优惠条件，如2/10，1/20，N/30。表示10天内付款给予2%的折扣，20天内付款给予1%的折扣，最长付款期限为30天。现金折扣条件，开列于销售发票中，顾客有不同的选择。因此现金折扣对企业会计处理产生影响。在会计实务中有两种处理方法，即总价法和净价法。

（1）总价法。在总价法下，应收账款按商品的实际销售价格入账，顾客实际享受的现金折扣以理财费用记入"财务费用"科目。我国企业会计准则规定采用总价法核算应收账款。

【例4-10】珠江公司向C公司销售产品一批，售价总额为300 000元，增值税销项税额51 000元，规定的现金折扣条件是2/10，N/30，已办妥委托银行收款手续。企业的账务处理如下：

（1）办妥托收手续时：

借：应收账款——C公司　　　　　　　　　　　　　　　 351 000

  　　贷：主营业务收入——销售商品 　　　　　　　　　　　　　　　 300 000
  　　　　应交税费——应交增值税（销项税额）　　　　　　　　　　　 51 000
（2）如果购货方在10天内向该企业支付了货款，则
借：银行存款　　　　　　　　　　　　　　　　　　　　　　　　　　 345 000
　　财务费用——利息支出　　　　　　　　　　　　　（300 000×2%） 6 000
　　贷：应收账款——C公司　　　　　　　　　　　　　　　　　　　　351 000
（3）若购货方超过10天向该企业付款，则
借：银行存款　　　　　　　　　　　　　　　　　　　　　　　　　　 351 000
　　贷：应收账款——C公司　　　　　　　　　　　　　　　　　　　　351 000

（2）净价法。在净价法下，应收账款按实际售价减去最大现金折扣后的金额入账。顾客没能享受的现金折扣，作理财收入贷记"财务费用"科目。

【例4-11】接例4-10，如果珠江公司采用净价法核算，则其账务处理如下：
（1）办妥托收手续时：
借：应收账款——C公司　　　　　　　　　　　　　　　　　　　　　 345 000
　　贷：主营业务收入——销售商品　　　　　　　　　　　　　　　　 294 000
　　　　应交税费——应交增值税（销项税额）　　　　　　　　　　　 51 000
（2）如果购货方在10天内向该企业支付了货款，则
借：银行存款　　　　　　　　　　　　　　　　　　　　　　　　　　 345 000
　　贷：应收账款——C公司　　　　　　　　　　　　　　　　　　　　345 000
（3）若购货方超过10天向该企业付款，则
借：银行存款　　　　　　　　　　　　　　　　　　　　　　　　　　 351 000
　　贷：应收账款——C公司　　　　　　　　　　　　　　　　　　　　345 000
　　　　财务费用——利息支出　　　　　　　　　　　　　　　　　　 6 000

需要特别说明的是，通常认为现金折扣是企业的一种融资行为，且是在销售货物之后发生的，增值税销项税额只能按折扣前的销售价格计算。

4. 销售折让的核算

销售折让是指企业在销售产品后，因品种、规格、质量等原因而给予购货方价格上的减让。发生销售折让时，应开具红字专用发票，冲减销售收入和应交增值税，否则不能调减增值税销项税额。

【例4-12】珠江公司5月2日售给莞城公司产品，货款20 000元，增值税销项税额3 400元，已经向银行办妥托收手续。珠江公司的会计分录如下：
借：应收账款——莞城公司　　　　　　　　　　　　　　　　　　　　 23 400
　　贷：主营业务收入——销售商品　　　　　　　　　　　　　　　　 20 000
　　　　应交税费——应交增值税（销项税额）　　　　　　　　　　　 3 400

5月15日，莞城公司验收时，发现产品质量未能达到合同要求，予以拒付，经联系后，珠江公司决定给予10%的销售折让，并收到对方汇来的账款21 060元。其会计分录如下：
借：银行存款　　　　　　　　　　　　　　　　　　　　　　　　　　 21 060

主营业务收入——销售商品		2 000
应交税费——应交增值税（销项税额）		3 40
贷：应收账款——莞城公司		23 400

5. 销售退回的核算

销售退回是指企业销售商品后，因品种、规格、质量不符合购销合同的规定，而被购货方所退回的现象。发生销货退回时，应开具红字专用发票，冲减销售收入和应交增值税，并同时调整存货记录。

三、应收账款坏账

企业的应收账款可能由于种种原因而不能收回，这些不能收回的账款称为坏账。我国会计准则规定，坏账损失通过"资产减值损失"科目核算。

核算坏账损失的方法包括直接转销法和备抵法两种。

（一）直接转销法

直接转销法是指在实际发生坏账时，确认坏账损失，计入"资产减值损失"科目，同时注销该笔应收账款。

【例4-13】珠江公司应收E公司的10 000元货款，确认已无法收回。企业的账务处理如下：

（1）确认已无法收回时：

借：资产减值损失——坏账损失	10 000
贷：应收账款——E公司	10 000

（2）如果已注销的应收账款以后又收回时：

借：应收账款——E公司	10 000
贷：资产减值损失——坏账损失	10 000

同时，

借：银行存款	10 000
贷：应收账款——E公司	10 000

直接转销法忽视了坏账损失与应收款项的业务关系，在转销坏账损失的前期，对于坏账的情况不做任何处理，显然不符合权责发生制及收入与费用配比的会计原则，虚增了利润，也夸大了前期资产负债表上应收款项的可实现价值。因此，我国《企业会计准则》不允许企业采用直接转销法核算坏账损失。

（二）备抵法

备抵法是根据收入和费用的配比原则，按期估计坏账损失，形成坏账准备，当某一应收款项全部或者部分确认为坏账时，应根据其金额冲减坏账准备，同时转销相应的应收款项金额。这种方法的优点是：一是预计不能收回的应收款项作为坏账损失及时计入费用，避免企业虚增利润；二是在报表上列示应收账款净额，使报表阅读者更能了解企业真实的财务情况；三是使应收款项实际占用资金接近实际，消除了虚列的应收账款，有利于加快企业资金周转，提高企业经济效益。我国《企业会计准则》规定企业应采用备抵法核算应收账款的坏账。

在备抵法下，应设置"坏账准备"科目。该科目是各种应计提坏账准备的应收款项的抵减调整科目。根据我国会计准则，应计提坏账准备的范围主要包括应收账款、预付账款、应收利息、其他应收款等。提取时，借记"资产减值损失"科目，贷记"坏账准备"科目。

按期估计坏账损失的方法主要有应收账款余额百分比法、账龄分析法、赊销百分比法。

1. 应收账款余额百分比法

应收账款余额百分比法 是按应收款项的余额的一定比例估计坏账损失的方法。采用这种方法时，每期所估计的坏账损失，应根据坏账损失占应收账款余额的经验比例和该期应收账款余额确定。当期末坏账准备与应收账款余额的比例高于或低于确定的比例时，应对已经计提的坏账准备进行调整。

【例4-14】珠江公司按应收账款余额的5%计提坏账准备，根据发生的有关经济业务，编制会计分录如下：

(1) 第一年年末应收账款的年末余额为300 000元。

估计坏账损失 = 300 000 × 5% = 15 000（元）

借：资产减值损失　　　　　　　　　　　　　　　　　　　　15 000
　　贷：坏账准备——应收账款　　　　　　　　　　　　　　　　　15 000

(2) 第二年实际发生坏账5 000元。

借：坏账准备——应收账款　　　　　　　　　　　　　　　　　5 000
　　贷：应收账款　　　　　　　　　　　　　　　　　　　　　　　5 000

(3) 已经确认的坏账5 000元中又收回了3 000元。

借：应收账款　　　　　　　　　　　　　　　　　　　　　　　3 000
　　贷：坏账准备——应收账款　　　　　　　　　　　　　　　　　3 000

同时，

借：银行存款　　　　　　　　　　　　　　　　　　　　　　　3 000
　　贷：应收账款　　　　　　　　　　　　　　　　　　　　　　　3 000

(4) 第二年年末应收账款的余额为200 000元，调整"坏账准备"余额。

第二年年末应估计的坏账损失 = 200 000 × 5% = 10 000（元）

调整前"坏账准备"科目余额 = 15 000 - 5 000 + 3 000 = 13 000（元）

应调整"坏账准备"科目余额 = 10 000 - 13 000 = -3 000（元）

借：坏账准备——应收账款　　　　　　　　　　　　　　　　　3 000
　　贷：资产减值损失　　　　　　　　　　　　　　　　　　　　　3 000

(5) 第三年实际发生坏账18 000元。

借：坏账准备——应收账款　　　　　　　　　　　　　　　　　18 000
　　贷：应收账款　　　　　　　　　　　　　　　　　　　　　　　18 000

(6) 第三年年末，应收账款的余额为400 000元，调整"坏账准备"余额。

第三年年末应估计的坏账损失 = 400 000 × 5% = 20 000（元）

调整前"坏账准备"科目余额 = 18 000 - 10 000 = 8 000（元）（借方）

应调整"坏账准备"科目余额 = 20 000 + 8 000 = 28 000（元）

借：资产减值损失 28 000
　　贷：坏账准备——应收账款 28 000

2. 账龄分析法

账龄分析法是指根据应收款项账龄的长短来估计坏账的方法。账龄指的是顾客所欠账款的时间，虽然应收账款能否收回以及能收回多少，不一定完全取决于时间的长短，但一般来说，账龄越长，发生坏账的可能性就越大。

【例4-15】珠江公司应收账款账龄及估计坏账损失如表4-1所示。

表4-1　　　　　　　应收账款账龄分析计算表
201×年12月31日

账龄	应收账款的金额（元）	估计损失（%）	估计损失金额（元）
未到期	10 000	1	100
过期2个月	5 000	3	150
过期4个月	2 000	5	100
过期12个月以上	5 000	90	4 500
合计	22 000	—	4 850

如表4-1所示，珠江公司201×年12月31日估计的坏账损失为4 850元，所以年末坏账准备余额为4 850元。假设在计提坏账准备前"坏账准备"账户有贷方余额4 100元，则企业应补提750元。账务处理如下：

借：资产减值损失 750
　　贷：坏账准备 750

3. 赊销百分比法

赊销百分比法就是以赊销金额的一定百分比估计坏账损失的方法。赊销百分比一般根据以往的经验，按赊销金额中平均发生坏账损失的比率加以计算确定。坏账只与赊销有关，而与现销无关。赊销业务越多，赊销金额越大，发生坏账的可能性也就越大。

【例4-16】珠江公司依据过去5年的经验，估计每赊销1 000元，会发生20元的坏账。

估计坏账的百分比 = 20/1 000 × 100% = 2%

201×年全年赊销金额为100 000元，根据以往资料和经验，估计坏账损失率为2%。企业的账务处理如下：

年末估计坏账损失 = 100 000 × 2% = 2 000（元）

借：资产减值损失 2 000
　　贷：坏账准备 2 000

在采用赊销百分比法的情况下，估计坏账损失百分比可能由于企业生产经营情况的不断变化而不相适应，因此，需要经常检查百分比法是否能足以反映企业坏账损失的实际情况，倘若发现过高或过低的情况，应及时调整百分比。

第三节 其他应收款及预付款项

一、其他应收款

(一) 其他应收款的内容

其他应收款是指企业除应收票据、应收账款、预付账款等以外的其他各种应收及暂付款项。其主要内容包括：

(1) 应收的各种赔款、罚款，如因企业财产等遭受意外损失而向有关保险公司收取的赔款等。

(2) 应收的出租包装物租金。

(3) 应向职工收取的各种垫付款项，如为职工垫付的水电费，应由职工负担的医药费、房租费等。

(4) 存出保证金，如租入包装物支付的押金。

(5) 其他各种应收暂付款项。

(二) 其他应收款的核算

为了反映其他应收账款的增减变动及其结存情况，企业应当设置"其他应收款"科目进行核算。其他应收款应当按实际发生的金额入账。

企业发生其他应收款时，借记"其他应收款"科目，贷记"库存现金"、"银行存款"、"营业外收入"等科目，收回或转销其他应收款时，借记"库存现金"、"银行存款"、"应付职工薪酬"等科目，贷记"其他应收款"科目。

为了反映和监督其他应收款的结算情况，应设置"其他应收款"科目进行总分类核算。该科目属于资产类科目，其借方登记企业发生的各种其他应收款项，贷方登记企业收到的款项和结转情况，期末余额在借方，反映企业应收而未收到的其他应收款项。该账户按债务人名称设置明细账。

企业发生应收未收的赔款、罚款、租金和其他款项，以及支付备用金、包装物押金和其他各种暂付款项时，借记"其他应收款"科目，贷记有关科目；收回应收暂付款项或由单位、个人预支款项报销时，借记有关科目，贷记"其他应收款"科目。

【例 4-17】珠江公司发生如下有关其他应收款的经济业务：

(1) 人事科张文艺出差预借差旅费 1 500 元，以现金支付。企业的账务处理如下：

借：其他应收款——张文艺　　　　　　　　　　　　　1 500
　　贷：库存现金　　　　　　　　　　　　　　　　　　1 500

(2) 向其他单位购买商品时借用包装物一批，以银行存款支付押金 3 000 元。企业的账务处理如下：

借：其他应收款——存出保证金　　　　　　　　　　　3 000
　　贷：银行存款　　　　　　　　　　　　　　　　　　3 000

（3）珠江公司本月给职工垫付水电费 834 元，以转账支票支付。企业的账务处理如下：

借：其他应收款——职工水电费 834
　　贷：银行存款 834

（三）备用金的核算

备用金是指企业内部各车间、部门、职能科室等周转使用的货币资金。按照管理方法不同，备用金可分为定额备用金和非定额备用金两种。采用定额备用金制度的企业，一般应事先由会计部门根据实际需要提出一笔金额固定的备用金。备用金采用先领后用、用后报销的办法，即由会计部门根据企业内部各单位或职工日常零星开支的需要，预先付给一定数额的现金，这些职工或部门支出以后凭单据向会计部门报销，以补足备用金，达到规定的余额。

【例 4-18】珠江公司行政科经常发生零星支出，201×年 1 月初，经领导批准，财会部门决定在该部门设立备用金，核定其定额为 3 000 元，并由行政科李小水具体保管。企业的账务处理如下：

（1）1 月 3 日，财会部门开出金额为 3 000 元的现金支票一张，交给行政科设立备用金。

借：其他应收款——备用金——行政科 3 000
　　贷：银行存款 3 000

（2）2 月 5 日，李小水持有关票据来财会部门报账，支付厂部办公楼维修费用 1 200 元。出纳以现金支付，补足其备用金。

借：管理费用——修理费 1 200
　　贷：库存现金 1 200

非定额备用金制度是不保留备用金定额，其处理方法类似职工预借差旅费用的借入和报销。

二、预付账款

预付账款是指企业按照合同规定预付供应单位的款项。预付账款应当按实际预付的金额入账。

企业应当设置"预付账款"科目，核算预付账款的增减变动及其结存情况。预付款项情况不多的企业，可以不设置"预付账款"科目而直接通过"应付账款"科目核算。预付货款时，借记"应付账款"科目，贷记"银行存款"科目；收到材料或商品时，借记"材料采购"、"应交税费——应交增值税（进项税额）"科目，贷记"应付账款"科目；补付货款时，按补付金额，借记"应付账款"科目，贷记"银行存款"科目；收到供货方退回多付的货款时，按退回金额，借记"银行存款"科目，贷记"应付账款"科目。

预付账款的核算包括预付款项和收到货物两个方面。

企业根据购货合同的规定向供应单位预付款项时，借记"预付账款"科目，贷记"银行存款"科目；企业收到所购物资，按应计入购入物资成本的金额，借记"材料采购"或"原材料"、"库存商品"、"应交税费——应交增值税（进项税额）"等科目，贷记"预付账款"科目。当预付货款小于采购货物所需支付的款项时，应将不足部分补付，借记"预付账款"科目，贷记"银行存款"科目；当预付货款大于采购货物所需支付的款项时，对收回的多余款项，应借记"银行存款"科目，贷记"预付账款"科目。

【例 4-19】珠江公司根据发生的有关预付账款的有关经济业务，编制会计分录如下：

(1) 预付 S 公司购买材料定金 50 000 元。

借：预付账款——S 公司　　　　　　　　　　　　　　　　　50 000
　　贷：银行存款　　　　　　　　　　　　　　　　　　　　　50 000

(2) 收到材料为 30 000 元，增值税进项税额为 5 100 元。

借：材料采购——原材料　　　　　　　　　　　　　　　　　30 000
　　应交税费——应交增值税（进项税额）　　　　　　　　　　5 100
　　贷：预付账款——S 公司　　　　　　　　　　　　　　　　35 100

(3) S 公司退回多余款项时。

借 银行存款　　　　　　　　　　　　　　　　　　　　　　14 900
　　贷：预付账款——S 公司　　　　　　　　　　　　　　　　14 900

第五章 存货

第一节 存货的确认和分类

一、存货概述

(一) 存货的内容

存货是指企业在日常生产经营过程中持有以备出售的产成品或商品，或者处于生产过程的在产品，或者将在生产过程或提供劳务过程中耗用的材料、物料等。存货具有实物形态，不同于无形资产、应收账款、应收票据；存货属于流动资产，具有较大的流动性，不同于固定资产、在建工程等长期资产；存货在正常生产经营过程中被销售或耗用为目的而取得，但不包括为建造固定资产而购入的材料和用于产品生产的设备；存货属于非货币性资产，存在价值减损的可能性，受各种因素变动的影响，可能需确认减值损失。

二、存货的确认

存货同时满足下列条件，才能予以确认：

(一) 与该存货有关的经济利益很可能流入企业

企业在确认存货时，需要判断与该项存货相关的经济利益是否很可能流入企业。在实务中，主要通过判断与该项存货所有权相关的风险和报酬是否转移到了企业来确定。其中，与存货所有权相关的风险是指由于经营情况发生变化造成的相关收益的变动，以及由于存货滞销、毁损等原因造成的损失；与存货所有权相关的报酬是指在初步取得该项存货或其经过进一步加工取得的其他存货时获得的收入，以及处置该项存货实现的利润等。

通常情况下，取得存货的所有权是与存货相关的经济利益很可能流入本企业的一个重要标志。例如，根据销售合同已经售出（取得现金或收取现金的权利）的存货，其所有权已经转移，与其相关的经济利益已不能再流入本企业，此时，即使该项存货尚未运离本企业，也不能再确认为本企业的存货。又如委托代销商品，由于其所有权并未转移至受托方，因而委托代销的商品仍应当确认为委托企业存货的一部分。总之，企业在判断与存货相关的经济利益能否流入企业时，主要结合该项存货所有权的归属情况进行分析确定。

（二）该存货的成本能够可靠地计量

作为企业资产的组成部分，要确认存货，企业必须能够对其成本进行可靠地计量。存货的成本能够可靠地计量必须以取得确凿、可靠的证据为依据，并且具有可验证性。如果存货成本不能可靠地计量，则不能确认为一项存货。例如，企业承诺的订货合同，由于并未实际发生，不能可靠确定其成本，因此就不能确认为购买企业的存货。又如，企业预计发生的制造费用，由于并未实际发生，不能可靠地确定其成本，因此不能计入产品成本。

三、存货的分类

为了加强存货的管理，有效地组织各项存货的会计核算，提供有用的会计信息，企业应对存货进行科学分类。一般来说，存货可以按照以下四种标准分类。

（一）存货按其经济用途通常分为销售用存货、生产用存货和其他存货三类

1. 销售用存货

销售用存货是指企业以对外销售为目的而持有的已完工成品，或以转让销售为目的而持有的商品，主要包括工业企业的产成品和商业企业的库存商品等。产成品是指企业已经完成全部生产过程并已验收入库，合乎标准规格和技术条件，可以按照合同规定的条件送交订货单位，或者可以作为商品对外销售的制成品。库存商品是指企业为销售而持有的全部自有商品，包括存放在仓库、门市部和寄销在外库的商品，委托其他单位代管、代销的商品，以及陈列展览的商品等。

2. 生产用存货

生产用存货是指企业为生产、加工产品而库存的各种存货。主要包括原材料和在产品等。原材料是指直接用于制造产品并构成产品实体的物品，包括原料及主要材料、辅助材料、外购半成品（外购件）等。在产品是指尚未最后完工的产品，包括加工过程中的在产品等。

3. 其他存货

其他存货是指除了以上存货外，供企业一般耗用的用品和为生产经营服务的辅助性物品。如低值易耗品、包装物等。

（二）存货按其存放地点一般分为库存存货、在途存货、委托加工存货和委托代销存货四类

1. 库存存货

库存存货也称为在库存货，是指已经运到企业，并已验收入库的各种材料、商品以及已验收入库的自制半成品和产成品等。

2. 在途存货

在途存货包括运入在途存货和运出在途存货。运入在途存货是指货款已经支付、尚未验收入库，正在运输途中的各种存货。运出在途存货是指按合同规定已经发出或送出、尚未确认销售收入的存货。

3. 委托加工存货

委托加工存货是指企业已经委托外单位加工，但尚未加工完成的各种存货。

4. 委托代销存货

委托代销存货是指企业已经委托外单位代销，但按合同规定尚未办理代销货款结算的存货。

(三) 存货按其不同的来源，主要分为外购存货、自制存货和委托外单位加工存货三类

1. 外购存货

外购存货是从企业外部购入的存货，如商业企业的外购商品、工业企业的外购材料、外购零部件等。

2. 自制存货

自制存货是由企业制造的存货，如工业企业的自制材料、在产品、产成品等。

3. 委托外单位加工存货

委托外单位加工存货是指企业将外购或自制的某些存货通过支付加工费的方式委托外单位进行加工生产的存货，如工业企业的委托加工材料、商业企业的委托加工商品等。

(四) 存货从财务角度的分类

1. 原材料

原材料是指企业在生产过程中经加工改变其形态或性质并构成产品的主要实体的各种原料及主要材料、辅助材料、外购半成品（外购件）、修理用备件（备品用件）、包装材料、燃料等。

2. 在制品

在制品是指企业正在制造尚未完工的生产物，包括正在各个生产工序加工的产品和已加工完毕但尚未检验或已检验尚未办理入库手续的产品。

3. 半成品

半成品是指经过一定生产过程并已检验合格交付半成品仓库保管，但尚未制造完工成为产成品，仍需进一步加工的中间产品。

4. 库存商品

库存商品是指本企业已完成全部生产过程并已验收合格入库，既可以按照合同规定的条件送交订货单位，也可以作为商品对外销售的产品。

5. 包装物

包装物是指为了包装本企业商品而储备的各种包装容器，如桶、箱、瓶、坛、袋等。

6. 低值易耗品

低值易耗品是指不作为固定资产核算的各种用具物品，如工具、管理用具、玻璃器皿、劳动保护用品，以及在生产周转中使用的容器。特点是单位价值较低，在其使用过程中基本保持原有实物形态，使用过程相对于固定资产较短。包装物和低值易耗品又称为周转材料。

7. 外购商品

外购商品是指企业购入的不需要任何加工即可对外销售的商品。

第二节 存货的计价

一、取得存货的计价

企业取得存货应当按照成本进行计价。存货成本包括采购成本、加工成本和其他成本三个组成部分。

(一) 外购存货的成本

外购存货成本也称存货的采购成本，企业物资从采购到入库前所发生的全部必要支出，包括购买价款、相关税费、运输费、装卸费、保险费及其他可归属于存货采购成本的费用。

（1）存货购货价款。这是指应根据发票金额确认购货价格，但不包括按规定可以抵扣的增值税额。

（2）其他可归属于存货采购成本的费用。这是指企业购入存货在入库以前所需要支付的各种费用，如在存货采购过程中发生的仓储费、包装费、运输途中的合理损耗、入库前的挑选整理费用等。

（3）相关税费。这是指企业购买、自制或委托加工存货发生的进口关税、消费税、资源税和不能抵扣的增值税进项税额等应计入存货采购成本的税费。

(二) 加工取得的存货的成本

存货加工成本由直接人工和制造费用构成，其实质是企业在进一步加工存货的过程中追加发生的生产成本，不包括直接由材料存货转移来的价值。其中，直接人工是指企业在生产产品过程中直接从事产品生产的工人的职工薪酬。直接人工和间接人工的划分依据通常是生产工人是否与所生产的产品直接相关（即可否直接确定其服务的产品对象）。制造费用是指企业为生产产品和提供劳务而发生的各项间接费用。制造费用是一种间接生产成本，包括企业生产部门（如生产车间）管理人员的职工薪酬、折旧费、办公费、水电费、机物料消耗、劳动保护费、季节性和修理期间的停工损失等。

1. 存货加工成本的确定原则

企业在加工存货过程中发生的直接人工和制造费用，如果能够直接计入有关的成本核算对象，则应直接计入该成本核算对象。否则，应按照合理方法分配计入有关成本核算对象。分配方法一经确定，不得随意变更。

2. 直接人工的分配

如果企业生产车间同时生产几种产品，则其发生的直接人工应采用合理方法分配计入各产品成本中。由于工资形成的方式不同，直接人工的分配方法也不同。比如，按计时工资或者按计件工资分配直接人工。

3. 制造费用的分配

由于企业各个生产车间或部门的生产任务、技术装备程度、管理水平和费用水准各不相同，因此，制造费用的分配一般应按生产车间或部门先进行归集，然后根据制造费用的性质，合理选择分配方法。也就是说，企业所选择的制造费用分配方法，必须与制造费用的发生具有较密切的相关性，并且使分配到每种产品上的制造费用金额科学合理，同时还应当适当考虑计算手续的简便。在各种产品之间分配制造费用的方法，通常有按生产工人工资、按生产工人工时、按机器工时、按耗用原材料的数量或成本、按直接成本（原材料、燃料、动力、生产工人工资等职工薪酬之和）及按产成品产量等标准进行分配。具体分配的计算公式和实例在成本会计中有较详细的阐述。

（三）其他方式取得的存货的成本

（1）投资者投入存货的成本，应按照投资合同或协议约定的价值确定，但合同或协议约定价值不公允的除外。

（2）通过非货币性资产交换、债务重组、企业合并等方式取得的存货成本，应按照《企业会计准则》的相关规定确定。该项存货的后续计量和披露应当执行《企业会计准则第1号——存货》的规定。

（3）盘盈存货的成本，应按其重置成本作为入账价值，并通过"待处理财产损溢"科目进行会计处理，按管理权限报经批准后冲减当期管理费用。

二、发出存货的计价

企业应当根据实际情况合理地选择发出存货成本的计算方法，以合理确定当期发出存货的实际成本。对于性质和用途相似的存货，应当采用相同的成本计算方法确定发出存货的成本。企业在确定当期发出存货的成本时，可以采用个别计价法、先进先出法、加权及移动加权平均法和计划成本法

1. 个别计价法。

个别计价法，又称个别认定法、具体辨认法、分批实际法。注重所发出存货具体项目的实物流转和成本流转之间的联系，逐一辨认各批发出存货和期末存货所属的购进批别或生产批别，分别按其购入或生产时间所确定的单位成本作为计算各批发出存货和期末存货成本的方法。

采用个别计价法，计算期末存货的成本比较合理、准确，但由于工作量繁重，适用范围很小，仅用于不能替代使用的存货或为特定项目专门购入或制造的存货，如房产、船舶等。该方法最接近会计上按成本进行计价的原则，但相对也比较复杂，即使采用计算机，工作量可能也比较大，适用于一般不能互换使用的存货或容易识别、存货品种数量不多、单位价格较高的产品。

2. 先进先出法

先进先出法指根据先入库先发出的原则，对于发出的存货以先入库存货的单价计算发出存货成本的方法。采用这种方法的具体做法是：先按存货的期初余额的单价计算发出的存货的成本，领发完毕后，再按第一批入库的存货的单价计算，依此从前向后类推，计算发出存货和结存存货的成本。采用先进先出法计算的期末存货额，比较接近市价。

先进先出法是以先购入的存货先发出这样一种存货实物流转假设为前提，对发出存货进行计价的一种方法。采用这种方法，先购入的存货成本在后购入的存货成本之

前转出,据此确定发出存货和期末存货的成本。是以先购入的存货应先发出(销售或耗用)这样一种存货实物流转假设为前提,对发出存货进行计价。

【例 5-1】珠江公司 201×年 6 月存货的期初结存和本期购销数据资料如表 5-1 所示。

表 5-1　　　　　　　　购货和存货数据资料表

日期	摘要	收入		发出		结存数量(件)
		数量(件)	单位成本(元/件)	数量(件)	单位成本(元/件)	
6月1日	期初结存	150	60			150
6月8日	销售			70		80
6月15日	购进	100	62			180
6月20日	销售			50		130
6月24日	销售			90		40
6月28日	购进	200	68			240
6月30日	销售			60		80

根据表 5-1 的资料,发出存货采用先进先出法计算如表 5-2 所示

表 5-2　　　　　　　　　存货成本表(先进先出)

201×年		摘要	收入			发出			结存		
月	日		数量(件)	单价(元/件)	金额	数量(件)	单价(元/件)	金额	数量(件)	单价(元/件)	金额
6	1	期初结存							150	60	9 000
6	8	销售				70	60	4 200	80	60	4 800
6	15	购进	100	62	6 200				80 100	60 62	11 000
6	20	销售				50	60	3 000	30 100	60 62	8 000
6	24	销售				30 60	60 62	1 800 3 720	40	62	2 480
6	28	购进	200	68	13 600				40 200	62 68	16 080
6	30	销售				40 20	62 68	2 480 1 360	180	68	12 240
		期末结存	300			270			180		12 240

3. 月末一次加权平均法

月末一次加权平均法,又称加权平均法,是指以当月全部进货数量加上月初存货数量作为权数,去除当月全部进货成本加上月初存货成本,计算出存货的加权平均单

位成本，以此为基础计算当月发出存货的成本和期末存货的成本的一种方法。

存货加权单位成本 = ［月初库存存货 + Σ（本月各批进货的实际单位成本 × 本月各批进货的数量）］ ÷（月初库存存货的数量 + 本月各批进货数量之和）

本月发出存货的成本 = 本月发出存货的数量 × 存货加权单位成本

本月月末库存存货成本 = 月末库存存货的数量 × 存货加权单位成本

或本月月末库存存货成本 = 月初库存存货的实际成本 + 本月收入存货的实际成本 − 本月发出存货的实际成本

存货加权单位成本 =（9 000 + 19 800）÷（150 + 300）= 64（元/件）

本月发出存货的成本 = 64 ×（70 + 50 + 90 + 60）= 17 280（元）

本月月末库存存货成本 = 64 × 180 = 11 520（元）

按照月末一次加权平均法计算发出存货的单位成本，每月只计算一次，简化了存货的计价工作方法，但平时不能提供发出存货单位成本资料，不利于存货的管理。

表 5 − 3   存货成本表（月末一次加权平均法）

201×年		摘要	收入			发出			结存		
月	日		数量（件）	单价（元/件）	金额	数量（件）	单价（元/件）	金额	数量（件）	单价（元/件）	金额
6	1	期初结存							150	60	9 000
6	8	销售				70			80		
6	15	购进	100	62	6 200				180		
6	20	销售				50			130		
6	24	销售				90			40		
6	28	购进	200	68	13 600				240		
6	30	销售				60			180		
		期末结存	300		19 800	270	64	17 280	180	64	11 520

4. 移动加权平均法

移动加权平均法是指以每次进货的成本加上原有库存存货的成本，除以每次进货数量与原有库存存货的数量之和，据以计算加权平均单位成本，以此为基础计算当月发出存货的成本和期末存货的成本的一种方法。

存货移动加权单位成本 =（原有存货成本 + 本批入库存货成本）÷（原有存货数量 + 本批入库存货数量）

6 月 15 日购进后移动平均单位成本 =（9 000 − 4 200 + 6 200）÷（150 − 70 + 100）= 61.11（元/件）

6 月 15 日结存成本 = 61.11 × 180 = 11 000.00（元）

6 月 20 日发出存货成本 = 50 × 61.11 = 3 055.50（元）

6 月 24 日发出存货成本 = 90 × 61.11 = 5 499.90（元）

6 月 24 日结存成本 = 11 000 − 3 055.50 − 5 499.90 = 2 444.60（元）

6月28日购进后移动平均单位成本=(2 444.60+13 600)÷(40+200)=66.85（元/件）

6月28日结存成本=66.85×240=16 044.60（元）

6月30日发出存货成本=60×66.85=4 011（元）

6月30日结存成本=16 044.60-4 011=12 033.60（元）

和月末一次加权平均法相比，移动加权平均法的特点是将存货的计价和明细账的登记分散在平时进行，从而可以随时掌握发出存货的成本和结存存货的成本，为存货管理及时提供信息。但是采用这种方法，每次收获都要计算一次平均单位成本，计算工作量较大，不适合存货收发比较频繁的企业使用。

表5-4　　　　　　　　　　存货成本表（移动加权平均法）

201×年		摘要	收入			发出			结存		
月	日		数量（件）	单价（元/件）	金额	数量（件）	单价（元/件）	金额	数量（件）	单价（元/件）	金额
6	1	期初结存							150	60	9 000
6	8	销售				70	60	4 200	80		4 800
6	15	购进	100	62	6 200				180		11 000
6	20	销售				50	61.11	3 055.50	130		7 944.50
6	24	销售				90	61.11	5 499.90	40		2 444.60
6	28	购进	200	68	13 600				240		16 044.60
6	30	销售				60	66.85	4 011	180		12 033.60
		期末结存	300		19 800	270			180		12 033.60

三、流通企业发出商品的计价方法

商品流通企业的商品存货核算，一般以"库存商品"科目进行核算。在会计实务中，根据"库存商品"科目记录方法不同，商品流通企业的商品核算方法可分别按照成本和售价核算，主要有毛利率法、零售价法和售价金额核算法。

（一）毛利率法

毛利率法是指根据本期销售总金额乘以上期实际（或本期计划）毛利率匡算本期销售毛利，并据以计算发出存货和期末结存存货成本的一种方法。

毛利率=销售毛利/销售净额×100%

本期销售毛利=本期销售净额×毛利率

本期销售成本=本期销售净额-本期销售毛利=销售净额×(1-毛利率)

期末结存存货成本=期初结存存货成本+本期购货成本-本期销售成本

毛利率法在商业企业较为常见，特别是商业批发企业，若按每种商品计算并结转销售成本，工作量较为繁重，而且商业企业的同类商品毛利率大致相同，采用这种存货计价方法也比较接近于实际,既能减轻工作量,也能满足对存货管理的需要。

【例5-2】广东珠江批发公司2008年4月月初A类商品库存50 000元,本月购进50 000元,本月销售收入111 000元,发生的销售退回和销售折让为1 000元,上月该类商品的毛利率为20%,本月已销售商品和库存商品的成本计算如下:

本月销售净额 = 111 000 - 1 000 = 110 000元

销售毛利 = 110 000 × 20% = 22 000元

本月销售成本 = 110 000 - 22 000 = 88 000元

库存商品成本 = 50 000 + 50 000 - 88 000 = 12 000元

(二) 零售价法

零售价法是商品零售企业经常采用的一种存货计价方法。在这种方法下,首先用成本占零售价的百分比计算出期末存货成本,然后倒挤出本期的销售成本。采用这种方法的程序如下:

(1) 在商品存货明细账上同时按成本价和零售价登记期初存货和本期购货,计算出本期可供销售的存货的成本和售价总额。

(2) 本期销售的存货,在其明细账中只登记售价,不登记成本价,并据此计算出期末存货的售价。

(3) 计算成本率,其计算公式如下:

成本率 = (期初存货成本 + 本期购货成本) / (期初存货售价 + 本期购货售价) × 100%

(4) 计算期末存货的成本,其计算公式如下:

期末存货成本 = 期末存货售价总额 × 成本率

(5) 计算本期销售成本,其计算公式如下:

本期销售成本 = 期初存货成本 + 本期购货成本 - 期末存货成本

【例5-3】珠江商店201×年5月份的期初存货成本为289 480元,售价总额为360 000元,本期购货成本为620 000元,售价总额为806 000元;本期销售收入为820 000元。请计算该商店5月份的期末存货成本和本期销售成本。

按照前述所列程序,计算结果如下:

本期可供销售的存货成本 = 289 480 + 620 000 = 909 480(元)

本期可供销售的存货售价总额 = 360 000 + 806 000 = 1 166 000(元)

期末存货的售价总额 = 1 166 000 - 820 000 = 346 000(元)

本期成本率 = (909 480 / 1 166 000) × 100% = 78%

期末存货成本 = 346 000 × 78% = 269 880(元)

本期销售成本 = 909 480 - 269 880 = 639 600(元)

零售价法主要适用于商品零售企业,如百货商店或超级市场等,由于这类企业的商品都要标明零售价格,而且商品的型号、品种、款式繁多,难以采用其他方法计价。

(三) 售价金额核算法

售价金额核算法是指平时商品的购入、加工收回、销售均按售价记账,售价与进价的差额通过"商品进销差价"科目核算。期末计算进销差价率和本期已销商品应分摊的进销差价，并据以调整本期销售成本的一种方法。计算公式如下：

商品进销差价率＝（期初库存商品进销差价＋本期购入商品进销差价）÷（期初库存商品售价＋本期购入商品售价）×100%

本期销售商品应分摊的商品进销差价＝本期商品销售收入×商品进销差价率

本期销售商品的成本＝本期商品销售收入－本期已销售商品应分摊的商品进销差价

期末结存商品的成本＝期初库存商品的进价成本＋本期购进商品的进价成本－本期销售商品的成本

【例5-4】珠江商场201×年5月月初库存商品的进价成本为100万元，售价总额为110万元，本月购进该商品的进价成本为75万元，售价总额为90万元，本月销售收入为120万元。假设不考虑增值税，有关计算如下：

商品进销差价率＝(10＋15)÷(110＋90)×100%＝12.5%

已销商品应分摊的商品进销差价＝120×12.5%＝15（万元）

企业的商品进销差价率各期之间是比较均衡的，因此，也可以采用上期商品进销差价率计算分摊本期的商品进销差价。年度终了，应对商品进销差价进行核实调整。

对于从事商业零售业务的企业（如百货公司、超市等），由于经营商品种类品种、规格等繁多，而且要求按商品零售价格标价，采用其他成本计算结转方法比较困难，因而广泛采用这一方法。

第三节　原材料

原材料是指企业在生产过程中经加工改变其形态或性质并构成产品主要实体的各种原材料及主要材料、辅助材料、外购半成品（外购件）、修理用备件（备品备件）、包装物、燃料等。原材料的日常收发及结存，可以按照实际成本计价核算，也可以按计划成本计价核算。具体选用哪种方式由企业根据具体情况确定。

一、原材料按实际成本核算

原材料按实际成本计价的核算也称为实际成本法，实际成本法一般适用于规模较小、存货品种简单、采购业务不多的企业。原材料按实际成本计价核算，对原材料的收入、发出和结存，不论是总分类核算，还是明细分类核算，均按实际成本核算。

（一）科目设置

1．"原材料"科目

"原材料"科目，属于资产类科目，用来核算和监督原材料的收入、发出和结存情况。借方登记购入、自制、委托加工、接受投资、盘盈等收入原材料的实际成本；贷方登记销售、耗用、盘亏、毁损等减少原材料的实际成本。期末余额在借方，反映库存原材料的实际成本。该科目应按原材料的类别、品种和规格进行明细分类核算。

2. "在途物资"科目

"在途物资"科目,也属于资产类科目,用来核算企业购入尚未到达或尚未验收入库的各种物资的实际成本。借方登记已经付款或已经开出经过承兑的商业汇票,而存货尚在运输途中或虽已运达企业但尚未点验入库的存货实际成本;贷方登记验收入库的在途物资的实际成本。期末余额在借方,反映企业已付款或已开出、承兑商业汇票但尚未到达或尚未验收入库的在途物资的实际成本。该科目可按供货单和物资品种设置明细账,进行明细分类核算。

(二) 外购原材料核算

1. 收料同时付款(或已开出商业汇票)

企业已支付货款或开出承兑对商业汇票,且材料已验收入库后,应根据银行结算凭证发票账单和收料单等凭证确定的材料成本,借记"原材料"科目,根据取得的增值税专用发票上注明的税额,借记"应交税费——应交增值税(进项税额)"(一般纳税人)科目;按照实际支付的款项或就付票据的面值,贷记"银行存款"、"其他货币资金"、"应付票据"等科目。

【例5-5】珠江公司购入C材料一批,增值税专用发票上记载的货款为500 000元,增值税税额85 000元,令对方代垫包装费1 000元,全部款项已用转账支票付讫,材料已验收入库。甲公司应编制如下会计分录:

借:原材料——C材料　　　　　　　　　　　　　　　501 000
　　应交税费——应交增值税(进项税额)　　　　　　85 000
　　贷:银行存款　　　　　　　　　　　　　　　　　586 000

2. 付款(或已开出商业汇票)在先,收料在后

材料未到而结算凭证已到,企业应按结算凭证或开出商业汇票时,借记"在途物资"科目,根据取得的增值税专用发票上注明的税额,借记"应交税费——应交增值税(进项税额)"科目(一般纳税人);按照实际支付的款项或就付票据的面值,贷记"银行存款"、"其他货币资金"、"应付票据"等科目。待材料到达验收入库后,再根据收料单,借记"原材料"科目,贷记"在途物资"等科目。

【例5-6】珠江公司采用汇兑结算方式购入F材料一批,发票及账单已收到,增值税专用发票上记载的货款为20 000元,增值税税额3 400元。支付保险费1 000元,材料尚未到达。应编制如下会计分录:

(1) 付款时:
借:在途物资　　　　　　　　　　　　　　　　　　21 000
　　应交税费——应交增值税(进项税额)　　　　　　3 400
　　贷:银行存款　　　　　　　　　　　　　　　　　24 400

(2) 材料到达入库时:
借:原材料　　　　　　　　　　　　　　　　　　　21 000
　　贷:在途物资　　　　　　　　　　　　　　　　　21 000

3. 收料在先,付款在后

企业在采购材料过程中,发生材料已到,而货款暂未支付的业务,应先行办理验

收入库手续，并根据未付款的原因，分情况进行账务处理。

(1) 发票账单已到，货款暂欠。根据发票、银行结算凭证、收料单等凭证，借记"原材料"、"应交税费——应交增值税（进项税额）"科目（一般纳税人）；贷记"应付账款"等科目。

【例5-7】珠江公司从外地某公司购进C材料，买价63 000元，增值税款10 710元，材料已到达企业且验收入库，并收到有关结算凭证。但由于企业资金不足，无力付款。应编制如下会计分录：

借：原材料——C材料　　　　　　　　　　　　　　　　　501 000
　　应交税费——应交增值税（进项税额）　　　　　　　　85 000
　　贷：应付账款　　　　　　　　　　　　　　　　　　　586 000

(2) 发票账单未到，企业无法付款。对于材料已经到达并已验收入库，发票账单等结算凭证尚未到达，货款未支付的采购业务，月内企业可以暂不处理，等到结算凭证到达后，再处理该业务。

但是，如果月末账单等结算凭证仍未到达时，应按材料的暂估价值，借记"原材料"科目，贷记"应付账款——暂估应付账款"科目。下月初用红字做同样的记账凭证予以冲回，待凭证到达后，做正常付款的账务处理。

【例5-8】珠江公司采用委托收款结算方式购入H材料一批，材料已验收入库，月末发票账单尚未收到也无法确定其实际成本，暂估价值为30 000元。应编制如下会计分录：

借：原材料　　　　　　　　　　　　　　　　　　　　　30 000
　　贷：应付账款——暂估应付账款　　　　　　　　　　　30 000

下月初作相反的会计分录或红字相同会计分录予以冲回：

借：应付账款——暂估应付账款　　　　　　　　　　　　30 000
　　贷：原材料　　　　　　　　　　　　　　　　　　　　30 000

【例5-9】接例5-8，上述购入的H材料于次月收到发票账单，增值税专用发票上记载的货款为31 000元，增值税税额5 270元，对方代垫保险费2 000元，已用银行存款付讫。应编制如下会计分录：

借：原材料——H材料　　　　　　　　　　　　　　　　33 000
　　应交税费——应交增值税（进项税额）　　　　　　　　5 270
　　贷：银行存款　　　　　　　　　　　　　　　　　　　38 270

4. 预付货款在先，收料在后

采用预付货款的方式采购材料，在预付款时，按实际预付金额，借记"预付账款"科目，贷记"银行存款"科目；材料验收入库时，借记"原材料"和"应交税费——应交增值税（进项税额）"科目，贷记"预付账款"科目；预付款项不足，补付款时，借记"预付账款"科目，贷记"银行存款"科目；退回多付货款时，借记"银行存款"科目，贷记"预付账款"科目。

【例5-10】珠江公司是一般纳税人，201×年5月10与乙公司签订购货合同，购进一批材料，并向乙公司预付货款5 000元，货款已通过银行汇出。5月25日，珠江公司收到乙公司发来的商品，并已验收入库。结算凭证上注明的价款为 7 000 元，增值税额为 1 190 元，对方代垫运杂费 110 元。所欠款项开出转账支票付清。应编制如下会计分录：

（1）预付货款时：

借：预付账款——乙公司　　　　　　　　　　　　　　　5 000
　　贷：银行存款　　　　　　　　　　　　　　　　　　　　　5 000

（2）收料后：

借：原材料　　　　　　　　　　　　　　　　　　　　　7 110
　　应交税费——应交增值税（进项税额）　　　　　　　1 190
　　贷：预付账款——乙公司　　　　　　　　　　　　　　　8 300

（3）补付货款：

借：预付账款——乙公司　　　　　　　　　　　　　　　3 300
　　贷：银行存款　　　　　　　　　　　　　　　　　　　　　3 300

（三）材料明细分类账的设置及登记

1. 材料明细分类账的设置

材料的明细分类核算应包括价值量核算和实物量核算两个方面。价值量的核算是由会计人员进行的，实物量的核算是由仓库管理人员进行的。据此，材料明细分类账的设置有两种方法，即"两账分设"（账卡分设）和"两账合一"（账卡合一）。

"两账分设"是对材料的核算设两套账。仓库设置材料卡片账，核算各种材料收发存的数量；财会部门设置材料明细账，核算各种材料收入、发出和结存的数量和金额。这种设账方法，便于各部门用账，并且两方平行登记，可以起到相互制约和相互控制的作用；但因其重复设账、登记，浪费人力及物力。

"两账合一"是对材料的核算设一套账。将仓库的材料卡片账和会计的材料明细账合并为一套账，由仓库负责登记数量，会计人员定期到仓库稽核收发料单，计算登记材料收发存金额，并对材料收发凭证进行计价。这种设账方法的优缺点与"两账分设"正好相反。

2. 材料明细分类账的登记

（1）材料卡片账，按材料的品种、规格开设，根据收发料凭单，逐日逐笔登记，序时地反映各种材料收发存的实物数量。

（2）材料明细账，按材料的品种、规格分户，进行明细核算。收入材料时，对不同来源的材料均应按实际成本填制收料凭证，并根据收料凭证，在材料明细账中逐笔登记收入材料的数量、单价和金额。发出材料时，应根据发料凭证，在材料明细账中逐笔登记发出材料的数量。发出材料的金额则需在个别计价法、加权平均法、移动平均法、先进先出法等方法中选择一种方法来确定。

（3）在途物资明细账，通常采用"横线登记法"。在供应单位不多且比较固定时，可以按供应单位分户核算；在供应单位多，变动大的情况下，可以采用"在途物资登记簿"或"在途物资登记卡"的形式进行明细核算。

在明细账中，应将购入物资的付款、收货等情况，登记在同一行内，以便反映货款支付和货物到达入库情况。付款栏应根据支付货款的记账凭证和所附原始凭证登记；收货栏应根据收货凭证编制的记账凭证登记。凡付款栏和收货栏都有记录的，就说明该项购货业务已经完结；如果只有付款记录，无收货记录，则是在途物资。月末，在途物资明细账的借方余额或在途物资登记簿付款和收料的差额应与"在途物资"总账的余额相等。

（四）投资者投入原材料的核算

投资者投入的原材料，按合同或协议约定的价值，借记"原材料"科目，按专用发票上注明的增值税额，借记"应交税费——应交增值税（进项税额）"科目，按照投资合同或协议确认的价值加上投入材料的进项税额，贷记"实收资本（或股本）"科目，若投资者投入原材料的价值超过协议出资额的部分，贷记"资本公积"科目。

【例5-11】珠江公司201×年2月18日接受安信公司投入的原材料，投资各方协议确认的投资者投入原材料价值为2 000 000元，专用发票上注明的增值税额为340 000元，假定投资协议约定的价值是公允的。协议的出资额1 600 000元，该批原材料已验收入库。

  借：原材料   2 000 000
    应交税费——应交增值税（进项税额） 340 000
    贷：实收资本——法人资本   1 600 000
      资本公积——资本溢价   740 000

（五）自制原材料的核算

企业自制材料的成本由材料采购成本、加工成本和其他成本构成。其中，加工成本是指存货制造过程中发生的直接人工及按照一定方法分配的制造引用；其他成本是指除采购成本、加工成本以外，为使存货达到目前场所的状态所生的支出。存货制造过程中非正常消耗的直接材料、直接人工和制造费用，不包括在存货成本之中，应于发生时直接计入当期损益。

企业自制并以验收入库的原材料，按确定的实际成本，借记"原材料"科目，贷记"生产成本"科目。

【例5-12】珠江公司的基本生产车间制造完成一批原材料，实际生产成本为70 000元。应编制会计分录：

  借：原材料   70 000
    贷：生产成本   70 000

（六）企业委托外单位加工完成并已验收入库的原材料的核算

委托外单位加工完成的存货，以实际耗用的原材料或者半成品、加工费、运输费、装卸费等费用以及按规定应计入成本的税金，作为实际成本。其在会计处理上主要包括拨付加工物资、支付加工费用和税金、收回加工物资和剩余物资等几个环节。

企业按发出委托加工材料的实际成本、支付的加工费及运杂费等，借记"委托加工物资"科目，贷记"原材料"、"库存商品"等科目，支付加工费、运杂费等计入委托加工成本，借记"委托加工物资"科目，贷记"银行存款"等科目。支付的应由受托加工代收代交的增值税,借记"应交税费——应交增值税(进项税额)",贷记"银行存款"等科目。需要交纳消费税的委托加工材料,应分情况处理:如材料收回后直接用于销售的,应按受托方代收代交的消费税,借记"委托加工物资"科目,贷记"应付账款"、"银行存款"等科目;如材料收回后用于连续生产的,对于受托方代收代交的准予抵扣的消费税,应借记"应交税金——应交消费税"科目,贷记"应付账款"、"银行存款"等科目。

企业委托外单位加工完成并已验收入库的物资,按实际加工成本借记"原材料"、"包装物"等科目,贷记"委托加工物资"科目。

【例5-13】珠江公司委托乙企业加工材料一批(属于应税消费品)。原材料成本为20 000元,支付的加工费为7 000元(不含增值税),消费税税率为10%,材料加工完成并已验收入库,加工费用等已经支付。双方适用的增值税税率为17%。

甲企业按实际成本核算原材料,有关账务处理如下:

(1)发出委托加工材料。

借:委托加工物资——乙企业　　　　　　　　　　　　　　20 000
　　贷:原材料　　　　　　　　　　　　　　　　　　　　　20 000

(2)支付加工费和税金。

消费税组成计税价格 = (20 000 + 7 000) ÷ (1 - 10%) = 30 000(元)

受托方代收代交的消费税税额 = 30 000 × 10% = 3 000(元)

应交增值税税额 = 7 000 × 17% = 1 190(元)

① 甲企业收回加工后的材料用于连续生产应税消费品的:

借:委托加工物资——乙企业　　　　　　　　　　　　　　7 000
　　应交税费——应交增值税(进项税额)　　　　　　　　1 190
　　　　　　——应交消费税　　　　　　　　　　　　　　3 000
　　贷:银行存款　　　　　　　　　　　　　　　　　　　11 190

② 甲企业收回加工后的材料直接用于销售的:

借:委托加工物资——乙企业　　　　　　　　　　　　　　10 000
　　应交税费——应交增值税(进项税额)　　　　　　　　1 190
　　贷:银行存款　　　　　　　　　　　　　　　　　　　11 190

(3)加工完成,收回委托加工材料。

① 甲企业收回加工后的材料用于连续生产应税消费品的:

借:原材料　　　　　　　　　　　　　　　　　　　　　　27 000
　　贷:委托加工物资——乙企业　　　　　　　　　　　　27 000

② 甲企业收回加工后的材料直接用于销售的:

借:原材料　　　　　　　　　　　　　　　　　　　　　　30 000
　　贷:委托加工物资——乙企业　　　　　　　　　　　　30 000

(六)发出材料的核算

企业在生产过程中发出材料业务非常频繁,平时根据领料凭证逐笔登记材料明细分类账,以反映各种材料的收支和结存余额。总分类核算是根据按实际成本计价的领、发料凭证，按领用部门和用途进行归类汇总，编制"发出材料汇总表"，月末一次登记总分类账，这样可以简化大量的记账工作。对发出的原材料的实际成本，企业根据实际情况，可选择先进先出、加权平均法、移动加权法、个别计价法计算并确定。计价方法一经确定，不得随意变更，如需变更，应在会计报表附注中予以说明。

根据"发出材料汇总表"。按材料的用途，借记"生产成本"、"制造费用"、"销售费用"、"管理费用"、"在建工程"、"销售费用"等科目；按材料品种、规格贷记"原材料"科目。

(1) 生产车间为生产产品而领用材料，借记"生产成本"科目，贷记"原材料"科目。

【例5-14】生产车间生产甲产品领用A材料一批10 000元。应编制会计分录如下：

借：生产成本　　　　　　　　　　　　　　　　　　　　10 000
　　贷：原材料——A材料　　　　　　　　　　　　　　　　10 000

(2) 管理部门、销售部门等领用材料，借记"管理费用"、"销售费用"等科目，贷记"原材料"科目。

【例5-15】珠江公司管理部门领用B材料一批5 000元，销售部门领用C材料一批6 000元。应编制会计分录如下：

借：管理费用　　　　　　　　　　　　　　　　　　　　5 000
　　销售费用　　　　　　　　　　　　　　　　　　　　6 000
　　贷：原材料——B材料　　　　　　　　　　　　　　　　5 000
　　　　　　　——C材料　　　　　　　　　　　　　　　　6 000

(3) 企业销售多余材料，借记"银行存款"等科目，贷记"其他业务收入"和"应交税费"等科目；同时结转销售材料成本，借记"其他业务成本"科目，贷记"原材料"科目。

【例5-16】企业销售多余的C材料一批，价值10 000元，收入12 000元，增值税率17%。应编制会计分录如下：

借：银行存款　　　　　　　　　　　　　　　　　　　　14 040
　　贷：其他业务收入　　　　　　　　　　　　　　　　　12 000
　　　　应交税金——应交增值税（销项税额）　　　　　　 2 040
同时：
借：其他业务成本　　　　　　　　　　　　　　　　　　10 000
　　贷：原材料——C材料　　　　　　　　　　　　　　　　10 000

(4) 基建工程、福利等部门领用的原材料，按实际成本加上不予抵扣的增值税额等，借记"在建工程"、"应付职工薪酬——应付福利费"等科目，按实际成本贷记"原材料"科目，按不予抵扣的增值税额，贷记"应交税金——应交增值税（进项税额转出）"等科目。

【例5-17】基建部门领用D材料一批5 000元，增值税率为17%。应编制会计分录如下：

```
借：在建工程                                        5 850
    贷：原材料——D材料                              5 000
        应交税金——应交增值税（进项税额转出）         850
```

二、原材料按计划成本核算

材料采用计划成本核算时，材料的日常收、发及结存，无论总分类核算还是明细分类核算，均按照计划成本计价。使用的会计科目有"原材料"、"材料采购"、"材料成本差异"等。材料实际成本与计划成本的差异，通过"材料成本差异"科目核算。月末，计算本月发出材料应负担的成本差异并进行分摊，根据领用材料的用途计入相关资产的成本或者当期损益，从而将发出材料的计划成本调整为实际成本。

（一）科目设置

1．"原材料"科目

"原材料"科目用于核算库存各种材料的收发与结存情况。在材料采用计划成本核算时，本科目的借方登记入库材料的计划成本，贷方登记发出材料的计划成本，期末余额在借方，反映企业库存材料的计划成本。

2．"材料采购"科目

"材料采购"科目借方登记采购材料的实际成本，贷方登记入库材料的计划成本。借方大于贷方表示超支，从本科目贷方转入"材料成本差异"科目的借方；贷方大于借方表示节约，从本科目借方转入"材料成本差异"科目的贷方；期末余额在借方，反映企业在途物资的采购成本。

3．"材料成本差异"科目

"材料成本差异"科目反映企业已入库各种材料的实际成本与计划成本的差异，借方登记超支差异及发出材料应负担的节约差异，贷方登记节约差异及发出材料应负担的超支差异。期末如为借方余额，反映企业库存材料的实际成本大于计划成本的差异（即超支差异）；期末如为贷方余额，反映企业库存材料实际成本小于计划成本的差异（即节约差异）。

（二）购入材料核算

原材料购入业务按计划成本核算与按实际成本核算的区别在于需要核算材料的计划成本和材料成本差异。具体会计处理程序有以下四个方面：

1．货款金额已定，材料月末未验收入库。

此种情况下只需按发票账单上的货款和相应的增值税等作购入处理，不必计算材料成本差异。

```
借：材料采购（实际成本）
    应交税费——应交增值税（进项税额）
    贷：银行存款、应付票据、应付账款等
```

2．货款金额已定，材料月末已验收入库。

此种情况下既要按发票账单上的货款和相应的增值税等作购入处理，同时又要计算材料成本差异。

借：材料采购（实际成本）
　　应交税费——应交增值税（进项税额）
　贷：银行存款、应付票据、应付账款等
同时作入库处理：
借：原材料（计划成本）
　贷：材料采购（计划成本）
月底结转材料成本差异，节约情况下：
借：材料采购
　贷：材料成本差异
如为超支则作相反分录，或入库时结转材料成本差异。
借：原材料（计划成本）
借或贷：材料成本差异（超支记借方，节约记入贷方）
　贷：材料采购（实际成本）

3. 货款金额到月末不确定，月末按计划成本估价入账，下月初用红字冲减。
此种方法，以计划成本作原材料入库处理，但不计算材料成本差异。
借：原材料（计划成本）
　贷：应付账款（计划成本）
下月初用红字冲减，待发票账单到达后再作购入处理。

【例5-18】珠江公司201×年11月发生有关材料业务，按计划成本核算，并在月末结转入库原材料的计划成本和材料成本差异。

（1）货款已经支付，同时材料验收入库。

11月2日公司购入L材料一批，专用发票上记载的货款为3 000 000元，增值税税额510 000元，发票账单已收到，计划成本为3 200 000元，全部款项以银行存款支付。

借：材料采购　　　　　　　　　　　　　　　　　3 000 000
　　应交税费——应交增值税（进项税额）　　　　510 000
　贷：银行存款　　　　　　　　　　　　　　　　3 510 000

在计划成本法下，取得的材料先要通过"材料采购"科目进行核算，企业支付材料价款和运杂费等构成存货实际成本的，记入"材料采购"科目。

（2）货款已经支付，材料尚未验收入库。

11月9日采用汇兑结算方式购入M1材料一批，专用发票上记载的货款为200 000元，增值税额34 000元，发票账单已收到，计划成本180 000元，材料尚未入库。

借：材料采购　　　　　　　　　　　　　　　　　200 000
　　应交税费——应交增值税（进项税额）　　　　34 000
　贷：银行存款　　　　　　　　　　　　　　　　234 000

（3）货款尚未支付，材料已经验收入库。

11月15日公司采用商业承兑汇票支付方式购入M2材料一批，专用发票上记载的货款为500 000元，增值税额85 000元，发票账单已收到，计划成本520 000元，材料已验收入库。

借：材料采购 500 000
　　应交税费——应交增值税（进项税额） 85 000
　　贷：应付票据 585 000

11月18日公司购入M3材料一批，材料已验收入库，发票账单未到，月末按照计划成本600 000元估价入账。

借：原材料 600 000
　　贷：应付账款——暂估应付账款 600 000

下月初作相反的会计分录予以冲回：

借：应付账款——暂估应付账款 600 000
　　贷：原材料 600 000

在这种情况下，对于尚未收到发票账单的收料凭证，月末应按计划成本暂估入账，借记"原材料"等科目，贷记"应付账款——暂估应付账款"科目，下期初做相反分录予以冲回，借记"应付账款——暂估应付账款"科目，贷记"原材料"科目。

企业购入验收入库的材料，按计划成本，借记"原材料"科目，贷记"材料采购"科目，按实际成本大于计划成本的差异，借记"材料成本差异"科目，贷记"材料采购"科目；实际成本小于计划成本的差异，借记"材料采购"科目，贷记"材料成本差异"科目。

月末，公司汇总本月已付款或已开出并承兑商业汇票的入库材料的计划成本3 720 000元（3 200 000 + 520 000）。

借：原材料——L材料 3 200 000
　　　　　——M2材料 520 000
　　贷：材料采购 3 720 000

上述入库材料的实际成本为3 500 000元（3 000 000 + 500 000），入库材料的成本差异为节约220 000元（3 500 000 - 3 720 000）。

借：材料采购 220 000
　　贷：材料成本差异——L材料 200 000
　　　　　　　　——M2材料 20 000

（三）发出材料核算

企业日常采用计划成本核算的，发出的材料成本应由计划成本调整为实际成本，通过"材料成本差异"科目进行结转，按照所发出材料的用途，分别记入"生产成本"、"制造费用"、"销售费用"、"管理费用"等科目。发出材料应负担的成本差异应当按期（月）分摊，不得在季末或年末一次计算。

本期材料成本差异率 =（期初结存材料的成本差异 + 本期验收入库材料的成本差异）÷（期初结存材料的计划成本 + 本期验收入库材料的计划成本）× 100%

期初材料成本差异率 = 期初结存材料的成本差异 ÷ 期初结存材料的计划成本 × 100%

【例5-19】珠江公司根据"发料凭证汇总表"的记录，201×年3月L材料的消耗（计划成本）为：基本生产车间领用2 000 000元，辅助生产车间领用600 000元，车间管理部门领用250 000元，企业行政管理部门领用50 000元。

借：生产成本——基本生产成本　　　　　　　　　　　　2 000 000
　　　　　　——辅助生产成本　　　　　　　　　　　　　600 000
　　制造费用　　　　　　　　　　　　　　　　　　　　　250 000
　　管理费用　　　　　　　　　　　　　　　　　　　　　　50 000
　贷：原材料——L材料　　　　　　　　　　　　　　　　2 900 000

假设珠江公司201×年3月初结存L材料的计划成本为1 000 000元，成本差异为超支30 740元；当月入库L材料的计划成本3 200 000元，成本差异为节约200 000元。则：

材料成本差异率 =（30 740 - 200 000）÷（1 000 000 + 3 200 000）× 100% = -4.03%

结转发出材料的成本差异的分录：

借：材料成本差异——L材料　　　　　　　　　　　　　　116 870
　贷：生产成本——基本生产成本　　　　　　　　　　　　　80 600
　　　　　　——辅助生产成本　　　　　　　　　　　　　24 180
　　制造费用　　　　　　　　　　　　　　　　　　　　　　10 075
　　管理费用　　　　　　　　　　　　　　　　　　　　　　 2 015

第四节　周转材料

周转材料是指企业能够多次使用、逐渐转移其价值但仍保持原有形态不确认为固定资产的材料，如包装物和低值易耗品，企业（建造承包商）的钢模板、木模板、脚手架和其他周转材料等，应当采用"一次转销法"或者"五五摊销法"进行摊销。本节主要介绍低值易耗品和包装物的核算。

一、低值易耗品概述

低值易耗品是指企业中那些价值比较低或使用年限比较短，不能作为固定资产核算的各种用具物品，如工具器具、管理用具、玻璃器皿以及在经营过程中周转使用的包装容器等。在性质上低值易耗品与固定资产一样属于劳动资料，可以多次使用，而不改变其实物形态。但在实际工作中，由于其价值比较低，易于损坏，为便于核算和管理，在会计上把它归入存货类，视同存货进行管理。

二、低值易耗品的核算

为了总括地反映企业库存低值易耗品的增减变动及结存情况，应设置"周转材料"科目。该科目属资产类，其借方登记企业购入、自制或委托外单位加工完成并验收入库、盘盈等原因而增加的低值易耗品成本；贷方登记领用、报废等原因减少的低值易耗品的成本；期末余额在借方，表示企业期末所有在库和在用低值易耗品的成本。此外，企业还应按类别、品种规格等进行数量和金额的明细核算。同原材料一样，低值易耗品也有实际成本计价和计划成本计价两种可供选择的方法，所以上述成本既可以是计划成本也可以是实际成本，其计价内容、增加的核算也与原材料相似，此处不再赘述。下面主要说明低值易耗品摊销的账务处理。

低值易耗品摊销是指不作为固定资产核算的各种用具物品，如工具、管理用具、玻璃器皿以及在经营过程中使用的包装容器等领用时，将其价值一次或多次转作生产费用或有关支出，计入当期损益，作为当期收入的抵减数。企业应当采用一次转销法、分次摊销法或者五五摊销法对低值易耗品进行摊销，计入相关资产的成本或者当期损益。

1. 一次转销法

一次转销法是指在领用低值易耗品时，将其全部价值，一次计入有关成本费用的方法。这种方法适用于一次领用数额较少，价值不高，使用期限不长的低值易耗品。企业采用一次转销法转销低值易耗品价值的，领用时，按其具体用途将其全部价值摊入有关的成本费用，借记"制造费用"、"管理费用"、"其他业务支出"等科目，贷记"低值易耗品"或者"周转材料——低值易耗品"、"材料成本差异"科目。低值易耗品报废时，将报废残料价值，作为当期低值易耗品摊销额的减少数，冲减有关的成本费用。

【例5-20】珠江公司基本生产车间5月份领用一批低值易耗品，计划成本6 000元，材料成本差异率为-2%，采用一次摊销法摊销。应编制如下会计分录：

借：制造费用　　　　　　　　　　　　　　　　　　　　6 000
　　贷：低值易耗品　　　　　　　　　　　　　　　　　　　　6 000
同时，
借：制造费用　　　　　　　　　　　　　　　　　　　120（红字）
　　贷：材料成本差异　　　　　　　　　　　　　　　　120（红字）

上述低值易耗品在7月份报废，残料按计划成本作价为220元入库，则：

借：原材料　　　　　　　　　　　　　　　　　　　　　220
　　贷：制造费用　　　　　　　　　　　　　　　　　　　　220

2. 分次摊销法

分次摊销法是指按低值易耗品的使用期限，分次摊销其价值的方法。这种方法适用于一次领用数额较多，单位价值较大，使用期限较长的低值易耗品。通常按低值易耗品的耐用期限平均计算低值易耗品各期的摊销额，并按低值易耗品的具体用途，将各期应摊销的低值易耗品价值摊入有关的成本费用。超过了分摊期限，仍可继续使用的，不再进行摊销。对于提前报废的低值易耗品，应将扣除残料后的差额计入报废当期的有关成本费用。如果低值易耗品报废时，其价值已经摊销完毕，应将其残料价值作为当期低值易耗品摊销额的减少数，冲减有关的成本费用。

【例5-21】珠江公司生产车间201×年4月初领用工具一批，实际成本2 400元，预计使用6个月，采用分次摊销法摊销其价值。9月末报废时入库残料价值50元，会计分录如下：

（1）领用时：

借：低值易耗品——在用　　　　　　　　　　　　　　　2 400
　　贷：低值易耗品——在库　　　　　　　　　　　　　　　2 400

(2) 每月末摊销价值为 400 元 (2 400÷6)：
借：制造费用　　　　　　　　　　　　　　　　　　400
　　贷：低值易耗品——在用　　　　　　　　　　　　　　400
(3) 9 月末低值易耗品报废时，除作与 (2) 相同的分录外，还应将残料价值冲减制造费用，即
借：原材料　　　　　　　　　　　　　　　　　　　50
　　贷：制造费用　　　　　　　　　　　　　　　　　　　50

3．五五摊销法

五五摊销法是指在领用低值易耗品时摊销其价值的一半，在报废时再摊销其价值的另一半并注销其总成本的一种摊销方法。适用于一次领用低值易耗品数量较多、价值较大的情况。

【例 5-22】珠江公司基本生产车间领用低值易耗品一批，实际成本 8 000 元，采用五五摊销法核算。应作会计分录如下：

(1) 领用时：
借：低值易耗品——在用低值易耗品　　　　　　　　8 000
　　贷：低值易耗品——在库低值易耗品　　　　　　　　　8 000
同时摊销低值易耗品成本的 50%：
借：制造费用　　　　　　　　　　　　　　　　　4 000
　　贷：低值易耗品——低值易耗品摊销　　　　　　　　　4 000
(2) 若上述低值易耗品报废，收回残料估价 200 元且已入库：
借：制造费用　　　　　　　　　　　　　　　　　4 000
　　贷：低值易耗品——低值易耗品摊销　　　　　　　　　4 000
同时，
借：低值易耗品——低值易耗品摊销　　　　　　　　8 000
　　贷：低值易耗品——在用低值易耗品　　　　　　　　　8 000
借：原材料　　　　　　　　　　　　　　　　　　　200
　　贷：制造费用　　　　　　　　　　　　　　　　　　　200

五五摊销法的优点是低值易耗品在报废以前，账面上一直保持其价值记录，在用低值易耗品的账面价值就不会被冲销，也就不会成为账外资产，有利于实行价值监督，缺点在于核算工作量有所增加。这种方法主要适用于每月领用、报废数量比较均衡，因而各月费用负担差不多的低值易耗品。

三、包装物概述

包装物是指为包装产品而储备的各种包装容器，如桶、箱、瓶、坛、袋等用于储存和保管产品的材料。在生产流通过程中，它为包装本企业的产品或商品，并随同它们一起出售、出借或出租给购货方。用于储存和保管商品、产品、材料而不对外销售和出租、出借的大型包装物，因其价值较大，使用时间较长，应根据其价值大小和使用时间长短，分别作为固定资产和低值易耗品进行管理，不在包装物进行核算。单独

作为企业的商品、产品而自制的包装物，以及作为商品而购入的包装物，应作为企业的商品、产成品进行核算，也不作为包装物进行核算。

包装物具有流动性强、流通环节多、容易毁损和丢失等特点，有的还可以反复使用。因此，必须加强对包装物的核算和管理。

从核算方法看，包装物的核算与材料的核算基本相似。企业购入、自制、委托加工完成验收入库的包装物的核算，与原材料收入的核算完全相同，不同点主要表现在包装物发出、领用的核算上。

企业领用包装物，主要有四种情况：
(1) 生产领用包装物，用于包装产品，作为产品组成部分的包装物；
(2) 随同产品出售而不单独计价的包装物；
(3) 随同产品出售单独计价的包装物；
(4) 出租或出借给购买单位使用的包装物。

四、包装物发出的核算

包装物的核算可以按实际成本，也可按计划成本。为了反映和监督包装物的增减变化及其耗损情况，应设置"周转材料"或"包装物"科目进行核算。企业应当采用一次摊销法、分次摊销法或者五五摊销法对包装物进行摊销，计入相关资产的成本或者当期损益。

(一) 生产领用包装物

生产领用的包装物，多数属于内包装，成为产品不可分割的组成部分，这种包装物一般不单独计价，随同产品销售后也不回收，因此发出时其成本与产品成本一起结转。

【例 5-23】珠江公司 201×年 5 月 2 日为生产 A 产品，领用新包装物一批，计划成本 2 000 元，当月成本差异率为 +2%。据此作会计分录如下：

(1) 领用时：

借：生产成本　　　　　　　　　　　　　　　　　　　　　　　2 000
　　贷：包装物　　　　　　　　　　　　　　　　　　　　　　　2 000

(2) 月末结转包装物成本差异：

借：生产成本　　　　　　　　　　　　　　　　　　　　　　　　 40
　　贷：材料成本差异　　　　　　　　　　　　　　　　　　　　　 40

(二) 随同产品出售不单独计价的包装物

随同产品出售不单独计价的包装物，在产品销售时作为销售费用处理。

【例 5-23】珠江公司 201×年 6 月 2 日为销售 H 产品，领用包装纸箱一批，实际成本为 1 000 元，纸箱随同 H 产品一起出售但不单独计价。作如下会计分录：

借：销售费用　　　　　　　　　　　　　　　　　　　　　　　1 000
　　贷：包装物　　　　　　　　　　　　　　　　　　　　　　　1 000

(三) 随同产品出售，单独计价包装物

随同产品出售，单独计价的包装物在产品销售时，其收入作为其他业务收入，成本计入其他业务支出。

【例5-24】珠江公司201×年6月10在销售产品时随同产品出售单独计价的新包装物一批,其售价为800元,应收增值税为135元,已通过银行收讫,该批包装物实际成本为810元。

(1)收到包装物价款时,作如下会计分录:

借:银行存款　　　　　　　　　　　　　　　　　　　　　935
　　贷:其他业务收入　　　　　　　　　　　　　　　　　　800
　　　　应交税费——应交增值税(销项税额)　　　　　　135

(2)结转包装物成本时,作如下会计分录:

借:其他业务成本　　　　　　　　　　　　　　　　　　　810
　　贷:包装物　　　　　　　　　　　　　　　　　　　　　810

(四)出租、出借包装物

企业为了督促使用单位如期归还包装物,在出租、出借时往往收取不低于包装物成本的押金。出租、出借的包装物在周转使用过程中因磨损而减少的价值可根据情况采用一次转销法或分期摊销法进行摊销。若出租、出借包装物数额不大,可采用一次转销法、分期摊销法和五五摊销法。

1. 一次转销法

一次转销法是指包装物在领用时,将其账面价值一次计入有关成本或当期损益的一种方法,一次转销法适用于出租或出借包装物业务不多、一次领用金额不大的企业使用。采用这种方法,在领用新包装物时,结转其成本,借记"其他业务成本"或"销售费用"科目,贷记"包装物"科目。出租、出借包装物收到押金时,借记"银行存款"科目,贷记"其他应付款"科目。收到租金时,借记"现金"或"银行存款"科目,贷记"其他业务收入"科目。出租、出借的包装物不能使用报废时,其残料价值,借记"原材料"等科目,贷记"其他业务成本"或"销售费用"等科目。

【例5-25】珠江公司随产品销售出租包装箱40个,每个成本30元,押金按每个35元收取,存入银行。本月收回包装物,收取包装箱租金500元,从押金中扣除。包装物价值采用一次摊销法摊销。假设不考虑相关税费,应作如下会计分录:

(1)领用包装物时:

借:其他业务成本　　　　　　　　　　　　　　　　　　1 200
　　贷:包装物　　　　　　　　　　　　　　　　　　　　1 200

(2)收到押金时:

借:银行存款　　　　　　　　　　　　　　　　　　　　1 400
　　贷:其他应付款　　　　　　　　　　　　　　　　　　1 400

(3)退还押金和扣除租金时:

借:其他应付款　　　　　　　　　　　　　　　　　　　1 400
　　贷:其他业务收入　　　　　　　　　　　　　　　　　　500
　　　　银行存款　　　　　　　　　　　　　　　　　　　　900

2. 分期摊销法

分期摊销法是指根据包装物可供周转使用的估计期数或次数,将其价值计入各期有关成本费用的一种摊销方法。各期包装物摊销额的计算公式如下:

某期包装物摊销额 = 包装物账面价值÷预计使用期数。

分期摊销的包装物在领用时,借记"长期待摊费用"科目,贷记"包装物"科目。出租、出借包装物收到押金时,借记"银行存款"科目,贷记"其他应付款"科目。收到租金时,借记"现金"或"银行存款"科目,贷记"其他业务收入"科目。出租、出借的包装物不能使用报废时,其残料价值,借记"原材料"等科目,贷记"其他业务成本"、"销售费用"等科目。

【例5-26】珠江公司3月5日随产品销售出借包装铁桶100只,每只计划成本40元,押金按每只45元收取,当月包装物成本差异率为+2%,该批包装物成本分四次摊销,铁桶按时收回,押金退还,并通过银行结算。作如下有关会计分录:

(1) 领出出借用铁桶时:

借:长期待摊费用　　　　　　　　　　　　　　　　4 000
　　贷:包装物　　　　　　　　　　　　　　　　　　　　4 000

(2) 收取押金时:

借:银行存款　　　　　　　　　　　　　　　　　　4 500
　　贷:其他应付款　　　　　　　　　　　　　　　　　　4 500

(3) 月末结转该批包装物成本差异时:

借:长期待摊费用　　　　　　　　　　　　　　　　　80
　　贷:材料成本差异　　　　　　　　　　　　　　　　　　80

(4) 月末摊销包装物成本时:

借:销售费用　　　　　　　　　　　　　　　　　1 020
　　贷:长期待摊费用　　　　　　　　　　　　　　　　1 020

以后各月末作与(4)相同的会计分录。

(5) 退还该批包装物押金时:

借:其他应付款　　　　　　　　　　　　　　　　4 500
　　贷:银行存款　　　　　　　　　　　　　　　　　　4 500

3. 五五摊销法

五五摊销法是指包装物在领用时先摊销50%的账面价值,待报废时再摊销剩余50%账面价值的一种摊销方法。采用该种方法,如果报废包装物的残值较小,可以不预计残值,将包装物的全部成本在领用和报废时,各分摊50%;如果残值较大,在包装物报废时,根据其残值,借记"原材料"科目,贷记"其他业务成本"等科目。

采用五五摊销法,应在"包装物"科目下设置"库存未用包装物"、"库存已用包装物"、"出租包装物"、"出借包装物"和"包装物摊销"等明细科目。出租新包装物时,应借记"包装物——出租包装物"科目,贷记"包装物——库存未用包装物"科目,同时,按出租包装物成本的50%,借记"其他业务成本"科目,贷记"包装物——包装物摊销"科目。包装物报废时,摊销其成本的另外50%,借记"其他业务成本"科目,贷记"包装物——包装物摊销"科目;同时注销包装物成本及其已摊销价值,借记"包装物——包装物摊销"科目,贷记"包装物——出租包装物(或库存已用包装物)"科目。

企业出租包装物收到的租金,借记"库存现金"、"银行存款"等科目,贷记"其他业务收入"等科目;收到的押金,借记"现金"、"银行存款"等科目,贷记"其他应付款"科目;对于逾期未退包装物,按没收的押金,借记"其他应付款"科目,按应交的增值税,贷记"应交税费——应交增值税(销项税额)"科目,按其差额,贷记"其他业务收入"科目。这部分没收的押金收入应交的消费税等税费,计入其他业务成本,借记"其他业务成本"科目,贷记"应交税费——应交消费税"等科目。对于逾期未退包装物没收的加收的押金,应转作"营业外收入"处理,企业应按加收的押金,借记"其他应付款"科目,按应交的增值税、消费税等税费,贷记"应交税费"等科目,按其差额,贷记"营业外收入——逾期包装物押金没收收入"科目。

【例5-27】珠江公司包装物按实际成本计价,201×年1月1日仓库发出新包装箱一批,出租给A公司,租期4个月。该批包装箱实际成本10 000元,向购货单位收取押金8 000元,同时收取本月租金2 000元,存入银行。201×年4月30日该批包装箱收回,未发生损坏,包装物验收入库,押金以银行存款退回。201×年7月1日,该批包装物又出租给B企业,每月租金1 000元。201×年8月31日,该批包装箱全部报废,收回价值50元的残料入库。包装箱价值摊销采用五五摊销法。假设不考虑相关税费,企业应编制如下会计分录。

(1) 201×年1月1日,领用包装箱时:
借:包装物——出租包装物　　　　　　　　　　　　　　　　10 000
　　贷:包装物——库存未用包装物　　　　　　　　　　　　　　　10 000

(2) 201×年1月1日,摊销包装箱价值的一半:
借:其他业务成本　　　　　　　　　　　　　　　　　　　　5 000
　　贷:包装物——包装物摊销　　　　　　　　　　　　　　　　　5 000

(3) 201×年1月1日,收到押金及租金:
借:银行存款　　　　　　　　　　　　　　　　　　　　　10 000
　　贷:其他业务收入　　　　　　　　　　　　　　　　　　　　2 000
　　　　其他应付款——A公司　　　　　　　　　　　　　　　　8 000

(4) 201×年2月、3月、4月收到租金时:
借:银行存款　　　　　　　　　　　　　　　　　　　　　2 000
　　贷:其他业务收入　　　　　　　　　　　　　　　　　　　　2 000

(5) 201×年4月30日,收回出租包装箱时:
借:包装物——库存已用包装物　　　　　　　　　　　　　　10 000
　　贷:包装物——出租包装物　　　　　　　　　　　　　　　　10 000

(6) 201×年4月30日,退回押金时:
借:其他应付款——A公司　　　　　　　　　　　　　　　　8 000
　　贷:银行存款　　　　　　　　　　　　　　　　　　　　　　8 000

(7) 201×年7月1日，该批包装物出租给B企业时：

借：包装物——出租包装物　　　　　　　　　　　　　　10 000
　　贷：包装物——库存已用包装物　　　　　　　　　　　　　　10 000

(8) 201×年7月、8月收到租金时：

借：银行存款　　　　　　　　　　　　　　　　　　　　1 000
　　贷：其他业务收入　　　　　　　　　　　　　　　　　　　　1 000

(9) 201×年8月31日，该批包装箱报废，摊销价值的另一半，同时收回残料时：

借：其他业务成本　　　　　　　　　　　　　　　　　　4 950
　　原材料——残料　　　　　　　　　　　　　　　　　　50
　　贷：包装物——包装物摊销　　　　　　　　　　　　　　　　5 000

(10) 201×年8月31日，注销包装物成本及其已摊销价值时：

借：包装物——包装物摊销　　　　　　　　　　　　　　10 000
　　贷：包装物——出租包装物　　　　　　　　　　　　　　　　10 000

出借包装物，与出租包装物的不同主要是没有租金收入，其他方面基本是相同的。当结转包装物成本时，应借记"销售费用"科目，贷记相关科目。

【例5-28】 珠江公司将旧铁桶100只，借给C公司使用，每个计划成本80元，收押金8 000元，存入银行。中兴工厂对铁桶价值摊销采用五五摊销法。企业应编制如下会计分录：

借出铁桶时：

借：包装物——出租包装物　　　　　　　　　　　　　　8 000
　　贷：包装物——库存已用包装物　　　　　　　　　　　　　　8 000

收到押金时：

借：银行存款　　　　　　　　　　　　　　　　　　　　8 000
　　贷：其他应付款——存入保证金　　　　　　　　　　　　　　8 000

注：因为出租的是旧铁桶，第一次出租时已经摊销了其价值的一半，再次出租时，不能再摊销。

【例5-29】 数日后，C公司将旧铁桶100只归还珠江公司，经验收50只已经不能使用，应该报废，其余50只入库。当月包装物成本差异率为3%。企业应进行如下会计处理：

验收入库50只时：

借：包装物——库存已用包装物　　　　　　　　　　　　4 000
　　贷：包装物——出租包装物　　　　　　　　　　　　　　　　4 000

报废的50只，应摊销价值的另一半，并注销包装物成本及其已摊销价值。

借：销售费用　　　　　　　　　　　　　　　　　　　　2 000
　　包装物——包装物摊销　　　　　　　　　　　　　　2 000
　　贷：包装物——出租包装物　　　　　　　　　　　　　　　　4 000

结转报废铁桶应分摊的成本差异：

借：销售费用　　　　　　　　　　　　　　　　　　　　60
　　贷：材料成本差异　　　　　　　　　　　　　　　　　　　　60

无论采用何种摊销方法，如果包装物核算使用计划成本计价，在月末都应将包装物应分摊的成本差异，记入有关的成本费用或支出科目。采用一次或分次摊销时，在出库月末分摊成本差异；采用五五摊销法时，在收不回或报废月末分摊成本差异。

第五节　存货期末计价和清查

一、存货的期末计价

资产负债表日，存货应当按照成本与可变现净值孰低计价。当存货成本低于可变现净值时，存货按成本计价；当存货成本高于可变现净值时，存货按可变现净值计价，同时按照成本高于可变现净值的差额计提存货跌价准备，计入当期损益。

二、存货的可变现净值

（一）存货成本与可变现净值孰低

存货成本与可变现净值孰低是指对期末存货按照成本与可变现净值之中较低者计价的方法。当成本低于可变现净值时，期末存货按成本计价；当存货可变现净值低于成本时，期末存货按可变现净值计价。

存货成本是指存货的历史成本，即按前面所介绍的以历史成本为基础的存货计价方法（如先进先出法等）计算得出的期末存货价值。

可变现净值是指企业在正常生产经营过程中，以估计售价减去估计完工成本及销售所必需的估计费用后的价值，而不是指存货的现行售价。其计算公式如下：

可变现净值＝估计售价－估计完工成本－销售所必需的估计费用

（二）存货减值迹象的判断

当存在下列情况之一时，表明存货已发生减值，期末存货应按可变现净值计价，并计提存货跌价准备：

（1）市价持续下跌，并且在可预见的未来无回升的希望；

（2）企业使用该原材料生产的产品的成本大于产品的销售价格；

（3）企业因产品更新换代，原有库存材料已不适用新产品的需要，而该原材料的市场价格又低于其账面成本；

（4）因企业所提供的商品或劳务过时，或消费者偏好改变而使市场的需求发生变化，导致市场价格逐渐下降；

（5）其他足以证明该项存货实质上已经发生减值的情形。

存货存在下列情形之一的，表明存货的可变现净值为零：

（1）已霉烂变质的存货；

（2）已过期且无转让价值的存货；

（3）生产中已不再需要，并且已无使用价值和转让价值的存货；

（4）其他足以证明已无使用价值和转让价值的存货。

(三) 存货的可变现净值的确定

企业确定存货的可变现净值，应当以取得的确凿证据为基础，并且考虑持有存货的目的、资产负债表日后事项的影响等因素。

1. 可变现净值的特征

可变现净值的特征表现为存货的预计未来净现金流量，而不是存货的售价或合同价。企业预计的销售存货现金流量，并不完全等于存货的可变现净值。存货在销售过程中可能发生的销售费用和相关税费，以及为达到预定可销售状态还可能发生的加工成本等相关支出，构成现金流入的抵减项目。企业预计的销售存货现金流量，扣除这些抵减项目后，才能确定存货的可变现净值。

2. 以确凿证据为基础计算确定存货的可变现净值

存货可变现净值的确凿证据是指对确定存货的可变现净值有直接影响的客观证明，如产成品或商品的市场销售价格、与产成品或商品相同或类似商品的市场销售价格、销货方提供的有关资料和生产成本资料等。

3. 不同存货可变现净值的确定

（1）产成品、商品和用于出售的材料等直接用于出售的商品存货，在正常生产经营过程中，应当以该存货的估计售价减去估计的销售费用和相关税费后的金额，确定其可变现净值。

（2）需要经过加工的材料存货，在正常生产经营过程中，应当以所生产的产成品的估计售价减去至完工时估计将要发生的成本、估计的销售费用和相关税费后的金额，确定其可变现净值。

（3）资产负债表日，同一项存货中一部分有合同价格约定、其他部分不存在合同价格的，应当分别确定其可变现净值，并与其相对应的成本进行比较，分别确定存货跌价准备的计提或转回的金额。

4. 存货估计售价的确定

（1）为执行销售合同或劳务合同而持有的产成品或商品存货，通常应以合同价格作为存货估计售价。

（2）没有销售合同约定的产成品或商品存货，通常应以一般销售价格作为存货估计售价。

（3）用于出售的材料存货，通常以市场价格作为存货估计售价（有合同约定的则也应以合同价格作为存货估计售价）。

（4）为生产而持有的材料存货估计售价的确定方法如下：

①如果用该材料生产的产品的可变现净值＞用该材料生产的产品的生产成本，则该材料按成本计量；

②如果用该材料生产的产品的可变现净值＜用该材料生产的产品的生产成本，则该材料按可变现净值计量。

四、存货跌价准备的计提方法

企业按成本与可变现净值孰低法对存货计价时，可选用三种不同的计算方法：

1. 单项比较法

单项比较法亦称逐项比较法或个别比较法，是指对库存中每一存货的成本和可变现净值逐项进行比较，每项存货均取较低数确定存货的期末成本。

2. 分类比较法

分类比较法亦称类比法，是指按存货类别的成本与可变现净值进行比较，每类存货取其较低数确定存货的期末成本。

3. 综合比较法

综合比较法亦称总额比较法，是指按全部存货的总成本与可变现净值总额相比较，以较低数作为期末全部存货的成本。

单项比较法计算的期末成本总计最低，分类比较法次之，综合比较法最高。原因是单项比较法所确定的均为各项存货的最低价，据此计算的结果比较准确，但这种方法的工作量较大，存货品种繁多的企业更是如此。

五、存货跌价准备账务处理

（1）资产负债表日，存货发生减值的，按存货可变现净值低于成本的差额，借记"资产减值损失"科目，贷记"存货跌价准备"科目。

已计提跌价准备的存货价值以后又得以恢复，应在原已计提的存货跌价准备金额内，按恢复增加的金额，借记"存货跌价准备"科目，贷记"资产减值损失"科目。

发出存货结转存货跌价准备的，借记"存货跌价准备"科目，贷记"主营业务成本"、"生产成本"等科目。

（2）企业（建造承包商）建造合同执行中预计总成本超过合同总收入的，应按其差额，借记"资产减值损失"科目，贷记"存货跌价准备"科目。合同完工时，借记"存货跌价准备"科目，贷记"主营业务成本"科目。

"存货跌价准备"科目可按存货项目或类别进行明细核算，本科目期末贷方余额，反映企业已计提但尚未转销的存货跌价准备。

【例5-30】20×1年12月31日，北方公司甲材料的账面金额为100 000元，由于市场价格的下跌，预计可变现净值为80 000元。20×2年3月31日由于市场价格有所上升，使得甲材料的预计可变现净值为95 000元。20×2年6月30日，由于市场价格进一步上升，甲材料的预计可变现净值为100 000元，北方公司每期期末如何对存货跌价准备进行会计处理？

20×1年12月：

借：资产减值损失——计提的存货跌价准备　　　　　　20 000
　　贷：存货跌价准备　　　　　　　　　　　　　　　　　　20 000

20×2年3月31日市场价格上升：

借：存货跌价准备　　　　　　　　　　　　　　　　　　15 000
　　贷：资产减值损失——计提的存货跌价准备　　　　　　15 000

20×2年6月30日价格进一步上升：

| 借：存货跌价准备 | 5 000 |
| 贷：资产减值损失——计提的存货跌价准备 | 5 000 |

六、存货的清查

存货清查是通过对存货的实物查对并与账面资料比较，确定各项存货的实存数与账存数是否相符的一种专门方法。

（一）存货清查的科目设置

为了核算企业在财产清查中查明的各种财产物资的盘盈、盘亏和毁损，企业应设置"待处理财产损溢"科目，该科目借方登记各种财产物资的盘亏金额和批准转销的盘盈金额，贷方登记发生的各种财产物资的盘盈金额和批准转销的盘亏金额，期末借方余额反映尚未处理的各种财产物资的净损失；期末贷方余额反映尚未处理的各种物资的净盈余。该科目下应设置"待处理流动资产损溢"和"待处理固定资产损溢"两个明细科目。

（二）存货清查的账务处理

发生存货盘盈时，应借记"原材料"等科目，贷记"待处理财产损溢——待处理流动资产损溢"科目；发生存货盘亏、毁损时，应借记"待处理财产损溢——待处理流动资产损溢"科目，贷记"原材料"等科目。

盘盈、盘亏、毁损的财产物资，报经批准后处理时，存货的盘盈，应借记"待处理财产损溢——待处理流动资产损溢"科目，贷记"管理费用"科目；存货盘亏、毁损，应先扣除残料价值、可以收回的保险赔偿和过失人的赔偿，借记"原材料"、"其他应收款"等科目，贷记"待处理财产损溢——待处理流动资产损溢"科目，剩余净损失，属于非常损失部分，借记"营业外支出——非常损失"科目，贷记"待处理财产损溢——待处理流动资产损溢"科目；属于一般经营损失部分（即定额内损耗），借记"管理费用"科目，贷记"待处理财产损溢——待处理流动资产损溢"科目。

【例5-31】 珠江公司201×年4月因洪涝灾害，导致产成品毁损20 000元，该项毁损经与保险公司协商，保险公司同意赔付实际损失的80%，其余损失由企业自己负担。有关账务处理如下：

批准前：

| 借：待处理财产损溢——待处理流动资产损溢 | 20 000 |
| 贷：库存商品——产成品 | 20 000 |

批准后：

借：其他应收款——保险公司	16 000
营业外支出	4 000
贷：待处理财产损溢——待处理流动资产损溢	20 000

第六章 金融资产

第一节 金融资产概述

一、金融资产的概念

金融资产指企业持有的现金、权益工具投资、从其他单位收取现金或其他金融资产的合同权利,以及在有利条件下与其他单位交换金融资产或金融负债的合同权利,如应收款项、贷款、债权投资、股权投资以及衍生金融资产等。金融资产是企业资产的重要组成部分,是一切可以在有组织的金融市场上进行交易、具有现实价格和未来估价的金融工具的总称。它最大的特征是能够在市场交易中为其所有者提供即期或远期的货币收入流量。

二、金融资产的分类

按会计准则的规定,适用于会计准则的金融资产应当在初始确认时划分为下列四类:即以公允价值计量且其变动计入当期损益的金融资产,包括交易性金融资产和指定为以公允价值计量且其变动计入当期损益的金融资产;持有至到期投资;贷款和应收款项;可供出售金融资产。

金融资产的分类与金融资产的计量密切相关,上述分类确定后,不得随意变更。本章主要对交易性金融资产、持有至到期投资、可供出售金融资产进行核算,应收款项在第四章,贷款在金融企业会计中学习。

第二节 交易性金融资产

一、交易性金融资产的概念

交易性金融资产主要是指企业为了近期内出售而持有的金融资产。例如,企业以赚取差价为目的,从二级市场购入的股票、债券、基金等。

二、交易性金融资产的核算

为了核算交易性金融资产的取得、收取现金股利或利息、处置等业务,企业应当设置"交易性金融资产"、"公允价值变动损益"、"投资收益"等科目。

"交易性金融资产"科目,核算企业为交易目的所持有的债券投资、股票投资、基金投资等交易性金融资产的公允价值。本科目按交易性金融资产的类别和品种,分别按"成本"、"公允价值变动"进行明细核算。

(一) 交易性金融资产的取得

取得交易性金融资产时,应当按照该金融资产取得时的公允价值作为其初始确认金额,记入"交易性金融资产—成本"科目。取得交易性金融资产所支付价款中包含了已宣告但尚未发放的现金股利或已到付息期但尚未领取的债券利息的,应当单独确认为应收项目,记入"应收股利"或"应收利息"科目。

取得交易性金融资产所发生的相关交易费用应当在发生时计入投资收益。交易费用是指可直接归属于购买、发行或处置金融工具新增的外部费用,包括支付给代理机构、咨询公司、券商等的手续费和佣金及其他必要支出。

【例6-1】珠江公司以银行存款购入D公司股票1 000股,不准备长期持有,每股购买价5元,同时支付手续费、印花税等200元。其账务处理如下:

借:交易性金融资产——D公司股票——成本　　　　　　　　5 000
　　投资收益　　　　　　　　　　　　　　　　　　　　　　200
　　贷:银行存款　　　　　　　　　　　　　　　　　　　　　　5 200

【例6-2】珠江公司以交易为目的,201×年1月1日从二级市场购入F公司债券,共支付价款103 500元,其中含付息期已到但尚未领取的债券利息2 500元,交易费用1 000元。面值100 000元,票面年利率为5%,每半年末付息一次。其账务处理如下:

借:交易性金融资产——F公司债券——成本　　　　　　　　100 000
　　应收利息——F公司　　　　　　　　　　　　　　　　　　2 500
　　投资收益　　　　　　　　　　　　　　　　　　　　　　1 000
　　贷:银行存款　　　　　　　　　　　　　　　　　　　　　103 500

(二) 交易性金融资产持有期间收到的股利和利息

企业持有交易性金融资产期间对于被投资单位宣告发放的现金股利,或企业在资产负债表日按分期付息、一次还本债券投资的票面利率计算的利息,应当确认为应收项目,记入"应收股利"或"应收利息"科目并计入当期投资收益。

【例6-3】续例6-1,D公司于5月1日,宣告发放股利,每股1元。珠江公司于同月20日收到股利,存入银行。其账务处理如下:

5月1日:

借:应收股利——D公司　　　　　　　　　　　　　　　　　1 000
　　贷:投资收益　　　　　　　　　　　　　　　　　　　　　　1 000

5月20日:

借:银行存款　　　　　　　　　　　　　　　　　　　　　　1 000
　　贷:应收股利——D公司　　　　　　　　　　　　　　　　　1 000

【例6-4】续例6-2,珠江公司1月10日收到付息期已到但尚未领取的债券利息2 500元,存入银行。其账务处理如下:

借：银行存款　　　　　　　　　　　　　　　　　　　　　2 500
　　　　贷：应收利息——F 公司　　　　　　　　　　　　　　　　　2 500

（三）交易性金融资产的期末计价

资产负债表日，交易性金融资产应当按照公允价值计量。公允价值与账面余额之间的差额计入当期损益。企业应当在资产负债表日按照交易性金融资产公允价值与其账面余额的差额，借记或贷记"交易性金融资产——公允价值变动"科目，贷记或借记"公允价值变动损益"科目。

"公允价值变动损益"科目，核算交易性金融资产公允价值变动，应记入当期损益的利得或损失。借方登记交易性金融资产公允价值低于其账面价值的差额；贷方登记交易性金融资产公允价值高于其账面价值的差额。期末，应将本科目余额全部转入"本年利润"科目。

【例 6-5】续例 6-1，12 月 31 日，D 公司股票每股收盘价 3 元，则：

珠江公司持有 D 公司股票的公允价值 = 1 000 × 3 = 3 000（元）

珠江公司持有 D 公司股票的账面价值 5 000 元，应调低该股票账面价值 2 000 元（5 000 - 3 000）。其账务处理如下：

　　借：公允价值变动损益——D 公司股票　　　　　　　　　　　2 000
　　　　贷：交易性金融资产——D 公司股票——公允价值变动　　　　2 000

【例 6-6】续例 6-2，6 月 30 日，F 公司债券的公允价值为 111 000 元，应调增债券账面价值 11 000 元（111 000 - 100 000），确认公允价值变动和投资收益（100 000 × 5% = 5 000），7 月 10 日收到上半年利息。其账务处理如下：

6 月 30 日，确认公允价值变动和投资收益：

　　借：交易性金融资产——F 公司债券——公允价值变动　　　　11 000
　　　　贷：公允价值变动损益——F 公司债券　　　　　　　　　　11 000
　　借：应收利息——F 公司　　　　　　　　　　　　　　　　　5 000
　　　　贷：投资收益　　　　　　　　　　　　　　　　　　　　　5 000

7 月 10 日收到上半年利息：

　　借：银行存款　　　　　　　　　　　　　　　　　　　　　5 000
　　　　贷：应收利息　　　　　　　　　　　　　　　　　　　　　5 000

（四）交易性金融资产的处置

出售交易性金融资产时，应当将该金融资产出售时的公允价值与其账面金额之间的差额确认为投资收益，同时调整公允价值变动损益。如果交易性金融资产是部分出售的，交易性金融资产的账面价值和公允价值变动的差额，均应按出售的交易性金融资产占交易性金融资产的比例计算。

企业应按实际收到的金额，借记"银行存款"等科目，按该金融资产的账面余额贷记"交易性金融资产——成本、公允价值变动"科目，按其差额贷记或借记"投资收益"科目。同时，将原计入该金融资产的公允价值变动转出，借记或贷记"公允价值变动损益"科目，贷记或借记"投资收益"科目。

【例6-7】续例6-1，次年2月12日，珠江公司将持有的D公司股票1 000股以每股6元的价格全部售出，收入6 000元存入银行。账面价值如下：

交易性金融资产——D公司股票——成本　　5 000（借方）

交易性金融资产——D公司股票——公允价值变动　　2 000（贷方）

账面价值合计＝5 000－2 000＝3 000（元）

珠江公司出售D公司股票时的账务处理如下：

借：银行存款　　　　　　　　　　　　　　　　　　　6 000
　　交易性金融资产——D公司股票——公允价值变动　　2 000
　　贷：交易性金融资产——D公司股票——成本　　　　5 000
　　　　投资收益　　　　　　　　　　　　　　　　　　3 000
借：投资收益　　　　　　　　　　　　　　　　　　　2 000
　　贷：公允价值变动损益——D公司股票　　　　　　　2 000

【例6-8】续例6-2，12月10日，珠江公司将持有的F公司的债券全部出售，收入120 000元存入银行。账面价值如下：

交易性金融资产——F公司债券——成本　100 000（借方）

交易性金融资产——F公司债券——公允价值变动　　11 000（借方）

账面价值合计＝100 000＋11 000＝111 000（元）

珠江公司出售F公司债券时，其会计分录为：

借：银行存款　　　　　　　　　　　　　　　　　　120 000
　　贷：交易性金融资产——F公司债券——成本　　　100 000
　　　　交易性金融资产——F公司债券——公允价值变动　11 000
　　　　投资收益　　　　　　　　　　　　　　　　　　9 000
借：公允价值变动损益——F公司债券　　　　　　　　11 000
　　贷：投资收益　　　　　　　　　　　　　　　　　11 000

第三节　持有至到期投资

一、持有至到期投资的概述

(一) 持有至到期投资的定义

持有至到期投资是指到期日固定、回收金额固定或可确定，且企业有明确意图和能力持有至到期的非衍生金融资产。企业不能将下列非衍生金融资产划分为持有至到期投资：

（1）初始确认时即被指定为以公允价值计量且其变动计入当期损益的非衍生金融资产；

（2）符合贷款和应收款项的定义的非衍生金融资产；

（3）初始确认时被指定为可供出售的非衍生金融资产。

（二）持有至到期投资的特征

1. 到期日固定、回收金额固定或可确定

到期日固定、回收金额固定或可确定是指相关合同明确了投资者在确定的时间内获得或应收取现金流量的金额和时间。

例如，符合持有至到期投资条件的债券投资，其到期日固定、利息和本金金额固定或可确定。而购入的股权投资因其没有固定的到期日，不符合持有至到期投资的条件，不能划分为持有至到期投资。

2. 有明确意图持有至到期

有明确意图持有至到期投资是指投资者在取得投资时意图明确，准备将投资持有至到期，除非遇到一些企业所不能控制、预期不会重复发生且难以合理预计的独立事件，否则将持有至到期。存在下列情况之一的，表明企业没有明确意图将金融资产持有至到期：

（1）持有该金融资产的期限不确定；

（2）发生市场利率变化、流动性需要变化、替代投资机会及其投资收益率变化、融资来源和条件变化、外汇风险变化等情况时，将出售该金融资产，但是，无法控制、预期不会重复发生且难以合理预计的独立事项引起的金融资产除外；

（3）该金融资产的发行方可以按照明显低于其摊余成本的金额清偿；

（4）其他表明企业没有明确意图将该金融资产持有至到期的情况。

据此，对于发行方可以赎回的债务工具，如发行方行使赎回权，投资者仍可收回其几乎所有初始净投资（含支付的溢价和交易费用），那么投资者可以将此类投资划分为持有至到期。但是，对于投资者有权要求发行方赎回的债务工具投资，投资者不能将其划分为持有至到期投资。

3. 有能力持有至到期

有能力持有至到期是指企业有足够的财务资源，并不受外部因素影响将投资持有至到期。存在下列情况之一的，表明企业没有能力将具有固定期限的金融资产投资持有至到期：

（1）没有可利用的财务资源持续地为该金融资产投资提供资金支持，以使该金融资产持有至到期；

（2）受法律、行政法规的限制，使企业难以将该金融资产投资持有至到期；

（3）其他表明企业没有能力将具有固定期限的金融资产投资持有至到期的情况。

企业应当于每个资产负债表日对持有至到期投资的意图和能力进行评价，发生变化的，应当将其重分类可供出售金融资产进行处理。

二、持有至到期投资的核算

（一）会计科目设置

企业对持有至到期投资进行核算时，应设置"持有至到期投资"会计科目，用来核算企业持有至到期投资的价值。此科目属于资产类科目，应当设置"成本"、"应计利息"、"利息调整"明细科目进行核算。其中，"成本"反映债券面值，"应计利息"

反映到期一次还本付息的债券的投资利息（面值×票面利率），利息调整反映债券的折溢价及相关交易费用。取得债券形成的利息调整，以后要进行摊销。

（二）持有至到期投资的主要账务处理

持有至到期投资应采用实际利率法，按摊余成本计量。实际利率法指按实际利率计算摊余成本及各期利息费用的方法，摊余成本为持有至到期投资初始金额扣除已偿还的本金和加上或减去累计摊销额以及扣除减值损失后的金额。

（1）企业取得的持有至到期投资，应按该投资的面值，借记"持有至到期投资——成本"，按支付的价款中包含的已到付息期但尚未领取的利息，借记"应收利息"科目，贷记"银行存款"等科目，按其差额，借记或贷记"持有至到期投资——利息调整"。

【例6-9】201×年1月1日，珠江公司支付价款1 000 000元（含交易费用）从上海证券交易所购入B公司同日发行的5年期公司债券12 500份，债券票面价值总额为1 250 000元，票面年利率为4.72%，于年末支付本年度债券利息（即每年利息为59 000元），本金在债券到期时一次性偿还。合同约定：B公司在遇到特定情况时可以将债券赎回，且不需要为提前赎回支付额外款项。珠江公司在购买该债券时，预计B公司不会提前赎回。甲公司有意图也有能力将该债券持有至到期，划分为持有至到期投资。假定不考虑所得税、减值损失等因素。珠江公司应编制的会计分录如下：

201×年1月1日，购入B公司债券：

借：持有至到期投资——B公司债券——成本　　　　1 250 000
　　贷：银行存款　　　　　　　　　　　　　　　　　1 000 000
　　　　持有至到期投资——B公司债券——利息调整　　 250 000

（2）资产负债表日，持有至到期投资为分期付息、一次还本债券投资的，应按票面利率计算确定的应收未收利息，借记"应收利息"科目，按持有至到期投资摊余成本和实际利率计算确定的利息收入，贷记"投资收益"科目，按其差额，借记或贷记"持有至到期投资——利息调整"科目。收到取得持有至到期投资支付的价款中包含的已到付息期的债券利息，借记"银行存款"科目，贷记"应收利息"科目。收到分期付息、一次还本持有至到期投资持有期间支付的利息，借记"银行存款"，贷记"应收利息"科目。

【例6-10】续例6-9，珠江公司资产负债表日确认债券实际利息收入、收到债券利息，收回本金，应编制的会计分录如下：

计算该债券的实际利率r，

$59\,000\times(1+r)^{-1}+59\,000\times(1+r)^{-2}+59\,000\times(1+r)^{-3}+59\,000\times(1+r)^{-4}+(59\,000+1\,250\,000)\times(1+r)^{-5}=1\,000\,000$

采用插值法，计算得出r＝10%。

表6-1   单位：元

日期	现金流入（a）	实际利息收入(b)=期初(d)×10%	已收回的本金(c)=(a)-(b)	摊余成本余额(d)=期初(d)-(c)
201×年1月1日				1 000 000
201×年12月31日	59 000	100 000	-41 000	1 041 000
第2年12月31日	59 000	104 100	-45 100	1 086 100
第3年12月31日	59 000	108 610	-49 610	1 135 710
第4年12月31日	59 000	113 571	-54 571	1 190 281
第5年12月31日	59 000	118 719*	-59 719	1 250 000
小计	295 000	545 000	-250 000	1 250 000
第5年12月31日	1 250 000	—	1 250 000	0
合计	1 545 000	545 000	1 000 000	—

*尾数调整：1 250 000 + 59 000 - 1 190 281 = 118 719（元）

根据表6-1中的数据，珠江公司应编制的会计分录如下：

（1）201×年12月31日，确认B公司债券实际利息收入、收到债券利息：

借：应收利息——B公司　　　　　　　　　　　　　　　　59 000
　　持有至到期投资——B公司债券——利息调整　　　　　41 000
　　贷：投资收益——B公司债券　　　　　　　　　　　　　　　100 000
借：银行存款　　　　　　　　　　　　　　　　　　　　59 000
　　贷：应收利息——B公司　　　　　　　　　　　　　　　　59 000

（2）第2年12月31日，确认B公司债券实际利息收入、收到债券利息：

借：应收利息——B公司　　　　　　　　　　　　　　　　59 000
　　持有至到期投资——B公司债券——利息调整　　　　　45 100
　　贷：投资收益——B公司债券　　　　　　　　　　　　　　　104 100
借：银行存款　　　　　　　　　　　　　　　　　　　　59 000
　　贷：应收利息——B公司　　　　　　　　　　　　　　　　59 000

（3）第3年12月31日，确认B公司债券实际利息收入、收到债券利息：

借：应收利息——B公司　　　　　　　　　　　　　　　　59 000
　　持有至到期投资——B公司债券——利息调整　　　　　49 610
　　贷：投资收益——B公司债券　　　　　　　　　　　　　　　108 610
借：银行存款　　　　　　　　　　　　　　　　　　　　59 000
　　贷：应收利息——B公司　　　　　　　　　　　　　　　　59 000

（4）第4年12月31日，确认B公司债券实际利息收入、收到债券利息：

借：应收利息——B公司　　　　　　　　　　　　　　　　59 000
　　持有至到期投资——B公司债券——利息调整　　　　　54 571
　　贷：投资收益——B公司债券　　　　　　　　　　　　　　　113 571

借：银行存款　　　　　　　　　　　　　　　　　　　　　　　　59 000
　　贷：应收利息——B公司　　　　　　　　　　　　　　　　　　　59 000

（5）第5年12月31日，确认B公司债券实际利息收入、收到债券利息和本金：

借：应收利息——B公司　　　　　　　　　　　　　　　　　　　59 000
　　持有至到期投资——B公司债券——利息调整　　　　　　　　59 719
　　贷：投资收益——B公司债券　　　　　　　　　　　　　　　118 719
借：银行存款　　　　　　　　　　　　　　　　　　　　　　　　59 000
　　贷：应收利息——B公司　　　　　　　　　　　　　　　　　　　59 000
借：银行存款　　　　　　　　　　　　　　　　　　　　　　1 250 000
　　贷：持有至到期投资——B公司债券——成本　　　　　　　1 250 000

（3）出售持有至到期投资时，应按实际收到的金额，借记"银行存款"等科目，已计提减值准备的，借记"持有至到期投资减值准备"科目，按其账面余额，贷记本科目（成本、利息调整、应计利息），按其差额，贷记或借记"投资收益"科目。

（4）本科目期末借方余额，反映企业持有至到期投资的摊余成本。

（5）持有至到期投资为一次还本付息债券投资，应于资产负债表日按票面利率计算确定的应收未收利息，借记"持有至到期投资——应计利息"，持有至到期投资摊余成本和实际利率计算确定的利息收入，贷记"投资收益"科目，按其差额，借记或贷记"持有至到期投资——利息调整"。收到一次还本付息债券投资，收到利息时，借记"银行存款"，贷记"应收利息"科目。

【例6-11】假定珠江公司购买的B公司债券不是分次付息，而是到期一次还本付息，且利息不是以复利计算。其他资料与例6-9相同，此时，珠江公司所购买B公司债券的实际利率r计算如下：

$(59\ 000+59\ 000+59\ 000+59\ 000+59\ 000+1\ 250\ 000) \times (1+r)^{-5} = 1\ 000\ 000$

计算得出 $r \approx 9.05\%$。

据此，调整表6-1中相关数据后如表6-2所示：

表6-2　　　　　　　　　　　　　　　　　　　　　　　　　　　　　　　　　单位：元

日期	现金流入 (a)	实际利息收入(b) =期初(d)×9.05%	已收回的本金 (c)=(a)-(b)	摊余成本余额 (d)=期初(d)-(c)
201×年1月1日				1 000 000
201×年12月31日	0	90 500	-90 500	1 090 500
第2年12月31日	0	98 690.25	-98 690.25	1 189 190.25
第3年12月31日	0	107 621.72	-107 621.72	1 296 811.97
第4年12月31日	0	117 361.48	-117 361.48	1 414 173.45
第5年12月31日	295 000	130 826.55 *	164 173.45	1 250 000
小计	295 000	545 000	-250 000	1 250 000
第5年12月31日	1 250 000	—	1 250 000	0
合计	1 545 000	545 000	1 000 000	—

*尾数调整：1 250 000+295 000-1 414 173.45=130 826.55（元）

根据表 6-2 中的数据,珠江公司应编制的会计分录如下:

(1) 201×年 1 月 1 日,购入 B 公司债券:

借:持有至到期投资——B 公司债券——成本	1 250 000
贷:银行存款	1 000 000
持有至到期投资——B 公司债券——利息调整	250 000

(2) 201×年 12 月 31 日,确认 B 公司债券实际利息收入:

借:持有至到期投资——B 公司债券——应计利息	59 000
——利息调整	31 500
贷:投资收益——B 公司债券	90 500

(3) 第 2 年 12 月 31 日,确认 B 公司债券实际利息收入:

借:持有至到期投资——B 公司债券——应计利息	59 000
——利息调整	39 690.25
贷:投资收益——B 公司债券	98 690.25

(4) 第 3 年 12 月 31 日,确认 B 公司债券实际利息收入:

借:持有至到期投资——B 公司债券——应计利息	59 000
——利息调整	48 621.72
贷:投资收益——B 公司债券	107 621.72

(5) 第 4 年 12 月 31 日,确认 B 公司债券实际利息收入:

借:持有至到期投资——B 公司债券——应计利息	59 000
——利息调整	58 361.48
贷:投资收益——B 公司债券	117 361.48

(6) 第 5 年 12 月 31 日,确认 B 公司债券实际利息收入、收回债券本金和票面利息:

借:持有至到期投资——B 公司债券——应计利息	59 000
——利息调整	71 826.55
贷:投资收益——B 公司债券	130 826.55
借:银行存款	1 545 000
贷:持有至到期投资——B 公司债券——成本	1 250 000
——应计利息	295 000

第四节　可供出售金融资产

一、可供出售金融资产的概述

可供出售金融资产通常是指企业初始确认时即被指定为可供出售的非衍生金融资产,以及没有划分为以公允价值计量且其变动计入当期损益的金融资产、持有至到期投资、贷款和应收款项的金融资产。比如,企业购入的在活跃市场上有报价的股票、债券和基金等,没有划分为以公允价值计量且其变动计入当期损益的金融资产或持有至到期投资等金融资产的,可归为此类。它们或者在初始确认时即被指定为可供出售金融资产,或者在初始确认后因原本划分为"持有至到期投资"的金融资产不再符合该类资产而被重新分类为可供出售金融资产。

二、可供出售金融资产的核算

(1) 企业取得可供出售的金融资产,应按其公允价值与交易费用之和,借记"可供出售金融资产——成本",按支付的价款中包含的已宣告但尚未发放的现金股利,借记"应收股利"科目,按实际支付的金额,贷记"银行存款"等科目。

企业取得的可供出售金融资产为债券投资的,应按债券的面值,借记"可供出售金融资产——成本"科目,按支付的价款中包含的已到付息期但尚未领取的利息,借记"应收利息"科目,按实际支付的金额,贷记"银行存款"等科目,按差额,借记或贷记"可供出售金融资产——利息调整"科目。

(2) 资产负债表日,可供出售债券为分期付息、一次还本债券投资的,应按票面利率计算确定的应收未收利息,借记"应收利息"科目,按可供出售债券的摊余成本和实际利率计算确定的利息收入,贷记"投资收益"科目,按其差额,借记或贷记"可供出售金融资产——利息调整"科目。

可供出售债券为一次还本付息债券投资的,应于资产负债表日按票面利率计算确定的应收未收利息,借记"可供出售金融资产——应计利息",按可供出售债券的摊余成本和实际利率计算确定的利息收入,贷记"投资收益"科目,按其差额,借记或贷记"可供出售金融资产——利息调整"科目。

(3) 资产负债表日,可供出售金融资产的公允价值高于其账面余额的差额,借记"可供出售金融资产——公允价值变动"科目,贷记"资本公积——其他资本公积"科目;公允价值低于其账面余额的差额编制相反的会计分录。

(4) 将持有至到期投资重分类为可供出售金融资产的,应在重分类日按其公允价值,借记"可供出售金融资产——成本"科目,按其账面余额,贷记"持有至到期投资"科目(成本、利息调整、应计利息),按其差额,贷记或借记"资本公积——其他资本公积"科目。已计提减值准备的,还应同时结转减值准备。

(5) 出售可供出售的金融资产,应按实际收到的金额,借记"银行存款"、按其账面余额,贷记"可供出售金融资产"科目(成本、公允价值变动、利息调整、应计利息),按应从所有者权益中转出的公允价值累计变动额,借记或贷记"资本公积——其他资本公积"科目,按其差额,贷记或借记"投资收益"科目。

(6) 具体案例应用如下:

第一,股票投资会计处理。

【例6-12】

(1) 珠江公司201×年3月10日购入G公司股票100 000股,每股价格5元,另支付证券交易税等交易费用2 500元,已宣告发放现金股利25 000元。珠江公司将其作为可供出售金融资产。

企业取得可供出售的金融资产,应按其公允价值与交易费用之和,确认投资成本,

如有支付的价款中包含的已宣告但尚未发放的现金股利,单独确认为应收股利。购入时:

借:可供出售金融资产——成本　　　　　　　　　　　502 500
　　应收股利　　　　　　　　　　　　　　　　　　　 25 000
　　贷:银行存款　　　　　　　　　　　　　　　　　　527 500

(2) 珠江公司201×年4月20日收到G公司发放的现金股利25 000元。

借:银行存款　　　　　　　　　　　　　　　　　　　 25 000
　　贷:应收股利　　　　　　　　　　　　　　　　　　 25 000

(3) 201×年12月31日,G公司股票价格为5.5元。
资产负债表日根据金融资产的公允价值调整其账面价值,差额部分计入权益。

借:可供出售金融资产——公允价值变动　(550 000-502 500)47 500
　　贷:资金公积——其他资本公积　　　　　　　　　　 47 500

(4) 第二年3月12日G公司宣布发放201×年现金股利每股0.2元,3月20日,珠江公司收到股利。购入后被投资方宣告发放现金股利,投资方应将现金股利确认为投资收益。

借:应收股利　　　　　　　　　　　　　　　　　　　 20 000
　　贷:投资收益　　　　　　　　　　　　　　　　　　 20 000
借:银行存款　　　　　　　　　　　　　　　　　　　 20 000
　　贷:应收股利　　　　　　　　　　　　　　　　　　 20 000

(5) 第二年12月31日,G公司股票价格为4.5元。

借:资本公积——其他资本公积　　(550 000-450 000)100 000
　　贷:可供出售金融资产——公允价值变动　　　　　　100 000

(6) 第四年10月1日,珠江公司以每股4.8元将股票全部转让,同时支付证券交易税等交易费用5 200元,假定第三年的股价没有变化。公允价值变动为0。

借:银行存款　　　　　　　　　　　　　　　　　　　474 800
　　可供出售金融资产——公允价值变动　　　　　　　　52 500
　　贷:可供出售金融资产——成本　　　　　　　　　　502 500
　　　　投资收益　　　　　　　　　　　　　　　　　　24 800

G公司股票出售价格=4.8×100 000=480 000(元)
出售G公司股票股票取得的价款=480 000-5 200=474 800(元)
出售乙公司股票时的账面余额=502 500-52 500=450 000(元)
同时,要将以前记的资本公积转出。

借:投资收益　　　　　　　　　　　　　　　　　　　 52 500
　　贷:资本公积——其他资本公积——公允价值变动　　 52 500

第二,债券投资会计处理。

【例6-13】201×年1月1日,珠江公司从证券市场上购入C公司于201×年1月1日发行的5年期债券,划分为可供出售金融资产,面值为2 000万元,票面年利率为5%,实际利率为4%,每年1月5日支付上年度的利息,到期日一次归还本金和最后一次利息。实际支付价款为 2 172.60 万元,包含已到付息期但尚领取的债券利息 100 万元,假定按年计提利息。

201×年 12 月 31 日,该债券的公允价值为 2 040 万元。

第二年 12 月 31 日,该债券的预计未来现金流量现值为 2 000 万元并将继续下降。

第三年 12 月 31 日,该债券的公允价值回升至 2 010 万元。

第四年 1 月 20 日,珠江公司将该债券全部出售,收到款项 1 990 万元存入银行。

要求:根据上述资料编制珠江公司从 201×年 1 月 1 日至第四年 1 月 20 日会计分录(单位:万元)。

(1) 201×年 1 月 1 日:

借:可供出售金融资产——成本　　　　　　　　　　　　　　2 000
　　应收利息　　　　　　　　　　　　　　　　　　(2 000×5%) 100
　　可供出售金融资产——利息调整　　　　　　　　　　　　　 72.60
　　贷:银行存款　　　　　　　　　　　　　　　　　　　　　2 172.60

(2) 201×年 1 月 5 日:

借:银行存款　　　　　　　　　　　　　　　　　　　　　　　100
　　贷:应收利息　　　　　　　　　　　　　　　　　　　　　　100

(3) 201×年 12 月 31 日:

应确认的投资收益 = 期初摊余成本 × 实际利率 = (2 000 + 72.60) × 4% = 82.90(万元)

借:应收利息　　　　　　　　　　　　　　　　　　　　　　　100
　　贷:投资收益　　　　　　　　　　　　　　　　　　　　　 82.90
　　　　可供出售金融资产——利息调整　　　　　　　　　　　 17.10

可供出售金融资产账面价值 = 2 000 + 72.60 - 17.1 = 2 055.50(万元),公允价值为 2 040 万元,应确认公允价值变动损失 = 2 055.5 - 2 040 = 15.50(万元)

借:资本公积——其他资本公积　　　　　　　　　　　　　　　15.50
　　贷:可供出售金融资产——公允价值变动　　　　　　　　　 15.50

(4) 第二年 1 月 5 日:

借:银行存款　　　　　　　　　　　　　　　　　　　　　　　100
　　贷:应收利息　　　　　　　　　　　　　　　　　　　　　　100

(5) 第二年 12 月 31 日:

应确认的投资收益 = 期初摊余成本 × 实际利率 = (2 000 + 72.60 - 17.10) × 4% = 82.22(万元),注意这里不考虑 201×年末的公允价值暂时性变动。

借:应收利息　　　　　　　　　　　　　　　　　　　　　　　100
　　贷:投资收益　　　　　　　　　　　　　　　　　　　　　 82.22
　　　　可供出售金融资产——利息调整　　　　　　　　　　　 17.78

可供出售金融资产账面价值 = 2 040 - 17.78 = 2 022.22(万元),公允价值为 2 000 万元,由于预计未来现金流量会持续下降,所以公允价值变动 = 2 022.22 - 2 000 = 22.22(万元),并将原计入资本公积的累计损失转出。

借：资产减值损失　　　　　　　　　　　　　　　　　　37.72
　　贷：可供出售金融资产——公允价值变动　　　　　　　22.22
　　　　资本公积——其他资本公积　　　　　　　　　　　15.5

(6) 第三年1月5日：
借：银行存款　　　　　　　　　　　　　　　　　　　　100
　　贷：应收利息　　　　　　　　　　　　　　　　　　　100

(7) 第三年12月31日：
应确认的投资收益＝期初摊余成本×实际利率＝（2 000 + 72.60 - 17.1 - 17.78 - 37.72）×4% ＝2 000 ×4% ＝80（万元）

借：应收利息　　　　　　　　　　　　　　　　　　　　100
　　贷：投资收益　　　　　　　　　　　　　　　　　　　80
　　　　可供出售金融资产——利息调整　　　　　　　　　20

可供出售金融资产账面价值＝2 000 - 20 ＝1 980（万元），公允价值为2 010万元，应该转回原确认的资产减值损失＝2 010 - 1 980 ＝30（万元）

借：可供出售金融资产——公允价值变动　　　　　　　　30
　　贷：资产减值损失　　　　　　　　　　　　　　　　　30

(8) 第四年1月5日：
借：银行存款　　　　　　　　　　　　　　　　　　　　100
　　贷：应收利息　　　　　　　　　　　　　　　　　　　100

(9) 第四年1月20日：
借：银行存款　　　　　　　　　　　　　　　　　　　　1 990
　　可供出售金融资产——公允价值变动　　（15.5 + 22.22 - 30）7.72
　　投资收益　　　　　　　　　　　　　　　　　　　　　20
　　贷：可供出售金融资产——成本　　　　　　　　　　　2 000
　　　　可供出售金融资产——利息调整　（72.6 - 17.1 - 17.78 - 20）17.72

第三，持有至到期投资重分类的核算。

【例6-14】201×年1月1日，珠江公司从某证券交易所购入H公司债券100 000份，支付价款11 000 000元，债券票面价值总额为10 000 000元，剩余期限为5年，票面利率为8%，于年末支付本年度债券利息；珠江公司将持有H公司债券划分为持有至到期投资。

第二年7月5日，珠江公司为解决资金紧张问题，通过某交易所按每张债券101元出售珠H公司债券20 000份。当日，每份B公司债券的公允价值为101元、摊余成本为100元。

假定出售债券时不考虑交易费用及其他相关因素。

珠江公司出售H公司债券20 000份的相关账务处理如下：

(1) 第二年7月5日，出售H公司债券20 000份：
借：银行存款　　　　　　　　　　　　　　　　　　　　2 020 000
　　贷：持有至到期投资——成本、利息调整　　　　　　　2 000 000
　　　　投资收益　　　　　　　　　　　　　　　　　　　20 000

(2) 第二年7月5日，将剩余的80 000份H公司债券重分类为可供出售金融资产
借：可供出售金融资产——成本   8 080 000
　　贷：持有至到期投资——成本、利息调整   8 000 000
　　　　资本公积——其他资本公积——公允价值变动   80 000

第五节　金融资产减值

一、金融资产减值损失的确认

企业应当在资产负债表日对以公允价值计量且其变动计入当期损益的金融资产以外的金融资产（含单项金融资产或一组金融资产，下同）的账面价值进行检查，有客观证据表明该金融资产发生减值的，应当确认减值损失，计提减值准备。

表明金融资产发生减值的客观证据是指金融资产初始确认后实际发生的、对该金融资产的预计未来现金流量有影响，且企业能够对该影响进行可靠计量的事项。金融资产发生减值的客观证据，包括下列各项：

(1) 发行方或债务人发生严重财务困难；

(2) 债务人违反了合同条款，如偿付利息或本金发生违约或逾期等；

(3) 债权人出于经济或法律等方面因素的考虑，对发生财务困难的债务人作出让步；

(4) 债务人很可能倒闭或进行其他财务重组；

(5) 因发行方发生重大财务困难，该金融资产无法在活跃市场继续交易；

(6) 无法辨认一组金融资产中的某项资产的现金流量是否已经减少，但根据公开的数据对其进行总体评价后发现，该组金融资产自初始确认以来的预计未来现金流量确已减少且可计量，如该组金融资产的债务人支付能力逐步恶化，或债务人所在国家或地区失业率提高、担保物在其所在地区的价格明显下降、所处行业不景气等；

(7) 权益工具发行方经营所处的技术、市场、经济或法律环境等发生重大不利变化，使权益工具投资人可能无法收回投资成本；

(8) 权益工具投资的公允价值发生严重或非暂时性下跌；

(9) 其他表明金融资产发生减值的客观证据。

企业在根据以上客观证据判断金融资产是否发生减值损失时，应注意以下几点：

(1) 这些客观证据相关的事项（也称"损失事项"）必须影响金融资产的预计未来现金流量，并且能够可靠地计量。否则，对于预期未来事项可能导致的金融资产损失，无论其发生的可能性有多大，均不能作为减值损失予以确认。

(2) 企业通常难以找到某项单独的证据来认定金融资产是否已发生减值，因而应综合考虑相关证据的总体影响进行判断。

(3) 债务方或金融资产发行方信用等级下降本身不足以说明企业所持的金融资产发生了减值。但是，如果企业将债务人或金融资产发行方的信用等级下降因素，与可获得的其他客观的减值依据联系起来，往往能够对金融资产是否已发生减值作出判断。

(4）对于可供出售权益工具投资，其公允价值低于其成本本身不足以说明可供出售权益工具投资已发生减值，而应当综合相关因素判断该投资公允价值下降是否属于严重或非暂时性下跌，同时，企业应当从持有可供出售权益工具投资的整个期间进行判断。

如果权益工具投资在活跃市场上没有报价，从而不能根据其公允价值下降的严重程度或持续时间来进行减值判断时，应当综合考虑其他因素，例如被投资单位经营所处的技术、市场、经济或法律环境等是否发生重大不利变化。

对于以外币计价的权益工具投资，企业在判断其是否发生减值时，应当将该投资在初始确认时以记账本位币反映的成本，与资产负债表日以记账本位币反映的公允价值进行比较，同时考虑其他相关因素。

二、金融资产减值准备的计提范围

金融资产在初始确认时划分为四类：

（1）以公允价值计量且其变动计入当期损益的金融资产，包括交易性金融资产和指定为以公允价值计量且其变动计入当期损益的金融资产；

（2）持有至到期投资；

（3）贷款和应收款项；

（4）可供出售金融资产。

其中，以公允价值计量且其变动计入当期损益的金融资产期末以公允价值计量，当公允价值发生变化时，增加或减少该项金融资产账面价值，同时将变动价值确认为公允价值变动损益，不涉及减值测试，无须计提减值准备。

持有至到期投资、贷款和应收款项、可供出售金融资产这三类金融资产，如果在资产负债表日有客观证据表明它们发生了减值，则需要计提减值准备，确认减值损失。需要注意的是，可供出售金融资产只有在该资产期末价值下降的幅度较大或持续的时间较长的情况下，才需计提减值准备，否则可以按公允价值调整该资产期末账面价值，并将变动计入资本公积。客观证据是指金融资产初始确认后实际发生的，对该金融资产的预计未来现金流量有影响，且企业能够对该影响进行可靠计量的事项。

三、持有至到期投资、贷款和应收款项的减值

在资产负债表日，计算持有至到期投资、贷款和应收款项的摊余成本及预计未来现金流量现值，如果其摊余成本低于预计未来现金流量现值，则确认资产减值损失，金额为摊余成本与预计未来现金流量现值的差额。预计未来现金流量现值的计算，应按照该金融资产的原实际利率折现确定，并考虑相关担保物的价值。另外，持有至到期投资、应收款项还可以采用合同规定的现行实际利率作为折现率。若有客观证据表明该金融资产价值已经恢复，且客观上与确认该损失后发生的事项有关，按恢复增加的金额予以转回，但转回后的账面价值不应超过未计提减值准备情况下该金融资产在转回日的摊余成本。具体会计处理如下（本章主要对持有至到期投资进行分析，应收款项在第四章，贷款在金融企业会计中学习）。持有至到期投资，发生减值时，借记"资产减值损失"科目，贷记"持有至到期投资减值准备"科目，减值损失转回时，

会计分录相反。

【例6-14】201×年1月1日,珠江公司支付价款100万元(含交易费用)从上海证券交易所购入A公司同日发行的5年期公司债券12 500份,面值125万元,票面利率4.72%,于年末支付本年利息(即每年125×4.72%=5.9万元),本金最后一次偿还。珠江公司划分为持有至到期投资。实际利率为10%,珠江公司应编制的会计分录如下:

(1) 201×年1月1日,购入债券:

借:持有至到期投资——成本　　　　　　　　　　　　　　1 250 000
　贷:银行存款　　　　　　　　　　　　　　　　　　　　　1 000 000
　　　持有至到期投资——利息调整　　　　　　　　　　　　　250 000

(2) 201×年12月31日,确认实际利息收入、收到票面利息等:

借:应收利息　　　　　　　　　　　(1 250 000×4.72%) 59 000
　　持有至到期投资——利息调整　　　　　　　　　　　　　　41 000
　贷:投资收益　　　　　　　　　　　(1 000 000×10%) 100 000
借:银行存款　　　　　　　　　　　　　　　　　　　　　　　59 000
　贷:应收利息　　　　　　　　　　　　　　　　　　　　　　59 000

(3) 第二年12月31日,有客观证据表明A公司发生严重财务困难,甲公司据此认定对A公司的债券发生了减值,并预期第三年12月31日将收到利息59 000元,第四年12月31日将收到利息59 000元,但第五年12月31日将仅收到本金800 000元。

①第二年12月31日未确认减值损失前:

借:应收利息　　　　　　　　　　　　　　　　　　　　　　　59 000
　　持有至到期投资——利息调整　　　　　　　　　　　　　　45 100
　贷:投资收益　　　　　　　[(1 000 000+41 000)×10%] 104 100
借:银行存款　　　　　　　　　　　　　　　　　　　　　　　59 000
　贷:应收利息　　　　　　　　　　　　　　　　　　　　　　59 000

②确认减值损失:

摊余成本 = 1 000 000 + 41 000 + 45 100 = 1 086 100(元)

第二年末预计的现金流量 = 59 000×(P/S,10%,1) + 59 000×(P/S,10%,2) + 800 000×(P/S,10%,3) = 703 448.53

确认减值损失 = 1 086 100 - 703 448.53 = 382 651.47(元)

借:资产减值损失　　　　　　　　　　　　　　　　　　　　382 651.47
　贷:持有至到期投资减值准备　　　　　　　　　　　　　　382 651.47

(4) 第三年12月31日,收到A公司支付的利息59 000元。201×年12月31日,确认实际利息收入、收到票面利息等

计提减值后的次年,以现值为基础计算实际利息

借:应收利息　　　　　　　　　　　　　　　　　　　　　　　59 000
　　持有至到期投资——利息调整　　　　　　　　　　　　　11 344.85
　贷:投资收益　　　　　　　　　　　　(703 448.53×10%) 70 344.85

借：银行存款 59 000
　　贷：应收利息 59 000
第三年12月31日摊余成本 = 703 448.53 + 11 344.85 = 714 793.38（元）

（5）第四年12月31日，收到A公司支付的利息59 000元，并且有客观证据表明A公司财务状况显著改善，A公司的偿债能力有所恢复，估计第五年12月31日将收到利息59 000元，本金1 000 000元。

①第四年12月31日，确认实际利息收入、收到票面利息等：
借：应收利息 59 000
　　持有至到期投资——利息调整 12 479.34
　　贷：投资收益 （714 793.38×10%）71 479.34
借：银行存款 59 000
　　贷：应收利息 59 000

②转回计提减值准备：
第四年末预计的现金流量的现值 =（1 000 000 + 59 000）÷（1 + 10%）= 962 727.27（元）

第四年转回前的摊余成本 = 714 793.38 + 12 479.34 = 727 272.72（元）

所以应转回的减值准备金额 = 962 727.27 - 727 272.72 = 235 454.55（元）小于原计提的减值382 651.47元

第四年12月31日，确认A公司债券投资减值损失转回额235 454.55元：
借：持有至到期投资减值准备 235 454.55
　　贷：资产减值损失 235 454.55
调整后，第四年12月31日的摊余成本 = 727 272.72 + 235 454.55 = 962 727.27(元)。

（6）第五年12月31日，收到A公司支付的利息59 000元，实际收到本金1 000 000元。

第五年12月31日，确认实际利息收入、收到票面利息等。

尚未摊销的"利息调整" =（1）250 000 -（2）41 000 -（3）45 100 -（4）11 344.85 -（5）12 479.34 = 140 075.81(元)。

借：应收利息 59 000
　　持有至到期投资——利息调整 140 075.81
　　贷：投资收益 199 075.81
借：银行存款 59 000
　　贷：应收利息 59 000
借：银行存款 1 000 000
　　投资收益 102 803.08
　　持有至到期投资减值准备 147 196.92
　　贷：持有至到期投资——成本 1 250 000

四、可供出售金融资产减值

确定可供出售金融资产发生减值的，按应减记的金额，借记"资产减值损失"科目,按应从所有者权益中转出原计入资本公积的累计损失金额,贷记"资本公积——其他资本公积"科目,按其差额,贷记"可供出售金融资产"(减值准备)科目。

对于已确认减值损失的可供出售金融资产,在随后会计期间内公允价值已上升且客观上与确认原减值损失事项有关的,应按原确认的减值损失,借记"可供出售金融资产"(减值准备)科目,贷记"资产减值损失"科目;但可供出售金融资产为股票等权益工具投资的(不含在活跃市场上没有报价、公允价值不能可靠计量的权益工具投资),借记"可供出售金融资产"(减值准备)科目,贷记"资本公积——其他资本公积"科目。

【例6-15】珠江公司201×年3月10日购买B公司发行的股票300万股,成交价为14.7元/股,另付交易费用90万元,占B公司表决权5%,作为可供出售金融资产核算;201×年4月20日B公司宣告现金股利1 200万元;5月20日收到现金股利;201×年12月31日,该股票每股市价为13元,珠江公司预计股票价格下跌是暂时性的;第二年12月31日,B公司因违反相关证券法规,受到证券监管部门查处,受此影响,B公司股票的价格发生严重下跌。第二年12月31日收盘价格为每股市价为6元。

要求:根据上述资料编制珠江公司从201×年3月10日至第二年12月31日会计分录(单位:万元)。

(1) 201×年3月10日购买B公司发行的股票(单位:万元):

借:可供出售金融资产——成本　　　　　　　　　　　　4 500
　　贷:银行存款　　　　　　　　　　　　　　　　　　　　　　4 500

300×14.7+90=4 500(万元)

(2) 201×年4月20日B公司宣告现金股利,应确认投资收益:

借:应收股利　　　　　　　　　　　　　　(1 200×5%) 60
　　贷:投资收益　　　　　　　　　　　　　　　　　　　　　　60

(3) 201×年5月20日收到现金股利:

借:银行存款　　　　　　　　　　　　　　　　　　　　　60
　　贷:应收股利　　　　　　　　　　　　　　　　　　　　　　60

(4) 201×年12月31日,该股票每股市价为13元:

借:资本公积——其他资本公积　　　　　(4 500-300×13) 600
　　贷:可供出售金融资产——公允价值变动　　　　　　　　　600

(5) 第二年12月31日,确认可供出售金融资产减值:

确认可供出售金融资产减值损失=4 500-300×6=2 700(万元)

借:资产减值损失　　　　　　　　　　　　　　　　　2 700
　　贷:资本公积——其他资本公积　　　　　　　　　　　　　600
　　　　可供出售金融资产——公允价值变动　　　　　　　　2 100

【例6-15】珠江公司于201×年1月1日从证券市场上购入B公司于上年1月1日发行的债券,该债券5年期、票面年利率为5%、每年1月5日支付上年度的利息,到期日一次归还本金和最后一次利息。珠江公司购入债券的面值为1 000万元,实际支付价款为1 005.35万元,另支付相关费用10万元。珠江公司购入后将其划分为持有至到期投资。购入债券的实际利率为6%。假定按年计提利息。201×年12月31日,该债券的预计未来现金流量现值为930万元。第二年1月2日,珠江公司将该持有至到期投资重分类为可供出售金融资产,其公允价值为925万元。第二年12月31日,该债券公允价值为910万元。珠江公司预计公允价值还会持续下跌。

要求:根据上述资料编制201×年1月1日至第二年12月31日会计分录(单位:万元)。

(1) 201×年1月1日:

借:持有至到期投资——成本　　　　　　　　　　　　　　　　1 000
　　应收利息　　　　　　　　　　　　　　　　　　（1 000×5%）50
　贷:银行存款　　　　　　　　　　　　　　　　　　　　　1 015.35
　　　持有至到期投资——利息调整　　　　　　　　　　　　　　34.65

(2) 201×年1月5日:

借:银行存款　　　　　　　　　　　　　　　　　　　　　　　　50
　贷:应收利息　　　　　　　　　　　　　　　　　　　　　　　　50

(3) 201×年12月31日:

应确认的投资收益=(1 000-34.65)×6%=965.35×6%=57.92(万元)
应收利息=1 000×5%=50(万元)
持有至到期投资(利息调整)=57.92-1 000×5%=7.92(万元)

借:应收利息　　　　　　　　　　　　　　　　　　　　　　　　50
　　持有至到期投资——利息调整　　　　　　　　　　　　　　　7.92
　贷:投资收益　　　　　　　　　　　　　　　　　　　　　　57.92

计提减值前摊余成本=1 000-34.65+7.92=973.27(万元)(即持有至到期投资的账面价值),减值损失=973.27-930=43.27(万元)

借:资产减值损失　　　　　　　　　　　　　　　　　　　　43.27
　贷:持有至到期投资减值准备　　　　　　　　　　　　　　　43.27

201×年年末计提减值后摊余成本为930万元。

(4) 第二年1月2日:

持有至到期投资的账面价值=1 000-34.65+7.92-43.27=930(万元)
公允价值为925万元,应确认的资本公积=930-925=5(万元)(借方)

借:可供出售金融资产——成本　　　　　　　　　　　　　　　925
　　持有至到期投资减值准备　　　　　　　　　　　　　　　43.27
　　持有至到期投资——利息调整　　　　　　　（34.65-7.92)26.73
　　资本公积——其他资本公积　　　　　　　　　　　　　　　　5
　贷:持有至到期投资——成本　　　　　　　　　　　　　　1 000

第二年年末的处理为:

借:应收利息　　　　　　　　　　　　　　　　　　　　　　　　50
　　可供出售金融资产——利息调整　　　　　　　　　　　　　　5.5
　贷:投资收益　　　　　　　　　　　　　　　　　　　　　　55.5

投资收益的计算:925×6%=55.5(万元),实际和持有至到期投资中的投资收益一样的计算方法为:期初摊余成本×实际利率,而期初摊余成本则为可供出售金融资产的初始成本 925（万元）。

第二年年末未计提减值前的账面价值 = 925 + 5.8 = 930.8（万元）

应计提的减值 = 925 - 910 = 15（万元）

借：资产减值损失　　　　　　　　　　　　　　　　　　　　15

　　贷：可供出售金融资产——减值准备　　　　　　　　　　　　15

第七章 长期股权投资

第一节 长期股权投资概述

一、长期股权投资的概念

长期股权投资包括企业持有的对其子公司、合营企业及联营企业的权益性投资以及企业持有的对被投资单位不具有控制、共同控制或重大影响,且在活跃市场中没有报价、公允价值不能可靠计量的权益性投资。

二、投资企业与被投资企业的关系

1. 控制

控制是指投资企业有权决定被投资企业的财务和经营决策,并能据以从该企业的经营活动中获取利益。一般来说,投资企业持有被投资企业半数以上表决权资本,通常认为对被投资企业具有控制权;此外,如果投资企业未持有被投资企业半数以上表决权资本,但能够任免董事会多数成员,或在董事会中拥有半数以上投票权等,也视为对被投资企业拥有控制权。拥有控制权的投资企业一般称为母公司;被母公司控制的企业一般称为子公司。

2. 共同控制

共同控制是指按照合同约定与其他投资者对被投资企业所共有的控制,一般来说,具有共同控制权的各投资方所持有的表决权资本相同。在这种情况下,被投资企业的重要财务和经营决策只有在分享控制权的投资方一致同意时才能通过。被各投资方共同控制的企业,一般称为投资企业的合营企业。

3. 重大影响

重大影响是指对一个企业的财务和经营决策有参与的权利,但并不能够控制或者与其他方一起共同控制这些决策的制定。一般来说,投资企业在被投资企业的董事会中派有董事,或能够参与被投资企业的财务和经营决策的制定,则对被投资企业形成重大影响。被投资企业如果受到投资企业的重大影响,一般称为投资企业的联营企业。

4. 无重大影响

无重大影响是指投资企业对被投资企业不具有控制和共同控制权,也不具有重大影响。

第二节　长期股权投资的取得

投资者取得的长期股权投资，可分为企业合并取得长期股权投资和非企业合并取得长期股权投资两大类。企业合并取得的长期股权投资，又可分为同一控制下的企业合并取得的长期股权投资和非同一控制下的企业合并取得的长期股权投资两种。

一、同一控制下的企业合并取得的长期股权投资

同一控制下的企业合并，合并方以支付现金、转让非现金资产或承担债务方式作为合并对价的，应当在合并日按照取得被合并方所有者权益账面价值的份额作为长期股权投资的初始投资成本。长期股权投资的初始投资成本与支付的现金、转让的非现金资产及所承担债务账面价值之间的差额，应当调整资本公积；资本公积不足冲减的，调整留存收益。合并方以发行权益性证券作为合并对价的，应按发行股份的面值总额作为股本。长期股权投资初始投资成本与所发行股份面值总额之间的差额，应当调整资本公积；资本公积不足冲减的，调整留存收益。

具体进行会计处理时，合并方在合并日按取得被合并方所有者权益账面价值的份额，借记"长期股权投资"科目，按应享有被投资单位已宣告但尚未发放的现金股利或利润，借记"应收股利"科目，按支付的合并对价的账面价值，贷记有关资产或负债科目，按其差额，贷记"资本公积"科目；如为借方差额，应借记"资本公积"科目，资本公积不足冲减的，借记"盈余公积"、"利润分配——未分配利润"科目。上述业务如以发行权益性证券方式进行的，应按发行权益性证券的面值总额，贷记"股本"科目。合并方发生的与企业合并直接相关的费用，如审计费用、评估费用、法律服务费用等，应当作为"管理费用"计入当期损益。企业合并中发行权益性证券发生的手续费、佣金费用等，应当冲减"资本公积"。

在确定同一控制下企业合并形成的长期股权投资时，应注意企业合并前合并方与被合并方适用的会计政策不同的，在以被合并方的账面价值为基础确定形成的长期股权投资成本时，首先应基于重要性原则，统一合并方与被合并方的会计政策。在按照合并方的会计政策对被合并方资产、负债的账面价值进行调整的基础上，计算确定长期股权投资的初始投资成本。

【例7-1】 甲公司是广州珠江公司和M公司的母公司。2013年1月1日，甲公司将其持有的M公司55%的股权转让给广州珠江公司，合并时商定价格为1 200 000元，广州珠江公司以银行存款支付合并价款。2013年1月1日，M公司所有者权益账面价值为2 000 000元，广州珠江公司"资本公积"账户的余额为200 000元。若广州珠江公司和M公司会计政策一致，要求编制广州珠江公司取得长期股权投资的会计分录。

广州珠江公司初始投资成本 = 2 000 000 × 55% = 1 100 000（元）

借：长期股权投资——M公司　　　　　　　　　　　1 100 000
　　资本公积——资本溢价　　　　　　　　　　　　　100 000
　　贷：银行存款　　　　　　　　　　　　　　　　　　　1 200 000

【例7-2】沿用例7-1资料,若广州珠江公司2013年1月1日,以发行每股面值为1元的普通股1 000 000股取得M公司55%的股权,并以银行存款支付股票发行费用10 000元。若广州珠江公司和M公司会计政策一致,要求编制广州珠江公司取得长期股权投资的会计分录。

广州珠江公司初始投资成本 = 2 000 000 × 55% = 1 100 000(元)
借:长期股权投资——M公司　　　　　　　　　　　　1 100 000
　　贷:股本——甲公司　　　　　　　　　　　　　　　　1 000 000
　　　　银行存款　　　　　　　　　　　　　　　　　　　　10 000
　　　　资本公积——资本溢价　　　　　　　　　　　　　　90 000

二、非同一控制下企业合并取得的长期股权投资

非同一控制下企业合并是指参与合并的各方在合并前后不受同一方或相同的多方最终控制的交易或事项。非同一控制下的企业合并可视为购买行为,在购买日取得对其他参与合并企业控制权的为购买方,参与合并的其他企业为被购买方。如A公司与B公司属非关联企业,A公司取得对B公司的控制权,属于非同一控制下的企业合并,A公司为购买方,B公司为被购买方。购买日则是指购买方实际取得被购买方控制权的日期。

非同一控制下企业合并,可认为企业合并各方是自愿进行的交易行为,应以公允价值为基础计量。购买方以公允价值确定的合并成本作为长期股权投资的初始投资成本,借记"长期股权投资"科目,贷记"银行存款"等科目;将公允价值与账面价值的差额计入当期损益,借记"营业外支出"或贷记"营业外收入"等科目。

【例7-3】2013年7月1日,广州珠江公司以支付货币资金3 000 000元和转让一套大型设备取得非关联企业S公司70%的股权。该设备公允价值为1 800 000元、账面原价2 000 000元,已提折旧500 000元。购买日S公司所有者权益账面价值为4 000 000元。要求编制广州珠江公司取得长期股权投资的会计分录。

珠江公司初始投资成本 = 3 000 000 + 1 800 000 = 4 800 000(元)
借:固定资产清理　　　　　　　　　　　　　　　　　　1 500 000
　　累计折旧　　　　　　　　　　　　　　　　　　　　　500 000
　　贷:固定资产　　　　　　　　　　　　　　　　　　　2 000 000
借:长期股权投资——S公司　　　　　　　　　　　　　4 800 000
　　贷:银行存款　　　　　　　　　　　　　　　　　　　3 000 000
　　　　固定资产清理　　　　　　　　　　　　　　　　　1 500 000
　　　　营业外收入　　　　　　　　　　　　　　　　　　300 000

三、非企业合并取得的长期股权投资

非企业合并形成的长期股权投资是指除企业合并外以其他方式取得的长期股权投资。非企业合并取得的长期股权投资的账务处理可参见第三节例7-4与第四节例7-8。

第三节 长期股权投资核算的成本法

一、成本法的适用范围

长期股权投资核算的成本法是指长期股权投资按初始投资成本计价入账，账面价值一般不予变更，只有在追加投资或收回投资时才调整长期股权投资成本。成本法适用范围包括：

（1）投资方对被投资方实施控制的长期股权投资。由于投资企业能够对被投资企业实施控制，需要编制合并财务报表，因此，长期股权投资可以按照成本计价，以免在编制合并财务报表时，抵消过多的内部重复计算项目。投资企业对子公司的长期股权投资采用成本法核算，在编制合并财务报表时按照权益法进行调整。

（2）投资方对被投资方持股比例较低，不具有共同控制或重大影响，并且在活跃市场中没有报价、公允价值不能可靠计量的长期股权投资。由于投资企业对被投资企业不具有影响力，因此，按照重要性原则，投资成本可以按照成本计价，不再反映在被投资企业所有者权益中享有份额的变动情况。

二、长期股权投资初始投资成本的确定

除企业合并形成的长期股权投资以外，以支付现金取得的长期股权投资，应当按照实际支付的购买价款作为初始投资成本。企业所发生的与取得长期股权投资直接相关的费用、税金及其他必要支出应计入长期股权投资的初始投资成本。

此外，企业取得长期股权投资，实际支付的价款或对价中包含的已宣告但尚未发放的现金股利或利润，作为应收项目处理，不构成长期股权投资的成本。

三、长期股权投资取得的核算

取得长期股权投资时，应按照初始投资成本计价。除企业合并形成的长期股权投资以外，以支付现金、非现金资产等其他方式取得的长期股权投资，应按照上述规定确定的长期股权投资初始投资成本，借记"长期股权投资"科目，贷记"银行存款"等科目。如果实际支付的价款中包含有已宣告但尚未发放的现金股利或利润，借记"应收股利"科目，贷记"长期股权投资"科目。

【例7-4】广州珠江公司2012年1月1日取得F公司10%的股权，实际支付货币资金1 700 000元，其中包括购买股权发生的手续费用50 000元，已宣告发放但尚未领取的现金股利150 000元。2012年1月5日，广州珠江公司公司收到F公司现金股利150 000元。要求编制广州珠江公司取得长期股权投资的会计分录。

（1）2012年1月1日，取得长期股权投资：

借：长期股权投资——F公司　　　　　　　　　　　　　1 550 000
　　应收股利——F公司　　　　　　　　　　　　　　　　150 000
　贷：银行存款　　　　　　　　　　　　　　　　　　　　1 700 000

（2）2012 年 1 月 5 日，收到现金股利：
借：银行存款　　　　　　　　　　　　　　　　　　　　　　　150 000
　　贷：应收股利——F 公司　　　　　　　　　　　　　　　　　　　　150 000

四、长期股权投资持有期间被投资单位宣告发放现金股利或利润的核算

长期股权投资持有期间被投资单位宣告发放现金股利或利润时，企业按应享有的部分确认为投资收益，借记"应收股利"科目，贷记"投资收益"科目。企业收到被投资单位发放现金股利或利润时，企业应借记"银行存款"科目，贷记"应收股利"科目。

【例 7-5】续例 7-4，2012 年 12 月 31 日，F 公司宣告发放现金股利总额为 1 600 000 元。要求编制广州珠江公司相关业务的会计分录。

广州珠江公司应享有的现金股利 = 1 600 000 × 10% = 160 000（元）
借：应收股利——F 公司　　　　　　　　　　　　　　　　　　　160 000
　　贷：投资收益　　　　　　　　　　　　　　　　　　　　　　　　160 000

五、长期股权投资持有期间收到被投资单位发放的现金股利或利润的核算

长期股权投资持有期间收到被投资企业发放的现金股利或利润时，投资企业按收到的部分，借记"银行存款"科目，贷记"应收股利"科目。

【例 7-6】续例 7-4、例 7-5，2013 年 1 月 6 日，广州珠江公司收到 F 公司已宣告发放的现金股利。要求编制广州珠江公司收到现金股利的会计分录。

借：银行存款　　　　　　　　　　　　　　　　　　　　　　　160 000
　　贷：应收股利——F 公司　　　　　　　　　　　　　　　　　　　　160 000

六、长期股权投资处置的核算

处置长期股权投资时，按实际取得的价款与长期股权投资账面价值的差额确认为投资损益，并应同时结转已计提的长期股权投资减值准备。其会计处理是：企业处置长期股权投资时，应按实际收到的金额，借记"银行存款"等科目，按原已计提的减值准备，借记"长期股权投资减值准备"科目，按该项长期股权投资的账面余额，贷记"长期股权投资"科目，按尚未领取的现金股利或利润，贷记"应收股利"科目，按其差额，贷记或借记"投资收益"科目。

【例 7-7】续例 7-4、例 7-5、例 7-6，2013 年 6 月 30 日，广州珠江公司将持有 F 公司的全部股权转让，已收到银行存款 1 580 000 元。假定没有计提减值准备。要求编制广州珠江公司处置长期股权投资的会计分录。

借：银行存款　　　　　　　　　　　　　　　　　　　　　　1 580 000
　　贷：长期股权投资——F 公司　　　　　　　　　　　　　　　　1 550 000
　　　　投资收益　　　　　　　　　　　　　　　　　　　　　　　　30 000

第四节 长期股权投资核算的权益法

一、权益法的适用范围

长期股权投资核算的权益法是指长期股权投资的账面价值要随着被投资单位所有者权益变动而相应变动,其长期股权投资的账面价值余额大体上反映在被投资单位中所有者权益占有的份额。其适用范围为投资方对被投资方具有共同控制或重大影响的长期股权投资。

二、权益法核算明细科目的设置

长期股权投资的核算在"长期股权投资"科目下可按被投资单位进行明细核算。若采用权益法核算的,还应当分别以"成本"、"损益调整"、"其他权益变动"等明细科目进行明细核算。"长期股权投资"科目的余额,反映全部投资。其中,"成本"明细科目反映购入股权时在被投资企业按公允价值确定的所有者权益中占有的份额;"损益调整"明细科目,反映购入股权以后,随着被投资企业留存收益的增减变动而享有份额的调整数;"其他权益变动"明细科目,反映购入股权以后,随着被投资企业资本公积的增减变动而享有份额的调整数。

三、长期股权投资取得的核算

采用权益法进行长期股权投资的核算,为了更为客观地反映在被投资企业所有者权益中享有的份额,应将初始投资成本按照被投资企业可辨认净资产公允价值和持股比例进行调整。可辨认净资产的公允价值是指被投资企业可辨认资产的公允价值减去负债及或有负债公允价值后的余额。

取得长期股权投资,长期股权投资的初始投资成本大于投资时应享有被投资单位可辨认净资产公允价值份额的,不调整已确认的初始投资成本,借记"长期股权投资"科目,贷记"银行存款"等科目。长期股权投资的初始投资成本小于投资时应享有被投资单位可辨认净资产公允价值份额的,借记"长期股权投资"科目,贷记"银行存款"等科目,按其差额,贷记"营业外收入"科目。

【例7-8】广州珠江公司2013年1月1日取得H公司30%的股权,取得股权日H公司可辨认净资产公允价值为1 000 000元,广州珠江公司实际支付货币资金250 000元。要求编制广州珠江公司取得长期股权投资的会计分录。

珠江公司享有H公司净资产的份额=1 000 000×30%=300 000(元)

珠江公司应调整投资成本=300 000-250 000=50 000(元)

借:长期股权投资——H公司——成本	250 000
贷:银行存款	250 000
借:长期股权投资——H公司——成本	50 000
贷:营业外收入	50 000

四、长期股权投资持有期间被投资单位实现盈利或发生亏损时的核算

(一) 投资损益确定的一般原则

在确认应享有或应分担被投资单位的净利润或净亏损时,如果取得投资时被投资单位各项资产、负债的公允价值与其账面价值不同的,投资企业在计算确定投资收益时,不能完全以被投资单位自身核算的净利润与持股比例计算确定,而是需要在被投资单位实现净利润的基础上经过适当调整后确定。

在确认应享有被投资单位的净利润或净亏损时,主要应考虑以下因素对被投资单位净利润的影响:

首先,是以取得投资时被投资单位固定资产、无形资产的公允价值为基础计提的折旧额或摊销额对被投资单位净利润的影响。如取得投资时被投资单位固定资产公允价值高于账面价值,对于投资企业来讲,相关固定资产的折旧额应以取得投资时该固定资产的公允价值为基础确定,并根据被投资单位已计提的折旧额与对于投资企业来讲应计提的折旧额之间的差额,对被投资单位的净利润进行调整。

其次,是被投资单位有关长期资产以投资企业取得投资时的公允价值为基础计算确定的减值准备金额对被投资单位净利润的影响。

最后,是被投资单位采用的会计政策和会计期间与投资企业不一致时,应按投资企业的会计政策和会计期间对被投资单位的财务报表进行调整,以调整后的净利润为基础计算确认投资损益。

投资企业无法合理确定取得投资时被投资单位各项可辨认资产公允价值的,或者投资时被投资单位可辨认资产的公允价值与账面价值相比,两者之间的差额不具重要性的,或是无法取得对被投资单位净利润进行调整所需资料的,可以按照被投资单位的账面净利润与持股比例计算的结果直接确认为投资损益。

(二) 长期股权投资持有期间被投资单位实现盈利时的核算

在确认投资收益时,除考虑有关资产、负债的公允价值与账面价值差异的调整外,对于投资企业与其联营企业和合营企业之间发生的未实现内部交易损益也应予以抵销。企业持有的对联营企业或合营企业的投资,一方面应按照享有被投资企业净利润的份额确认为投资收益;另一方面作为追加投资,借记"长期股权投资"科目,贷记"投资收益"科目。

【例7-9】广州珠江公司2012年1月1日取得联营企业L公司30%的股权,取得股权日L公司的固定资产公允价值为1 200万元,账面价值为600万元,固定资产预计综合使用年限为10年,净残值为零,按直线法折旧。L公司2012年度净利润为500万元,其中利润表中已按其账面价值计算扣除的固定资产折旧费用为60万元,但按公允价值计算扣除的固定资产折旧费用为120万元。若不考虑所得税影响,要求编制广州珠江公司确认投资收益的会计分录。

(1) 广州珠江公司按L公司净利润计算确认的投资收益 = 5 000 000 × 30% = 1 500 000 (元)

(2) 广州珠江公司按 L 公司净利润调整数计算确认的投资收益
= [5 000 000 −(1 200 000 −600 000)]×30%
=1 320 000（元）

借：长期股权投资——L 公司——损益调整　　　　　　1 320 000
　　贷：投资收益　　　　　　　　　　　　　　　　　　　　1 320 000

（三）长期股权投资持有期间被投资单位发生亏损时的核算

如果被投资企业发生亏损，投资企业也应按持股比例确认应分担的损失，借记"投资收益"科目，贷记"长期股权投资"科目。被投资企业的净亏损也应以其各项可辨认资产等的公允价值为基础进行调整后加以确定。

权益法下，投资企业确认应分担被投资单位发生的损失，原则上应以长期股权投资及其他实质上构成长期权益的项目减记至零为限，投资企业负有承担额外损失义务的除外。这里所讲"其他实质上构成长期权益的项目"主要是指长期性的应收项目等，应收被投资单位的长期债权从目前来看没有明确的清偿计划并且在可预见的未来期间也不可能进行清偿的，从实质上来看，即构成长期权益。

采用权益法核算的情况下，投资企业在确认应分担被投资单位发生的亏损时，应按照以下顺序处理：

首先，减记长期股权投资的账面价值；

其次，在长期股权投资的账面价值减记至零的情况下，考虑是否有其他构成长期权益的项目，如果有，则以其他实质上构成对被投资单位长期权益的账面价值为限，继续减记；

最后，在有关其他实质上构成对被投资单位长期权益的价值也减记至零的情况下，如果按照投资合同或协议约定，投资企业需要承担额外义务的，则需按预计将承担责任的金额确认相关的损失。

除按上述顺序已确认的损失以外仍有额外损失的，应在账外作备查登记，不再予以确认。

在确认了有关投资损失以后，被投资单位于以后期间实现盈利的，应按以上相反顺序恢复其他实质上构成对被投资单位净投资的长期权益及长期股权投资的账面价值。

【例 7−10】 广州珠江公司 2012 年 1 月 1 日取得联营企业 L 公司 30% 的股权。2012 年 1 月 1 日"长期股权投资——L 公司"账面余额为 4 000 000 元，其中"长期股权投资——L 公司——成本"账面余额为 2 680 000 元，"长期股权投资——L 公司——损益调整"账面余额为 1 320 000 元。"长期应收款——L 公司"账面余额为 500 000 元，其属于实质上构成对 L 公司净投资的长期权益。2012 年年末，L 公司发生巨大亏损，以可辨认净资产公允价值为基础调整后的净损失为 16 000 000 元。2013 年年末，L 公司实现以可辨认净资产公允价值为基础调整后的净利润为 1 800 000 元。要求编制广州珠江公司 2012 年年末及 2013 年年末损益调整相关的会计分录。

(1) 广州珠江公司 2012 年年末应分担的投资损失 =16 000 000×30% =4 800 000（元）

广州珠江公司 2012 年年末应确认的投资损失 =4 000 000 +500 000 =4 500 000（元）

（确认2012年年末应分担L公司发生的亏损时，应以广州珠江公司"长期股权投资"账户余额 和"长期应收款"账户余额减记至零为限）

借：投资收益 4 500 000
　　贷：长期股权投资——L公司——损益调整 4 000 000
　　　　长期应收款——L公司 500 000

广州珠江公司2012年年末未确认的投资损失为300 000元(4 800 000 - 4 500 000)。

（2）2013年年末广州珠江公司应享有L公司净利润份额 = 1 800 000 × 30% = 540 000（元）

2013年年末广州珠江公司应确认的投资收益 = 540 000 - 300 000 = 240 000（元）

借：长期应收款——L公司 240 000
　　贷：投资收益 240 000

五、长期股权投资持有期间被投资单位宣告发放现金股利或利润的核算

采用权益法进行长期股权投资的核算，投资企业应按照被投资企业宣告分派的现金股利持股比例计算应分得的现金股利，相应减少长期股权投资的账面价值，借记"应收股利"科目，贷记"长期股权投资"科目。

【例7-11】续例7-9，2013年3月15日，L公司宣告按2012年净利润公允价值的50%发放现金股利。要求编制广州珠江公司相关业务的会计分录。

珠江公司应享有的现金股利 = [5 000 000 - (1 200 000 - 600 000)] × 50% × 30%
　　　　　　　　　　　　= 660 000（元）

借：应收股利——L公司 660 000
　　贷：长期股权投资——L公司——损益调整 660 000

六、长期股权投资持有期间收到被投资单位发放的现金股利或利润的核算

长期股权投资持有期间收到被投资单位发放的现金股利或利润时，企业按收到的部分，借记"银行存款"科目，贷记"应收股利"科目。

【例7-12】续例7-9、例7-11，2013年3月25日，广州珠江公司收到L公司已宣告发放的现金股利。要求编制广州珠江公司收到现金股利的会计分录。

借：银行存款 660 000
　　贷：应收股利——L公司 660 000

七、被投资企业所有者权益其他变动的调整

采用权益法进行长期股权投资的核算，被投资企业除净损益以外所有者权益的增加，投资企业应调整长期股权投资的账面价值，并计入资本公积，借记"长期股权投资"科目，贷记"资本公积"科目。如果被投资企业除净损益以外所有者权益减少，投资企业作相反的账务处理。

第五节 长期股权投资的减值

一、长期股权投资减值金额的确定

1. 企业对子公司、合营企业及联营企业的长期股权投资

企业对子公司、合营企业及联营企业的长期股权投资在资产负债表日存在可能发生减值的迹象时,其可收回金额低于账面价值的,应当将该长期股权投资的账面价值减记至可收回金额,减记的金额确认为减值损失,计入当期损益,同时计提相应的资产减值准备。

2. 企业对被投资单位不具有控制、共同控制或重大影响、且在活跃市场中没有报价、公允价值不能可靠计量的长期股权投资

企业对被投资单位不具有控制、共同控制或重大影响、且在活跃市场中没有报价、公允价值不能可靠计量的长期股权投资,应当将该长期股权投资在资产负债表日的账面价值,与按照类似金融资产当时市场收益率对未来现金流量折现确定的现值之间的差额,确认为减值损失,计入当期损益。

二、长期股权投资减值的核算

企业计提长期股权投资减值准备,应当设置"长期股权投资减值准备"科目核算。企业按应减记的金额,借记"资产减值损失"科目,贷记"长期股权投资减值准备"科目。长期股权投资减值损失一经确认,在以后会计期间不得转回。

【例7-13】 2013年11月3日,广州珠江公司对C公司进行长期股权投资,购入60 000股,每股15元,以银行存款支付,占C公司全部股份的15%。12月31日,C公司财务状况急剧恶化使其股票下跌到每股10元。要求编制广州珠江公司长期股权投资减值的会计分录。

(1) 11月3日,取得C公司股票:

借:长期股权投资——C公司　　　　　　　　　　　　　　900 000
　　贷:银行存款　　　　　　　　　　　　　　　　　　　　　　900 000

(2) 12月31日,C公司股票发生减值:

借:资产减值损失　　　　　　　　　　　　　　　　　　　300 000
　　贷:长期股权投资减值准备　　　　　　　　　　　　　　　　300 000

第八章　固定资产

第一节　固定资产的性质、分类与计量

一、固定资产的性质

1. 固定资产定义

固定资产是指企业拥有的单位价值较高、使用期限 1 年以上，并在使用中保持原有实物形态的劳动资料。如房屋建筑物、机器设备、运输设备、管理设备等。

2. 固定资产的特征

固定资产具有如下特征：

（1）为生产经营而持有（不是为了销售）；

（2）使用寿命超过一个会计年度，通常情况下，使用寿命是指企业使用固定资产的预计期间；

（3）单位价值较高，使用中原有实物形态不变。

二、固定资产的分类

为加强企业管理，正确组织会计核算，应按不同标准对固定资产进行分类。

1. 按经济用途分类，固定资产可分为生产经营用固定资产和非生产经营用固定资产两类

生产经营用固定资产是指各种用于生产经营的房屋、建筑物、机器设备、运输设备、管理用具等；非生产经营用固定资产是指不参加或不直接服务于生产经营活动的各种固定资产，如生活福利部门使用的房屋及职工住宅等。

2. 按使用状况分类，固定资产可分为使用中固定资产、未使用固定资产、不需用固定资产三类

使用中固定资产是指正在使用的固定资产，包括由于季节性和大修理等原因暂时停用以及存放在使用部门以备替换使用的机器设备；未使用固定资产是指尚未启用或经批准停止使用的固定资产；不需用固定资产是指企业已不再需要、准备处置的各类固定资产。

3. 按所有权分类，固定资产可分为自有固定资产和融资租入固定资产

自有固定资产是指企业拥有所有权的固定资产。融资租入固定资产是指租赁期内不拥有所有权，但拥有实质控制权的各类固定资产。

三、固定资产的计价

固定资产不仅要进行数量核算，同时还要进行价值核算。不仅要按实物计量单位来反映和监督固定资产实物数量的增减变化，而且还要按货币计量单位来综合反映和监督固定资产的价值变动及结存情况，并正确地计提折旧。要对固定资产进行价值核算，就应对其进行合理计价。

以货币形式对固定资产的价值进行计量称为固定资产的计价。在固定资产的核算中，固定资产的计价是一项重要的内容，它不仅是固定资产核算和管理的基础，同时，只有正确地对固定资产进行计价，才能确定固定资产的价值。

1. 原始价值

原始价值又称原价或原值，指企业购建的固定资产在达到使用状态之前所发生的全部耗费的货币表现。企业从外部购入的固定资产，其原值中包括固定资产的买价、相关税费（不含可抵扣的增值税进项税额）、运输途中的运杂费及使用前的安装调试费；企业自建的固定资产，其原值包括建造中发生的全部耗费。

2. 重置价值

重置价值指企业在目前的生产技术条件下，重新购置同样的固定资产所需的全部支出，故又称为重置完全价值。

3. 净值

净值又称折余价值，指固定资产原值减去已提折旧的净额。

第二节　固定资产的取得

企业取得的固定资产主要包括购入、自行建造、投资转入、接受捐赠、非货币性资产交换、债务重组、融资租入、盘盈等。

一、固定资产取得核算的科目设置

为反映固定资产的增减变动及结存情况，企业应设置"固定资产"、"累计折旧"、"工程物资"和"在建工程"等科目。

1. "固定资产"科目

"固定资产"科目一般分为三级：

（1）固定资产总账科目。用以总括反映固定资产增减变动及结存情况。该科目借方登记固定资产增加额，贷方登记固定资产减少额；期末余额在借方，表示固定资产的原值。

（2）固定资产二级账，即"固定资产登记簿"。按固定资产类别专设账页，账页中按使用及保管单位设专栏。会计期末，固定资产登记簿中各类固定资产余额之和，应与固定资产总账科目余额相等。

（3）固定资产明细账，又称为固定资产卡片。按每项固定资产单独设置，用以登记固定资产的详细情况。例如，固定资产取得的原始价值、折旧、预计净残值、预计使用年限、年折旧率、月折旧率等。一般将固定资产卡片按照固定资产类别和保管使用单位顺序排列。卡片设置两套，管理部门一套，会计部门一套。每个会计期末，固定资产卡片的余额合计应与固定资产登记簿余额核对相符。

2. "累计折旧"科目

"累计折旧"科目用以登记企业计提的固定资产折旧。该科目为"固定资产"的备抵调整科目，贷方登记按月计提的固定资产折旧，借方登记因销售、报废等减少的固定资产折旧；期末余额在贷方，反映现有固定资产的累计折旧。

3. "在建工程"科目

"在建工程"科目科目核算各项工程的实际成本。借方登记工程发生的实际支出，贷方登记完工转出的工程成本；期末余额在借方，反映未完工工程的实际成本。该科目应按工程项目设置明细账。

4. "工程物资"科目

"工程物资"科目反映各项工程物资实际成本的增减变化及结存情况，借方登记购进工程物资的实际成本，贷方登记出库物资的实际成本；期末余额在借方，反映期末库存工程物资的实际成本。该科目应按工程物资的品种设置明细账。

二、固定资产购入的核算

1. 购入不需安装的固定资产

购入不需安装的固定资产，应按实际支付的买价、运杂费、保险费和相关税费等全部支出，借记"固定资产"科目，贷记"银行存款"等科目。

2. 购入需要安装的固定资产

购入需要安装的固定资产，应将购买和安装过程中支付的买价、相关税费、运杂费、安装费等全部支出，借记"在建工程"科目，贷记"银行存款"等科目。工程完工，转全部安装工程成本时，借记"固定资产"科目，贷记"在建工程"科目。

【例8-1】珠江公司购进不需安装的设备一台，取得的增值税专用发票上注明的设备价款80 000元，增值税进项税额13 600元，运输费1 400元，合计95 000元。签发转账支票付款，设备运回，投入使用。

假定不考虑其他税费、公司为增值税一般纳税人，其发生在购建生产用固定资产上的增值税进项税额均符合规定，可以抵扣（下同）。

其会计分录为：

借：固定资产　　　　　　　　　　　　　　　　　　　　　81 302
　　应交税费——应交增值税（进项税额）
　　　　　　　　　　　　　　　　　（13 600 + 1 400 × 7%）13 698
　　贷：银行存款　　　　　　　　　　　　　　　　　　　　95 000

【例8-2】珠江公司购入需安装机床1台，取得的增值税专用发票上注明的设备价款30 000元，增值税进项税额5 100元，运输费2 900元，签发转账支票付款38 000元；机床运回后进行安装，签发转账支票支付安装费1 500元，机床安装完毕，交付使用。

(1) 支付购买设备价款、增值税、运输费 38 000 元,其会计分录为:
借:在建工程——机床 32 697
　　应交税费——应交增值税(进项税额)(5 100 + 2 900 × 7%) 5 303
　贷:银行存款 38 000
(2) 支付安装费 1 500 元:
借:在建工程——机床 1 500
　贷:银行存款 1 500
(3) 交付使用时:
借:固定资产 34 197
　贷:在建工程——机床 34 197

三、固定资产自行建造的核算

自行建造的固定资产,其成本由建造该项资产达到预定可使用状态前所发生的必要支出构成,包括工程用物资成本、人工成本、交纳的相关税费、应予资本化的借款费用以及应分摊的间接费用等。企业为建造固定资产通过出让方式取得土地使用权而支付的土地出让金不计入在建工程成本,应确认为无形资产(土地使用权)。企业自行建造的固定资产有自营和出包两种施工方式。

(一) 自营建造固定资产

企业自营施工的实际成本通过"在建工程"科目核算。自营工程耗用的材料物资,一般应单独核算。购入工程物资时,借记"工程物资"科目;施工领用时,借记"在建工程"科目,贷记"工程物资"科目。

自营施工时领用本企业商品产品或生产用库存材料,应将该产品或材料的实际成本和应负担的税金计入工程成本,借记"在建工程"科目,贷记"库存商品"、"原材料"、"应交税费"科目。

企业辅助生产部门为自营工程施工而提供的产品或劳务,也应按实际成本和应负担的税金,借记"在建工程"科目,贷记"生产成本"、"包装物"、"低值易耗品"、"应交税费"科目。

自营工程发生的职工工资及福利费,应借记"在建工程"科目,贷记"应付职工薪酬"科目。

企业如专门为自营工程借入款项,符合资本化条件,应计入所建造固定资产成本的借款费用按照《企业会计准则第 17 号——借款费用》的有关规定处理。

自营施工中发生的报废损失,如残料能作价入库,应借记"原材料"科目,贷记"在建工程"科目;如应由相关责任者赔款,则借记"其他应收款"科目,贷记"在建工程"科目。

企业应加强工程物资管理,对工程物资进行定期盘点,盘点时发现盈亏,应及时入账。盘亏的工程物资,按实际成本借记"在建工程"科目,贷记"工程物资"科目。如盘盈,则作相反的会计分录。企业工程结束,如有工程物资转为生产用材料,验收入库时,应先进行价税分离,再借记"原材料"、"应交税费"科目,贷记"工程物资"科目。

自营施工的固定资产交付使用,借记"固定资产"科目,贷记"在建工程"科目。

企业所建造的固定资产已达到预定可使用状态,但尚未办理竣工结算的,应当自达到预定可使用状态之日起,根据工程预算、造价或者工程实际成本等,按暂估价值转入固定资产,并按有关计提固定资产折旧的规定,计提固定资产折旧。待办理竣工结算手续后再调整原来的暂估价值,但不需要调整已计提的折旧额。

【例8-3】珠江公司发生如下自营施工的厂房建造业务,编制相应会计分录。

(1) 购入钢材200吨,单价2 500元,取得的增值税专用发票上注明的价款500 000元,增值税进项税85 000元,总计585 000元,签发转账支票付款,钢材验收入库。

  借:工程物资——钢材   585 000
    贷:银行存款   585 000

注:自行建造不动产,进项税额不允许抵扣,下同。

(2) 工程领用本企业商品产品2件,每件产品实际成本2 800元,售价3 500元。

  借:在建工程——厂房   6 790
    贷:库存商品   5 600
      应交税费——应交增值税(销项税额)   1 190

(3) 签发转账支票,支付购进钢材200吨的运杂费15 000元。

  借:工程物资——钢材   15 000
    贷:银行存款   15 000

(4) 工程领用钢材198吨。

  借:在建工程——厂房   594 000
    贷:工程物资——钢材   594 000

每吨钢材成本 = (585 000 + 15 000) ÷ 200 = 3 000(元)

(5) 经计算,自营工程应负担职工工资120 000元。

  借:在建工程——厂房   120 000
    贷:应付职工薪酬——工资   120 000

(6) 用转账支票支付工程用电费26 000元,另签发转账支票支付工程用水费15 000元。

  借:在建工程——厂房   26 000
    贷:银行存款   26 000
  借:在建工程——厂房   15 000
    贷:银行存款   15 000

(7) 经计算,工程应负担长期借款利息60 000元。

  借:在建工程——厂房   60 000
    贷:长期借款   60 000

(8) 由于人为原因造成工程中某部件报废,残料折价500元作为生产用料入库,应由责任者章炎赔款1 500元。

借：原材料　　　　　　　　　　　　　　　　　　　　　500
　　其他应收款——章炎　　　　　　　　　　　　　1 500
　　贷：在建工程——厂房　　　　　　　　　　　　　　　　2 000

（9）工程即将完工，将剩余钢材2吨作为生产用原料验收入库。

计算验收入库的钢材单位成本：

材料买价2 500（元/吨）

增值税＝2 500×17%＝425（元/吨）

材料运费＝15 000÷200＝75（元/吨）

每吨材料运费中含增值税7%，即75×7%＝5.25（元/吨）

运费中应计入材料成本金额＝75－5.25＝69.75（元/吨）

验收入库材料的单位成本＝2 500+69.75＝2 569.75（元）

验收入库材料每吨含增值税＝425+5.25＝430.25（元）

会计分录如下：

借：原材料——钢材　　　　　　　　　　　　　　　5 139.5
　　应交税费——应交增值税（进项税额）　　　　　860.5
　　贷：工程物资—钢材　　　　　　　　　　　　　　　　6 000

（10）签发转账支票支付工程其他直接费用60 210元。

借：在建工程——厂房　　　　　　　　　　　　　　60 210
　　贷：银行存款　　　　　　　　　　　　　　　　　　　60 210

（11）工程竣工，交付使用。

计算工程总成本＝6 790+594 000+120 000+26 000+15 000+60 000－2 000+60 210＝880 000（元）（见"在建工程"科目）

借：固定资产——厂房　　　　　　　　　　　　　880 000
　　贷：在建工程——厂房　　　　　　　　　　　　　　　880 000

（二）出包工程建造固定资产

采用出包方式建造固定资产，企业要与建造承包商签订建造合同。企业的新建、改建、扩建等建设项目，通常均采用出包方式。

企业以出包方式建造固定资产，其成本由建造该项固定资产达到预定可使用状态前所发生的必要支出构成，包括发生的建筑工程支出、安装工程支出，以及需分摊计入的待摊支出。待摊支出是指在建设期间发生的、不能直接计入某项固定资产价值、而应由所建造固定资产共同负担的相关费用，包括为建造工程发生的管理费、可行性研究费、临时设施费、公证费、监理费、应负担的税金、符合资本化条件的借款费用、建设期间发生的工程物资盘亏、报废及毁损净损失，以及负荷联合试车费等。

以出包方式建造固定资产的具体支出，由建造承包商核算，"在建工程"科目实际成为企业与建造承包商的结算科目，企业将与建造承包商结算的工程价款作为工程成本，统一通过"在建工程"科目进行核算。待工程结束交付使用按总成本借记"固定资产"科目，贷记"在建工程"科目。

【例8-4】珠江公司将某项固定资产改造工程出包给某建筑公司，依据如下发生的经济业务，编制相应会计分录。

（1）根据双方协议，签发转账支票，预付工程款300 000元。

借：在建工程　　　　　　　　　　　　　　　　　　　　　300 000
　　贷：银行存款　　　　　　　　　　　　　　　　　　　　　　300 000

（2）半年后，补付工程款200 000元。

借：在建工程　　　　　　　　　　　　　　　　　　　　　200 000
　　贷：银行存款　　　　　　　　　　　　　　　　　　　　　　200 000

（3）经计算，出包工程应负担长期借款利息30 000元（借款500 000元，借款利率年息6%，借款已满一年）。

借：在建工程　　　　　　　　　　　　　　　　　　　　　30 000
　　贷：长期借款　　　　　　　　　　　　　　　　　　　　　　30 000

（4）固定资产完工交付使用。

借：固定资产　　　　　　　　　　　　　　　　　　　　　530 000
　　贷：在建工程　　　　　　　　　　　　　　　　　　　　　　530 000

四、接受投资的固定资产

企业接受投资者作价投入的房屋、建筑物、机器设备等固定资产，应按照投资合同或协议约定的价值确定固定资产的价值，但投资合同或协议约定价值不公允的除外。在合同或协议约定价值不公允的情况下，按照该项固定资产的公允价值作为入账价值。借记"固定资产"科目，贷记"实收资本"或股本科目。如投入资产价值大于投资方在注册资本中应投入金额，其差额应贷记"资本公积（资本溢价或股本溢价）"科目。

五、接受捐赠的固定资产

企业接受固定资产捐赠，应区分具体情况，分别计价：

（1）能够取得捐赠固定资产有关凭据的，按凭据金额加应支付的相关税费、运杂费等计价。

（2）捐赠者未提供相关票据，按以下程序计价：

① 参照同类或类似固定资产市场价，再加应支付的相关税费计价；

② 不存在同类或类似固定资产活跃市场的，按该固定资产预计未来现金流量的折现值计价。

接受捐赠的固定资产，借记"固定资产"科目，贷记"营业外收入"科目。

六、其他方式取得的固定资产

非货币性资产交换、债务重组，融资租赁等方式取得的固定资产的成本，应分别按照非货币性资产交换、债务重组，融资租赁的处理原则进行处理。

第三节　固定资产折旧

一、折旧的定义

固定资产折旧是指由于固定资产损耗而逐渐减少的价值。固定资产损耗分为有形损耗和无形损耗。有形损耗是指固定资产因使用及自然力影响而发生使用价值和价值上的损耗；无形损耗是指因科技进步引起的固定资产价值损耗。例如，由于出现电力机车和内燃机车，使蒸汽机车产生价值损耗渐被淘汰。企业应合理计算固定资产损耗，并以折旧方式分期计入相关的产品成本或费用，并通过取得相应的收入而得到补偿。

二、影响折旧的因素

影响固定资产折旧的因素有固定资产原值、固定资产减值准备、固定资产折旧年限和固定资产预计净残值。

1. 固定资产原值

固定资产原值是指某项固定资产并使其处于可使用状态前所发生的一切必要支出。它是计算固定资产折旧的价值基数，它的高低直接影响各期折旧额的大小。

2. 固定资产减值准备

固定资产减值准备是指固定资产已计提的固定资产减值准备累计金额；固定资产发生损坏、技术陈旧或者其他经济原因，导致其可收回金额低于其账面价值，这种情况称之为固定资产减值。如果固定资产的可收回金额低于其账面价值，应当按可收回金额低于其账面价值的差额计提减值准备，并计入当期损益。

3. 固定资产折旧年限

固定资产折旧年限是指固定资产在考虑有形损耗和无形损耗情况下的经济使用年限，而不是指自然使用年限。因为有形损耗和无形损耗都很难确认，所以固定资产的使用年限是一个估计数，故称为固定资产预计使用年限。在我国，固定资产最低折旧年限是由国家统一规定的。

4. 固定资产预计净残值

固定资产预计净残值是指固定资产报废清理的变价收入与清理费用的差额。固定资产原值减去预计净残值的差额即为固定资产应计折旧额。已计提减值准备的固定资产，还应当扣除已计提的固定资产减值准备累计金额。一般情况下，固定资产的净残值率由国家统一规定，企业可以在国家统一规定的范围内自行确定。企业应当根据固定资产的性质和使用情况，合理确定固定资产的使用寿命和预计净残值。固定资产的使用寿命、预计净残值一经确定，不得随意变更。

三、折旧的范围

《企业会计准则第4号——固定资产》规定，企业应对所有的固定资产计提折旧；但是，已提足折旧仍继续使用的固定资产和单独计价入账的土地除外。

固定资产折旧范围应从两个方面加以界定。

1. 按折旧的空间范围界定

除土地和已提足折旧继续使用的固定资产外，所有的固定资产，包括经营用固定资产、非经营用固定资产、出租固定资产（经营租赁）等，均计提折旧，比如房屋和建筑物，在用的机器设备、仪器仪表，季节性停用、大修理停用的固定资产，以融资租赁方式租入的固定资产等。

2. 按折旧的时间范围界定

一般应当按月提取折旧，当月增加的固定资产，当月不计提折旧，从下月起计提折旧；当月减少的固定资产，当月照提折旧，从下月起不提折旧；提前报废的固定资产不再补提折旧。

已达到预定可使用状态但尚未办理竣工决算的固定资产，应当按照估计价值确定其成本，并计提折旧；待办理竣工决算后再按实际成本调整原来的暂估价值，但不需要调整原已计提的折旧额。

处于更新改造过程停止使用的固定资产，应将其账面价值转入在建工程，不再计提折旧。更新改造项目达到预定可使用状态转为固定资产后，再按照重新确定的折旧方法和该项固定资产尚可使用年限计提折旧。

四、折旧的计算方法

企业应当根据与固定资产有关的经济利益的预期实现方式，合理选择固定资产折旧的计算方法。折旧计算方法包括年限平均法、工作量法、双倍余额递减法和年数总和法。由于折旧计算方法的选用，会直接影响企业的成本费用及企业利润，从而影响纳税及国家的财政收入，因此，国家对企业选择折旧计算方法作出了具体规定。折旧计算方法一经确定，不得随意变更。如需要变更，应当在会计报表附注中予以说明。

（一）年限平均法

年限平均法又称直线法，是将固定资产的应计折旧额均衡地分摊到各期的一种计算方法，采用这种方法计算的每期折旧额是相等的。其计算公式为：

年折旧率 =（1 - 预计净残值率）÷ 预计使用年限 × 100%

月折旧率 = 年折旧率 ÷ 12

年折旧额 =（固定资产原值 - 固定资产原值 × 预计净残值率）÷ 预计使用年限

月折旧额 = 固定资产原值 × 月折旧率

采用年限平均法计算折旧，可以按个别固定资产单独计算（见例 8-6），也可按类别计提固定资产折旧（见例 8-7），还可以将全部固定资产放在一起，综合计算固定资产折旧。三种方法中，个别固定资产单独计算折旧准确性较好；按类别计提固定资产折旧的准确性次之；按全部固定资产综合计算的折旧准确性较差。企业一般不得用综合折旧率计算固定资产折旧。

年限平均法计算固定资产折旧比较简单，但固定资产在不同的使用年限提供的经济效益不同，发生的修理费用也不同，年限平均法未考虑这些因素对固定资产净值的影响，因而具有局限性。故年限平均法只适用于固定资产各期的负荷程度相同的情况。

【例8-5】珠江公司某机床原值100 000元,预计净残值率4%,预计使用年限10年,假设该公司未对该项资产计提减值准备,下同。计算其应计提折旧年折旧率、月折旧率及月折旧额。

年折旧率 =（1 - 4%）÷ 10 = 9.6%

月折旧率 = 9.6% ÷ 12 = 0.8%

月折旧额 = 100 000 × 0.8% = 800（元）。

【例8-6】珠江公司购进的新机床1台,原值108 500元,预计净残值率4%,预计使用寿命10年。计算其年折旧额和月折旧额。

年折旧率 =（1 - 4%）÷ 10 = 9.6%

月折旧率 = 9.6% ÷ 12 = 0.8

年折旧额 =（108 500 - 108 500 × 4%）÷ 10 = 10 416（元）

月折旧额 = 108 500 × 8% = 8 680（元）

【例8-7】珠江公司某类固定资产共有20台,该类固定资产原值合计800 000元,预计净残值率4%,平均使用年限10年。计算该类固定资产的分类折旧率和月折旧额。

该类固定资产年折旧率 = [（1 - 4%）÷ 10] = 9.6%

该类固定资产月折旧率 = 9.6% ÷ 12 = 0.8%

该类固定资产月折旧额 = 800 000 × 0.8% = 6 400（元）

（二）工作量法

工作量法是根据实际工作量计提固定资产折旧额,再按每期实际完成工作量计算折旧额的一种方法。这种方法能弥补年限平均法只重使用时间、不考虑使用强度的缺点。

其计算公式为：

某项固定资产单位工作量折旧额 = 固定资产原值 ×（1 - 预计净残值率）÷ 预计使用年限工作总量

月折旧额 = 某项固定资产单位工作量折旧额 × 本月实际完成工作量

【例8-8】珠江公司购置混凝土搅拌机一台,购进成本19 800元,假定预计净残值1 800元。预计在10年内能完成3 000个台班,则：

每台班的折旧额 =（19 800 - 1 800）÷ 3 000 = 6（元/台班）

【例8-9】珠江公司购进东风牌5吨载重汽车1辆,原值80 000元,预计净残值率4%,预计行驶总里程80 000千米,该车本月行驶8 000千米。其单位工作量折旧额和本月折旧额计算如下：

单位工作量折旧额 = 80 000 ×（1 - 4%）÷ 800 000 = 0.096（元/千米）

本月折旧额 = 8 000 × 0.096 = 768（元）

工作量法一般适用于运输设备或大型建筑设备的折旧计算。

（三）双倍余额递减法

双倍余额递减法是在不考虑固定资产预计净残值的情况下,根据每期期初的固定资产账面净值（固定资产原值减去累计折旧）和双倍的直线法折旧率计算固定资产折旧的一种计算方法。其公式为：

年折旧率 = 2 ÷ 折旧年限 × 100%

固定资产年折旧额 = 固定资产年初账面净值 × 年折旧率

月折旧额 = 固定资产年折旧额 ÷ 12

由于双倍余额递减法不考虑固定资产的净残值收入，因此在应用这种方法时必须注意，不能使固定资产的账面折余价值降低到它的预计残值收入以下。即采用此方法计提固定资产折旧，应当在固定资产折旧年限到期前两年内，改为直线法，将固定资产净值扣除预计净残值后的余额平均摊销。

【例8-10】珠江公司某项设备原值100 000元，预计净残值率4%，预计使用年限5年，采用双倍余额递减法计提折旧，则每年该设备的折旧计提如表8-1所示。

表8-1　　　　　　　　折旧计算表（双倍余额递减法）　　　　　　　单位：元

年　次	期初净值	年折旧率	年折旧额	累计折旧	期末净值
1	100 000	40%	40 000	40 000	60 000
2	60 000	40%	24 000	64 000	36 000
3	36 000	40%	14 400	78 400	21 600
4	21 600	—	8 800	87 200	12 800
5	12 800	—	8 800	96 000	4 000

年折旧率 = 2 ÷ 5 × 100% = 40%

第一年应计提折旧额 = 100 000 × 40% = 40 000（元）

第二年应计提折旧额 = 60 000 × 40% = 24 000（元）

第三年应计提折旧额 = 36 000 × 40% = 14 400（元）

第四年应计提折旧额 = (21 600 - 100 000 × 4%) ÷ 2 = 8 800（元）

第五年应计提折旧额 = (21 600 - 100 000 × 4%) ÷ 2 = 8 800（元）

最后两年改用直线法计算。

对固定资产来讲：

账面余额 = 固定资产的账面原价

账面净值 = 固定资产的折余价值 = 固定资产原价 - 计提的累计折旧

账面价值 = 固定资产的原价 - 计提的减值准备 - 计提的累计折旧

（四）年数总和法

年数总和法又称合计年限法，是将固定资产应提折旧总额（即固定资产的原值减去预计净残值后的净额）乘以一个逐年递减的分数计算每年的折旧额的一种计算方法。该分数的分子代表固定资产尚可使用的年限，分母代表使用年数的逐年数字总和。其计算公式为：

年折旧率 = 尚可使用年限 ÷ 预计使用年限的年数总和 × 100%

年折旧额＝固定资产应提折旧总额×年折旧率

月折旧率＝年折旧率÷12

月折旧额＝固定资产应提折旧总额×月折旧率

【例8－11】珠江公司某项固定资产原值200 000元，预计使用5年，预计净残值率4%（即净残值8 000元）。采用年数总和法计算折旧如下：

(1) 年数总和＝1＋2＋3＋4＋5＝15

(2) 第一年计提折旧额＝(200 000－8 000)×5/15＝64 000（元）

(3) 第二年应提折旧额＝(200 000－8 000)×4/15＝51 200（元）

(4) 第三年应提折旧额＝(200 000－8 000)×3/15＝38 400（元）

(5) 第四年应提折旧额＝(200 000－8 000)×2/15＝25 600（元）

(6) 第五年应提折旧额＝(200 000－8 000)×1/15＝12 800（元）

以上固定资产的折旧计算方法中，双倍余额递减法和年数总和法的共同特点是在固定资产使用的前期计提折旧多，后期计提折旧少，使固定资产成本在估计的使用寿命内加快得到补偿，故称为加速折旧法。采用加速折旧法后，由于能使固定资产在使用早期多提折旧，后期少提折旧，这与固定资产的使用情况是相配比的，因为在前期，固定资产磨损少、效率高，产出较大，则分摊的折旧也相应要多；而在后期，固定资产磨损大、效率低，产出减少，则应分摊的折旧也应少些。

五、计提折旧的总分类核算

1. 固定资产折旧核算的科目设置

固定资产折旧的核算应设置"累计折旧"科目，该科目借方登记因出售、报废、毁损、对外投资、盘亏等原因减少的固定资产应注销的折旧金额；贷方登记固定资产提取的折旧，增加的固定资产转入的折旧；期末贷方余额表示企业提取的固定资产折旧的累计数。本科目只进行总分类核算，不进行明细分类核算。要了解某项固定资产已提折旧情况，从固定资产卡片上所记载的该项固定资产原值、折旧率和实际使用年数等资料进行计算。

2. 固定资产折旧业务的账务处理

企业计提的固定资产折旧，应按用途进行分配，借记"制造费用"、"管理费用"、"销售费用"、"其他业务成本"、"在建工程"等科目，贷记"累计折旧"科目。

六、固定资产使用寿命、预计净残值和折旧方法的复核

由于固定资产的使用寿命长于一年，属于企业的非流动资产。企业至少应当于每年年度终了，对固定资产的使用寿命、预计净残值和折旧方法进行复核。使用寿命预计数与原先估计数有差异的，应当调整固定资产使用寿命。预计净残值预计数与原先估计数有差异的，应当调整预计净残值。与固定资产有关的经济利益预期实现方式有重大改变的，应当改变固定资产折旧方法。

固定资产使用寿命、预计净残值和折旧方法的改变应当作为会计估计变更。

第四节　固定资产的后续支出

固定资产的后续支出是指固定资产投入使用后发生的修理和改扩建等支出。其目的是为了适应新技术发展的需要，或者是为了提高固定资产的使用效能。

后续支出的处理原则为：符合固定资产确认条件的，应当计入固定资产成本，同时将被替换部分的账面价值扣除；不符合固定资产确认条件的，应当计入当期损益。

一、固定资产更新改造

固定资产更新改造是指对已投入使用的固定资产加以改良、改造，使其增加新的功能，以达到预期的使用目标。固定资产由于更新改造而停止使用，应将其账面价值转入"在建工程"科目，计算其更新改造成本。借记"在建工程"、"累计折旧"、"固定资产减值准备"等科目，贷记"固定资产"科目。

固定资产更新改造的支出核算方法与自营工程支出相同，对改造工程的各项耗费均计入工程成本，发生材料、人工费用及其他费用均计入"在建工程"科目，对改造中拆除的原有部件，其回收的残值属于货币资金或作价折为原材料记账的，应借记"库存现金"、"银行存款"、"原材料"科目，贷记"在建工程"科目；工程完工交付使用，再借记"固定资产"科目，贷记"在建工程"科目。

【例8-12】珠江公司决定改造原有第一生产车间，该车间厂房建筑面积810平方米，原价810 000元，预计净残值率2%、使用50年，已用20年，现开始自营施工，该车间厂房采用年限平均法计提折旧，未计提减值准备。施工开始后，先后用银行存款支付60吨钢材款180 000元，200吨水泥款60 000元，红砖320 000块价款80 000元，材料运费40 000元，工地水电费40 000元，购清砂500立方米价款50 000元，石灰25吨价款20 000元，人工费用130 000元，总计付款600 000元。施工中拆除原有车间厂房一角10平方米面积，拆下废料卖给废品站，收到现金480元。工程完工，交付使用新增面积400平方米，预计增加使用寿命10年，即该车间厂房预计使用40年，预计净残值率2%。

本例中，厂房更新改造后，交付使用新增面积400m，预计增加使用寿命10年，能够为企业带来更多的经济利益，且更新改造的支出也能可靠计量，符合资本化确认条件。其账务处理如下：

（1）将一车间原固定资产原值及累计折旧注销，其净值转入在建工程。

原值 = 810 000（元）

已提折旧 = [810 000 - (810 000 × 2%)] ÷ 50 × 20 = 317 520（元）

净值 = 810 000 - 317 520 = 492 480（元）

借：在建工程——1车间	492 480
累计折旧	317 520
贷：固定资产	810 000

(2) 累计支付工程施工款 600 000 元。

借：在建工程——1 车间　　　　　　　　　　　　　　600 000
　　贷：银行存款　　　　　　　　　　　　　　　　　　　　600 000

(3) 处置废料收到现金 480 元。

借：库存现金　　　　　　　　　　　　　　　　　　　　480
　　贷：在建工程——1 车间　　　　　　　　　　　　　　　　480

(4) 工程完工，车间投入使用，全部工程成本 1 092 000 元（492 480 + 600 000 - 480）计入固定资产原值。

借：固定资产　　　　　　　　　　　　　　　　　　1 092 000
　　贷：在建工程——1 车间　　　　　　　　　　　　　　1 092 000

(5) 改建后每年应计提的折旧：

年折旧额 = 1 092 000 × (1 - 2%) ÷ 40 = 26 754（元）

月折旧额 = 26 754 ÷ 12 = 2 229.5（元）

企业发生的一些固定资产后续支出可能涉及替换原固定资产的某组成部分。在这种情况下，当发生的后续支出符合固定资产确认条件时，应将其计入固定资产成本，同时将被替换部分的账面价值扣除，以避免将替换部分的成本和被替换部分的成本同时计入固定资产成本，导致固定资产成本重复计算。

二、固定资产的修理

为保证固定资产正常使用，充分发挥其使用性能，企业应做好固定资产的维护和修理工作。固定资产修理分日常维修和大修理两种情况。

日常维修包括对固定资产的维护、保养及零件或部件的修理或更换，其修理范围小，维修成本较低。固定资产的日常维护支出通常不满足固定资产的确认条件，应在发生时直接计入当期损益。企业生产车间和行政管理部门等发生的固定资产修理费用等后续支出计入管理费用；企业专设销售机构的，其发生的与专设销售机构相关的固定资产修理费用等后续支出，计入销售费用。固定资产更新改造支出不满足固定资产确认条件的，也应在发生时直接计入当期损益。

固定资产大修理，涉及的维修内容多、范围大，用支出大，间隔时间长。企业对固定资产进行定期检查发生的大修理费用，符合资本化条件的，可以计入固定资产成本，不符合资本化条件的，计入当期损益。固定资产在定期大修理期间，照提折旧。

【例 8 - 13】 珠江公司对生产用一台设备进行日常修理，共支付修理费用 30 000 元，同时对管理部门用车辆进行日常修理，其修理费用 5 000 元，均以银行存款支付。

借：管理费用　　　　　　　　　　　　　　　　　　35 000
　　贷：银行存款　　　　　　　　　　　　　　　　　　　35 000

第五节 固定资产的期末计价

依据企业会计准则规定，每年年末在编制资产负债表时，企业都应对固定资产账面价值进行检查，以判断其是否发生减值。

一、固定资产减值的判断标准

（1）固定资产市价当期大幅下跌，跌幅明显高于因时间的推移或正常使用而预计的下跌。

（2）企业经营所处的经济、技术或法律等环境以及固定资产所处的市场在当期或近期发生重大变化，从而对企业产生不利影响。

（3）市场利率或其他市场投资报酬率在当期已经提高，从而影响企业计算资产预计未来现金流量现值的折现率，导致固定资产可收回金额大幅度降低。

（4）有证据表明固定资产已经陈旧过时或者其实体已经损坏。

（5）固定资产已经或者将被闲置、终止使用或者计划提前处置。

（6）企业内部报告证据表明固定资产的经济绩效已低于或将低于预期，如固定资产所创造的净现金流量或者实现的营业利润（或亏损）远低于（或高于）预计金额等。

（7）其他表明固定资产可能已经发生减值的迹象。

二、固定资产可收回金额的计量

固定资产存在减值迹象的，应当估计其可收回金额。固定资产可收回金额，应当根据固定资产的公允价值减去处置费用后的净额与固定资产预计未来现金流量的现值两者之间较高者确定。固定资产的公允价值，应根据公平交易中销售协议价格确定。不存在销售协议，但存在固定资产活跃市场的，应按市场价格确定。固定资产的市场价格通常应根据资产的买方出价确定。在不存在销售协议，也不存在固定资产活跃市场的情况下，应以获取的最佳信息为基础，估计固定资产的公允价值减去处置费用后的净额。该净额可参考同行业类似资产的最近交易价格或者结果进行估计。按上述规定仍无法可靠估计固定资产公允价值减去处置费用后的净额的，应以该固定资产预计未来现金流量的现值作为其可收回金额。资产公允价值减去处置费用后的净额与预计未来现金流量的现值，只要有一项超过了资产的账面价值，就表明资产没有发生减值，不需要再估计另一项金额。

三、固定资产减值损失的确定

（1）固定资产可收回金额低于账面价值的，应将账面价值减记至可收回金额，减记的金额确定为资产减值损失，计入当期损益，同时计提相应的固定资产减值准备。

（2）固定资产减值损失确认后，减值资产的折旧或摊销费应在未来期间作相应的调整，使该资产在剩余使用寿命内，系统地分摊调整后的资产账面价值（扣除预计净残值）。

(3) 固定资产减值损失一经确认，在以后会计期间不得转回。

四、固定资产减值的核算

对固定资产减值的核算应设置"资产减值损失"、"固定资产减值准备"科目。

1. "资产减值损失"科目

"资产减值损失"科目属于损益类科目，用以核算企业计提各项资产减值准备所形成的损失，可按资产减值损失的项目进行明细核算。企业资产发生减值时，按应减记的金额，借记本科目，贷记"固定资产减值准备"科目；期末，应将本科目余额转入"本年利润"科目 结转后无余额。

2. "固定资产减值准备"科目

"固定资产减值准备"科目为"固定资产"的备抵科目，用于核算固定资产的减值准备。固定资产发生减值时，借记"资产减值损失"科目，贷记本科目。处置固定资产还应同时结转减值准备。该科目贷方余额反映企业已计提但尚未转销的固定资产减值准备。

【例8-14】珠江公司于201×年1月31日购进设备1台，原值500 000元，预计净残值20 000元，预计使用年限为5年，采用年限平均法计提折旧。第二年年末，该设备发生减值，公允价值减处置费用后的金额为270 000元，未来现金流量的现值为280 000元；计提减值准备后，该设备预计使用年限为3年，预计净残值为11 800元。

(1) 计算该设备201×年1月31日至第二年年末的累计折旧：

月折旧额 = (500 000 - 20 000) ÷ (12 × 5) = 8 000（元）

已计提累计折旧 = 8 000 × (11 + 12) = 184 000（元）

(2) 该设备第二年年末的净值 = 500 000 - 184 000 = 316 000（元）。

(3) 计提减值准备。

本例中，固定资产的可收回金额按公允价值处置费用后的金额与未来现金流量的现值中较高者计算，即为280 000元。

计提减值准备 = 316 000 - 280 000 = 36 000（元）

编制如下会计分录：

借：资产减值损失　　　　　　　　　　　　　　　　　36 000
　　贷：固定资产减值准备　　　　　　　　　　　　　　36 000

从第三年1月份起月折旧额：

月折旧额 = (500 000 - 184 000 - 36 000 - 11 800) ÷ (12 × 3) = 7 450（元）

第六节　固定资产清理

固定资产清理是指对出售或报废的固定资产进行处置。固定资产处置一般通过"固定资产清理"科目进行核算。

一、固定资产清理核算的科目设置

固定资产清理核算应设置"固定资产清理"科目,借方登记转入清理的固定资产账面价值、清理费用及销售不动产的税金;贷方登记清理中的各项收入。清理结束时,该科目借、贷两方发生额相抵,其差额如果在贷方,为清理发生的净收益,应转出列为营业外收入;如差额在借方,则为清理净损失,应转作营业外支出。经结转,该科目无余额。

二、固定资产出售的核算

1. 固定资产账面价值的计算

固定资产出售,应先计算其账面价值。固定资产账面价值为固定资产原值减去累计折旧,再减固定资产减值准备后的净值。

2. 固定资产出售核算的账务处理程序

(1) 将固定资产转入清理。根据企业关于固定资产出售的规定,按固定资产账面价值,借记"固定资产清理"科目,按累计折旧额,借记"累计折旧"科目,按已提固定资产减值准备金额,借记"固定资产减值准备"科目;按固定资产原价,贷记"固定资产"科目。

(2) 核算固定资产出售的收入、费用。如发生固定资产清理费用,借记"固定资产清理"科目,贷记"银行存款"或"库存现金"等科目。收到出售固定资产的价款,借记"银行存款"科目,贷记"固定资产清理"。

企业如销售不动产(房屋、建筑物),还应按收入比例计算应交营业税、城市维护建设税、教育费附加等,借记"固定资产清理"科目,贷记"应交税费"科目。

(3) 结转固定资产出售的净损益。企业出售固定资产后,应分别计算固定资产清理科目的"借"、"贷"两方的本期发生额,其借方发生额大于贷方发生额的差额,为清理净损失,应列入"营业外支出";其贷方发生额大于借方发生额的差额,为清理净收益,应转为"营业外收入"。经上述处理后"固定资产清理"科目无余额。

【例8-15】珠江公司决定出售设备1台,原值82 000元,已提折旧65 600元,已提固定资产减值准备1 000元,清理过程中支付现金212元,取得出售收入14 000元,存入银行。假设不考虑其他相关税费。

其账务处理如下:

(1) 将固定资产转入清理。

借:固定资产清理　　　　　　(82 000 - 65 600 - 1 000) 15 400
　　累计折旧　　　　　　　　　　　　　　　　　　 65 600
　　固定资产减值准备　　　　　　　　　　　　　　　 1 000
　　贷:固定资产　　　　　　　　　　　　　　　　　 82 000

(2) 支付清理费用,收到出售收入。

借:固定资产清理　　　　　　　　　　　　　　　　　　 212
　　贷:库存现金　　　　　　　　　　　　　　　　　　　 212

借：银行存款 14 000
　　贷：固定资产清理 14 000

（3）结转清理损益（15 400 - 14 000 + 212）= 1 612（元）。

借：营业外支出——固定资产清理净损失 1 612
　　贷：固定资产清理 1 612

【例8-16】珠江公司出售旧仓库1座，原价800 000元，已提折旧620 000元，发生清理费用用转账支票付款2 200元，取得固定资产变价收入600 000元存入银行，营业税率5%。其账务处理如下：

（1）将固定资产转入清理。

借：固定资产清理　　　　　（800 000 - 620 000）180 000
　　累计折旧 620 000
　　贷：固定资产 800 000

（2）支付清理费用，收到出售收入，计算应交营业税。

借：固定资产清理 2 200
　　贷：银行存款 2 200
借：银行存款 600 000
　　贷：固定资产清理 600 000

计算营业税 = 600 000 × 5% = 30 000（元）

借：固定资产清理 30 000
　　贷：应交税费——应交营业税 30 000

（3）结转清理损益 = 600 000 - 180 000 - 2 200 - 30 000 = 387 800（元）。

借：固定资产清理 387 800
　　贷：营业外收入 387 800

三、固定资产报废的核算

正常报废的固定资产与出售固定资产的核算账务处理相同。为简化核算，提前报废的固定资产不予补提折旧。因自然灾害造成的固定资产损毁而取得的保险公司赔偿，因责任事故应由责任人负担的赔款应计入清理收入，确认时，借记"其他应收款"等科目，贷记"固定资产清理"科目。

【例8-17】珠江公司1台设备决定报废，该设备原价100 000元，已提折旧96 000元，预计使用年限5年，现已经使用7年。报废时，用现金支付拆除费用和运输费用2 000元，残料卖给废品收购站，取得现金收入1 800元。假设不考虑其他相关税费，其账务处理如下：

（1）固定资产转入清理。

借：固定资产清理 4 000
　　累计折旧 96 000
　　贷：固定资产 100 000

(2) 支付清理费用、收残料款。

借：固定资产清理　　　　　　　　　　　　　　　　　　　2 000
　　贷：库存现金　　　　　　　　　　　　　　　　　　　　　　2 000
借：库存现金　　　　　　　　　　　　　　　　　　　　　1 800
　　贷：固定资产清理　　　　　　　　　　　　　　　　　　　　1 800

(3) 结转清理损益 = 4 000 + 2 000 − 1 800 = 4 200（元）。

借：营业外支出——清理固定资产净损失　　　　　　　　　4 200
　　贷：固定资产清理　　　　　　　　　　　　　　　　　　　　4 200

四、其他方式减少的固定资产

其他方式减少的固定资产，如以固定资产清偿债务、投资转出固定资产、以非货币性资产交换换出固定资产等，分别按照债务重组、非货币性资产交换等的处理原则进行核算。

第七节　固定资产的盘盈与盘亏

一、固定资产清查核算科目设置及账务处理程序

1. 科目设置

企业应开设"待处理财产损溢"总账科目，下设"待处理固定资产损溢"二级科目，用以核算固定资产的盘盈盘亏。借方登记盘亏、毁损数及盘盈转出数，贷方登记盘盈数及盘亏转出数，期末结转后无余额。

2. 记账程序

(1) 盘亏的固定资产在审批之前，不能计算损益，应作为"待处理财产损溢"，调整账面价值，使账实相符。经有关部门审批后，再结转"待处理财产损溢"，计算其盈亏损益。

(2) 固定资产盘盈应作为前期差错进行会计处理，在审批之前，应作为"以前年度损益调整"，调整账面价值使账实相符，经有关部门审批后，再结转入"利润分配——未分配利润"中。

二、固定资产盘盈核算

盘盈的固定资产经确认属于企业所有的，经相关部门评估、确定重置价值，建立固定资产卡片，借记"固定资产"科目，贷记"以前年度损益调整"科目。企业盘盈的固定资产，一般出自于企业内部管理不善，生产部门自行建造后未经会计核算便投入使用，属于会计差错。因此，经相关部门审批后，按重置价值借记"固定资产"科目，贷记"以前年度损益调整"科目。

【例8-18】珠江公司盘盈砂轮机一台，经确认重置价值为1 000元，已经有关部门批准，进行账务处理。

(1) 盘盈时，依据"固定资产盘盈盘亏报告表"，编制会计分录：
借：固定资产　　　　　　　　　　　　　　　　　　　　　　1 000
　　贷：以前年度损益调整　　　　　　　　　　　　　　　　　　　1 000
(2) 批准后，编制会计分录：
借：以前年度损益调整　　　　　　　　　　　　　　　　　　　1 000
　　贷：利润分配——未分配利润　　　　　　　　　　　　　　　1 000

三、固定资产盘亏核算

企业盘亏的固定资产，依据"固定资产盘盈盘亏报告表"，按账面价值，借记"待处理财产损溢"科目，按已提折旧借记"累计折旧"科目；按原值，贷记"固定资产"科目。经有关部门审批后，按可收回的保险赔偿或者过失人赔偿，借记"其他应收款"科目；按应计入营业外支出的金额，借记"营业外支出"科目，贷记"待处理财产损溢"科目。

【例 8-19】 珠江公司盘亏设备 1 台，原值 32 000 元，已提折旧 28 000 元，经批准，转作营业外支出。其账务处理如下（不考虑增值税）：

(1) 盘亏时，依据"固定资产盘盈盘亏报告表"，编制会计分录：
借：待处理财产损溢——待处理固定资产损溢　　　　　　　　4 000
　　累计折旧　　　　　　　　　　　　　　　　　　　　　　28 000
　　贷：固定资产　　　　　　　　　　　　　　　　　　　　　　32 000
(2) 经批准后，转作营业外支出，编制会计分录：
借：营业外支出　　　　　　　　　　　　　　　　　　　　　4 000
　　贷：待处理财产损溢　　　　　　　　　　　　　　　　　　　4 000

【例 8-20】 珠江公司盘亏设备 1 台，原值 32 000 元，已提折旧 28 000 元，经查，该设备丢失原因在于保管责任不到位，经批准，由保管员负责赔偿 2 000 元。其账务处理如下（不考虑增值税）：

(1) 盘亏时，依据"固定资产盘盈盘亏报告表"，编制会计分录：
借：待处理财产损溢——待处理固定资产损溢　　　　　　　　4 000
　　累计折旧　　　　　　　　　　　　　　　　　　　　　　28 000
　　贷：固定资产　　　　　　　　　　　　　　　　　　　　　　32 000
(2) 经批准后，编制会计分录：
借：营业外支出——盘亏损失　　　　　　　　　　　　　　　2 000
　　其他应收款　　　　　　　　　　　　　　　　　　　　　2 000
　　贷：待处理财产损溢——待处理固定资产损溢　　　　　　　　4 000

第九章 无形资产、商誉和长期待摊费用

第一节 无形资产

一、无形资产的概念及特征

（一）无形资产的定义

无形资产是指企业拥有的或者控制的没有实物形态的可辨认非货币性资产，这是我国《企业会计准则第6号——无形资产》对无形资产所下的定义。《国际会计准则第38号——无形资产》的表述是，无形资产是指为用于商品或劳务的生产或供应、出租给其他单位，或者为管理目的而持有的、没有实物形态的、可辨认的非货币性资产。

上述两个定义的共同点是：两者都强调无形资产没有实物形态和可辨认性的特点。无形资产没有实物形态是它与其他有形资产相区别的一个显著特征，同时无形资产必须是可辨认的。判断无形资产是否具有可辨认性，有两个标准：一个标准是无形资产能够从企业中分离或者划分出来，并能单独或者与相关合同、资产或负债一起用于出售、转移、授予许可、租赁或交换；另一个标准是无形资产源自合同法权利或其他法定权利，不论这些权利是否可以从企业或其他权利和义务中转移或分离。

两个定义的不同点是：国际会计准则强调了企业持有该项资产的目的，即无形资产是企业用于商品或劳务的生产或供应、出租给其他单位，或为管理目的而持有该项资产；我国的会计准则却没有进行详细的表述。

根据我国会计准则关于无形资产定义的要求，无形资产具体包括专利权、商标权、非专利技术、著作权、土地使用权和特许权等。过去包括在无形资产中的商誉由于存在无法与企业自身相分离而不具有可辨认性，因此不构成无形资产的组成部分。国际会计准则关于无形资产包括的内容要广泛得多。它规定企业在科学或技术知识、新工艺或系统的设计和完成、许可证、知识产权、市场经济和商标（包括商标名称和报刊名）等无形资源的获得、开发、保护和提高方面所涉及的一些项目，如计算机软件、版权、电影片、客户名单、进口配额、客户的信赖、市场份额和销售权，凡是符合无形资产定义的要求，即满足可辨认性、可控制及可带来未来经济利益的应确认为无形资产，对于不具备这些条件的项目，其所消耗的资源或承担的负债应在其发生时确认为当期费用。如果该项目是在企业购置合并中获得的，应作为商誉。商誉具有不可辨认的特点，因此国际会计准则也将商誉排除在无形资产之外。这一点与我国企业会计准则的

规定是相同的。

(二) 无形资产的特征

无形资产的特征主要表现在以下方面：

1. 由企业拥有或者控制并能为其带来未来经济利益的资源

预计能为企业带来未来经济利益，是作为一项资产的本质特征，无形资产也不例外。通常情况下，企业拥有或者控制的无形资产应当拥有其所有权并且能够为企业带来未来经济利益。但在某些情况下并不需要企业拥有其所有权，如果企业有权获得某项无形资产产生的经济利益，同时又能约束其他人获得这些经济利益，则说明企业控制了该无形资产，或者说控制了该无形资产产生的经济利益，具体表现为企业拥有该无形资产的法定所有权，或者使用权并受法律的保护。比如，企业自行研制的技术通过申请依法取得专利权后，在一定期限内拥有了该专利技术的法定所有权；又比如企业与其他企业签订合约转让商标权，由于合约的签订，使商标使用权转让方的相关权利受到法律的保护。

2. 没有实物形态

无形资产所代表的是企业拥有的某些特殊权利或优势，虽然没有实物形态，但却能使企业获得高于一般盈利水平的额外经济利益，具有极大的潜在价值。看不见、摸不着，不具有实物形态，是无形资产区别于其他资产的特征之一。

3. 无形资产属于非货币性长期资产

属于非货币性资产，而且不是流动资产，是无形资产的又一特征。无形资产没有实物形态，货币性资产也没有实物形态，比如应收款项、银行存款等也没有实物形态。因此，仅仅以有无实物形态将无形资产与其他资产加以区分是不够的。无形资产属于长期资产，主要是因为其能在超过企业的一个经营周期内为企业创造经济利益。那些虽然具有无形资产的其他特性却不能在超过一个经营周期内为企业服务的资产，不能作为企业的无形资产核算。

4. 具有可辨认性

要作为无形资产进行核算，该资产必须是能够区别于其他资产可单独辨认的，如企业持有的专利权、非专利技术、商标权、土地使用权、特许权等。从可辨认性角度考虑，商誉是与企业整体价值联系在一起的，无形资产的定义要求无形资产是可辨认的，以便与商誉清楚地区分开来。由于不具有可辨认性，虽然商誉也是没有实物形态的非货币性资产，但不构成无形资产。

二、无形资产的内容

无形资产具体的内容有专利权、非专利技术、商标权、著作权、土地使用权和特许权等。

1. 专利权

专利权指权利人在法定的期限内对某一项发明创造所拥有的独占权和专有权，包括发明专利权、实用新型专利权和外观设计专利权。会计上，只有那些能够给企业带来较大经济价值的，并且企业为此作了支出的专利权才能作为无形资产进行核算。

2. 非专利技术

非专利技术也称专有技术，指发明人垄断的、不公开的、未申请专利的，具有实用价值的先进技术、资料、技能、知识等。非专利技术具有经济性、机密性和动态性等特点。非专利技术一般包括工业专有技术、商业贸易专有技术、管理专有技术等。在会计上，从外部购入的，应按实际发生的一切开支，予以本金化，作为无形资产入账。

3. 商标权

商标权指企业拥有的在某类指定的商品上使用特定名称或图案的权利。商标经过注册登记，成为注册商标，受法律保护。《中华人民共和国商标法》规定，商标权的有效期为10年，期满前可以继续申请延长注册期。会计上，购买他人的商标，一次性支出费用较大的，可以将其本金化，作为无形资产入账核算。

4. 著作权

著作权也称版权，指著作权人对其著作依法享有的在一定年限内的发行、出版等方面的专有权。它包括发表权、署名权、修改权、保护作品完整权、使用权和获取报酬权。著作权受法律保护，未经著作权所有者许可或转让，他人不得占有和行使著作权。

5. 土地使用权

土地使用权指经国家土地管理机关批准享有的在一定期间内对国有土地开发、利用、经营的权利。在我国，土地归国家所有，任何单位和个人只拥有土地使用权，没有土地所有权。会计上，只有花了较大的代价取得的土地使用权，将取得时所发生的一切支出作为土地使用权的成本，才能作为无形资产进行核算。但是，作为投资性房地产或者作为固定资产核算的土地，按照投资性房地产或者作为固定资产核算。

6. 特许权

特许权又称专营权，指企业在某一地区经营或销售某种特定商品的权利。特许权可以是由政府机构授予的，如水、电、邮政、通讯等专营权，烟草专卖权等；也可以是某单位或个人授予的，如企业间依照签订的合同，有期限或无期限使用另一家企业的某些权利，如连锁分店使用总店的名称等。会计上，只有花费了代价取得的特许权才能作为无形资产进行核算。

三、无形资产的分类

无形资产对企业来说具有重要意义，特别是在知识经济的条件下，其作用就更加突出，因此企业必须加强对无形资产的管理和核算。从不同的角度，采取科学的方法对无形资产进行合理的分类，是搞好无形资产管理和核算的一项重要基础工作。根据无形资产的特点，一般可以对无形资产进行如下分类。

（一）按取得方式分类

无形资产按取得方式，可以分为外部取得无形资产和内部自创无形资产。

1. 外部取得无形资产

外部取得无形资产可以细分为外购、通过非货币性资产交换换入、债务重组取得、接受捐赠取得、政府补助、企业合并取得等多种方式。

2. 内部自创无形资产

内部自创无形资产指企业自行研究与开发取得的无形资产。

这种分类的目的主要是为了使无形资产的初始计量更加准确和合理。因为不同方式取得的无形资产，其初始成本的确定方法以及所包括的经济内容是不同的。

（二）按经济寿命期限分类

无形资产按是否具备确定的经济寿命期限，可分为期限确定的无形资产和期限不确定的无形资产。

1. 期限确定的无形资产

期限确定的无形资产指在有关法律中规定有最长有效期限的无形资产，如专利权、商标权、著作权、土地使用权和特许权等。这些无形资产在法律规定的有效期内受法律保护；有效期满，如果企业未继续办理手续，将不再受法律保护。

2. 期限不确定的无形资产

期限不确定的无形资产指没有相应法律规定其有效期限，其经济寿命难以预先准确估计的无形资产，如非专利技术。

这种分类的目的主要是为了正确地将无形资产的应摊销金额在无形资产的经济寿命内系统而合理地进行摊销。因为会计准则规定，使用寿命有限的无形资产才存在价值的摊销问题，而经济寿命不能确定的无形资产，其价值是不能进行摊销的。

四、无形资产的确认

由于无形资产没有实物形态，只是一种虚拟资产，因而其确认要比有形资产困难得多。作为无形资产，只有同时满足下列三个条件，才能将其确认为无形资产。

1. 符合无形资产的定义

这是指无形资产既需要满足资产一般属性要求（即由企业拥有或控制），同时也要满足无形资产没有实物形态及可辨认性的特殊要求。

2. 与该无形资产有关的预计未来经济利益很可能流入企业

这是指企业能够控制无形资产所产生的经济利益。比如，企业拥有无形资产的法定所有权，或企业与他人签订了协议，使得企业的相关权利受到法律的保护，这样可以保证无形资产的预计未来经济利益能够流入企业。在判断无形资产产生的经济利益是否可能流入企业时，企业管理部门应对无形资产在预计使用年限内存在的各种因素作出稳健的估计。这一点符合国际惯例，与国际会计准则的规定是相同的。

3. 无形资产的成本能够可靠地计量

这个条件实际上是对无形资产的入账价值而言的。无形资产的入账价值需要根据其取得的成本确定，如果成本无法可靠计量的话，那么无形资产的计价入账也就无从谈起。这一点也同样符合国际惯例。

企业购入的无形资产，通过非货币性资产交换取得的无形资产、投资者投入的无形资产、通过债务重组取得的无形资产，以及自行开发并依法申请取得的无形资产，如果同时满足上述第二和第三个条件的要求，都应确认为企业的无形资产。企业自创的商誉以及内部产生的品牌、报刊名等，因为其发生的成本无法明确区分而不确认为企业的无形资产。

五、无形资产的初始计量

无形资产的初始计量是指初始取得无形资产时入账价值的确定。按无形资产取得方式的不同，其入账价值的确定方法也不同。为了核算企业无形资产的取得和摊销情况，应设置"无形资产"科目。该科目属于资产类科目，其借方登记企业购入、接受投资、接受捐赠、自行研究开发等各种无形资产的价值，贷方登记企业向外单位投资转出、出售无形资产，期末余额在借方，反映企业已入账但尚未摊销的无形资产价值。

（一）无形资产的取得

1. 外面购入的无形资产

企业购入的无形资产，按其实际支付的合计数作为入账价值。其成本包括购买价款、相关税费以及直接归属于使该项资产达到预定用途所发生的其他支出，如律师费、咨询费、公证费、鉴定费、注册登记费等支出。下列各项不包括在无形资产的初始成本中：

（1）为引入新产品进行宣传发生的广告费、管理费用及其他间接费用；

（2）无形资产已经达到预定用途以后发生的费用。例如，在形成预定经济规模之前发生的初始运作损失，以及在无形资产达到预定用途之前发生的其他经营活动的支出，如果该经营活动并非是无形资产达到预定用途必不可少的，则有关经营活动的损益应于发生时计入当期损益，而不构成无形资产的成本。

购买无形资产的价款超过正常信用条件延期支付的，实质上具有融资性质，无形资产的成本以购买价款的现值为基础确定。现值与应付价款之间的差额作为未确认融资费用，在付款期间内按照实际利率法进行摊销，摊销金额除满足借款费用资本化条件应当计入无形资产成本外，均应当在信用期间内确认为财务费用，计入当期损益。

【例9-1】珠江公司从外单位购入一项专利权，支付买价300 000元，同时支付有关手续费15 000元。

企业应根据购入无形资产的实际成本，借记"无形资产"科目，贷记"银行存款"科目。编制会计分录如下：

借：无形资产——专利权　　　　　　　　　　　　　315 000
　贷：银行存款　　　　　　　　　　　　　　　　　　　　315 000

2. 接受投资的无形资产

接受投资的无形资产的成本应当按照投资合同或协议约定的价值作为入账价值，合同或协议约定价值不公允的，应按照无形资产的公允价值作为无形资产的初始成本入账。借记"无形资产"科目，贷记"实收资本"（或股本）科目。

【例9-2】珠江公司接受A公司的一项非专利技术投资，投资双方确认的价值为50 000元。根据以上资料，编制会计分录如下：

借：无形资产——非专利技术　　　　　　　　　　　50 000
　贷：实收资本（或股本）　　　　　　　　　　　　　　　50 000

3. 接受捐赠的无形资产

企业接受捐赠的无形资产,应按下列情况分别计价作为入账价值。

(1) 如果捐赠者提供了有关凭据,应按凭据上标明的金额加上应支付的相关税费计价。

(2) 如果捐赠者没有提供有关凭据,则按下列顺序计价:

①同类或类似无形资产存在活跃市场的,应参照同类或类似无形资产的市场价格估计金额,加上应支付的相关税额计价。

②同类或类似无形资产不存在活跃市场的,应按其预计未来现金流量的现值计价。

企业接受无形资产捐赠时,应根据确定的价款,借记"无形资产"科目,贷记"营业外收入"科目。

【例9-3】珠江公司接受一项专利技术捐赠,捐赠方提供的有关凭据表明该项专利技术的价值为300 000元。根据以上资料,编制会计分录如下:

借:无形资产——专利技术　　　　　　　　　　　　300 000
　　贷:营业外收入　　　　　　　　　　　　　　　　300 000

4. 通过非货币性资产交换和债务重组等方式取得无形资产的成本

非货币性资产交换、债务重组等方式取得的无形资产的成本,应当按照非货币性资产交换、债务重组等相关规定进行处理。

5. 土地使用权的处理

企业取得的土地使用权通常应当按照取得时所支付的价款及相关税费确认为无形资产。但属于投资性房地产的土地使用权,应当按照投资性房地产进行会计处理。

土地使用权用于自行开发建造厂房等地上建筑物时,土地使用权的账面价值不与地上建筑物合并计算其成本,而仍作为无形资产进行核算,土地使用权与地上建筑物分别进行摊销和计提折旧。但下列情况除外:

(1) 房地产开发企业取得的土地使用权用于建造对外出售的房屋建筑物,相关的土地使用权应当计入所建造的房屋建筑物成本。

(2) 企业外购房屋建筑物所支付的价款中包括土地使用权和建筑物的价值的,应当对实际支付的价款按照合理的方法(例如,公允价值相对比例)在土地使用权与地上建筑物之间进行分配;如果确实无法在土地使用权与地上建筑物之间进行合理分配的,应当全部作为固定资产,按照固定资产确认和计量的原则进行会计处理。

企业改变土地使用权的用途,停止自用土地使用权而用于赚取租金或资本增值时,应将其转为投资性房地产。

6. 自行研究开发的无形资产

《企业会计准则第6号——无形资产》第七条指出,企业内部研究开发项目的支出,应当区分研究阶段支出与开发阶段支出。

研究阶段是指为获取新的科学或技术知识而进行的独创性有计划调查。

开发阶段是指在进行商业性生产或使用前,将研究成果或其他知识应用于某项计划或设计,以生产出新的或具有实质性改进的材料、装置、产品等。

研究阶段的特点在于为进一步的开发活动进行资料收集及相关的准备,其属于探索性的活动,将来是否能够转入开发、开发后是否会形成无形资产等具有较大的不确定性，在这一阶段一般不会形成阶段性成果。因此，研究阶段发生的支出应予以费用化。为了正确计算企业的利润以及合理地对无形资产进行确认，应设置"研发支出"科目，以反映企业内部在研发过程中发生的支出。"研发支出"科目应当按照研发项目，分为"费用化支出"、"资本化支出"进行明细核算。企业应根据自行研究开发项目核算在研究阶段发生的支出，借记"研发支出——费用化支出"科目，贷记有关科目；期末应根据发生的全部研究支出，借记"管理费用"科目，贷记"研发支出——费用化支出"科目。

企业自行研究开发项目在开发阶段发生的支出，同时满足下列五个条件的，才能确认为无形资产的价值组成部分，即进行资本化：

（1）完成该无形资产以使其能够使用或出售在技术上具有可行性；

（2）完成该无形资产有使用或出售的意图；

（3）无形资产产生经济利益的方式，包括能够证明运用该无形资产生产的产品存在市场或无形资产自身存在市场，无形资产将在内部使用的，应当证明其有用性；

（4）有足够的技术、财务资源和其他资源支持，以完成该无形资产的开发，并有能力使用或出售该无形资产；

（5）归属于该无形资产开发阶段的支出能够可靠地计量。

无法区分研究阶段和开发阶段的支出，应当在发生时费用化，计入当期损益（管理费用）。

企业开发阶段发生的支出应予以资本化的，借记"研发支出——资本化支出"科目，贷记有关科目；在确认无形资产时，借记"无形资产"科目，贷记"研发支出——资本化支出"科目。

【例9-4】珠江公司201×年自行开发一项专利技术并获得成功，在开发阶段实际发生的相关支出如下：各种材料支出 1 000 000 元，人工支出 900 000 元，咨询费、律师费、注册登记费等 100 000 元。

若开发阶段发生的相关支出同时满足资本化的五个条件，应确认为无形资产的价值组成部分，即进行资本化处理。

根据以上资料，编制会计分录如下：

（1）发生各项支出：

借：研发支出——资本化支出　　　　　　　　　　　　　　　2 000 000
　　贷：原材料　　　　　　　　　　　　　　　　　　　　　　1 000 000
　　　　应付职工薪酬　　　　　　　　　　　　　　　　　　　　900 000
　　　　银行存款　　　　　　　　　　　　　　　　　　　　　　100 000

（2）登记注册后：

借：无形资产——专利技术　　　　　　　　　　　　　　　　2 000 000
　　贷：研发支出——资本化支出　　　　　　　　　　　　　　2 000 000

若开发阶段发生的相关支出不能够同时符合资本化的五个条件，或无法区分研究阶段支出和开发阶段支出，应当将其所发生的研究开发支出全部进行费用化处理。

六、无形资产的摊销

无形资产属于企业的长期资产，能在较长时间里给企业带来经济效益。但无形资产所包含的权利和特权总会终结或消失，因此，企业应将入账的无形资产在一定的年限内摊销。无形资产摊销是无形资产价值补偿的一种方式。无形资产摊销主要涉及四个方面的问题，即使用寿命的确定、摊销期和摊销方法的选择、摊销金额、摊销金额的列支去向。

（一）无形资产使用寿命的确定

无形资产代表的未来经济利益要受诸多因素的影响，具有高度的不确定性，所以，企业应在对无形资产进行摊销时对其使用寿命作出合理的估计。我国会计准则规定，企业应当在取得无形资产时就进行分析和判断，在这一过程中通常考虑以下七个方面的因素：

（1）该资产通常的产品寿命周期，可获得的类似资产使用寿命的信息；

（2）技术、工艺等方面的现阶段状况及对未来发展趋势的估计；

（3）以该资产生产的产品（服务）的市场需求状况；

（4）现在或潜在的竞争者预期采取的行动；

（5）为维持该资产产生未来经济利益能力的预期维护支出，以及企业预计支付有关支出的能力；

（6）对该资产的控制期限，使用的法律或类似限制，如特许使用期间、租赁期间等；

（7）与企业持有的其他资产使用寿命的关联性等。

具体说，无形资产使用寿命可按如下原则进行确定：由于企业持有的无形资产通常来源于合同性权利或是其他法定权利，这些无形资产的使用寿命一般在合同里或法律上都有明确的规定。按照我国会计准则规定，对于来源于合同性权利或是其他法定权利的无形资产，其使用寿命不应超过合同性权利或是其他法定权利的期限；如果合同性权利或是其他法定权利能够在到期时因续约等延续，且有证据表明企业续约不需要支付大额成本，续约期应当计入使用寿命。合同或法律没有规定使用寿命的，企业应当综合各方面情况判断，以确定无形资产能为企业带来未来经济利益的期限。比如，与同行业的情况进行比较、参考历史经验，或聘请相关专家进行论证等。如果按照上述方法仍无法合理确定无形资产为企业带来经济利益期限的，则该无形资产应作为使用寿命不确定的无形资产，不进行摊销。

企业至少应当于每年年度终了，对使用寿命有限的无形资产的使用寿命进行复核。如果有证据表明无形资产的使用寿命与以前估计不同的，应当改变其摊销期限，并按照会计估计变更进行处理。例如，企业使用的某项专利权，原预计使用寿命为10年，使用至第3年末时，该企业计划再使用2年即不再使用，为此，在第3年年末，企业应当变更该项无形资产的使用寿命，并作为会计估计变更进行处理。又如，某项无形资产计提了减值准备，这可能表明企业原估计的摊销期限需要作出变更。

企业应当在每个会计期间对使用寿命不确定的无形资产的使用寿命进行复核。如果有证据表明该无形资产的使用寿命是有限的,应当按照《企业会计准则第28号——会计政策、会计估计变更和差错更正》进行处理,并按照使用寿命有限的无形资产的处理原则进行会计处理。

(二)无形资产摊销期和摊销方法的选择

无形资产的摊销期自其可供使用时开始至终止确认时止,取得当月起在预计使用年限内系统合理摊销,处置无形资产的当月不再摊销。即当月增加的无形资产,当月开始摊销;当月减少的无形资产,当月不再摊销。

可供企业选择的无形资产摊销方法有多个,如直线法、递减余额法和生产总量法等。目前,国际上普遍采用的主要是直线法。企业选择什么样的摊销方法,主要取决于企业预期消耗该项无形资产所产生的未来经济利益的方式。如果企业由于各种原因难以可靠确定这种消耗方式时,则应当采用直线法对无形资产的应摊销金额进行系统合理的摊销。

持有待售的无形资产不进行摊销,按照账面价值与公允价值减去处理费用后的净额孰低进行计量。

(三)无形资产摊销金额的计算

无形资产每期的摊销额应按照无形资产的应摊销金额进行计算。无形资产的应摊销金额与无形资产的入账价值并不完全一致。无形资产摊销金额除了应考虑入账价值这一基本因素之外,还应考虑无形资产的残值和无形资产减值准备金额。无形资产的应摊销金额是指其成本扣除预计残值后的金额。已计提减值准备的无形资产,还应扣除已计提的无形资产减值准备累计金额。在一般情况下,使用寿命有限的无形资产,其残值应视为零。但是如果有第三方承诺在无形资产使用寿命结束时购买该无形资产的,或者可以根据活跃市场得到残值的信息,并且该活跃市场在无形资产使用寿命结束时很可能存在的情况下,则该无形资产应有残值。

无形资产的有残值意味着,在其经济寿命结束之前,企业预计将会处置该无形资产,并且从该处置中获得利益。估计无形资产的残值应以资产处置时的可收回金额为基础,此时的可收回金额是指在预计出售日,出售一项使用寿命已满且处于类似使用状况下,同类无形资产预计的处置价格(扣除相关税费)。残值确定以后,在持有无形资产的期间内,至少应于每年年末进行复核,预计其残值与原估计金额不同的,应按照会计估计变更进行处理。如果无形资产的残值重新估计以后高于其账面价值的,则无形资产不再摊销,直至残值降至低于账面价值时再恢复摊销。

(四)无形资产摊销金额的列支去向

我国过去并不区分无形资产的用途,其每期的摊销金额都计入管理费用,没有指明有其他的列支方向。现行会计准则借鉴了国际会计准则的做法,规定无形资产的摊销金额一般应确认为当期损益,计入管理费用。如果某项无形资产包含的经济利益是通过所生产的产品或其他资产实现的,无形资产的摊销金额可以计入产品或其他资产的成本中。

（五）无形资产摊销的核算科目及账务处理

企业摊销无形资产时，不是像过去那样直接冲减无形资产的账面价值，而是单独设置"累计摊销"科目，反映因摊销而减少的无形资产价值。它属于资产类科目，贷方登记企业按期（月）计提的无形资产的摊销，借方登记处置无形资产时结转的累计摊销，期末贷方余额，反映企业无形资产的累计摊销额；在"累计摊销"科目下，可按无形资产项目进行明细核算。企业按月计提无形资产摊销额时，借记"管理费用"、"制造费用"等科目，贷记"累计摊销"科目。

【例9-5】 续例9-1，该项专利权法律规定有效年限为40年，合同规定的有效年限为15年，采用直线法摊销，不预计净残值。

根据以上资料，编制会计分录如下：

年摊销额 = 315 000 ÷ 15 = 21 000（元）

月摊销额 = 21 000 ÷ 12 = 1 750（元）

借：管理费用——专利权摊销　　　　　　　　　　　　　　1 750
　　贷：累计摊销——专利权摊销　　　　　　　　　　　　　　1 750

如果珠江公司该项无形资产用于产品生产，则应当将其摊销金额计入相关产品的成本。编制会计分录如下：

借：制造费用——专利权摊销　　　　　　　　　　　　　　1 750
　　贷：累计摊销——专利权摊销　　　　　　　　　　　　　　1 750

七、无形资产的出租

无形资产的出租是指企业将所拥有的无形资产的使用权让渡给他人，企业仍然保留对无形资产的所有权。企业出租无形资产取得的收入，在满足收入确认条件的情况下作为"其他业务收入"处理，借记"银行存款"等科目，贷记"其他业务收入"科目。摊销出租无形资产的成本，应借记"其他业务成本"等科目，贷记"累计摊销"。

企业在出租无形资产的过程中，还可能发生相关的各种费用支出，如律师费、咨询费等，应由取得的收入来补偿，因此支付费用时，应借记"其他业务成本"科目，贷记"银行存款"科目。企业取得的无形资产出租收入，还应交纳营业税、城市维护建设税和教育费附加等，也应由取得的收入来补偿，因此，结转应交纳的相关税费时，应借记"营业税金及附加"科目，贷记"应交税费"科目。

【例9-6】 珠江公司出租其某商标使用权，按双方签订的出租合同，收取租金费30 000元，同时支付咨询费1 000元，计算应交纳营业税1 500元，城市维护建设税105元和教育费附加45元。珠江公司在出租期间内不再使用该商标权。

根据以上资料，编制会计分录如下：

（1）收取租金时：

借：银行存款　　　　　　　　　　　　　　　　　　　　30 000
　　贷：其他业务收入　　　　　　　　　　　　　　　　　　30 000

(2) 支付与租赁相关的各种税费时:

借: 其他业务成本 1 000
　　营业税金及附加 1 650
　　贷: 银行存款 1 000
　　　　应交税费——应交营业税 1 500
　　　　　　　——应交城市维护建设税 105
　　　　　　　——应交教育费附加 45

企业出租无形资产以后,无形资产的价值应进行摊销。可分别按不同情况选用如下方法进行处理:

(1) 全部计入其他业务成本,由取得的收入来补偿。这适合于已出租的、企业不再使用的无形资产。该项无形资产的摊销价值应全部计入其他业务成本,不再计入管理费用等。其摊销的账务处理是,借记"其他业务成本"科目,贷记"累计摊销"科目。

(2) 一部分计入其他业务成本,另一部分计入管理费用或制造费用等科目。这适合于已出租的、企业自己仍在使用的无形资产。该项无形资产的摊销价值,一部分计入其他业务成本,由出租收入来补偿,另一部分计入管理费用或制造费用。其摊销的账务处理是,借记"其他业务成本"、"制造费用"或"管理费用"等科目,贷记"累计摊销"科目。

(3) 全部计入管理费用或制造费用等科目。这适合于企业出租无形资产取得的收入所占比例不大的情况。按照重要性原则,该项无形资产的摊销价值应全部计入管理费用或制造费用。其摊销的账务处理是:借记"管理费用"或"制造费用"科目,贷记"累计摊销"科目。

例9-6中假设该商标权系珠江公司201×年1月1日购入的,初始入账价值为300 000元,预计使用年限为15年,采用直线法摊销,不预计净残值,按年摊销。

则珠江公司按年对该商标权进行摊销时会计处理如下:

借: 其他业务成本 20 000
　　贷: 累计摊销 20 000

八、无形资产的处置

无形资产的处置主要包括无形资产的出售和无形资产的报废。

(一) 无形资产的出售

无形资产的出售是指将无形资产的所有权让渡给他人。根据《企业会计准则第6号——无形资产》规定,应将出售无形资产所得以净额反映,即将出售所得的价款扣除相关税费和该项无形资产账面价值后的差额,确认为当期损益。

企业出售无形资产时,按实际所得的价款,借记"银行存款"等科目;按无形资产的累计摊销额,借记"累计摊销"科目;按无形资产的原始价值,贷记"无形资产"科目;如果已计提了减值准备,还应按无形资产已计提的减值准备,借记"无形资产减值准备"科目;按应支付的相关税费,贷记"银行存款"、"应交税费"等科目,并按其差额,贷记"营业外收入——处置非流动资产利得"科目或者"营业外支出——

处置非流动资产损失"科目。

【例9-7】珠江公司出售其拥有的一项专利权，取得价款150 000元，应交营业税7 500元，城市维护建设税525元，应交教育费附加225元，用银行存款支付相关费用2 000元，该项无形资产原始价值为200 000元，累计摊销额为40 000元，计提减值准备30 000元。

根据以上资料，编制会计分录如下：

借：银行存款	150 000
无形资产减值准备——专利权	30 000
累计摊销	40 000
贷：无形资产——专利权	200 000
应交税费——应交营业税	7 500
——应交城市维护建设税	525
——应交教育费附加	225
营业外收入——处置非流动资产利得	9 750
银行存款	2 000

（二）无形资产的报废

无形资产的报废是指无形资产由于已被其他无形资产所代替或不再受法律保护等原因预期不能为企业带来经济利益而面临的报废处理。无形资产报废时，应按照累计摊销额借记"累计摊销"科目，按照计提的减值准备，借记"无形资产减值准备"科目；按无形资产账面余额，贷记"无形资产"科目；按其差额，借记"营业外支出"科目。

【例9-8】珠江公司原拥有一项非专利技术，采用直线法进行摊销，预计使用期限为10年。现该项非专利技术已被内部研发成功的新技术所替代，并且根据市场调查，用该非专利技术生产的产品已没有市场，预期不能再为企业带来任何经济利益，故应当予以转销。转销时，该项非专利技术的成本为1 000 000元，已摊销5年，累计计提减值准备200 000元，该项非专利技术的残值为0。假定不考虑其他相关因素。

则其报废时，珠江公司的账务处理为：

借：累计摊销	500 000
无形资产减值准备——非专利技术	200 000
营业外支出——处置非流动资产损失	300 000
贷：无形资产——非专利技术	1 000 000

九、无形资产的减值

（一）无形资产减值的含义

无形资产减值是指无形资产预计可收回金额低于其账面价值所发生减损的价值。

（二）计提无形资产减值准备的条件

企业应当在资产负债表日判断无形资产是否存在可能发生减值的迹象；对于存在减值迹象的无形资产，应当进行减值测试，计算无形资产的可收回金额。可收回金额低于账面价值的,应当按照可收回金额低于账面价值的金额,计提减值准备。

需要指出的是,使用寿命不确定的无形资产,无论是否存在减值迹象,每年都应当进行减值测试。

资产可能发生减值的迹象是资产是否需要进行计减值测试的前提。减值迹象主要包括以下方面:

(1)该无形资产已被其他新技术等所替代,使其为企业创造经济利益的能力受到重大不利影响;

(2)该无形资产的市价在当期大幅度下跌,在剩余摊销年限内预期不会恢复;

(3)某项无形资产已超过法律保护期限,但仍然具有部分使用价值;

(4)其他足以表明该项无形资产实质上已经发生了减值的情形。

(三)计提减值准备的账务处理

为了核算和监督无形资产减值准备的计提和转销情况,企业应设置"无形资产减值准备"科目,它属于资产类科目,是"无形资产"的备抵科目,贷方登记计提的无形资产减值准备,借方登记因无形资产减少而转销已计提的减值准备;期末贷方余额,反映企业已提取的无形资产的减值准备。期末,如果企业所持有的无形资产的账面价值超过其可收回金额,则应按其差额,借记"资产减值损失"科目,贷记"无形资产减值准备"科目。已计提减值准备的无形资产,在以后会计期间不得转回。

【例9-9】珠江公司201×年1月1日外购一项专利权,实际支付的价款360 000元,预计使用寿命为10年,第四年年末经减值测试,该项专利权发生减值,估计可收回金额为120 000元。根据以上资料,第四年年末,计算并编制会计分录如下:

(1)计算该项专利权在计提减值准备前的账面净值。

账面净值 = 360 000 - 360 000 ÷ 10 × 4 = 216 000(元)

(2)计提减值准备。

应计减值准备 = 216 000 - 120 000 = 96 000(元)

借:资产减值损失 96 000
  贷:无形资产减值准备 96 000

(3)计算剩余使用年限内年摊销额。

剩余使用年限内年摊销额 = 120 000 ÷ 6 = 20 000(元)

十、无形资产后续支出的核算

无形资产后续支出指无形资产入账后,为确保无形资产能够给企业带来预期的经济利益而发生的支出,比如相关的宣传活动支出,由于这些支出仅是为了确保已确认的无形资产能为企业带来预定的经济利益,因而应当在发生当期确认为费用。

【例9-10】珠江公司依法取得一项商标权,为了让更多客户熟悉该商标,企业采用广告效用,以银行存款支付广告费300 000元。

根据以上资料,编制会计分录如下:

借:销售费用——广告费 300 000
  贷:银行存款 300 000

十一、无形资产的披露

企业在编制的资产负债表中,应披露"无形资产"和"研发支出"的期末余额和期初余额。在附注中披露与无形资产有关的下列信息:

(1) 无形资产的期初和期末账面余额、累计摊销额及减值准备累计金额。

(2) 使用寿命有限的无形资产,其使用寿命的估计情况;使用寿命不确定的无形资产,其使用寿命不确定的判断依据。

(3) 无形资产的摊销方法。

(4) 用于担保的无形资产账面价值、当期摊销额。

(5) 计入当期损益和确认为无形资产的研究开发支出金额。

第二节 商誉

一、商誉的性质

商誉是指企业获得超额收益的能力。通常是指企业由于所处地理位置优越,或由于历史悠久,积累了丰富的从事本行业的经验;或由于技术先进,掌握了生产的诀窍;或由于信誉好而获得了客户的信任;或由于组织得当,生产经营效益高等原因而形成的无形价值。这种无形价值具体表现在该企业的获利能力超过一般企业的获利能力。

商誉的特点可以概括为以下四个方面:

(1) 商誉是一项与企业整体不可分割的资产,不能离开企业整体而独立存在。

(2) 商誉可以为企业带来超过正常盈利水平的未来经济利益,但这种超额盈利具有很大的不确定性。

(3) 商誉是由不可辨认的无形资产形成的,可辨认无形资产形成的超额收益不是商誉。

(4) 商誉是指在企业收购中,购买成本与被购买企业可辨认净资产价值公允价值的差额。

二、商誉的确认与计量

(一) 商誉的确认

从来源看,商誉可以是从外部购入的,即在企业并购过程中,所支付的收购价格超过被兼并企业净资产的公允价值份额的差额,才表示对被收购企业商誉的购买,才能作为商誉入账。

商誉也可以是在企业内部形成的,即在企业持续经营过程中由于各种不可辨认的因素的共同影响,使本企业可以获得超额利润,这种商誉称为自创商誉。

外购商誉是由于企业收购这一产权交易而形成的,其成本可以通过实际交易价格比较可靠地加以确定,具有客观性和可验证性,因此,各国的会计惯例一般都要求确认外购商誉。

由于自创商誉的存在没有被客观的交易所证明，其价值也不能可靠地计量，因此自创商誉不予以确认。

（二）商誉的计量

商誉价值是指企业在购买另一个企业时，购买成本大于被购买企业可辨认净资产公允价值份额的差额。

其中，合并成本应包括以下三项内容：

（1）一次交换交易实现的企业合并，合并成本为购买方在购买日为取得被购买方的控制权而付出的资产、发生或承担的负债以及发行的权益性证券的公允价值；

（2）通过多次交换交易分步实现的企业合并，合并成本为每一单项交易成本之和；

（3）在合并合同或协议中对可能影响企业合并成本的未来事项作出约定的，购买日如果估计未来事项很可能发生并且对合并成本的影响金额能够可靠计量的，购买方应当将其计入合并成本。

可辨认净资产公允价值是指合并中取得的被购买方可辨认资产公允价值减去负债及或有负债公允价值后的余额。

商誉价值的计算公式如下：

商誉的入账价值 = 购买成本 -（被购买企业可辨认资产公允价值份额 - 负债公允价值份额 - 或有负债公允价值份额）

为了核算非同一控制下企业合并中形成的商誉价值，应设置"商誉"科目，它属于资产类科目，用来核算企业外购的商誉价值。

企业如果以货币资金购买商誉，其购买成本为实际支付价值。根据实际支付的价款，贷记"银行存款"等科目，根据实际支付的价款大于净资产公允价值份额的差额，借记"商誉"科目。

【例9-11】珠江公司吸收合并另一企业，实际支付的价款为600 000元，通过银行存款支付。取得被购买企业的全部可辨认资产公允价值为1 720 000元，全部负债公允价值为1 200 000元。

则珠江公司在购买日：

商誉的入账价值 = 600 000 -（1 720 000 - 1 200 000）= 80 000（元）

根据以上资料，编制会计分录如下：

借：商誉	80 000
有关资产	1 720 000
贷：银行存款	600 000
有关负债	1 200 000

三、商誉的摊销及减值准备

1. 商誉的摊销

企业合并中形成的商誉，在企业持续经营期间，不进行摊销。

2. 商誉的减值准备

因企业合并所形成商誉的，至少应当在每年年度终了进行减值测试，在对商誉的相关资产或者资产组合进行减值测试时,比较这些相关资产或者资产组合所分摊的商誉账面价值与其可收回金额,确认商誉的减值损失,根据确认的减值损失,借记"资产减值损失",贷记"商誉减值准备"。

第三节　长期待摊费用

一、长期待摊费用概述

长期待摊费用是指企业已经发生但应当由本期和以后各期负担的、分摊期限在1年以上的各项费用。如经营性租入固定资产的改良支出等。长期待摊费用是一种预付费用,一经发生,其消费过程就已经结束,只是尚未计入产品成本和期间费用,因此,长期待摊费用不具有转让价值。

企业在确认长期待摊费用时,一般应考虑两个条件:

(1) 受益期间在1年以上。在这种情况下,将支出计入长期待摊费用,符合权责发生制的设定。

(2) 未来会计期间获得的收益能够抵补分期摊销的支出。对于受益期间虽然在1年以上,但数额很小的支出,按重要性要求,可以不予分期摊销,在必要时计入当期损益。反之,如果预计未来会计期间获得的收益不能抵补分期摊销的支出,按谨慎要求,可以将当期发生的支出全部计入当期损益。

二、长期待摊费用的核算

为了反映和监督长期待摊费用的发生、摊销和结存情况,企业应设置"长期待摊费用"科目。该科目属于资产类科目,用来核算企业已经发生但应由本期和以后各期分担的分摊期限在1年以上的各项费用。其借方登记企业发生的各项长期待摊费用的数额,贷方登记摊销期内的摊销数额;期末余额在借方,反映尚未摊销的长期待摊费用。

企业的长期待摊费用应按费用支出的种类设置明细科目,以进行明细分类核算。

【例9-12】珠江公司租用一办公场所,年租金12 000元,该企业于201×年1月1日预付了3年的租金。

则珠江公司相应会计处理如下:

(1) 支付3年的租金时:

借:长期待摊费用　　　　　　　　　　　　　　　　36 000
　　贷:银行存款　　　　　　　　　　　　　　　　　　36 000

(2) 第1年年末、第2年年末、第3年年末每年摊销时:

借:管理费用　　　　　　　　　　　　　　　　　　12 000
　　贷:长期待摊费用　　　　　　　　　　　　　　　　12 000

【例9-13】201×年1月1日,珠江公司对其以经营租赁方式租入的办公楼进行装修,发生以下有关支出:领用生产用材料1 000 000元,购进该批原材料时支付的增值税进项税额为170 000元;辅助生产车间为该装修工程提供的劳务支出为330 000元;

有关人员工资等职工薪酬 300 000 元。当年 12 月 1 日，该办公楼装修完工，达到预定可使用状态并交付使用，并按租赁期 10 年开始进行摊销。假定不考虑其他因素，珠江公司应作如下会计处理：

（1）装修领用原材料时：

借：长期待摊费用　　　　　　　　　　　　　　　　　　1 170 000
　　贷：原材料　　　　　　　　　　　　　　　　　　　　　　　1 000 000
　　　　应交税费——应交增值税（进项税额转出）　　　　　　　170 000

（2）辅助生产车间为装修工程提供劳务时：

借：长期待摊费用　　　　　　　　　　　　　　　　　　　330 000
　　贷：生产成本——辅助生产成本　　　　　　　　　　　　　　330 000

（3）确认工程人员职工薪酬时：

借：长期待摊费用　　　　　　　　　　　　　　　　　　　300 000
　　贷：应付职工薪酬　　　　　　　　　　　　　　　　　　　　300 000

（4）2007 年摊销装修支出时：

借：管理费用　　　［（1 170 000 + 330 000 + 300 000）÷ 10 ÷ 12］15 000
　　贷：长期待摊费用　　　　　　　　　　　　　　　　　　　　15 000

第十章　投资性房地产

第一节　投资性房地产概述

一、投资性房地产的定义与特征

投资性房地产是指为赚取租金或资本增值,或者两者兼有而持有的房地产。投资性房地产应当能够单独计量和出售。

投资性房地产具有以下特征:

1. 投资性房地产是一种经营活动

投资性房地产的主要形式是出租建筑物、出租土地使用权,这实质上属于一种让渡资产使用权行为。房地产租金就是让渡资产使用权取得的使用费收入,是企业为完成其经营目标所从事的经营性活动以及与之相关的其他活动形成的经济利益总流入。投资性房地产的另一种形式是持有并准备增值后转让的土地使用权,尽管其增值收益通常与市场供求、经济发展等因素相关,但目的是为了增值后转让以赚取增值收益,也是企业为完成其经营目标所从事的经营性活动以及与之相关的其他活动形成的经济利益总流入。

2. 投资性房地产在用途、状态、目的等方面区别于作为生产经营场所的房地产和用于销售的房地产

企业持有的房地产除了用作自身管理、生产经营活动场所和对外销售之外,出现了将房地产用于赚取租金或增值收益的活动,甚至成为个别企业的主营业务。这就需要将投资性房地产单独作为一项资产核算和反映,与自用的厂房、办公楼等房地产和作为存货的房地产加以区别,从而更加清晰地反映企业所持有房地产的构成情况和盈利能力。

二、投资性房地产的范围

投资性房地产主要包括已出租的土地使用权、持有并准备增值后转让的土地使用权和已出租的建筑物。

(一) 属于投资性房地产的项目

1. 已出租的土地使用权

已出租的土地使用权是指企业通过出让或转让方式取得并以经营租赁方式出租的土地使用权。企业计划用于出租但尚未出租的土地使用权,不属于此类。对于以经营

租赁方式租入土地使用权再转租给其他单位的,不能确认为投资性房地产。

【例10-1】2013年5月10日,广州珠江公司与小康公司签订了一项经营租赁合同,约定自2013年6月1日起,广州珠江公司以年租金8 000 000元租赁使用小康公司拥有的一块400 000平方米的场地,租赁期为8年。2013年7月1日,广州珠江公司又将这块场地转租给大发公司,以赚取租金差价,租赁期为5年。假设以上交易不违反国家有关规定。

本例中,对于广州珠江公司而言,这项土地使用权不能予以确认,也不属于其投资性房地产。对于小康公司而言,自租赁期开始日(2013年6月1日)起,这项土地使用权属于投资性房地产。

2. 持有并准备增值后转让的土地使用权

持有并准备增值后转让的土地使用权是指企业通过出让或转让方式取得并准备增值后转让的土地使用权。但是,按照国家有关规定认定的闲置土地,不属于持有并准备增值的土地使用权。

3. 已出租的建筑物

已出租的建筑物是指企业拥有产权并以经营租赁方式出租的房屋等建筑物,包括自行建造或开发活动完成后用于出租的建筑物。

(二)不属于投资性房地产的项目

1. 自用房地产

自用房地产即为生产商品、提供劳务或者经营管理而持有的房地产,包括自用建筑物(固定资产)和自用土地使用权(无形资产)。

2. 作为存货的房地产

作为存货的房地产通常指房地产开发企业在正常经营过程中销售的或为销售而正在开发的商品房和土地。

如果某项房地产部分用于赚取租金或资本增值、部分自用(即用于生产商品、提供劳务或经营管理),能够单独计量和出售的、用于赚取租金或资本增值的部分,应当确认为投资性房地产;不能够单独计量和出售的、用于赚取租金或资本增值的部分,不确认为投资性房地产。该项房地产自用的部分,以及不能够单独计量和出售的、用于赚取租金或资本增值的部分,应当确认为固定资产或无形资产。

第二节 投资性房地产的取得

一、投资性房地产的确认

投资性房地产只有在符合定义,并同时满足下列条件时,才能予以确认:

第一,与该投资性房地产有关的经济利益很可能流入企业。

第二,该投资性房地产的成本能够可靠地计量。

投资性房地产初始计量时,应当按照成本进行计量。

二、外购的投资性房地产

企业外购的房地产，只有在购入的同时开始对外出租或用于资本增值，才能作为投资性房地产加以确认。

企业购入房地产，自用一段时间之后再改为出租或用于资本增值的，应当先将外购的房地产确认为固定资产或无形资产，自租赁期开始日或用于资本增值之日起，才能从固定资产或无形资产转换为投资性房地产。

企业外购投资性房地产时，应当按照取得时的实际成本进行初始计量。取得时的实际成本，包括购买价款、相关税费和可直接归属于该资产的其他支出。采用成本模式进行后续计量的，企业应当在购入投资性房地产时，借记"投资性房地产"科目，贷记"银行存款"等科目；采用公允价值模式进行后续计量的，企业应当在购入投资性房地产时，借记"投资性房地产——成本"科目，贷记"银行存款"等科目。

【例10-2】广州珠江公司计划购入一栋写字楼用于对外出租，2013年1月12日，广州珠江公司与甲公司签订了经营租赁合同，约定自写字楼购买日起将这栋写字楼出租给甲公司，租赁期为5年。2013年2月5日，广州珠江公司购入写字楼，支付价款1 000万元，支付相关税费50万元；另发生谈判费1万元，差旅费2万元，所有款项已用银行存款支付。广州珠江公司对投资性房地产采用成本模式进行后续计量。

  借：投资性房地产   10 500 000
    管理费用   30 000
    贷：银行存款   10 530 000

若广州珠江公司对投资性房地产采用公允价值计量模式进行后续计量，其账务处理如下：

  借：投资性房地产——成本   10 500 000
    管理费用   30 000
    贷：银行存款   10 530 000

三、自行建造的投资性房地产

企业自行建造的房地产，只有在自行建造活动完成的同时开始对外出租或用于资本增值，才能将自行建造的房地产确认为投资性房地产。自行建造投资性房地产的成本，由建造该项房地产达到预定可使用状态前发生的必要支出构成。

企业自行建造房地产达到预定可使用状态后一段时间才对外出租或用于资本增值的，应当先将自行建造的房地产确认为固定资产、无形资产或存货，自租赁期开始日或用于资本增值之日开始，从固定资产、无形资产或存货转换为投资性房地产。

自行建造投资性房地产，其成本由建造该项资产达到预定可使用状态前发生的必要支出构成，包括土地开发费、建筑成本、安装成本、应予资本化的借款费用、支付的其他费用和分摊的间接费用等。采用成本模式进行后续计量的，应按照确定的自行建造投资性房地产成本，借记"投资性房地产"科目，贷记"在建工程"或"开发产品"科目。采用公允价值模式进行后续计量的，应按照确定的自行建造投资性房地产成本，借记"投资性房地产——成本"科目，贷记"在建工程"或"开发产品"科目。

第三节　投资性房地产的后续计量

投资性房地产的后续计量有成本和公允价值两种模式，通常应当采用成本模式计量，满足特定条件时也可以采用公允价值模式计量。但是，同一企业只能采用一种模式对所有投资性房地产进行后续计量，不得同时采用两种计量模式。

在极少数情况下，采用公允价值对投资性房地产进行后续计量的企业，有证据表明，当企业首次取得某项投资性房地产（或某项现有房地产在完成建造或开发活动或改变用途后首次成为投资性房地产）时，该投资性房地产的公允价值不能持续可靠取得的，应当对该投资性房地产采用成本模式计量处置，并且假设无残值。但是，采用成本模式对投资性房地产进行后续计量的企业，即使有证据表明，企业首次取得某项投资性房地产时，该投资性房地产的公允价值能够持续可靠取得的，该企业仍应对该投资性房地产采用成本模式进行后续计量。

一、采用成本模式计量的投资性房地产

企业通常应当采用成本模式对投资性房地产进行后续计量。采用成本模式进行后续计量的投资性房地产，应当遵循以下会计处理规定。

（1）按照固定资产或无形资产的有关规定，按月计提折旧或摊销，借记"其他业务成本"等科目，贷记"投资性房地产累计折旧"科目。

（2）取得的租金收入，借记"银行存款"等科目，贷记"其他业务收入"等科目。

（3）投资性房地产存在减值迹象的，适用资产减值的有关规定。经减值测试后确定发生减值的，应当计提减值准备，借记"资产减值损失"科目，贷记"投资性房地产减值准备"科目。已经计提减值准备的投资性房地产，其减值损失在以后的会计期间不得转回。

【例10-3】广州珠江公司将一栋写字楼出租给乙公司使用，确认为投资性房地产，采用成本模式进行后续计量，假设这栋办公楼的成本为72 000 000元，使用寿命为20年，预计净残值为零，按照年限平均法计提折旧。经营租赁合同约定，广州珠江公司每月收取乙公司租金400 000元。

广州珠江公司的账务处理如下：

（1）每月计提写字楼折旧。

每月计提的折旧额 = (72 000 000 ÷ 20) ÷ 12 = 300 000（元）

借：其他业务成本　　　　　　　　　　　　　　　　　　300 000
　　贷：投资性房地产累计折旧　　　　　　　　　　　　　　300 000

（2）每月收取写字楼租金。

借：银行存款　　　　　　　　　　　　　　　　　　　　400 000
　　贷：其他业务收入　　　　　　　　　　　　　　　　　　400 000

二、采用公允价值模式计量的投资性房地产

只有存在确凿证据表明投资性房地产的公允价值能够持续可靠取得的情况下，企业才可以采用公允价值模式对投资性房地产进行后续计量。企业一旦选择采用公允价值计量模式，就应当对其所有投资性房地产均采用公允价值模式进行后续计量。

(一) 采用公允价值模式进行后续计量的投资性房地产，应当同时满足的条件

1. 投资性房地产所在地有活跃的房地产交易市场

所在地，通常指投资性房地产所在的城市。对于大中型城市，应当为投资性房地产所在的城区。

2. 企业能够从活跃的房地产交易市场上取得同类或类似房地产的市场价格及其他相关信息，从而对投资性房地产的公允价值作出合理的估计

同类或类似的房地产，对建筑物而言是指所处地理位置和地理环境相同、性质相同、结构类型相同或相近、新旧程度相同或相近、可使用状况相同或相近的建筑物；对土地使用权而言是指同一位置区域、所处地理环境相同或相近、可使用状况相同或相近的土地。

投资性房地产的公允价值是指在公平交易中，熟悉情况的当事人之间自愿进行房地产交换的价格。确定投资性房地产的公允价值时，应当参照活跃市场上同类或类似房地产的现行市场价格（市场公开报价）；无法取得同类或类似房地产现行市场价格的，应当参照活跃市场上同类或类似房地产的最近交易价格，并考虑交易情况、交易日期、所在区域等因素，从而对投资性房地产的公允价值作出合理的估计；也可以基于预计未来获得的租金收益和相关现金流量予以计量。

(二) 采用公允价值模式进行后续计量的投资性房地产，应当遵循的会计处理规定

1. 不对投资性房地产计提折旧或摊销

企业应当以资产负债表日投资性房地产的公允价值为基础调整其账面价值，公允价值与原账面价值之间的差额计入当期损益。

资产负债表日，投资性房地产的公允价值高于原账面价值的差额，借记"投资性房地产——公允价值变动"科目，贷记"公允价值变动损益"科目；公允价值低于原账面价值的差额，作相反的账务处理。

2. 取得的租金收入的处理

取得的租金收入应当借记"银行存款"等科目，贷记"其他业务收入"等科目。

【例10-4】2013年9月1日，广州珠江公司与丙公司签订租赁协议，约定将广州珠江公司新建造的一栋写字楼租赁给丙公司使用，在完工日交付，租赁期为10年。2013年12月1日，该写字楼完工，其工程造价为80 000 000元，即日开始租赁给丙公司使用，其公允价值也为80 000 000元。考虑该写字楼所在区域有活跃的房地产交易市场，而且能够从房地产交易市场上取得同类房地产的市场报价，广州珠江公司决定采用公允价值模式对该项出租的房地产进行后续计量。2013年12月31日，该写字楼的公允价值为84 000 000元。

广州珠江公司的账务处理如下：

(1) 2013 年 12 月 1 日，出租写字楼。
借：投资性房地产——成本　　　　　　　　　　　　80 000 000
　　贷：在建工程　　　　　　　　　　　　　　　　　　　80 000 000
(2) 2013 年 12 月 31 日，按照公允价值调整写字楼账面价值。
借：投资性房地产——公允价值变动　　　　　　　　4 000 000
　　贷：公允价值变动损益　　　　　　　　　　　　　　　4 000 000

三、投资性房地产后续计量模式的变更

为保证会计信息的可比性，企业对投资性房地产的计量模式一经确定，不得随意变更。只有在房地产市场比较成熟、能够满足采用公允价值模式条件的情况下，才允许企业对投资性房地产从成本模式计量变更为公允价值模式计量。成本模式转为公允价值模式的，应当作为会计政策变更处理，将计量模式变更时公允价值与账面价值的差额，调整期初留存收益。企业变更投资性房地产计量模式，符合规定的，应当按照计量模式变更日投资性房地产的公允价值，借记"投资性房地产——成本"科目，按照已计提的折旧或摊销，借记"投资性房地产累计折旧"科目，原已计提减值准备的，借记"投资性房地产减值准备"科目，按照原账面余额，贷记"投资性房地产"科目，按照公允价值与其账面价值之间的差额，贷记或借记"利润分配——未分配利润"、"盈余公积"等科目。

已采用公允价值模式计量的投资性房地产，不得从公允价值模式转为成本模式。

第四节　投资性房地产的处置

一、成本模式计量的投资性房地产的处置

处置采用成本模式计量的投资性房地产时，应当按实际收到的金额，借记"银行存款"等科目，贷记"其他业务收入"科目；按该项投资性房地产的账面价值，借记"其他业务成本"科目，按其账面余额，贷记"投资性房地产"科目，按照已计提的折旧或摊销，借记"投资性房地产累计折旧"科目，原已计提减值准备的，借记"投资性房地产减值准备"科目。

【例10-5】广州珠江公司将其出租的一栋写字楼确认为投资性房地产。2013 年 10 月 31 日租赁期届满，广州珠江公司将该栋写字楼出售给丁公司，合同价款为 2 000 000 元，丁公司已用银行存款付清。假设该栋写字楼原采用成本模式计量，写字楼的成本为 1 800 000 元，已计提折旧 200 000 元，不考虑相关税费。

广州珠江公司的账务处理如下：
借：银行存款　　　　　　　　　　　　　　　　　　2 000 000
　　贷：其他业务收入　　　　　　　　　　　　　　　　　2 000 000
借：其他业务成本　　　　　　　　　　　　　　　　1 600 000
　　投资性房地产累计折旧　　　　　　　　　　　　　　200 000
　　贷：投资性房地产　　　　　　　　　　　　　　　　　1 800 000

二、公允价值模式计量的投资性房地产的处置

处置采用公允价值模式计量的投资性房地产时,应当按实际收到的金额,借记"银行存款"等科目,贷记"其他业务收入"科目;按该项投资性房地产的账面余额,借记"其他业务成本"科目,按其成本,贷记"投资性房地产——成本"科目,按其累计公允价值变动,贷记或借记"投资性房地产——公允价值变动"科目。同时将"公允价值变动损益"的账面余额或"资本公积"的账面余额转入当期损益。

【例10-6】广州珠江公司于2008年12月31日将一自用建筑物对外出租并采用公允价值模式计量,租期为3年,每年12月31日收取租金150万元。

(1) 出租时,该建筑物的成本为2 800万元,已提折旧500万元,已提减值准备300万元,尚可使用年限为20年,公允价值为1 800万元;
(2) 2009年12月31日,该建筑物的公允价值为1 850万元;
(3) 2010年12月31日,该建筑物的公允价值为1 820万元;
(4) 2011年12月31日,该建筑物的公允价值为1 810万元;
(5) 2012年1月5日,将该栋写字楼出售给大康公司,合同价款为1 830万元,大康公司已用银行存款付清款项。

要求:根据上述资料,编制广州珠江公司相关的会计分录(分录金额以万元为单位)。假定不考虑营业税及所得税的影响。

(1) 2008年12月31日,出租写字楼:

借:投资性房地产——成本　　　　　　　　　　　　　　　1 800
　　累计折旧　　　　　　　　　　　　　　　　　　　　　　500
　　固定资产减值准备　　　　　　　　　　　　　　　　　　300
　　公允价值变动损益　　　　　　　　　　　　　　　　　　200
　　贷:固定资产　　　　　　　　　　　　　　　　　　　2 800

(2) 2009年12月31日,收取租金:

借:银行存款　　　　　　　　　　　　　　　　　　　　　150
　　贷:其他业务收入　　　　　　　　　　　　　　　　　　150

2009年12月31日,按照公允价值调整写字楼账面价值:

借:投资性房地产——公允价值变动　　　　　　　　　　　　50
　　贷:公允价值变动损益　　　　　　　　　　　　　　　　　50

(3) 2010年12月31日,收取租金:

借:银行存款　　　　　　　　　　　　　　　　　　　　　150
　　贷:其他业务收入　　　　　　　　　　　　　　　　　　150

2010年12月31日,按照公允价值调整写字楼账面价值:

借:公允价值变动损益　　　　　　　　　　　　　　　　　　30
　　贷:投资性房地产——公允价值变动　　　　　　　　　　　30

(4) 2011年12月31日,收取租金:

借:银行存款　　　　　　　　　　　　　　　　　　　　　150
　　贷:其他业务收入　　　　　　　　　　　　　　　　　　150

2011年12月31日，按照公允价值调整写字楼账面价值：
借：公允价值变动损益　　　　　　　　　　　　　　10
　　贷：投资性房地产——公允价值变动　　　　　　　　　　10
（5）2012年1月5日，出售写字楼：
借：银行存款　　　　　　　　　　　　　　　　　1 830
　　贷：其他业务收入　　　　　　　　　　　　　　　　1 830
借：其他业务成本　　　　　　　　　　　　　　　1 810
　　贷：投资性房地产——成本　　　　　　　　　　　　1 800
　　　　投资性房地产——公允价值变动　　　　　　　　　　10
借：其他业务成本　　　　　　　　　　　　　　　　190
　　贷：公允价值变动损益　　　　　　　　　　　　　　　190

企业将自用土地使用权或建筑物转换为采用公允价值模式计量的投资性房地产时，应当按该项土地使用权或建筑物在转换日的公允价值，借记"投资性房地产——成本"科目，按已计提的累计摊销或累计折旧，借记"累计摊销"或"累计折旧"科目，原已计提减值准备的，借记"无形资产减值准备"、"固定资产减值准备"科目，按其账面余额，贷记"无形资产"或"固定资产"科目；同时，转换日的公允价值小于账面价值的，按其差额，借记"公允价值变动损益"科目，转换日的公允价值大于账面价值的，按其差额，贷记"资本公积——其他资本公积"科目。待该项投资性房地产处置时，因转换计入资本公积的部分应转入当期损益。

第十一章　流动负债

负债是指企业过去的交易或者事项形成的、预期会导致经济利益流出企业的现时义务。负债按流动性分类，分为流动负债和非流动负债。将负债划分为流动负债和非流动负债，并且在资产负债表中分别列示，也有利于有关信息使用者通过对报表的对比分析，正确评价企业的财务状况，为企业相关人员提供必要的会计信息。

第一节　流动负债概述

一、流动负债的概念及特点

流动负债是指将在1年（含1年）或者超过1年的一个营业周期内清偿的债务，或者自资产负债表日起一年内应予以清偿的债务，以及企业无权自主地将清偿推迟至资产负债表日后一年以上的债务。会计准则规定，负债满足下列条件之一时，应当归类为流动负债：①预计在一个正常营业周期中清偿；②主要为交易目的而持有；③自资产负债表日起一年内（含一年）到期应予以清偿；④企业无权自主地将清偿推迟至资产负债表日后一年以上的。流动负债主要包括短期借款、应付账款、应付票据、预收账款、应付职工薪酬、应交税费、其他应付款和一年内到期的长期借款等。流动负债除具有负债的基本特征外，流动负债还具有以下特点：偿还期短，通常在一年以内、到期必须要用企业资产、提供劳务或者举借新的负债来偿还、举借流动负债的目的一般是为了满足生产经营资金周转的需要、流动负债中的各项负债项目的数额与长期负债相比，数额较小、一般以企业的流动资金来偿付。

二、流动负债的分类

（一）按流动负债是否确定分类

1. 应付金额确定的流动负债

应付金额确定的流动负债是指负债已经成立，企业必须履行义务的负债，如短期借款、应付票据、应付账款、预收账款、应交税费、应付职工薪酬、应付利息、应付股利、其他应付款，以及1年内到期的长期负债。

2. 应付金额视经营情况而定的流动负债

应付金额视经营情况而定的流动负债是指根据经营情况计算的应付金额，如应交所得税、应付利润等。

3. 应付金额需要合理估计的流动负债

应付金额需要合理估计的流动负债是指没有确切的债权人和偿付日期，或虽有确切的债权人和偿付日期但其偿付金额需要估计的流动负债。这类负债企业根据所掌握的客观资料，凭借历史经验予以合理估计。如实行售后服务所产生的产品质量担保债务预计负债等。

4. 或有负债

或有负债是指企业的潜在义务和特殊的现时义务，如应付票据贴现形成的或有负债、产品质量保证形成的或有负债、未决诉讼和未决仲裁形成的或有负债、为其他单位提供债务担保形成的或有负债。确定负债在资产负债表中列示，或有负债根据会计准则的要求只在报表的附注中予以披露。

（二）按流动负债产生的原因分类

1. 融资活动形成的流动负债

融资活动形成的流动负债是指企业从银行和其他金融机构筹集资金形成的流动负债，如短期借款等。

2. 营业活动形成的流动负债

营业活动形成的流动负债是指企业在正常的生产经营活动中形成的流动负债，如应付账款、应付票据、预收款项、其他应付款、应付职工薪酬、应交税费等。

3. 利润分配过程中形成的对所有者的负债

此类负债如应付利润、应付股利等。

4. 权责发生制前提下调整费用形成的负债

此类负债如应付利息。

5. 其他过程中形成的负债

此类负债如其他应付款。

（三）按流动负债的偿还方式分类

1. 货币性负债

货币性负债是指企业以货币资金来偿还的流动负债，如短期借款、应付票据、应付账款、应付职工薪酬、应交税费、应付股利、其他应付款等。

2. 非货币性负债

非货币性负债是指企业以实物资产或提供劳务偿还的流动负债，如预收账款等。

三、流动负债的计价

流动负债代表着企业未来的现金流出，从理论上说，流动负债的计价应以未来偿付债务所需的现金流出量的现值为基础，按未来应付金额的现时价值来计量。但由于流动负债的偿还期限通常短于一年，其现值和未来实际的偿还额之间的差额不大，从成本效益角度权衡和重要性原则考虑，可以忽略不计。我国现行会计准则规定各项流动负债应按实际发生额入账，即未来要偿还的金额。所以在会计实务中按到期值入账，在确定入账金额时，有三种不同的情况：一是按合同、协议上固定的金额入账，如应付账款；二是期末按经营情况确定的金额入账，如应交税费；三是需要运用职业判断估计的金额入账。

第二节　短期借款

一、短期借款概述

短期借款是指企业向银行或其他金融机构借入的、偿还期限在 1 年以内（含 1 年）的各种借款。企业借入短期借款目的是为了维持正常的生产经营所需或者为抵偿某项债务而借入的临时性周转资金。企业的短期借款，其种类主要有：①生产周转借款或商品周转借款，这是指工业或商业企业因流动资金不能满足正常生产经营需要，而向银行借入的短期流动资金借款。②临时借款，这是指企业因季节性和临时性客观原因，正常周转的资金不能满足需要，超过生产周转借款或商品周转借款额度而借入的短期借款。③结算借款，这是指在采用托收承付结算方式办理销售货款结算的情况下，企业为解决商品发出后至收到托收货款前所需要的在途资金而借入的借款。

二、短期借款核算的内容及科目设置

短期借款的核算内容包括本金及利息。为了核算短期借款本金，需设置"短期借款"科目，用来核算企业向银行或其他金融机构等借入的期限在 1 年以内（含 1 年）的各种借款。该科目贷方登记借入各种短期借款的本金，借方登记归还借款本金；期末贷方余额反映企业尚未偿还的短期借款本金数额。"短期借款"科目可按借款种类、贷款人和币种进行明细核算。

三、短期借款核算的账务处理

(一) 短期借款本金的核算

企业借入的各种短期借款，借款时，按借款本金的数额，借记"银行存款"科目，贷记"短期借款"科目；归还借款时，借记"短期借款"科目，贷记"银行存款"科目。

(二) 短期借款利息的核算

短期借款利息费用的核算分为两种情况：一种情况是如果银行对企业的短期借款按月计收利息，或在借款到期收回本金时才一并计收利息，但利息数额不大，企业可在收到银行的计息通知或实际支付利息时，直接计入当期损益；另一种情况是如果银行对企业的短期借款按季（或按半年）计收利息，或者是在借款到期收回本金时才一并计收利息，而且利息数额较大，按照权责发生制，采用按月预提的办法，预提时通过"应付利息"科目核算。短期借款的利息应确认为费用，通过"财务费用"科目核算。支付利息时，借记"财务费用"科目，贷记"银行存款"科目。如果短期借款的借款期跨会计年度，资产负债表日，尚未支付的利息，应按确定的短期借款利息数额，借记"财务费用"科目，贷记"应付利息"科目；支付利息时，对于资产负债表日已计提的部分，借记"应付利息"科目，对于资产负债表日后计息的部分，借记"财务

费用"科目,贷记"银行存款"科目。

(三) 短期借款的列示

短期借款期末列示在资产负债表的流动负债部分,列示项目为"短期借款",列示金额为"短期借款"科目的贷方余额。

四、短期借款核算举例

【例 11-1】广州珠江实业股份有限公司 2012 年 1 月 1 日向银行借入一笔生产经营用短期借款,共计 120 000 元,期限为 9 个月,年利率 8%,根据与银行签署的借款协议,该项借款的本金到期后一次性偿还;利息分月预提,按季支付。珠江公司应作会计分录为:

(1) 1 月 1 日取得借款时:

借:银行存款　　　　　　　　　　　　　　　　　　　　　　　120 000
　　贷:短期借款　　　　　　　　　　　　　　　　　　　　　　120 000

(2) 1 月 31 日计提 1 月份应计利息时:

每月利息 = 120 000 × 8% ÷ 12 = 800(元)

借:财务费用　　　　　　　　　　　　　　　　　　　　　　　800
　　贷:应付利息　　　　　　　　　　　　　　　　　　　　　　800

(3) 2 月月末计提 2 月份应计利息时:

2 月月末计提 2 月份利息费用的会计处理与 1 月份相同。

借:财务费用　　　　　　　　　　　　　　　　　　　　　　　800
　　贷:应付利息　　　　　　　　　　　　　　　　　　　　　　800

(4) 3 月 31 日支付第一季度借款利息时:

借:财务费用　　　　　　　　　　　　　　　　　　　　　　　800
　　应付利息　　　　　　　　　　　　　　　　　　　　　　　1 600
　　贷:银行存款　　　　　　　　　　　　　　　　　　　　　　2 400

(5) 第二、三季度的会计处理同上。

(6) 10 月 1 日偿还本金时:

借:短期借款　　　　　　　　　　　　　　　　　　　　　　　120 000
　　贷:银行存款　　　　　　　　　　　　　　　　　　　　　　120 000

第三节　应付账款、应付票据和预收账款

一、应付账款

(一) 应付账款的概念

应付账款是指企业在购买材料、商品或接受劳务时,由于未及时付款而产生的负债。这是买卖双方在购销活动中由于取得物资与支付货款在时间上不一致而产生的负

债，是一种最常见、最普遍的负债。

(二) 应付账款入账时间和金额的确认

1. 应付账款入账时间的确定

从理论上讲，应付账款的入账时间应以购买货物的所有权发生转移或接受的劳务已经发生为标志，一般在收到发票账单时既确认资产又确认负债。但在实际工作中，应区别以下情况处理：

(1) 在物资和发票账单同时到达的情况下，应付账款一般待物资验收入库后，才按发票账单登记入账。这主要是为了确认所购入的物资是否在质量、数量和品种上都与合同上订明的条件相符，以免因先入账而在验收入库时发现购入物资错、漏、破损等问题再行调账。

(2) 在物资和发票账单未同时到达的情况下，由于应付账款需根据发票账单登记入账，有时货物已到，发票账单要间隔较长时间才能到达，由于这笔负债已经成立，在实际工作中采用在月份终了将所购物资和应付债务估计入账，待下月初再用红字予以冲回的办法，目的是为在资产负债表上客观反映企业所拥有的资产和承担的债务。

2. 应付账款入账金额的确定

会计实务上，应付账款不再单独计算利息，业务发生时的金额即为未来应付的金额，延期付款期间的利息已经隐含在业务发生时的金额之内，根据重要性信息质量要求，应付账款一般按应付金额入账，而不按到期应付金额的现值入账。如果购货条件包括在规定的期限内付款可以享受一定的现金折扣，会计上入账金额的确定有两种方法，即总价法和净价法。总价法是按发票的价格全额入账，实际付款时，如果享受现金折扣，少付的金额作为理财收益处理（一般作为利息收入，冲减财务费用）；净价法是按发票价格扣除现金折扣后的净额入账，实际付款时，超过规定的享受现金折扣的付款期限而支付的超过账面价值部分作为理财的费用处理（一般作为利息费用，计入财务费用）。我国采用总价法。

(三) 应付账款核算科目的设置

为了核算和监督应付账款的发生及偿还情况，应设置"应付账款"账户。该账户属于负债类，贷方登记因购买材料、商品和接受劳务供应等而产生的应付账款以及因无款支付到期的商业汇票转入的应付票据款；借方登记企业偿还、抵付的应付账款以及转销无法支付的应付账款；贷方余额表示企业尚未支付的应付账款。按债权人的不同设置明细科目进行明细分类核算。

(四) 应付账款核算的主要账务处理

(1) 企业购入材料、商品等验收入库，但货款尚未支付时，根据有关凭证（如发票清单）借记"材料采购"、"在途物资"等科目，按可抵扣的增值税款，借记"应交税费——应交增值税（进项税额）"等科目，按应付的价款贷记"应付账款"科目。支付应付账款时，借记"应付账款"科目，贷记"银行存款"等科目。应付账款附有现金折扣的，应按应付金额总值，借记有关科目，贷记"应付账款"科目，待实际发生现金折扣时，借记"应付账款"科目，贷记"银行存款"、"财务费用"科目。

(2) 企业接受供应单位劳务而发生的应付未付款项,根据供应单位的发票账单,借记"生产成本"、"管理费用"等科目,贷记"应付账款"科目。支付应付账款时,借记"应付账款"科目,贷记"银行存款"科目。

(3) 企业如有将应付账款转出去或者确实无法支付的应付账款,应按其账面余额,借记"应付账款"科目,贷记"营业外收入"科目。

(4) 期末应将应付账款列示在资产负债表中的流动负债部分,其列示具体项目为"应付账款",列示金额为"应付账款"科目的期末明细科目的贷方余额和"预付账款"的期末明细科目的贷方余额之和。

(五) 应付账款核算举例

【例 11 - 2】广州珠江实业股份有限公司属一般纳税人企业,材料按计划成本计价核算。2012 年 4 月 29 日该公司从长恒公司购入甲材料 5 000 千克,每千克进价 4.60 元,增值税率 17%,对方代垫运费 1 500 元,材料验收入库,该材料计划单位成本 5 元。已取得发票及运单,全部款项尚未支付;月末结转材料采购成本差异;5 月 8 日收到对方托收承付结算凭证(承付通知联),审核无误,承付全部款项。根据上述经济业务,广州珠江实业股份有限公司的会计处理如下:

4 月 29 日购入材料:

借:材料采购　　　　　　　　　　　　　　　　　　　　　24 500
　　应交税费——应交增值税(进项税额)　　　　　　　　 3 910
　　贷:应付账款——长恒公司　　　　　　　　　　　　　　　28 410
借:原材料——甲材料　　　　　　　　　　　　　　　　　25 000
　　贷:材料采购　　　　　　　　　　　　　　　　　　　　　25 000

月末结转采购成本差异(节约差异 500 元):

借:材料采购　　　　　　　　　　　　　　　　　　　　　　　500
　　贷:材料成本差异　　　　　　　　　　　　　　　　　　　　500

5 月 8 日承付货款:

借:应付账款——长恒公司　　　　　　　　　　　　　　　28 410
　　贷:银行存款　　　　　　　　　　　　　　　　　　　　　28 410

【例 11 - 3】广州珠江实业股份有限公司购入材料一批,价款为 80 000 元。增值税率为 17%,付款条件为 2/10、1/20、N/30,材料已验收入库,货款未付。采用总价法处理。要求:编制该企业的相关会计处理的分录。

借:原材料　　　　　　　　　　　　　　　　　　　　　　80 000
　　应交税费——应交增值税(进项税额)　　　　　　　　13 600
　　贷:应付账款　　　　　　　　　　　　　　　　　　　　　93 600

若 10 天内付款:

借:应付账款　　　　　　　　　　　　　　　　　　　　　93 600
　　贷:银行存款　　　　　　　　　　　　　　　　　　　　　92 000
　　　　财务费用　　　　　　　　　　　　　　　　　　　　　 1 600

若 20 天内付款:

借：应付账款　　　　　　　　　　　　　　　　　　　93 600
　　　　贷：银行存款　　　　　　　　　　　　　　　　　　92 800
　　　　　　财务费用　　　　　　　　　　　　　　　　　　　 800
若超过 20 天付款：
　　借：应付账款　　　　　　　　　　　　　　　　　　　93 600
　　　　贷：银行存款　　　　　　　　　　　　　　　　　　93 600

二、应付票据

（一）应付票据概述

　　应付票据是指企业签发的允诺在不超过一年内按票据上规定期限内支付一定金额给持票人的一种书面证明。从理论上讲，应付票据包括的内容很多，如支票、本票和汇票。但在我国会计实务中，应付票据仅指应付商业汇票，这是在企业经济往来活动中由于采用商业汇票结算办法而形成的债务或在借贷活动中形成的债务。应付票据是指企业采用商业汇票结算方式延期付款购入货物应付的票据款，商业汇票是由出票人出票，委托付款人在指定日期无条件支付特定的金额给收款人或者持票人的票据。我国企业准则规定，商业汇票的付款期限最长为 6 个月，因此，应付票据应归入流动负债进行管理和核算。应付票据按是否带息分为带息应付票据和不带息应付票据，应付票据可以是只在票据到期日按照票据票面金额支付而不计息的不带息票据，也可以是按照票据上载明的利率，在票据票面金额上加计利息的带息票据。应付票据按照承兑人的不同，分为商业承兑汇票和银行承兑汇票。商业承兑汇票的承兑人应为付款人，承兑人对这项债务承诺在一定时期内支付，作为企业的一项负债；银行承兑汇票应由在承兑银行开立存款账户的存款人签发，由银行承兑。由银行承兑的汇票对付款人来说，只是为收款方按期收回债权提供了可靠的信用保证，不会由于银行的承兑而使企业的这项负债消失。因此，银行承兑的汇票也应作为一项负债。

（二）应付票据入账金额的确定

　　应付票据按面值入账。从理论上讲，应付票据应按现值入账，然而由于票据到期日与出票日间隔较短，折现值与到期值相差很小，为了简化核算，在企业实务的处理上不按现值入账。应付票据的入账价值，应分两种情况处理：一种情况是不带息应付票据。会计实务中对不带息应付票据中所隐含的利息不单独核算，而将其视为不带息，按面值计价入账。不带息应付票据，并非真正意义上的不带息，实际上已将利息包含在面值之内，表现为隐含利息。另一种情况是带息应付票据。企业开出承兑票据时应按面值计价入账，期末根据票据的存续期间和票面利率计算应付利息，并相应增加应付票据的账面价值。但到期不能支付的带息应付票据，转入"应付账款"科目核算后，期末不再计提利息。

（三）应付票据核算科目的设置

　　为了核算和监督企业商业汇票的签发、承兑和支付情况，应设置"应付票据"账户。该账户属于负债类，贷方登记企业签发、承兑的商业汇票的面值和带息票据已计提的利息；借方登记企业到期支付的票据款；贷方余额表示企业尚未到期的应付票据的本息合计。为了加强对应付票据的管理，企业应设置"应付票据备查簿"，详细登记应付票据的种类、号数、签发日期、到期日、票面金额、合同交易号、收款人姓名或单位名称，以及付款日、金额等详细资料。

(四) 应付票据核算的主要账务处理

(1) 企业开出承兑商业汇票或以承兑商业汇票抵付货款、应付账款时，应按票据的面值，借记"材料采购"、"库存商品"、"应付账款"、"应交税费——应交增值税（进项税额）"等科目，贷记"应付票据"科目。

(2) 支付银行承兑汇票手续费时，借记"财务费用"科目，贷记"银行存款"科目。支付票据款项时，借记"应付票据"科目，贷记"银行存款"科目。

(3) 应付票据到期时如果企业有能力支付票据款，则企业的开户行在收到商业汇票付款通知时，无条件支付票据款。企业在收到开户行的付款通知时，核销应付票据。如果企业无力支付票据款，则应根据不同承兑人承兑的商业汇票做不同的会计处理。若是商业承兑汇票，付款人应按票面价值，借记"应付票据"科目，贷记"应付账款"；若是银行承兑汇票，付款人应按票面价值，借记"应付票据"科目，贷记"短期借款"。企业支付的罚息，应计入"财务费用"。

(4) 应付票据期末列示在资产负债表的流动负债部分，列示具体项目为"应付票据"，列示金额为"应付票据"科目的贷方余额。

(5) 应付票据中带息票据和不带息票据的处理存在一定差异。

带息票据是指债务人到期还款时，除了偿还面值金额外，同时还要偿还按面值和票面利率计算的利息，即票据到期值等于面值加利息。面值即为发票的价格，票面利率由交易双方协商确定。利息为债务人由于延期付款所付出的代价，计入财务费用。对利息的处理可以采用两种方法：一种为按期计提利息，即期末按面值和票面利率计算每期利息，借记"财务费用"科目，贷记"应付利息"科目；另一种为一次入账，即票据到期时，按面值和票面利率计算全部利息借记"财务费用"科目，贷记"银行存款"科目。我国是采用后一种处理方法，在每个会计期末不计提利息，票据到期时利息一次入账，但是如果票据的期限跨年度，在资产负债表日，则需要计提票据签发日至资产负债表日按面值和票面利率计算的累计利息，借记"财务费用"科目，贷记"应付票据"科目，而不贷记"应付利息"科目。

不带息票据是指债务人到期还款时，只偿还面值金额，即票据到期值等于面值。不带息票据有两种情况：一种为票据面值不含利息；另一种为票据面值含利息，只是未标明票面利率，可按实际利率折算，将面值和利息分别核算。前一种情况按面值入账，后一种情况与带息票据的核算方法相同。

(五) 应付票据核算举例

【例 11-4】广州珠江实业股份有限公司为增值税一般纳税人，采购原材料采用商业汇票方式结算货款，根据有关发票账单，购入材料的实际成本为 15 万元，增值税专用发票上注明的增值税为 2.55 万元。材料已经验收入库。企业开出三个月承兑的不带息商业汇票，并用银行存款支付运杂费。该企业采用实际成本进行材料的日常核算，根据上述资料，企业应作如下会计分录：

借：原材料　　　　　　　　　　　　　　　　　　　　　　　　　　150 000
　　应交税费——应交增值税（进项税额）　　　　　　　　　　　　 25 500
　　贷：应付票据　　　　　　　　　　　　　　　　　　　　　　　175 500

开出并承兑的商业承兑汇票如果不能如期支付的，应在票据到期时，将"应付票据"账面价值转入"应付账款"科目，待协商后再行处理。如果重新签发新的票据以清偿原应付票据的，再从"应付账款"科目转入"应付票据"科目。银行承兑汇票如果票据到期，企业无力支付到期票款时，承兑银行除凭票向持票人无条件付款外，对出票人尚未支付的汇票金额转作逾期贷款处理。企业无力支付到期银行承兑汇票，在接到银行转来的"××号汇票无款支付转入逾期贷款户"等有关凭证时，借记"应付票据"科目，贷记"短期借款"科目。对计收的利息，按短期借款利息的处理办法处理。

【例11-5】广州珠江实业股份有限公司赊购一批材料，不含税价格30 000元，增值税率17%，企业开出一张等值的4个月期限的不带息商业承兑汇票，材料到达企业并已验收入库。根据上述经济业务，广州珠江实业股份有限公司应作如下账务处理：

（1）购货时：

借：原材料　　　　　　　　　　　　　　　　　　　　　　　　　　30 000
　　应交税费——应交增值税（进项税额）　　　　　　　　　　　　 5 100
　　贷：应付票据　　　　　　　　　　　　　　　　　　　　　　　 35 100

（2）到期付款时：

借：应付票据　　　　　　　　　　　　　　　　　　　　　　　　　 35 100
　　贷：银行存款　　　　　　　　　　　　　　　　　　　　　　　 35 100

（3）假如该票据到期，广州珠江实业股份有限公司无法偿还这笔款项，则应将其转为应付账款：

借：应付票据　　　　　　　　　　　　　　　　　　　　　　　　　 35 100
　　贷：应付账款　　　　　　　　　　　　　　　　　　　　　　　 35 100

（4）假如该票据为银行承兑汇票，企业到期不能支付这笔款项，则应由银行先行支付，作为对企业的短期借款：

借：应付票据　　　　　　　　　　　　　　　　　　　　　　　　　 35 100
　　贷：短期借款　　　　　　　　　　　　　　　　　　　　　　　 35 100

【例11-6】广州珠江实业股份有限公司9月15日向乙公司采购A材料1 000千克，增值税专用发票注明：价款200 000元，增值税34 000元，款项采用银行承兑汇票结算，开出一张期限为3个月，票面金额为234 000元的带息银行承兑汇票交给乙公司，票据的年利率为7.2%，材料验收入库并按实际成本计价核算。以存款支付银行承兑汇票手续费100元。要求编制采购、9月30日计提利息、10月31日计提利息、11月30日计提利息和到期支付票据款的会计分录。

（1）9月15日采购并支付手续费：

借：财务费用　　　　　　　　　　　　　　　　　　　　　　　　　　　100
　　贷：银行存款　　　　　　　　　　　　　　　　　　　　　　　　　100

借：原材料 200 000
　　应交税费——应交增值税（进项税额） 34 000
　　　贷：应付票据 234 000
(2) 9月30日计提利息：
应付利息 = 234 000 × 7.2% ÷ 360 × 15 = 702（元）
借：财务费用 702
　　　贷：应付票据 702
(3) 10月31日计提利息：
应付利息 = 234 000 × 7.2% ÷ 12 = 1 404（元）
借：财务费用 1 404
　　　贷：应付票据 1 404
(4) 11月30日计提利息：
借：财务费用 1 404
　　　贷：应付票据 1 404
(5) 12月15日：
借：应付票据 237 510
　　财务费用 702
　　　贷：银行存款 236 212
假设平时不计提利息，到期一次还本付息，采购时：
借：原材料 200 000
　　应交税费——应交增值税（进项税额） 34 000
　　　贷：应付票据 234 000
12月15日，应付的利息 = 234 000 × 7.2% ÷ 12 × 3 = 4 212（元）
借：应付票据 234 000
　　财务费用 4 212
　　　贷：银行存款 238 212

三、预收账款

(一) 预收账款的概念

预收账款是买卖双方协议商定，由购货方预先支付一部分货款给供应方而发生的一项负债。当企业收到预收的货款时，由于销售尚未实现，取得货款的权利没有发生，从而形成一项流动负债，与应付账款不同的是，预收账款所形成的负债不是以货币偿付，而是以货物来偿付。

(二) 预收账款核算科目的设置

预收账款的核算应视企业的具体情况而定，如果预收账款比较多的，可以设置"预收账款"科目；预收账款不多的，也可以不设置"预收账款"科目；直接记入"应收账款"科目的贷方。单独设置"预收账款"科目核算的，其"预收账款"科目的贷方，反映预收的货款和补付的货款；借方反映应收的货款和退回多收的货款；期末贷方余额，反映尚未结清的预收款项，借方余额反映应收的款项。"预收账款"科目具有负债和资产的两重性质：当余额在贷方时，属负债的性质，其余额应填列在资产负债表负债方"预收账款"栏内；当余额在借方时，属资产的性质，其余额应填列在资产负债表资产方"应收账款"栏内。

(三) 预收账款核算的主要账务处理

(1) 在收到预收账款时，借记"银行存款"科目，贷记"预收账款"科目。

(2) 交付商品进行结算时，借记"预收账款"科目，贷记"主营业务收入"、"应交税费——应交增值税（销项税额）"科目。预收账款业务不多的企业，也可以不设"预收账款"科目，而是将预收账款并入"应收账款"科目核算。企业向购货单位预收的款项，借记"银行存款"科目，贷记"应收账款"科目，销售实现时，按实现的销售收入，借记"应收账款"科目，贷记"主营业务收入"和"应交税费——应交增值税（销项税额）"科目。

(3) 预收账款期末列示在资产负债表的流动负债部分，列示项目为"预收账款"，列示金额为"预收账款"科目的贷方金额或者"应收账款"科目下的明细科目的贷方余额之和。

(四) 预收账款核算举例

【例 11-7】 2012 年 10 月 5 日广州珠江实业股份有限公司（一般纳税人企业）根据销售合同预收 A 公司购货款 80 000 元，已收到银行的收款通知。2012 年 10 月 25 日广州珠江实业股份有限公司按合同发货，开出增值税专用发票，注明价款 100 000 元，增值税额 17 000 元。2012 年 11 月 8 日收到 A 公司补付的货款。公司会计业务处理如下：

(1) 2012 年 10 月 5 日收到预收款：

借：银行存款　　　　　　　　　　　　　　　　　　　　80 000
　　贷：预收账款　　　　　　　　　　　　　　　　　　　　　　80 000

(2) 2012 年 10 月 25 日发货：

借：预收账款　　　　　　　　　　　　　　　　　　　　117 000
　　贷：主营业务收入　　　　　　　　　　　　　　　　　　　100 000
　　　　应交税费——应交增值税（销项税额）　　　　　　　　 17 000

(3) 2012 年 11 月 8 日收到补付的货款：

借：预收账款　　　　　　　　　　　　　　　　　　　　37 000
　　贷：银行存款　　　　　　　　　　　　　　　　　　　　　 37 000

如果广州珠江实业股份有限公司不设"预收账款"科目，发生上述业务的会计业务处理如下：

(1) 2012 年 10 月 5 日收到预收款：

借：银行存款　　　　　　　　　　　　　　　　　　　　80 000
　　贷：应收账款　　　　　　　　　　　　　　　　　　　　　 80 000

(2) 2012 年 10 月 25 日发货：

```
借：应收账款                                    117 000
    贷：主营业务收入                             100 000
        应交税费——应交增值税（销项税额）         17 000
```
（3）2012年11月8日收到补付的货款：
```
借：银行存款                                     37 000
    贷：应收账款                                 37 000
```

第四节 应付职工薪酬

一、应付职工薪酬的定义和内容

职工薪酬是指企业为获得职工提供的服务而给予各种形式的报酬以及其他相关支出。这里所称"职工"比较宽泛，包括三类人员：一是与企业订立劳动合同的所有人员，含全职、兼职和临时职工；二是未与企业订立劳动合同、但由企业正式任命的企业治理层和管理层人员，如董事会成员、监事会成员等，尽管有些董事会、监事会成员不是本企业员工，未与企业订立劳动合同，但对其发放的津贴、补贴等仍属于职工薪酬；三是在企业的计划和控制下，虽未与企业订立劳动合同或未由其正式任命，但为其提供与职工类似服务的人员，如通过中介机构签订用工合同，为企业提供与本企业职工类似服务的人员。职工薪酬核算企业因职工提供服务而支付的或放弃的对价，职工薪酬主要包括以下内容：

（1）职工工资、奖金、津贴和补贴，这是指构成工资总额的计时工资、计件工资、支付给职工的超额劳动报酬和增收节支的劳动报酬、为了补偿职工特殊或额外的劳动消耗和因其他特殊原因支付给职工的津贴，以及为了保证职工工资水平不受物价影响支付给职工的物价补贴等。

（2）职工福利费，主要是尚未实行医疗统筹企业职工的医疗费用、职工因公负伤赴外地就医路费、职工生活困难补助，以及按照国家规定开支的其他职工福利支出。

（3）医疗保险费、养老保险费、失业保险费、工伤保险费和生育保险费等社会保险费，这是指企业按照国务院、各地方政府规定的基准和比例计算，向社会保险经办机构缴纳的医疗保险费、养老保险费、失业保险费、工伤保险费和生育保险费。企业按照年金计划规定的基准和比例计算，向企业年金管理人交纳的补充养老保险，以及企业以购买商业保险形式提供给职工的各种保险待遇属于企业提供的职工薪酬，应当按照职工薪酬的原则进行确认、计量和披露。

（4）住房公积金，这是指企业按照国家规定的基准和比例计算，向住房公积金管理机构缴存的住房公积金。

（5）工会经费和职工教育经费，这是指企业为了改善职工文化生活、为职工学习先进技术和提高文化水平和业务素质，用于开展工会活动和职工教育及职业技能培训等相关支出。

（6）非货币性福利，这是指企业以自己的产品或外购商品发放给职工作为福利，企业提供给职工无偿使用自己拥有的资产或租赁资产供职工无偿使用，比如提供给企业高级管理人员使用的住房等，免费为职工提供诸如医疗保健的服务或向职工提供企业支付了一定补贴的商品或服务等，比如以低于成本的价格向职工出售住房等。

（7）因解除与职工的劳动关系给予的补偿，这是指由于分离办社会职能、实施主辅分离辅业改制分流安置富余人员、实施重组、改组计划、职工不能胜任等原因，企业在职工劳动合同尚未到期之前解除与职工的劳动关系，或者为鼓励职工自愿接受裁减而提出补偿建议的计划中给予职工的经济补偿，即国际财务报告准则中所指的辞退福利。

（8）其他与获得职工提供的服务相关的支出，这是指除上述七种薪酬以外的其他为获得职工提供的服务而给予的薪酬，比如企业提供给职工以权益形式结算的认股权、以现金形式结算但以权益工具公允价值为基础确定的现金股票增值权等。

总之，从薪酬的涵盖时间和支付形式来看，职工薪酬包括企业职工在职期间和离职后给予的所有货币性薪酬和非货币性福利；从薪酬的支付对象来看，职工薪酬包括提供给职工本人及其配偶、子女或其他被赡养人的福利，比如支付给因公伤亡职工的配偶、子女或其他被赡养人的抚恤金。

二、应付职工薪酬核算的科目设置

为了反映和监督职工薪酬的发生和分配情况，企业需要设置"应付职工薪酬"科目。该科目属于负债类科目，用来核算企业应付给职工的各种薪酬总额与实际支出情况。其贷方登记本月计算的应付职工薪酬总额，包括各种工资、奖金和福利费等，借方登记本月实际支付的职工薪酬数。期末贷方金额反映企业应付未付的职工薪酬。该科目可以按"工资"、"职工福利"、"社会保险"、"住房公积金"、"工会经费"、"非货币性福利"、"辞退福利"、"股份支付"等进行明细核算。

三、应付职工薪酬核算的主要账务处理

企业应当在职工为其提供服务的会计期间，将应付的职工薪酬确认为负债，除因解除与职工的劳动关系给予的补偿外，应当根据职工提供服务的受益对象，分别下列情况处理：

（1）应由生产产品、提供劳务负担的职工薪酬，计入产品成本或劳务成本。但非正常消耗的直接生产人员和直接提供劳务人员的职工薪酬，应当在发生时确认为当期损益。

（2）应由在建工程、无形资产负担的职工薪酬，计入固定资产或无形资产成本。

（3）除直接生产人员、直接提供劳务人员、建造固定资产人员、开发无形资产人员以外的职工，包括公司总部管理人员、董事会成员、监事会成员等人员相关的职工薪酬，因难以确定直接对应的受益对象，均应当在发生时计入当期损益。

（一）企业发生应付职工薪酬的账务处理。

（1）生产部门人员的职工薪酬，借记"生产成本"、"制造费用"、"劳务成本"等科目，贷记"应付职工薪酬"科目；应由在建工程、研发支出负担的职工薪酬，借记

"在建工程"、"研发支出"等科目,贷记"应付职工薪酬"科目;管理部门人员、销售人员的职工薪酬,借记"管理费用"或"销售费用"科目,贷记"应付职工薪酬"科目。

(2)企业以其产品发放给职工作为职工薪酬的,借记"管理费用"、"生产成本"、"制造费用"等科目,贷记"应付职工薪酬"科目;无偿向职工提供住房等固定资产使用的,按应计提的折旧额,借记"管理费用"、"生产成本"、"制造费用"等科目,贷记"应付职工薪酬"科目,同时借记"应付职工薪酬"科目,贷记"累计折旧"科目;租赁住房等资产提供职工无偿使用的,按每期支付的租金,借记"管理费用"、"生产成本"、"制造费用"等科目,贷记"应付职工薪酬"科目。

(3)因解除与职工的劳动关系给予的补偿,借记"管理费用"科目,贷记"应付职工薪酬"科目。

(4)企业以现金与职工结算的股份支付,在等待期内每个资产负债表日,按当期应确认的成本费用金额,借记"管理费用"、"生产成本"、"制造费用"等科目,贷记"应付职工薪酬"科目;在可行权日后结算的股份支付当期公允价值的变动金额,借记或贷记"公允价值变动损益"科目,贷记或借记"应付职工薪酬"科目,企业(外商)按规定从净利润提取的职工奖励及福利基金,借记"利润分配——提取的职工奖励及福利基金"科目,贷记"应付职工薪酬"科目。

(二)企业发放职工薪酬的账务处理。

(1)向职工支付工资、奖金、津贴、福利费等,从应付职工薪酬中代扣的各种款项(如代垫的家属医药费、个人所得税)等,借记"应付职工薪酬"科目,贷记"银行存款"、"库存现金"、"其他应收款"、"应交税费——应交个人所得税"等科目。

(2)支付工会经费和职工教育经费用于工会活动和职工培训,借记"应付职工薪酬"科目,贷记"银行存款"等科目。

(3)按国家有关规定缴纳的社会保险费和住房公积金,借记"应付职工薪酬"科目,贷记"银行存款"科目。

(4)企业以其自产产品发放给职工时,借记"应付职工薪酬"科目,贷记"主营业务收入"科目;同时,还应结转产成品的生产成本;涉及增值税销项税额的,还应进行相应处理;支付租赁住房等资产提供给职工无偿使用所发生的租金,借记"应付职工薪酬"科目,贷记"银行存款"等科目。

(5)企业以现金与职工计算的股份支付,在行权日,借记"应付职工薪酬"科目,贷记"银行存款"、"库存现金"等科目。

(6)企业因解除与职工的劳动关系给予职工的补偿,借记"应付职工薪酬"科目,贷记"银行存款"、"库存现金"等科目。

四、应付职工薪酬核算举例

【例11-8】广州珠江实业股份有限公司应付给员工的工资为156 000元,其中生产车间工人工资为80 000元,车间管理人员工资15 000元,行政管理人员工资35 000元,销售人员工资16 000元,研发人员工资10 000元。本月代扣应付的水电费6 800

元，代扣个人应交所得税 2 000 元，代扣应收的赔款 700 元，要求分配工资费用、开出现金支票提取现金并发放职工工资，并开出转账支票将代扣的水电费转给有关部门。

分配工资费用：

借：生产成本——基本生产成本	80 000
制造费用	15 000
管理费用	35 000
销售费用	16 000
研发支出	10 000
贷：应付职工薪酬——工资	156 000

发放职工工资：

代扣款项 = 6 800 + 2 000 + 700 = 9 500（元）

实发工资 = 156 000 - 9 500 = 146 500（元）

借：库存现金	146 500
贷：银行存款	146 500
借：应付职工薪酬——工资	156 000
贷：库存现金	146 500
其他应付款——水电费	6 800
其他应收款	700
应交税费——应交个人所得税	2 000

将代扣的水电费转账：

借：其他应付款——水电费	6 800
贷：银行存款	6 800

【例 11-9】广州珠江实业股份有限公司本月生产工人工资为 50 000 元，车间管理人员工资为 5 000 元，销售人员工资为 10 000 元，供电车间人员工资为 8 000 元，医务人员工资为 6 000 元，行政管理人员工资为 25 000 元，月末分配工资费用并按工资的 10% 计算提取职工福利费。分配工资费用：

借：生产成本——基本生产成本	50 000
——辅助生产成本	8 000
制造费用	5 000
应付职工薪酬——职工福利	6 000
管理费用	25 000
销售费用	10 000
贷：应付职工薪酬——工资	104 000

计提职工福利费 10%：

借：生产成本——基本生产成本	5 000
生产成本——辅助生产成本	800
制造费用	500
管理费用	3 100

| 销售费用 | 1 000 |
| 贷：应付职工薪酬——职工福利 | 10 400 |

【例 11-10】 广州珠江股份有限公司为一家生产彩电的企业，共有职工 100 名，2012 年 2 月，广州珠江实业股份有限公司以其生产的成本为 5 000 元的液晶彩电和外购的每台不含税价格为 500 元的电暖气作为春节福利发放给公司职工。该型号液晶彩电的售价为每台 7 000 元，某公司适用的增值税税率为 17%；广州珠江实业股份有限公司购买电暖气开具了增值税专用发票，增值税税率为 17%。假定 100 名职工中 85 名为直接参加生产的职工，15 名为总部管理人员。

分析：广州珠江实业股份有限公司以自己生产的产品作为福利发放给职工，应计入成本费用的职工薪酬金额以公允价值计量，计入主营业务收入，产品按照成本结转，但要根据相关税收规定，视同销售计算增值税销项税额。

彩电的售价总额 = 7 000 × 85 + 7 000 × 15 = 595 000 + 105 000 = 700 000（元）

彩电的增值税销项税额 = 7 000 × 85 × 17% + 7 000 × 15 × 17% = 101 150 + 17 850 = 1 19 000（元）。公司决定发放非货币性福利时，应作如下账务处理：

借：生产成本	696 150
管理费用	122 850
贷：应付职工薪酬——非货币性福利	819 000

实际发放非货币性福利时，应作如下账务处理：

借：应付职工薪酬——非货币性福利	819 000
贷：主营业务收入	700 000
应交税费——应交增值税（销项税额）	119 000
借：主营业务成本	500 000
贷：库存商品	500 000

电暖气的售价金额 = 500 × 85 + 500 × 15 = 42 500 + 7 500 = 50 000（元）

电暖气的进项税额 = 500 × 85 × 17% + 500 × 15 × 17% = 7 225 + 1 275 = 8 500（元）

公司决定发放非货币性福利时，应作如下账务处理：

借：生产成本	49 725
管理费用	8 775
贷：应付职工薪酬——非货币性福利	58 500

购买电暖气时，公司应作如下账务处理：

| 借：应付职工薪酬——非货币性福利 | 58 500 |
| 贷：银行存款 | 58 500 |

第五节　应交税费

一、应交税费概述

（一）应交税费的概念

应交税费是指企业应按照法律规定向国家交纳的各种税费。在企业产生纳税义务时，应该按照权责发生制的要求，将有关税费计入费用。税费是企业的一项支出，在尚未实际交纳之前，形成了企业的流动负债，就等同于借了政府一笔无息资金，从而形成企业对税务部门的负债，即应交税费。可见，应交税费就是指企业在经营过程中根据税法的规定应向税务部门缴纳的税金。税金按其征税对象不同，分为流转税、所得税、其他税种。流转税是指对从商品生产、销售，以及提供劳务的企业，按营业收入计算征收的税金，它包括增值税、消费税、营业税。所得税指对企业按税法计算的所得额征收的税金，包括个人所得税和企业所得税。其他税种指除流转税、所得税以外的税种，包括城市维护建设税、土地增值税、房产税、车船使用税、资源税、印花税等。

（二）应交税费总分类核算的科目设置

为了反映各种税费的计算和缴纳情况，企业应设置"应交税费"科目。该科目的贷方登记应缴纳的各种税费，包括增值税、消费税、营业税、所得税、资源税、土地增值税、城市维护建设税、房产税、土地使用税、车船使用税等税种；借方登记已缴纳或抵扣的各种税费。期末贷方余额反映尚未缴纳的税费，期末如为借方余额则反映企业多缴或尚未抵扣的税金。"应交税费"科目应按照应交税费的税费项目设置明细科目进行明细核算。应注意的是，企业缴纳的印花税、耕地占用税、车辆购置税、契税等可以不通过"应交税费"科目核算。下面分税种介绍应交税费的计算和账务处理。

二、增值税的核算

（一）增值税概述

增值税是流转税中的主要税种，是就企业货物或劳务增值部分征收的税金。在我国境内销售货物或者提供加工、修理修配劳务以及进口货物的单位和个人为增值税纳税义务人。为了严格增值税的征收管理和简化某些经营规模小的纳税人的计税办法，《中华人民共和国增值税暂行条例》参照国际惯例，将纳税人按其经营规模及会计核算健全与否划分为一般纳税人和小规模纳税人。小规模纳税人是指年销售额在规定的数额以下（从事货物生产或提供应税劳务的纳税人，以及从事货物生产或提供应税劳务为主，并兼营货物批发或零售的纳税人，年应税销售额在50万元以下；从事货物批发或零售的纳税人，年应税销售额在80万元以下），并且会计核算不健全（不能正确核算增值税的销项税额、进项税额和应纳税额），不能按规定报送有关税务资料的增值税纳税人。年应税销售额超过小规模纳税人标准的个人、非企业性单位、不经常发生应税行为的企业，视同小规模纳税人纳税。下面分别介绍一般纳税人和小规模纳税人的增值税的核算。

(二) 一般纳税人增值税的核算

1. 应纳增值税的计算

增值税是一种价外税，按照《中华人民共和国增值税暂行条例》（以下简称《增值税暂行条例》）规定，应纳增值税的计算采用税款抵扣制，即根据本期销售货物或提供应税劳务销售额，按规定的税率计算应纳税额（销项税额），扣除本期购入货物或接受应税劳务已纳增值税额（进项税额），余额即为纳税人实际应缴纳的增值税款。这种计算方法体现了按增值因素计税的原则，计算公式为：应纳增值税 = 本期销项税额 － 本期进项税额，本期销项税额 = 本期销售额 × 增值税税率，其中，本期销售额为不含增值税的销售额，在增值税发票上销售额和增值税以价和税分别反映。如果销售额为含税销售额，在计算本期销项税额时，必须将含税销售额换算成不含税销售额，计算公式为：不含税销售额 = 含税销售额 ÷（1 + 增值税税率）。

增值税税率有基本税率（17%）、低税率（13%）和零税率三档。企业购入货物或接受劳务必须具备以下凭证，其进项税额才能予以扣除：

(1) 增值税专用发票。实行增值税以后，一般纳税企业销售货物或者提供应税劳务均应开具增值税专用发票，增值税专用发票记载了销售货物的售价、税率以及税额等，购货方以增值税专用发票上记载的购入货物已支付的税额，作为扣税和记账的依据。

(2) 完税凭证。企业进口货物必须交纳增值税，其交纳的增值税在完税凭证上注明，进口货物交纳的增值税根据从海关取得的完税凭证上注明的增值税额，作为扣税和记账依据。

(3) 购进免税农产品，按照经税务机关批准的收购凭证上注明的价款或收购金额的一定比率计算进项税额，并以此作为扣税和记账的依据。

(4) 运费单据。外购货物所支付的运杂费，按运费单据所列运费金额和建设基金的 7% 的扣除率计算进项税额。

2. 增值税核算的明细科目设置

一般纳税人企业应在"应交税费"总账科目下，设置"应交增值税"和"未交增值税"两个明细科目。

(1) "应交税费——应交增值税"账户明细科目账页格式采用多栏式，分别设置"进项税额"、"已交税金"、"销项税额"、"出口退税"、"进项税额转出"、"转出未交增值税"、"转出多交增值税"、"减免税款"、"出口抵减内销产品应纳税额"等专栏。账户各专栏所反映的经济内容为：①"进项税额"专栏，记录企业购入货物或接受应税劳务而支付，准予从销项税额中抵扣的增值税额。企业购入货物或接受应税劳务支付的进项税额，用蓝字登记；退回所购货物应冲销的进项税额，用红字登记。②"已交税金"专栏，记录企业已交纳的增值税额，企业已交纳的增值税额用蓝字登记；退回多交的增值税额用红字登记。③"销项税额"专栏，记录企业销售货物或提供应税劳务应收取的增值税额。企业销售货物或提供应税劳务应收取的销项税额，用蓝字登记；退回销售货物应冲销的销项税额用红字登记。④"出口退税"专栏，记录企业出口货物，向海关办理报关出口手续后，凭出口报关单等有关凭证，向税务机关申报办理出口退税而收到退回的税款。出口货物退回的增值税额，用蓝字登记；出口货物办理退税后发生退货或者退关而补交已退的税款，用红字登记。⑤"进项税额转出"专栏，记录企业的购进货物、在产品、产成品等发生非正常损失以及因其他原因而不应从销项税额中抵扣，按规定转出的进项税额。⑥"转出多交增值税"专栏，反映企业月份终了转出多交的增值税。⑦"转出未交增值税"专栏，反映企业月份终了转出未交的增值税。⑧"减免税款"专栏，反映企业按规定减免的增值税款。⑨"出口抵减内销产品应纳税额"专栏，反映企业按照规定计算的出口货物的进项税额抵减内销产品的应纳税额。

（2）"未交增值税"明细科目，用来登记月末从"应交增值税"明细科目中转入的本月未交或多交的增值税。

3. 增值税核算的主要账务处理

一般纳税企业在账务处理上的主要特点是：

在购进阶段，账务处理时实行价与税的分离，价与税分离的依据为增值税专用发票上注明的增值税和价款，属于价款部分，计入购入货物的成本，属于增值税额部分，计入进项税额。

在销售阶段，销售价格中不再含税，如果定价时含税，应还原为不含税价格作为销售收入，向购买方收取的增值税作为销项税额。

（1）企业采购物资等时，按应计入采购成本的金额，借记"材料采购"、"在途物资"或"原材料"、"库存商品"等科目，按可抵扣的增值税额，借记"应交税费——应交增值税（进项税额）"科目，按应付或实际支付的金额，贷记"银行存款"、"应付账款"、"应付票据"等科目。购入物资发生退货时，编制相反的会计分录。

（2）企业销售物资或提供应税劳务时，按营业收入和应收取的增值税额，借记"应收账款"、"应收票据"、"银行存款"等科目，按专用发票注明的增值税额，贷记"应交税费——应交增值税（销项税额）"科目，按实现的营业收入额，贷记"主营业务收入"科目、"其他业务收入"科目。发生的销售退回，编制相反的会计分录。

（3）实行"免、抵、退"的企业，按应收的出口退税额，借记"其他应收款"科目，贷记"应交税费——应交增值税（出口退税）"科目。

（4）企业缴纳增值税时，借记"应交税费——应交增值税（已交税金）"科目，贷记"银行存款"科目。

4. 增值税核算举例

（1）企业一般购销业务核算举例。实行增值税的一般纳税企业，销售货物或提供劳务可以开具增值税专用发票，增值税专用发票上注明的价款是不含税的，如果企业销售货物或者提供应税劳务采用销售额和销项税额合并定价方法的，按公式"销售额＝含税销售额÷（1＋税率）"还原为不含税的销售额，并按不含税销售额计算销项税额；购入货物取得的增值税专用发票上注明的价款和增值税，属于价款部分计入购入货物的成本中，属于增值税税额部分计入进项税额，可以用于对销项税额抵扣。

【例11-11】广州珠江实业股份有限公司为增值税一般纳税人，采用实际成本进行日常材料核算。本期购入原材料一批，增值税专用发票上注明的原材料价款为500万元，增值税额为85万元。货款已经支付，材料已经到达并验收入库。该企业当期销售产品收入为1 200万元（不含应向购买者收取的增值税），符合收入确认条件，货款尚未收到。假如该产品的增值税税率为17%。广州珠江实业股份有限公司的会计业务处理如下：

（1）购买材料并验收入库：

借：原材料	5 000 000
应交税费——应交增值税（进项税额）	850 000
贷：银行存款	5 850 000

（2）销售商品：

销项税额 = 1 200 × 17% = 204（万元）

借：应收账款	14 040 000
贷：主营业务收入	12 000 000
应交税费——应交增值税（销项税额）	2 040 000

（2）视同销售业务核算举例。在企业经营过程中，有些业务不是销售业务，但按照增值税暂行条例及其实施细则的规定，应视同销售业务，需交纳增值税并开具增值税发票。视同销售业务主要有：①将自产或委托加工的货物用于非应税项目；②将自产或委托加工的货物用于集体福利或个人消费；③将自产、委托加工或购买的货物用于投资、提供给其他单位或个体经营者；④将自产、委托加工或购买的货物分配给股东或投资者；⑤将自产、委托加工或购买的货物无偿赠送他人。

视同销售业务，计算增值税时销售额的确定方法包括：按当月同类货物的平均销售价格确定；按最近时期同类货物的平均销售价格确定；按组成计税价格确定，其计算公式为：组成计税价格 = 成本 × （1 + 成本利润率）。对于税法上某些视同销售的行为，如以自产产品对外投资，从会计角度看属于非货币性资产交换，会计核算遵照非货币性资产交换准则进行会计处理。总之，无论会计上如何处理，只要税法规定需要交纳增值税的，应当计算交纳增值税销项税额，并计入"应交税费——应交增值税"科目中的"销项税额"专栏。

【例11-12】广州珠江实业股份有限公司为增值税一般纳税人，本期以自产产品对KT公司投资，双方协议按产品的售价作价。该批产品的成本100万元，假设售价和计税价格均为120万元。该产品的增值税税率为17%。假如该笔交易符合非货币性资产交换准则规定的按公允价值计量的条件，KT公司收到投入的产品作为原材料使用。广州珠江实业股份有限公司、KT公司的会计业务处理分别如下：

（1）广州珠江实业股份有限公司会计业务处理：

对外投资转出计算的销项税额 = 120 × 17% = 20.4（万元）

借：长期股权投资	1 404 000
贷：主营业务收入	1 200 000
应交税费——应交增值税（销项税额）	204 000

借：主营业务成本 1 000 000
　　贷：库存商品 1 000 000
（2）KT 公司会计业务处理：
收到投资时，视同购进处理。
借：原材料 1 200 000
　　应交税费——应交增值税（进项税额） 204 000
　　贷：实收资本（或股本） 1 404 000

（3）不予以抵扣项目核算举例。纳税企业购进货物或接受应税劳务已支付的增值税并不是都可以抵扣的，比如下列情况下产生的增值税按税法规定则不允许抵扣：①部分固定资产；②用于非应税项目的购进货物或者应税劳务；③用于免税项目的购进货物或者应税劳务；④用于集体福利或者个人消费的购进货物或者应税劳务；⑤非正常损失的购进货物；⑥非正常损失的在产品、库存商品所耗用的购进货物或者应税劳务。

不予抵扣项目分为两种情况：第一种情况，属于购入物资即能认定其进项税额不能抵扣的。第二种情况，属于原先购入物资即能认定其进项税额能抵扣，即进项税额已记入"应交税费——应交增值税（进项税额）"科目，但后来由于购入物资改变用途或发生非常损失，原已确认的进项税额不得从销项税额中抵扣，只能作为进项税额转出。

【例 11-13】广州珠江实业股份有限公司购入小轿车，增值税发票上注明价款为 400 000 元，增值税额为 68 000 元，款项已支付，该设备已交付使用。据此资料，编制会计分录如下：
借：固定资产——小轿车 468 000
　　贷：银行存款 468 000

【例 11-14】广州珠江实业股份有限公司为增值税一般纳税人，本期购入一批材料，增值税专用发票上注明的增值税额为 25.5 万元，材料价款 150 万元。材料已入库，货款已经支付。材料入库后，该企业将该批材料全部用于办公楼工程建设项目。
广州珠江实业股份有限公司会计业务处理如下：
（1）材料入库时：
借：原材料 1 500 000
　　应交税费——应交增值税（进项税额） 255 000
　　贷：银行存款 1 755 000
（2）工程领用材料时：
借：在建工程 1 755 000
　　贷：应交税费——应交增值税（进项税额转出） 255 000
　　　　原材料 1 500 000

（4）购入免税产品的会计处理。按照《增值税暂行条例》的规定，对农业生产者销售自产的农业产品、古旧图书等部分项目免征增值税，所以，企业销售免征增值税项目的货物，不能开具增值税专用发票，只能开具普通发票。一般纳税人购进农业生产者销售的免税农业产品，只能取得普通发票，一般情况下不能扣税。但税法规定，对于购进的免税农业产品可以按买价（或收购金额）的13%计算进项税额，并准予从销项税额中抵扣。所谓买价，是指企业购进免税农业产品支付给农业生产者的价款。

【例11-15】 广州珠江实业股份有限公司为增值税一般纳税人，采用实际成本进行日常材料核算。本期收购农业产品，实际支付的价款为300万元，收购的农业产品已验收入库，款项已经支付。

广州珠江实业股份有限公司会计业务处理如下：

进项税额 = 300 × 13% = 39（万元）

借：原材料	2 610 000
应交税费——应交增值税（进项税额）	390 000
贷：银行存款	3 000 000

（5）转出多交增值税和未交增值税的会计处理举例。为了分别反映增值税一般纳税企业欠交增值税款和待抵扣增值税的情况，避免出现企业在以前月份有欠交增值税，以后月份有未抵扣增值税时，用以前月份欠交增值税抵扣以后月份未抵扣的增值税的情况，确保企业及时足额上交增值税，企业应在"应交税费"账户下设置"未交增值税"明细账户，核算企业月份终了从"应交税费——应交增值税"账户中转入的当月未交或多交的增值税；同时，在"应交税费——应交增值税"账户下设置"转出未交增值税"和"转出多交增值税"专栏。

【例11-16】 广州珠江实业股份有限公司2012年6月份销售商品等发生的增值税销项税额为100万元，购进原材料等支付增值税进项税额为80万元，月初没有未抵扣的以及欠交或多交的增值税，6月上交增值税15万元。

广州珠江实业股份有限公司的会计业务处理如下：

6月份应交增值税 = 100 - 80 = 20（万元）

借：应交税费——应交增值税（已交税金）	150 000
贷：银行存款	150 000
借：应交税费——应交增值税（转出未交增值税）	50 000
贷：应交税费——未交增值税	50 000

【例11-17】 广州珠江实业股份有限公司2012年6月发生的增值税销项税额为100万元，进项税额为102万元，则月末不需编制会计分录，此时"应交税费——应交增值税"账户有借方余额2万元，属于尚未抵扣的增值税。

若广州珠江实业股份有限公司6月发生的增值税销项税额为100万元，进项税额为80万元，6月交纳当月增值税30万元（在已交税金明细科目核算），此时"应交税费——应交增值税"账户没有余额，月末应编制如下会计分录：

借：应交税费——未交增值税	100 000
贷：应交税费——应交增值税（转出多交增值税）	100 000

若广州珠江实业股份有限公司本月发生的增值税销项税额为100万元，进项税额为120万元，6月交纳当月增值税30万元，此时"应交税费——应交增值税"账户有借方余额20万元，属于尚未抵扣的增值税，月末应编制如下会计分录：

借：应交税费——未交增值税	300 000	
贷：应交税费——应交增值税（转出多交增值税）		300 000

（三）小规模纳税人增值税的核算

按照《增值税暂行条例》规定，实行增值税的小规模纳税企业，销售货物或提供劳务只能开具普通发票，不能开具增值税专用发票。小规模纳税企业销售货物或提供劳务实行简易办法计算应纳税额，按照销售额的一定比例计算征收，其中销售额不包括其应纳税额，征收率为3%。如果企业销售货物或者提供应税劳务采用销售额和应纳税额合并定价方法的，按公式"销售额=含税销售额÷(1+3%)"还原为不含税的销售额，并按不含税销售额计算应纳税额。值得注意的是，小规模纳税企业购入货物无论是否取得增值税专用发票，其支付的增值税均不计入进项税额，只能计入购入货物的成本中。相应地，其他企业从小规模纳税企业购入货物或接受劳务支付的增值税，如果不能取得由税务代开增值税专用发票，也不能作为进项税额抵扣，而应计入购入货物或应税劳务的成本中。

1. 小规模纳税人增值税核算的明细科目设置

在"应交税费"总账科目下，设置"应交增值税"明细科目，其账页格式采用"借、贷、余"三栏式。借方登记企业已经向税务局交纳的增值税额，贷方登记企业销售货物或提供应税劳务应支付的增值税额，期末贷方余额反映期末未交增值税额。

2. 小规模纳税人增值税核算的账务处理

企业购入货物时，发生的增值税计入货物成本，借记"原材料"、"材料采购"、"在途材料"等科目，贷记"银行存款"科目。企业销售货物时，按确认的销售收入和应收的增值税额，借记"银行存款"、"应收账款"等科目，按确认的销售收入，贷记"主营业务收入"等科目，按计算确认的应纳税增值税额，贷记"应交税费——应交增值税"科目。企业交纳增值税时，借记"应交税费——应交增值税"科目，贷记"银行存款"科目。

3. 小规模纳税人增值税核算举例

【例 11-18】 广州珠江实业股份有限公司核定为小规模纳税人，本期购入原材料，按照增值税专用发票上记载的原材料价款为100万元，支付的增值税税额为17万元，企业开出承兑的商业汇票，材料已到达并验收入库（材料按实际成本核算）。该企业本期销售产品，销售价格总额为90万元（含税），假定符合收入确认条件，货款尚未收到。

根据上述经济业务，企业应作如下账务处理：

(1) 购进货物时：

借：原材料	1 170 000	
贷：应付票据		1 170 000

(2) 销售货物时：

不含税价格 = 90÷(1+3%) = 87.378 6（万元）

应交增值税：873 786×3% = 2.621 4（万元）

借：应收账款	900 000	
贷：主营业务收入		873 786
应交税费——应交增值税		26 214

三、消费税的核算

(一) 消费税概述

消费税是对在我国境内生产、委托加工和进口应税消费品的单位和个人，按其流转额征收的一种税。国家对某些消费品除征收增值税外，还征收消费税，其目的是通过征收税费，调节产品结构，引导消费方向，保证国家财政收入。征收消费税的消费品是：烟、酒及酒精、化妆品、贵重首饰及珠宝玉石、鞭炮和烟花、汽油、柴油、汽车轮胎、摩托车、小汽车等。

(二) 消费税的计算

消费税实行价内征收，其计税依据与增值税口径相同，消费税的征收方法采取从价定率和从量定额两种方法。

1. 从价定率

实行从价定率征收，其应纳税额的计算公式是：应纳税额＝销售额×适用税率，其中，销售额为不含增值税的销售额，包括价外收取的基金、集资费、返还利润、补贴、违约金（延期付款利息）和手续费、包装费、储备费、优质费、运输装卸费、代收款项、代垫款项以及其他各种性质的价外收费。销售额的确定方法如下：

(1) 对外销售的应税消费品，其销售额为不含增值税的销售额；

(2) 自产自用的应税消费品，以纳税人生产的同类消费品的销售价格作为销售额；

(3) 委托加工的应税消费品，以受托方的同类消费品的销售价格作为销售额，没有同类消费品销售价格的，以组成计税价格作为销售额：组成计税价格＝(材料成本＋加工费)÷(1－消费税税率)；

(4) 进口的应税消费品，以组成计税价格作为销售额：组成计税价格＝(关税完税价格＋关税)÷(1－消费税税率)。如果企业应税消费品的销售额中未扣除增值税税款，或者因不能开具增值税专用发票而发生价款和增值税税款合并收取的，在计算消费税时，按公式"应税消费品的销售额＝含增值税的销售额÷(1＋增值税税率或征收率)"换算为不含增值税税款的销售额。

2. 从量定额

实行从量定额征收，其应纳税额的计算公式是：应纳税额＝销售数量×单位税额。应税消费品销售量的确定方法如下：

(1) 对外销售的应税消费品为销售的数量；

(2) 自产自用的应税消费品为移送使用数量；

(3) 委托加工的应税消费品为纳税人收回的应税消费品数量；

(4) 进口的应税消费品为海关核定的应税消费品进口征税数量。不同的应税消费品其税法规定的单位税额也不同。

(三) 消费税核算的明细科目设置

企业按规定应交的消费税，在"应交税费"总账科目下，设置"应交消费税"明细科目，用来核算消费税的应交、已交和期末未交消费税额。其账页格式采用"借、贷、余"三栏式。"应交消费税"明细科目的借方发生额，反映实际交纳的消费税和待扣的消费税；贷方发生额，反映按规定应交纳的消费税；期末贷方余额，反映尚未交纳的消费税；期末借方余额，反映多交或待扣的消费税，"应交消费税"与其他应交税费一起，作为流动负债项目，列示于资产负债表中。

（四）消费税核算的账务处理及举例

1. 销售应税消费品的处理

销售应税消费品时，按主营业务收入和其他业务收入计算应交的消费税，按应交消费税额，借记"营业税金及附加"科目，贷记"应交税费——应交消费税"科目。

【例 11-19】 广州珠江实业股份有限公司为摩托车制造企业，本月份销售 200 辆摩托车，每辆销售价格 5 000 元（不含应向购买方收取的增值税额），货款存入银行。摩托车每辆成本 3 000 元，增值税税率为 17%，消费税税率为 10%。

应交纳的消费税 = 5 000 × 200 × 10% = 100 000（元）
应交纳的增值税 = 5 000 × 200 × 17% = 170 000（元）

```
借：银行存款                                    1 170 000
   贷：主营业务收入                                1 000 000
       应交税费——应交增值税（销项税额）              170 000
借：主营业务成本                                   600 000
   贷：库存商品                                      600 000
月末计提应交的消费税：
借：营业税金及附加                                 100 000
   贷：应交税费——应交消费税                         100 000
```

2. 视同销售的应税消费品的处理

企业将自产的应税消费品用于对外投资或用于本企业的生产经营、在建工程等，按税法规定仍需缴纳消费税，按应交消费税额计入有关成本；企业以应税消费品换取生产资料和消费资料、抵偿债务等，也应视同销售进行会计处理。企业以应税消费品换取生产资料和消费资料的，应按售价借记"材料采购"等账户，贷记"主营业务收入"账户；以应税消费品抵偿债务的，按售价借记有关"应付账款"等账户，贷记"主营业务收入"账户。以应税消费品支付代购手续费，按售价借记"应付账款"、"材料采购"等账户，贷记"主营业务收入"账户；企业用应税消费品对外投资，或用于在建工程、非生产机构等其他方面，按规定应交纳的消费税，应计入有关的成本。

【例 11-20】 广州珠江实业股份有限公司将自产的应税消费品用于在建工程，该批消费品的成本为 400 000 元，计税价格为 600 000 元（出厂价）。适用的增值税税率为 17%，适用的消费税税率为 10%。

```
借：在建工程                                      562 000
   贷：库存商品                                      400 000
       应交税费——应交增值税（销项税额）              102 000
             ——应交消费税                           60 000
```

【例11-21】广州珠江实业股份有限公司将自产的应税消费品发放给生产工人,该批消费品的成本为20 000元,计税价格为22 000元(出厂价)。适用的增值税率为17%,适用的消费税率为10%。

借:生产成本——基本生产成本　　　　　　　　　　　25 740
　　贷:应付职工薪酬——非货币性福利　　　　　　　　　　25 740
借:应付职工薪酬——非货币性福利　　　　　　　　　25 740
　　贷:主营业务收入　　　　　　　　　　　　　　　　　　22 000
　　　　应交税费——应交增值税(销项税额)　　　　　　　3 740
借:主营业务成本　　　　　　　　　　　　　　　　20 000
　　贷:库存商品　　　　　　　　　　　　　　　　　　　　20 000

月末计提应交的消费税:
借:营业税金及附加　　　　　　　　　　　　　　　2 200
　　贷:应交税费——应交消费税　　　　　　　　　　　　　2 200

3. 委托加工的应税消费品处理

委托加工应税消费品是指由委托方提供原料和主要材料,受托方只收取加工费和代垫部分辅助材料加工的应税消费品。按税法规定一般由受托方在向委托方交货时代扣代缴消费税(受托加工或翻新改制金银首饰按规定由受托方交纳消费税的除外)。委托方所纳税额,根据委托加工收回后的应税消费品用途不同分为两种情况:一种是委托方收回后用于继续加工应税消费品时,其所纳税款可以在继续加工后的应税消费品的应纳消费税额中抵扣。在支付给受托方消费税时,借记"应交税费——应交消费税"科目,在收回继续加工后的应税消费品销售时,贷记"应交税费——应交消费税"科目,企业按贷方减去借方的差额向税务部门缴纳消费税。另一种是委托方收回后直接用于销售,其所纳税款计入委托加工的应税消费品的成本,在销售时,不再交纳消费税,委托方应将代扣代交的消费税计入委托加工的应税消费品成本,借记"委托加工物资"、"生产成本"等账户,贷记"应付账款"、"银行存款"等账户,待委托加工应税消费品销售时,不需要再交纳消费税。

【例11-22】广州珠江实业股份有限公司委托外单位加工材料,原材料价款20万元;加工费用5万元;由受托方代收代缴的消费税0.5万元(不考虑增值税);委托物资已经加工完毕验收入库。加工费用、消费税均已支付。

(1) 如果广州珠江实业股份有限公司(委托方)收回加工后的物资用于继续生产应税消费品,其会计业务处理如下:

①发出委托加工物资:
借:委托加工物资　　　　　　　　　　　　　　　　200 000
　　贷:原材料　　　　　　　　　　　　　　　　　　　　　200 000
②支付加工费与消费税:
借:委托加工物资　　　　　　　　　　　　　　　　50 000
　　应交税费——应交消费税　　　　　　　　　　　　5 000
　　贷:银行存款　　　　　　　　　　　　　　　　　　　　55 000

③收回委托加工物资：

借：原材料 250 000
　　贷：委托加工物资 250 000

（2）如果广州珠江实业股份有限公司（委托方）收回加工后的物资直接用于销售，其会计业务处理如下：

借：委托加工物资 200 000
　　贷：原材料 200 000
借：委托加工物资 55 000
　　贷：银行存款 55 000
借：原材料 255 000
　　贷：委托加工物资 255 000

4. 进出口应税消费品的账务处理

企业进口应税物资在进口环节应交的消费税，计入该项物资的成本，借记"材料采购"、"在途物资"、"固定资产"等科目，贷记"银行存款"科目。免征消费税的出口应税消费品分别不同情况进行账务处理：属于生产企业直接出口应税消费品或通过外贸企业出口应税消费品，按规定直接予以免税的，可以不计算应交消费税；属于委托外贸企业代理出口应税消费品的生产企业，应在计算消费税时，按应交消费税税额，借记"应收账款"科目，贷记"应交税费——应交消费税"科目。应税消费品出口收到外贸企业退回的税金时，借记"银行存款"科目，贷记"应收账款"科目。发生退关、退货而补交已退的消费税，作相反的会计分录。

【例 11-23】广州珠江实业股份有限公司从国外进口一批需要交纳消费税的商品，商品价值 2 000 000 元，进口环节需要交纳的消费税为 400 000 元（不考虑增值税），采购的商品已验收入库，货款尚未支付，税款已通过银行支付。请编制该企业会计分录。

借：库存商品 2 400 000
　　贷：应付账款 2 000 000
　　　　银行存款 400 000

四、营业税的核算

（一）营业税概述

营业税是对我国境内提供应税劳务和出租、转让无形资产或者销售不动产的单位或个人，就其取得的营业额征收的一种流转税。应税劳务是指交通运输、建筑、金融保险、邮电通信、文化体育、娱乐、服务等劳务。

（二）营业税的计算

营业税是按照营业额和规定的税率计算应纳税额的，其计算公式：应纳营业税额＝营业额×营业税税率。营业额是指企业提供劳务和出租、转让无形资产或者销售不动产向对方收取的全部价款和价外费用。价外费用包括向对方收取的手续费、代收款项、代垫款项、集资费及其他各种性质的价外费用。营业税税率按国家税法规定确定。

(三) 营业税核算的科目设置及账务处理

在"应交税费"总账科目下,设置"应交营业税"明细科目,用来核算营业税的应交、已交和期末未交数。其账页格式采用"借、贷、余"三栏式。借方登记企业已向税务部门缴纳的营业税额,贷方登记企业应支付的营业税额,期末贷方余额反映期末未交营业税额。企业按规定计算应交纳的营业税额,借记"营业税金及附加"科目,贷记"应交税费——应交营业税"科目,实际交纳营业税时,借记"应交税费——应交营业税"科目,贷记"银行存款"科目。出售不动产计算应交的营业税,借记"固定资产清理"科目,贷记"应交税费——应交营业税"科目。

(四) 营业税核算举例

1. 与营业收入相关营业税的会计处理

企业提供应税劳务,按主营业务收入和其他业务收入计算应交的营业税,通过"营业税金及附加"和"应交税费——应交营业税"科目核算。

【例11-24】某旅行社本月营业收入总额为185 000元,月末按规定税率5%计提应交的营业税。

借:营业税金及附加　　　　　　　　　　　　　　　　　　　　　9 250
　　贷:应交税费——应交营业税　　　　　　　　　　　　　　　　9 250

【例11-25】广州珠江实业股份有限公司除了生产产品外,也对外提供运输服务,本月该项收入为5 000元,款项收到并存入银行,营业税税率为3%。

据以上资料,编制会计分录如下:

取得收入存入银行时:

借:银行存款　　　　　　　　　　　　　　　　　　　　　　　　5 000
　　贷:其他业务收入　　　　　　　　　　　　　　　　　　　　　5 000

计算应交营业税税额时:

应纳营业税 = 5 000 × 3% = 150(元)

借:营业税金及附加　　　　　　　　　　　　　　　　　　　　　　150
　　贷:应交税费——应交营业税　　　　　　　　　　　　　　　　　150

2. 销售不动产相关的营业税的会计处理

企业销售不动产,应当向不动产所在地主管税务机关申报交纳营业税。一般企业销售不动产按规定应交的营业税,在"固定资产清理"账户核算。房地产开发企业经营房屋不动产应交的营业税,应记入"营业税金及附加"账户,处置投资性房地产应交的营业税,应记入"营业税金及附加"账户。

【例11-26】广州珠江实业股份有限公司将不需用的厂房一栋进行出售,原价5 000 000元,已提折旧2 400 000元,出售收入3 200 000元,价款存入银行,出售过程中以存款支付清理费10 000元。营业税税率为5%。

相关会计分录如下:

应交营业税 = 3 200 000 × 5% = 160 000(元)

（1）冲销处置的固定资产账面价值：

借：固定资产清理　　　　　　　　　　　　　　　　　2 600 000
　　累计折旧　　　　　　　　　　　　　　　　　　　2 400 000
　　贷：固定资产　　　　　　　　　　　　　　　　　　　　　　5 000 000

（2）支付清理费用：

借：固定资产清理　　　　　　　　　　　　　　　　　　　10 000
　　贷：银行存款　　　　　　　　　　　　　　　　　　　　　　　10 000

（3）收到变价收入款：

借：银行存款　　　　　　　　　　　　　　　　　　　3 200 000
　　贷：固定资产清理　　　　　　　　　　　　　　　　　　　　3 200 000

（4）销售不动产应交纳营业税：

借：固定资产清理　　　　　　　　　　　　　　　　　　160 000
　　贷：应交税费——应交营业税　　　　　　　　　　　　　　　160 000

（5）结转清理后的净收益：

借：固定资产清理　　　　　　　　　　　　　　　　　　430 000
　　贷：营业外收入　　　　　　　　　　　　　　　　　　　　　430 000

3．出租或出售无形资产相关营业税的会计处理

在会计核算时，出租无形资产应交纳的营业税应通过"营业税金及附加"科目核算，出售无形资产应交纳的营业税，通过"营业外收入"或"营业外支出"科目核算。

【例11-27】 广州珠江实业股份有限公司出售专利权一项，账面成本为300 000元，累计摊销120 000元，已计提无形资产减值准备30 000元，转让收入145 000元，款项存入银行，营业税税率为5%。

累计摊销=120 000（元）

账面净值=300 000-120 000-30 000=150 000（元）

应交营业税=145 000×5%=7 250（元）

净收益=145 000-150 000-7 250=-12 250（元）

借：银行存款　　　　　　　　　　　　　　　　　　　145 000
　　累计摊销　　　　　　　　　　　　　　　　　　　120 000
　　无形资产减值准备　　　　　　　　　　　　　　　　30 000
　　营业外支出——出售无形资产损失　　　　　　　　　12 250
　　贷：无形资产——专利权　　　　　　　　　　　　　　　　　300 000
　　　　应交税费——应交营业税　　　　　　　　　　　　　　　　7 250

五、其他税种的核算

其他应交税费是指除上述应交税费以外的应交税费，包括应交资源税，应交城市维护建设税，应交教育费附加，应交土地增值税，应交房产税、土地使用税、车船税和矿产资源补偿费，应交个人所得税等。

(一) 资源税的核算

1. 应交资源税的内容及纳税范围

资源税是对我国境内开采应税矿产品及生产盐的单位和个人，就其占用国有资源和取得的级差收入而征收的一种税。矿产品包括原油、天然气、煤炭、金属矿产品、非金属矿产品、黑色金属矿产品。

2. 计税方法

采用从价与从量定额办法计算征收。

3. 账务处理

企业按规定应交的资源税，在"应交税费"科目下设置"应交资源税"明细科目核算。"应交资源税"明细科目的借方发生额，反映企业已交的或按规定允许抵扣的资源税；贷方发生额，反映应交的资源税；期末借方余额，反映多交或尚未抵扣的资源税；期末贷方余额，反映尚未交纳的资源税。

(1) 销售物资应交纳的资源税，借记"营业税金及附加"科目，贷记"应交税费——应交资源税"科目。

(2) 自产自用的物资应交纳的资源税，借记"生产成本"科目，贷记"应交税费——应交资源税"科目。

(3) 收购未税矿产品，按实际支付的收购款，借记"原材料"等科目，贷记"银行存款"等科目，代扣代交的资源税，借记"原材料"等科目，贷记"应交税费——应交资源税"科目。

(4) 外购液体盐加工固体盐，在购入液体盐时，按所允许抵扣的资源税，借记"应交税费——应交资源税"科目，按外购价款扣除允许抵扣资源税后的数额，借记"原材料"等科目，按应支付的全部价款，贷记"银行存款"、"应付账款"等科目；加工成固体盐后，在销售时，按计算出的销售固体盐应交的资源税，借记"营业税金及附加"科目，贷记"应交税费——应交资源税"科目，将销售固体盐应纳资源税抵扣液体盐已纳税后的差额上交时，借记"应交税费——应交资源税"科目，贷记"银行存款"科目。

(5) 交纳资源税，借记"应交税费——应交资源税"科目，贷记"银行存款"科目。

4. 资源税核算举例

【例11-28】某铁矿2012年10月销售铁矿石30 000吨，另外自用50 000吨，该铁矿石适用15元/吨的资源税单位税额，请计算并用银行存款交纳本月应交的资源税。

销售铁矿石应交的资源税 = 30 000 × 15 = 450 000（元）

自用铁矿石应交的资源税 = 50 000 × 15 = 750 000（元）

借：营业税金及附加	450 000
生产成本	750 000
贷：应交税费——应交资源税	1 200 000
借：应交税费——应交资源税	1 200 000
贷：银行存款	1 200 000

【例11-29】广州珠江实业股份有限公司收购未税矿产品，支付价款100万元、增值税17万元，代扣代缴的资源税5万元。广州珠江实业股份有限公司的会计业务处理如下：

借：原材料　　　　　　　　　　　　　　　　　　　　　　1 050 000
　　应交税费——应交增值税　　　　　　　　　　　　　　　170 000
　　贷：银行存款　　　　　　　　　　　　　　　　　　　　　1 170 000
　　　　应交税费——应交资源税　　　　　　　　　　　　　　　50 000

（二）土地增值税的核算

1. 土地增值税内容及纳税范围

土地增值税是对有偿转让国有土地使用权、地上建筑物及其附着物的单位和个人，就其转让房地产所取得的增值额而征收的一种税。土地增值税按照转让房地产所取得的增值额和规定的税率计算征收。这里的增值额是指转让房地产所取得的收入减除规定扣除项目金额后的余额。企业转让房地产所取得的收入，包括货币收入、实物收入和其他收入。计算土地增值额的主要扣除项目有：①取得土地使用权所支付的金额；②开发土地的成本、费用；③新建房屋及配套设施的成本、费用，或者旧房及建筑物的评估价格；④与转让房地产有关的税金。

2. 土地增值税账务处理

在会计处理时，企业交纳的土地增值税通过"应交税费——应交土地增值税"科目核算。

（1）土地使用权与地上建筑物及其附着物一并在"固定资产"等科目核算的，企业转让土地使用权应交的土地增值税，应借记"固定资产清理"等科目，贷记"应交税费——应交土地增值税"科目。

（2）土地使用权在"无形资产"科目核算的，按实际收到的金额，借记"银行存款"科目，按应交的土地增值税，贷记"应交税费——应交土地增值税"科目，同时冲销土地使用权的账面价值，贷记"无形资产"科目，按其差额，借记"营业外支出"科目或贷记"营业外收入"科目。实际交纳土地增值税时，借记"应交税费——应交土地增值税"科目，贷记"银行存款"等科目。

（3）兼营或主营房地产业务的企业，应由当期收入负担的土地增值税，借记"营业税金及附加"科目，贷记"应交税费——应交土地增值税"科目。企业在项目全部竣工结算前转让房地产取得的收入，按税法规定预交的土地增值税，借记"应交税费——应交土地增值税"科目，贷记"银行存款"等科目；待该项房地产销售收入实现时，再按上述销售业务的会计处理方法进行处理。该项目全部竣工、办理结算后进行清算，收到退回多交的土地增值税，借记"银行存款"等科目，贷记"应交税费——应交土地增值税"科目，补交的土地增值税作相反的会计分录。

3. 土地增值税核算举例

【例11-30】广州珠江实业股份有限公司对外转让一栋厂房，根据税法规定计算的应交土地增值税为60 000元，请编制广州珠江实业股份有限公司企业会计分录。

计算应交纳的土地增值税时：

| 借：固定资产清理 | 60 000 | |
| 贷：应交税费——应交土地增值税 | | 60 000 |

实际交纳土地增值税时：

| 借：应交税费——应交土地增值税 | 60 000 | |
| 贷：银行存款 | | 60 000 |

（三）城市维护建设税、教育费附加的核算

1. 应交城市维修建设税和教育费附加内容及纳税范围

城市维护建设税是我国为了加强城市的维护建设，扩大和稳定城市维护建设资金的来源开征的一种税。城市维护建设税是一种附加税，其纳税人为缴纳增值税、消费税、营业税的单位和个人，以纳税人实际缴纳的增值税、消费税、营业税税额为计税依据，按纳税人所在地的不同实行地区差别税率：市区7%、县城和镇5%、其他地区1%。

教育费附加是为了发展地方性教育事业，扩大地方教育经费的资金来源而征收的一种费。教育费附加是对缴纳增值税、消费税、营业税的单位和个人征收的一种附加费。缴纳增值税、消费税、营业税的单位和个人以本期实际缴纳的增值税、消费税、营业税税额为计税依据，计算本期应交教育费附加。目前国家规定的征收率为3%。

2. 计税方法

应交城市维护建设税 = 实交（增值税 + 营业税 + 消费税）×规定税率

应交教育费附加 = 实交（增值税 + 营业税 + 消费税）×规定附加率

3. 城市维护建设税和教育费附加会计处理和核算举例

企业按规定计算出应缴纳的城市维护建设税，借记"营业税金及附加"科目，贷记"应交税费——应交城市维护建设税"科目，企业按规定计算应交教育费附加时，借记"营业税金及附加"、"其他业务成本"等科目，贷记"应交教育费附加——应交教育费附加"科目。实际缴纳城市维护建设税和教育费附加时，借记"应交税费——应交城市维护建设税"和"应交教育费附加——应交教育费附加"科目，贷记"银行存款"科目。

【例11-31】 广州珠江实业股份有限公司本月实际应上交增值税400 000元，消费税241 000元，营业税159 000元，适用的城市维护建设税税率为7%，请编制会计分录。

应交的城市维护建设税 = (400 000 + 241 000 + 159 000) ×7% = 56 000（元）

广州珠江实业股份有限公司应作会计分录为：

借：营业税金及附加	56 000	
贷：应交税费——应交城市维护建设税		56 000
借：应交税费——应交城市维护建设税	56 000	
贷：银行存款		56 000

【例11-32】 广州珠江实业股份有限公司本期增值税销项税额600 000元，进项税额为540 000元，应交消费税150 000元，应交营业税50 000元，该企业适用的城市维护建设税税率为7%，教育费附加率3%。

本月实交的增值税 = 600 000 - 540 000 = 60 000（元）

本月应交的城市维护建设税 = (60 000 + 150 000 + 50 000) × 7% = 18 200（元）

本月应交的教育费附加 = (60 000 + 150 000 + 50 000) × 3% = 7 800（元）

借：营业税金及附加　　　　　　　　　　　　　　26 000
　　贷：应交税费——应交城市维护建设税　　　　　　　18 200
　　　　——应交教育费附加　　　　　　　　　　　　　7 800

（四）应交个人所得税的核算

按照个人所得税的征收管理办法，个人所得税采用自行申报交纳和代扣代交交纳两种办法，由于除实行查账核实征收的个体工商户取得的应税所得自行申报交纳后需要会计核算外，一般的个人取得的收入自行申报交纳后，不必进行会计核算。但是，履行代扣代交义务的单位和个人代扣代交税款时，必须进行有关账务处理。企业按规定计算代扣代交的职工个人所得税时，借记"应付职工薪酬"科目，贷记"应交税费——应交个人所得税"科目；企业实际交纳时，借记"应交税费——应交个人所得税"科目，贷记"银行存款"科目。

【例11-33】 广州珠江实业股份有限公司2012年4月应支付职工工资总额400 000元，根据有关规定，代扣职工个人所得税8 000元，实发工资392 000元。请编制广州珠江实业股份有限公司企业会计分录。

发放工资，结转代扣代交的个人所得税时：

借：应付职工薪酬——工资　　　　　　　　　　　　8 000
　　贷：应交税费——应交个人所得税　　　　　　　　　8 000

以银行存款交纳个人所得税时：

借：应交税费——应交个人所得税　　　　　　　　　　8 000
　　贷：银行存款　　　　　　　　　　　　　　　　　　8 000

（五）应交房产税、车船使用税、土地使用税、印花税及矿产资源补偿费

1. 应纳税额的计算

（1）房产税。房产税是国家对在城市、县城、建制镇和工矿区征收的由产权所有人交纳的一种税。房产税依照房产原值一次减除10%~30%后的余额计算交纳。没有房产原值作为依据的，由房产所在地税务机关参考同类房产核定；房产出租的，以房产租金收入为房产税的计税依据。应交房产税 = 房产余值 × 适用税率；或应交房产税 = 房产年租金收入 × 适用税率。

（2）车船使用税。车船使用税是对在我国境内拥有并且使用车船的单位或个人，按车船的种类、使用性质实行定额征收的一种税。

（3）土地使用税。土地使用税是国家为了合理利用城镇土地，调节土地级差收入，提高土地使用效益，加强土地管理而开征的一种税，以纳税人实际占用的土地面积为计税依据，依照规定税额计算征收。

（4）印花税。印花税是对书立、领受购销合同等凭证行为征收的税款，实行由纳税人根据规定自行计算应纳税额，购买并一次贴足印花税票的交纳方法。应纳税凭证

包括：购销、加工承揽、建设工程承包、财产租赁、货物运输、仓储保管、借款、财产保险、技术合同或者具有合同性质的凭证；产权转移书据；营业账簿；权利、许可证照等。纳税人根据应纳税凭证的性质，分别按比例税率或者按件定额计算应纳税额。

2. 账务处理

企业按规定计算的房产税、土地使用税、车船使用税，借记"管理费用"科目，贷记"应交税费——房产税（或土地使用税、车船使用税）"等科目，实际交纳时，借记"应交税费"科目，贷记"银行存款"科目，但企业交纳的印花税不需要通过"应交税费"科目核算，于购买印花税票时，直接借记"管理费用"科目，贷记"银行存款"科目。

3. 核算举例

【例11-34】广州珠江实业股份有限公司计提本月应交车船使用税800元，房产税1 200元。

借：管理费用　　　　　　　　　　　　　　　　　　　　　2 000
　　贷：应交税费——应交房产税　　　　　　　　　　　　　　1 200
　　　　　　　　——应交车船使用税　　　　　　　　　　　　　800

【例11-35】广州珠江实业股份有限公司新年开始时，启用新账簿20本，每本应纳印花税5元；本期签订了一份工程承包合同，合同总金额为1 200 000元。适用的印花税率为0.3‰，以存款支付应交的印花税。

应交印花税 = 20 × 5 + 1 200 000 × 0.3‰ = 460（元）

借：管理费用　　　　　　　　　　　　　　　　　　　　　　460
　　贷：银行存款　　　　　　　　　　　　　　　　　　　　　460

（六）耕地占用税的核算

耕地占用税是国家为了利用土地资源，加强土地管理，保护家用耕地而征收的一种税。耕地占用税以实际占用的耕地面积计税，按照规定税额一次征收。企业交纳的耕地占用税，不需要通过"应交税费"科目核算。企业按规定计算交纳耕地占用税时，借记"在建工程"科目，贷记"银行存款"科目。

第六节　应付利息、应付股利和其他应付款

一、应付利息

分期付息到期还本的长期借款、企业债券分期支付利息时，如果跨会计年度，则资产负债表日，根据权责发生制的前提，对于应付未付的利息进行调整。为了核算资产负债表日按合同利率计算确定的应付未付利息，需要设置"应付利息"科目，按存款人或债权人进行明细核算。"应付利息"科目用来核算企业按照合同约定应支付的利息，包括分期付息到期还本的长期借款、企业债券等应支付的利息。资产负债表日，应按摊余成本的实际利率计算确定的利息费用，借记"在建工程"、"财务费用"、"研

发支出"等科目,按合同利率计算确定的应付未付利息,贷记"应付利息"科目,按其差额,借记或贷记"长期借款——利息调整"等科目。实际支付利息时,借记"应付利息"科目,贷记"银行存款"等科目。合同利率与实际利率差异较小时,也可以采用合同利率计算确定利息费用,这时,利息费用和应付利息相等,则直接借记"在建工程"、"财务费用"、"研发支出"等科目,贷记"应付利息"科目。

【例11-36】广州珠江实业股份有限公司借入3年期到期还本每年付息的长期借款5 000 000元,借款合同约定借款利率为3%,假设该笔借款不符合资本化条件。请编制广州珠江实业股份有限公司的相关会计分录。

每年计算确定利息费用时:
每年应支付的利息 = 5 000 000 × 3% = 150 000(元)

借:财务费用	150 000
贷:应付利息	150 000

每年实际支付利息时:

借:应付利息	150 000
贷:银行存款	150 000

二、应付股利

应付股利是指企业经股东大会或类似机构审议批准分配的现金股利或利润。企业股东大会或类似机构审议批准的利润分配方案、宣告分派的现金股利或利润,在实际支付前,形成企业的负债,现金股利的发放与宣告发放股利的时间间隔较短,所以这种负债为流动负债。对于股票股利,企业直接作转账处理即可。企业董事会或类似机构通过的利润分配方案中拟分配的现金股利或利润,不应确认负债,但应在附注中披露。

为了核算从宣告日到发放日应付未付的现金股利,一般设置"应付股利"科目。企业经股东大会或类似机构审议批准的利润分配方案,按应支付的现金股利或利润时,借记"利润分配"科目,贷记"应付股利"科目;实际支付现金股利或利润时,借记"应付股利"科目,贷记"银行存款"等科目。

【例11-37】广州珠江实业股份有限公司经股东大会表决通过,2012年度的利润分配方案为:每10股送2股,并派0.2元/股的现金股利,广州珠江实业股份有限公司总股本为5 000万股。请编制广州珠江实业股份有限公司会计分录。

宣告发放现金股利时:

借:利润分配——应付股利	10 000 000
贷:应付股利	10 000 000

以银行存款发放现金股利时:

借:应付股利	10 000 000
贷:银行存款	10 000 000

三、其他应付款

1. 核算内容

其他应付款是指企业除应付票据、应付账款、预收账款、应付职工薪酬、应交税费、应付利息、应付股利等经营活动以外的其他应付、暂收的款项，包括应付经营租入包装物的租金、存入保证金等。

2. 账务处理

为了核算其他应付款，企业应设置"其他应付款"科目，企业发生的其他各种应付、暂收款项，借记"管理费用"等科目，贷记"其他应付款"科目；支付的其他各种应付、暂收款项，借记"其他应付款"科目，贷记"银行存款"等科目；期末贷方余额反映应付和未付的其他应付款项。该科目可按其他应付款的项目和对方单位（或个人）进行明细核算。

【例11-38】广州珠江实业股份有限公司8月1日出租包装箱给海星公司并收到其押金10 000元，存入银行。12月31日收到海星公司退还的包装箱，并退回海星公司押金10 000元。据以上资料，编制会计分录如下：

（1）8月1日收到押金时：

借：银行存款　　　　　　　　　　　　　　　　　　　　　　10 000
　　贷：其他应付款——海星公司　　　　　　　　　　　　　　　　10 000

（2）12月31日退回押金时：

借：其他应付款——海星公司　　　　　　　　　　　　　　　　10 000
　　贷：银行存款　　　　　　　　　　　　　　　　　　　　　　10 000

第十二章　非流动负债

第一节　非流动负债概述

一、非流动负债的概念与特点

非流动负债是指偿还期限在一年或者超过一年的一个营业周期以上的债务。企业在扩大生产规模、追加固定资产投资时，自有资金往往不能满足企业扩张需要，需要向金融机构借款，或发行公司债券、融资租赁等方式来筹措资金形成企业的长期负债。与流动负债相比，非流动负债具有偿还期长，负债金额一般较大，可以采用分期偿还的方式（分期偿还本金或利息）或者到期时一次偿还本息的特点，所以其会计处理也具有不同于流动负债的特点。

二、非流动负债的分类

（一）按其筹措方式不同分类

按其筹措方式不同，非流动负债主要分为从金融机构和向其他单位借入的长期借款，公司或企业发行的公司或企业债券（应付债券），融资租赁方式下租入固定资产的长期应付款，采用补偿贸易方式引进设备的长期应付款，企业取得的国家指定为资本性投入的具有专项或特定用途的专项应付款，因或有事项而产生的预计负债等。

（二）按其偿还方式不同分类

按其偿还方式不同，非流动负债主要分为到期一次偿还的非流动负债和分期偿还的非流动负债。

三、非流动负债的确认和计量

非流动负债与流动负债一般都指企业已经存在并且将在未来偿还的经济义务，所以非流动负债的确认与流动负债的确认基本相同。非流动负债属于长期负债，在其存续期会产生较大的时间价值，使未来现金流出量与其现值之间差额（利息额）较大，因而，从理论上讲，非流动负债的计量应考虑货币时间价值，按未来偿还金额在发生时进行贴现，不宜按其未来应偿付金额入账。目前我国会计准则规定，非流动负债以实际发生额入账，并按照负债本金或债券面值，按规定的利率按期计提利息。企业发行的债券、因购买商品产生的应付账款、长期应付款等，应当划分为其他金融负债，其他金融负债应当按其公允价值和相关交易费用之和作为初始确认金额，同时采用实际利率法，按摊余成本进行后续计量。此外，对于预计负债应当按照履行相关现时义务所需支出的最佳估计数进行初始计量，并应当在资产负债表日对预计负债的账面价值进行复核。由于非流动负债的利息额往往较大，因而利息的确认与计量，对于如实反映企业的财务状况与经营成果，便显得十分重要。此外，非流动负债的利息既可能是分期支付，也可能于到期还本时一次支付。因而非流动负债的应付未付利息本身既可能是流动负债，也可能是非流动负债。一年内到期偿还的长期负债，在资产负债表中应作为一项流动负债单独反映。

根据我国目前实际情况，非流动负债归纳为五个方面进行会计核算：长期借款、应付债券、长期应付款、专项应付款、预计负债。

四、非流动负债中借款费用的计算

借款费用是指企业因借款而发生的利息、折价或溢价摊销和辅助费用，以及外币借款而发生的汇兑差额。借款费用账务处理的主要问题是借款费用究竟应作为期间费用（财务费用）计入当期损益，即借款费用的费用化；还是应计入相关资产的成本，即借款费用的资本化。我国《企业会计准则第 17 号——借款费用》规定，企业发生的借款费用，可直接归属于符合资本化条件的资产的构建或者生产的，应当予以资本化，计入相关成本；其他借款费用应当在发生时根据其发生额确认为费用，计入当期损益。关于借款费用资本化的具体会计处理，将在后面章节中详细讨论。

与非流动负债有关的借款费用的期限长，而且一般金额较大，因而利息是一项很重要的因素。本节主要介绍非流动负债发生的利息的计算，利息的计算方法有单利和复利两种。

(一) 单利

单利是每个计息期只在本金上计算，所生利息不加入本金重复计算以后期间的利息。我国一般采用单利计息。计算公式为：单利利息 = 本金 × 利率 × 计息期数，本利和 = 本金 ×（1 + 利率 × 计息期数）。

【例 12-1】广州珠江实业股份有限公司向银行借入 5 年期、年利率 5% 的建设工程款 500 000 元。要求：按单利计算到期本利和是多少。

每年的利息 = 500 000 × 5% = 25 000（元）

五年利息总额 = 500 000 × 5% × 5 = 125 000（元）

本利和 = 500 000 ×（1 + 5% × 5）= 625 000（元）

(二) 复利

复利就是不仅要计算本金利息，而且还要计算利息的利息，即前期利息加入后期本金计算利息，俗称"利滚利"。因货币时间价值计算上的不同需要，复利又分为复利终值和复利现值两种。

1. 复利终值

复利终值指一定的本金按复利计算的若干期后的本利和。计算公式为：$S = PV(1+i)^n$，S 表示本利和。PV 表示本金，i 表示利率，n 表示期数，其中 $(1+i)^n$ 为复利终值系数，可以直接查阅复利终值表得到。

【例 12-2】沿用例 12-1 的资料，假定广州珠江实业股份有限公司建设工程借款按复利计息，试计算到期本利和。

$S = PV(1+i)^n = 500\,000 \times (1+5\%)^5 = 500\,000 \times 1.276\,3 = 638\,140$（元）

第一年利息额（I） $= 500\,000 \times 5\% = 25\,000$（元）

五年利息总额（I） $= 638\,140 - 500\,000 = 138\,140$（元）

2. 复利现值

复利现值是复利终值的逆运算，指按复利计算，将到期支付的本利和折成的现值。计算公式为：$PV = S(1+i)^{-n}$。其中 $(1+i)^{-n}$ 为复利现值系数，可以直接查阅复利现值表得到。

【例 12-3】沿用例 12-2 的资料，若广州珠江实业股份有限公司建设工程借款 5 年到期本利和为 638 140 元，试计算折成现值是多少？

$PV = S(1+i)^{-n} = 638\,140 \times (1+5\%)^{-5} = 638\,140 \times 0.783\,5 = 500\,000$（元）

其中：本金折成现值 $= 500\,000 \times 0.783\,5 = 391\,763$（元）

利息折成现值 $= 138\,140 \times 0.783\,5 = 108\,237$（元）

本利和折成现值 $= 391\,763 + 391\,763 = 500\,000$（元）。

上述计算表明，在计算复利的情况下，现值和终值的关系是：

终值 $=$ 现值 $\times (1+i)^n$，现值 $=$ 终值 $\times (1+i)^{-n}$

（三）年金

年金是指在若干期内每期等额收款或付款。年金有多种形式，常用的为每期期末收款或付款，称为普通年金。年金实质上是普通复利的简捷运算。年金也应计算年金终值和年金现值。

1. 年金终值

年金终值指每期等额付款或收款的终值。其计算公式为：

年金终值 $S_A = R \times \dfrac{(1+i)^n - 1}{i}$，$\dfrac{(1+i)^n - 1}{i}$ 为年金终值系数，可记作为 $ACF_{i,n}$，可以通过查年金终值表得到；S_A 表示年金终值；R 表示等期等额收入或付出的款项。

【例 12-4】广州珠江实业股份有限公司准备今后 6 年内，每年末从留存收益提取 100 000 元存入银行，6 年后将这笔存款用于建造一条生产线，如果年利息为 6%，6 年后本利和是多少？

$S_A = R \times \dfrac{(1+i)^n - 1}{i} = 100\,000 \times \dfrac{(1+6\%)^n - 1}{6\%}$

$= 100\,000 \times 6.975\,32 = 697\,532$（元）

2. 年金现值

年金现值指每期等额付款或收款的现值。其计算公式为：

年金现值 $= R \times \dfrac{1 - (1+i)^{-n}}{i}$，其中 $R \times \dfrac{1 - (1+i)^{-n}}{i}$ 为年金现值系数，可记作 $ADF_{i,n}$，可以通过查年金现值表得到；PVA 表示年金现值。

【例 12-5】 假设培英大学要设置一项奖学金,准备在今后 8 年内,每年年终颁发精英奖 200 000 元。若银行年利率为 8%,复利计息,培英大学现在应向银行一次存入多少款项?

$$PVA = R \times \frac{1-(1+i)^{-n}}{i} = 200\,000 \times 5.746\,44 = 1\,149\,328 \text{(元)}$$

第二节 长期借款

一、长期借款的概念与分类

长期借款是指企业为了生产经营的需要,向银行或其他金融机构借入的期限在一年或一个营业周期以上的各种借款。长期借款一般用于固定资产的购建、改扩建工程、大修理工程以及流动资产的正常需要方面。企业取得长期借款,必须与银行等金融机构签订相应的借款合同,企业应当依据合同规定使用款项并按期还本付息。

长期借款按其用途划分为一般借款和专门借款,专门借款是指为购建或者生产符合资本化条件的资产而专门借入的款项;一般借款是指除专门借款以外的其他借款。

长期借款按偿还方式分为到期一次还本借款和分期还本借款。

长期借款按付息方式分为偿还本金时一次付息的长期借款和在借款期限内分期付息的长期借款。

长期借款按有无担保分为担保借款和无担保借款。

长期借款按币种不同分为人民币借款和外币借款。

二、长期借款核算科目的设置

为了核算长期借款取得、偿还和计提利息的事项,应当设置"长期借款"科目,该科目贷方登记借入长期借款的本金及应计利息,借方登记偿还长期借款的本息,期末余额在贷方,表示企业尚未偿还的长期借款的本息。本科目应当按贷款单位和贷款种类设置二级明细科目,分"本金"、"利息调整"和"应计利息"三级科目进行明细核算,"本金"核算长期借款的本金,"利息调整"核算因实际利率和合同利率不同而产生的利息调整额,"应计利息"核算到期一次还本付息的长期借款应计提的利息。

三、长期借款核算的账务处理

(一) 取得长期借款的处理

企业借入各种长期借款时,按实际收到的款项,借记"银行存款"科目,贷记"长期借款——本金"科目;按借贷双方之间的差额,借记"长期借款——利息调整"科目。当取得借款与合同约定的数额不一致时,则有利息调整,也就意味着实际利率与合同利率不一致,后续期间涉及利息调整的摊销;若取得的借款就是借款合同约定的数额,则没有利息调整,也就意味着实际利率和合同利率是相同的。

(二) 归还长期借款的处理

企业归还长期借款，按归还的长期借款本金，借记"长期借款——本金"科目，按转销的利息调整金额，贷记"长期借款——利息调整"科目，按实际归还的款项，贷记"银行存款"科目，按借贷双方之间的差额，借记"在建工程"、"财务费用"、"制造费用"等科目。

(三) 长期借款利息的处理

长期借款利息的支付方式分为两种，一种是到期一次还本付息，计提的利息计入长期借款——应计利息科目；另一种是分期付息、到期还本，计提的利息计入应付利息科目。在资产负债表日，企业应按长期借款的摊余成本和实际利率计算确定长期借款的利息费用，借记"在建工程"、"财务费用"、"制造费用"等科目，按借款本金和合同利率计算确定的应付未付利息，贷记"应付利息"科目，按其差额，贷记"长期借款——利息调整"科目。长期借款所发生的利息支出，应按照权责发生制原则按期提取并分别按以下情况办理：

（1）属于筹建期间的固定资产购建利息支出，可以资本化的，记入固定资产成本；不能资本化的，直接计入当期损益。

（2）长期借款用于购建、改扩建固定资产的，在固定资产尚未达到预定可使用状态前，所发生的应当资本化的利息，计入所购建或改扩建固定资产的价值，借记"在建工程"科目，贷记"应付利息"科目；固定资产达到预定可使用状态后发生的利息支出，以及按规定不能予以资本化的利息支出，应借记"财务费用"科目，贷记"长期借款"科目。长期借款用于建造符合资本化条件的存货（房地产开发产品等）计入制造费用。长期借款用于开发无形资产且符合资本化条件的，计入研发支出。需要注意的是，在对长期借款进行核算时，如果实际利率与合同利率差异较小的，也可以采用合同利率计算确定利息费用。

【例12-6】广州珠江实业股份有限公司为建造一幢厂房，2011年1月1日借入期限为两年的长期专门借款1 000 000元，款项已存入银行。借款利率按市场利率确定为9%，每年付息一次，期满后一次还清本金。2011年年初，该企业以银行存款支付工程价款共计600 000元，2012年年初，该企业又以银行存款支付工程费用400 000元。该厂房于2012年8月底完工，达到预定可使用状态。假定不考虑闲置专门借款资金存款的利息收入或者投资收益。根据上述业务，企业应作如下账务处理：

（1）2011年1月1日，取得借款时：

借：银行存款   1 000 000
  贷：长期借款   1 000 000

（2）2011年年初，支付工程款时：

借：在建工程   600 000
  贷：银行存款   600 000

（3）2011年12月31日，计算2011年应计入工程成本的利息时：

借款利息 = 1 000 000 × 9% = 90 000（元）

借：在建工程	90 000
贷：应付利息	90 000

(4) 2011年12月31日支付借款利息时：

借：应付利息	90 000
贷：银行存款	90 000

(5) 2012年年初支付工程款时：

借：在建工程	400 000
贷：银行存款	400 000

(6) 2012年8月底，达到预定可使用状态：

该期应计入工程成本的利息 = (1 000 000 × 9% ÷ 12) × 8 = 60 000（元）

借：在建工程	60 000
贷：应付利息	60 000
借：固定资产	1 150 000
贷：在建工程	1 150 000

(7) 2012年12月31日，计算2012年9~12月应计入财务费用的利息 = (1 000 000 × 9% ÷ 12) × 4 = 30 000（元）

借：财务费用	30 000
贷：应付利息	30 000

(8) 2012年12月31日支付利息时：

借：应付利息	90 000
贷：银行存款	90 000

(9) 2013年1月1日到期还本时：

借：长期借款	1 000 000
贷：银行存款	1 000 000

【例12-7】广州珠江实业股份有限公司于2011年1月1日从中国工商银行借入人民币200万元，期限3年，用于固定资产建造。年利率8%，每年按复利计息一次，到期本息一次支付。固定资产建造工程在第二年末完成并投入使用，并办理了工程决算（假定工程建设过程中，该借款的利息均允许资本化）。根据上述资料，广州珠江实业股份有限公司应做如下账务处理：

(1) 取得借款，存入银行时：

借：银行存款	2 000 000
贷：长期借款——本金	2 000 000

(2) 第一年年末计提利息时：

应计利息 = 200 × 8% = 16（万元）

借：在建工程	160 000
贷：长期借款——应计利息	160 000

(3) 第二年年末计提利息时：

应计利息 = (200 + 16) × 8% = 17.28（万元）

借：在建工程 172 800
　　贷：长期借款——应计利息 172 800
（4）第三年年末计提利息时：
应计利息 =（200 + 16 + 17.28）×8% = 18.66（万元）
借：财务费用 186 600
　　贷：长期借款——应计利息 186 600
注：第三年计提利息应每月预提一次，这里加以简化。
（5）第三年年末偿还本息时：
应偿还本息合计 = 200 + 16 + 17.28 + 18.66 = 251.94（万元）
借：长期借款——本金 2 000 000
　　长期借款——应计利息 519 400
　　贷：银行存款 2 519 400

第三节　应付债券

一、应付债券概述

债券是企业为筹集长期资金而发行的约定于一定日期支付一定的本金，及定期支付一定的利息给持有者的一种书面凭证。发行债券是企业筹集长期资金的重要方式之一，通过发行债券，企业将巨额借款分为若干等份，以公开募集的方式向社会举债，能吸收大量长期资金。公司组织发行的债券，称为公司债券，公司债券是企业依照法定程序发行的、约定按一定方式还本付息的有价证券。应付债券是指企业发行的偿还期超过1年的公司债券筹措的资金而形成的一种非流动负债。企业发行的1年期或1年期以下的债券，则作为流动负债，通过交易性金融负债"应付短期债券"核算。在我国，企业发行公司债券筹资有严格的规定，必须遵守《中华人民共和国公司法》、《中华人民共和国证券法》等有关法规规定。债券发行均附有契约，以说明债券的发行条款及企业用作担保的抵押限制，维护债券投资者的利益。

（一）公司债券要素

债券的发行有着严格的规定，包括债券票面上应载明的内容，称为债券要素，如企业名称；票面金额；票面利率；偿还期限；利息支付的方式等。其中，下列内容是基本的，也是会计处理中必须运用的内容，因此称之为基本要素：

（1）债券面值，即本金，也称债券的到期值，即债券到期应偿还的本金。面值大小不等，企业可以根据需要设定。它包括票面的币种和票面金额两个方面。票面的币种是指以何种货币作为债券价值的计量标准，取决于发行对象和需要。票面金额是指票面所标明的金额。

（2）票面利率，也称名义利率或票面利率，是相对于债券发行时的市场利率而言的。债券利率一般用年利率表示，它可以高于、等于或低于市场利率。其高低主要受银行利率、发行者的资信、偿还期限、利息计算方式以及资本市场上资金供求关系的影响。

（3）利息支付方式，债券利息通常每半年或每年支付一次，支付的利息额等于债券面值乘以票面利率。债券的发行者应在票面上注明债券的付息日期。若在两个付息日之间编制财务报表时，应计提上一付息日至编表日的利息费用和相应的应计利息。

（4）到期日，也就是偿还债券本金的日期，取决于债券的偿还期限。发行人在确定债券的偿还期限时，要考虑债券筹集资金的周转期、未来市场利率的发展趋势以及投资者的投资意向等。除此以外，债券票面上还应载明发行日、发行企业名称、还本付息方式等。企业可以根据自己的具体情况，选择包销、代销或直接发行的发售方式。

(二) 公司债券发行条件

（1）企业净资产不得低于人民币 3 000 万元。
（2）累计债券总额不超过企业净资产额的 40%。
（3）最近三年平均可分配利润足以支付公司债券 1 年的利息。
（4）筹集的资金投向符合国家产业政策。
（5）债券利率不得超过国务院限定的利率水平。
（6）国务院规定的其他条件。

(三) 公司债券的分类

1. 按债券是否记名的方式分类

按债券是否记名的方式分类，可分为记名债券和不记名债券。记名债券指企业在发行债券时，债券票面上记有债券持有人的姓名住址，同时在发行债券的企业账簿上也作相同的记录，并在每次发放利息时，由发行企业支付给债券持有人，当债券持有人变更时，发行债券企业账簿上也作相同的变更。无记名债券指债券票面上不记载持有人的姓名债券，转让时只需将债券交付受让人即可，但这种债券通常附有息票，在债券的存续期限内，持有人可以凭息票领取到期债券的利息和取回到期债券的本金。

2. 按债券担保的方式分类

按债券担保的方式分类，可分为担保债券和信用债券。担保债券又称抵押债券，是指以特定的财产作为担保品，以保证其还本付息的债券。可以作为担保品的财产可以是企业拥有的不动产，如土地、房屋等，也可以是企业的动产，如设备等。一旦债券发行人违约，债券持有人有权将担保品变卖以补偿损失。信用债券又称无担保债券，是指没有任何特定的财产作为担保品的债券。这种债券全凭发行企业的信用，一旦企业破产清算，债券持有人便成为企业的一般债权人。因此，投资者的投资风险较高，要求的报酬率也高。

3. 按债券偿还的方式分类

按债券偿还的方式分类，可分为定期还本债券、分期还本债券、可转换债券和可赎回债券。定期还本债券即在固定的到期日偿还本金的债券；分期还本债券是指按不同的到期日分期偿还本金的债券；可转换债券是指债券发行一定期限后，持有人可以按一定价格转换成企业其他证券（比如普通股）的债券；可赎回债券是指债券发行企业有权在债券到期日以前，按预先约定的价格提前赎回的债券。

4. 按债券付息的方式分类

按债券付息的方式分类，可分为到期一次付息债券和分期付息债券。到期一次付息是指在到期日一次支付全部利息的债券；分期付息债券是指按约定的分期支付利息的债券，一般为1年或半年付息一次。

（四）公司债券的利率

公司债券发行价格和利息费用计量与确认，涉及期债券的票面利率、市场利率和实际利率。

票面利率指债券票面载明的利率，它是以债券面值为基础计算应计利息的依据。

市场利率指债券发行时资金市场的利率，是债券发行企业与债券投资者双方均能接受的利率，它是确定债券发行价格的依据。

实际利率指债券在预期存续期间的未来现金流量折算为该债券当前账面价值使用的折现率，它是以债券摊余成本为基础计算利息费用的依据。

（五）公司债券的发行价格

1. 债券发行价格的影响因素

实务中债券的发行价格与其票面价值并不总是相同的。这是因为：

（1）资金时间价值的存在。债券是在若干年后按照债券面值偿还本金，由于资金具有不同的时间价值，同样数量的资金在不同时间具有不同的价值。

（2）债券的票面利率和发行债券时的市场利率不一致。由于债券的发行需要经过很长一段时间的准备过程，即使预先确定的发行利率与市场利率相同，但随着时间的推移，市场利率随时发生着变化，因此，就会出现两者不一致的情况。

债券发行价格受影响的因素有：债券面值、票面利率、债券期限、利息支付方式及市场利率。在其他因素不变的情况下，债券的发行价格取决于债券发行时的市场利率。

2. 债券发行价格的三种方式（面值发行、溢价发行、折价发行）

当债券票面利率＝同期银行存款利率时，发行价格等于面值时，称平价发行；当债券票面利率＞同期银行存款利率时，发行价格高于面值时，称溢价发行，溢价是企业以后多付利息事先得到的补偿；当债券票面利率＜同期银行存款利率时，发行价格低于面值时，称折价发行，折价是企业以后少付利息而事先给投资者的补偿。溢价或折价是发行债券企业在债券存续期内对利息费用的一种调整。

3. 债券发行价格的计算

债券发行价格由两部分组成：债券利息的现值和到期偿还额的现值。债券利息是定期等额支付，符合年金的概念，所以债券利息的现值就要用债券年利息乘以年金现值系数；由于利息分期支付，所以债券到期时，发行公司仅需向债券持有人按面值偿还就行，它是一次性的，所以它的现值要用债券面值乘上复利现值系数。其计算公式为：债券发行价格＝到期偿还面值按市场利率折算的现值＋票面利息按市场利率折算的现值，或债券发行价格＝面值×（到期偿还本金的复利现值系数＋每一付息期的票面利率×分期付息年金现值系数）。（注意：折算的利率应选择发行时的市场利率，债

券面值折现的期限应是付息的期限）

【例12-8】 广州珠江实业股份有限公司2011年1月1日发行面值为100元的债券1 000份，金额100 000元。票面利率8%，5年期。利息每半年支付一次，债券发行时的市场利率为6%。要求：计算单份债券的发行价格。

债券的发行价格要分两个部分计算，计算时应注意该债券是每半年支付一次利息，因此，不论票面利率、市场利率，均需按一半计算：

（1）到期应偿还的债券面值按市场利率折现的现值 = 100 × 0.744 0 = 7 440（元）

（2）按债券票面利率支付各期利息按市场利率折现的现值为 = 4 × 8.530 2 = 34.12（元）

两者相加，债券的发行价格为108.52元。

【例12-9】 广州珠江实业股份有限公司为建设某一工程项目（工期两年），于2011年1月1日发行一批两年期债券，总面值100万元，年利率5%，每年付息一次，到期一次还本。现分别假设发行时市场利率为5%、4%和6%，计算不同利率水平下的债券发行价格。

（1）当市场利率为5%（即与票面利率5%一致）时：

债券发行价格 = 1 000 000 × 0.906 73 + 50 000 × 1.859 41 = 1 000 000（元）

（2）当市场利率为4%（即小于票面利率5%）时：

债券发行价格 = 1 000 000 × 0.924 56 + 50 000 × 1.886 09 = 1 020 000（元）

（3）当市场利率为6%（即大于票面利率5%）时：

债券发行价格 = 1 000 000 × 0.89 + 50 000 × 1.833 39 = 980 000（元）

从上可见，债券的发行价格随市场利率的变动而呈反方向变动。由于债券的票面利率是一定的，而市场利率与其有一定的差别，当票面利率等于市场利率时，债券平价发行；当票面利率小于市场利率时，债券折价发行；当票面利率大于市场利率时，债券溢价发行。债券溢折价额 = 债券发行价格 - 债券面值，其计算结果正值为溢价，负值为折价。

二、公司债券的核算

（一）科目设置

对企业发行的债券需设置"应付债券"科目进行核算，该科目用来核算债券的发行、计息、偿还等情况，本科目贷方登记应付债券的本金和应计利息，借方登记偿还债券本金及利息，余额在贷方，表示尚未偿还的债券本金及利息（摊余成本）。该科目应按"面值"、"利息调整"、"应计利息"设置明细科目进行明细核算：

（1）"应付债券——面值"明细账户专门核算债券票面价值的增减变动情况。

（2）"应付债券——利息调整"明细账户专门核算债券溢价或折价的形成和摊销情况。

（3）"应付债券——应计利息"明细账户专门核算债券利息的计提和支付情况。

在三个账户中，债券的发行价格以及持续期间的实际价值或账面价值是通过"应付债券——债券面值"和"应付债券——利息调整"两个账户来体现的。一般来说，

"应付债券——债券面值"的余额加上"应付债券——利息调整"的余额即为债券的实际价值或账面价值。企业应当设置"企业债券备查簿",详细登记企业债券的票面金额、债券票面利率、还本付息期限与方式、发行总额、发行日期和编号、委托代售单位、转换股份等资料。企业债券到期兑付时,在备查簿中应予以注销。

(二) 公司债券发行的核算

企业发行债券,应按实际收到的金额借记"银行存款"等科目,按债券票面金额,贷记"应付债券——面值"科目。两者之间存在差额的,还应借记或贷记"应付债券——利息调整"。实际收到的金额是指债券发行价格扣除发行费用后的差额。

1. 债券按面值发行(平价发行)

如果票面利率与市场利率相一致,则按面值发行债券。这时得到一笔与面值相等的现金,同时按面值确认应付债券的增加,账务处理比较简单。

【例12-10】广州珠江实业股份有限公司2011年1月1日发行3年期债券1 000份,每份面值1 000元,票面利率8%,每年6月30日和12月31日各付息一次。发行时的市场利率为8%,发行收入已存入银行。

根据上述资料,广州珠江实业股份有限公司按面值发行该批债券,售出债券时账务处理如下:

借:银行存款　　　　　　　　　　　　　　　　　　　　1 000 000
　　贷:应付债券——债券面值　　　　　　　　　　　　　　1 000 000

2. 债券按溢价发行

债券溢价发行意味着企业将要以高于市场利率的利率支付利息,所以,溢价的实质是发行企业为以后各期多付利息而预先从债券持有人处得到的补偿。溢价发行的收入要大于债券的面值,超出部分记入债券溢价中。

【例12-11】续例12-10,假定广州珠江实业股份有限公司发行债券的票面利率为10%,其他条件不变。

债券的发行价格 = 1 000×0.790 3(通过查年金现值系数表得出,下同)+ 1 000×10%×1/2×5.242 1 = 1 052.405(元)

取得的总收入 = 1 052.405×1 000 = 1 052 405(元)

溢价收入 = 1 052 405 - 1 000 000 = 52 405(元)

账务处理如下:

借:银行存款　　　　　　　　　　　　　　　　　　　　1 052 405
　　贷:应付债券——债券面值　　　　　　　　　　　　　　1 000 000
　　　　　　　　——利息调整　　　　　　　　　　　　　　　52 405

3. 债券按折价发行

债券折价发行意味着企业将要以低于市场利率的利率支付利息,所以折价的实质是发行企业为以后各期少付利息而预先给债券持有人的补偿。折价发行取得的收入要小于面值,这部分记入债券折价中。

【例12-12】续例12-10,假定广州珠江实业股份有限公司发行债券的票面利率为6%,其他条件不变。

债券的发行价格 = 1 000 × 0.790 3 + 1 000 × 6% × 12 × 5.242 1 = 947.563（元）
取得的总收入 = 947.563 × 1 000 = 947 563（元）
债券折价 = 1 000 000 - 947 563 = 52 437（元）
账务处理如下：
借：银行存款　　　　　　　　　　　　　　　　　947 563
　　应付债券——利息调整　　　　　　　　　　　 52 437
　　贷：应付债券——债券面值　　　　　　　　　　　　1 000 000

需要说明的是，无论是应付债券的溢价或折价，在资产负债表上均应列为应付债券的增项或减项，本章的举例都假定没有发生债券交易费用，因而债券发行时的实际利率等于市场利率。但实务中债券的发行，通常会发生一些相关的费用，如印刷费、律师费、手续费、广告费以及经纪人承销佣金等。这些费用可以称为债券的发行费用，应按照借款费用的原则处理。如果企业发行债券筹集资金专门用于购建固定资产的，在所购建的固定资产达到预定可使用状态前，将发生金额较大的发行费用（减去发行期间冻结资金产生的利息收入），计入所购建固定资产的成本；将发生金额较小的发行费用（减去发行期间冻结资金产生的利息收入），直接计入当期财务费用。企业发行债券，如果发行费用小于发行期间冻结资金所产生的利息收入，按发行期间冻结资金所产生的利息收入减去发行费用后的差额，视同发行债券的溢价收入，在债券存续期间于计提利息时摊销，并按借款费用的处理原则予以资本化或费用化。

（三）债券利息、溢价和折价摊销的核算

应付债券存续期间的核算包括债券利息的计提、利息调整的摊销和债券利息支付等。

1. 债券利息的计算和确认

利息是债务人因使用借入资金而必须负担的费用。如果债券按面值发行，各期的利息就等于票面额（面值）与票面利率的乘积；如果债券是溢价或折价发行，各期的利息计算和确认要包括溢价和折价的摊销金额。前已述及，债券溢价或折价的实质是对按票面利率计算利息的调整。因此，可以将债券的溢价金额理解为发行企业先收回债券持有人未来多得的利息，然后再按高于市场利率的债券票面利率向债券持有人支付利息。

在确认利息时，企业应该将发行债券时的溢价部分分期抵消按票面利率支付的利息费用，即债券的溢价部分应逐期从利息费用中扣除。同样道理，可以将债券折价理解为发行企业先支付给债券持有人一部分未来少收的利息，然后再按低于市场利率的债券票面利率向债券持有人支付利息。这种用债券溢价或折价逐期调整利息费用的方法称为摊销。在实际工作中，对债券溢价和折价的摊销应采用实际利率法。

2. 溢价和折价摊销方法——实际利率法

实际利率法是以债券发行时的实际利率乘以每期期初债券的账面价值（亦称摊余成本），求得该期的利息费用，利息费用与实际支付利息的差额，即为该溢价、折价的摊销额。用公式表示如下：

溢价摊销额 = 应付利息 - 当期利息费用

折价摊销额＝当期利息费用－应付利息

当期利息费用＝债券该期期初账面价值（摊余成本）×市场利率

3. 债券利息、溢价和折价摊销核算的账务处理

资产负债表日，对于分期付息、一次还本的债券，应按摊余成本和实际利率计算确定的债券利息费用，借记"在建工程"、"制造费用"、"财务费用"、"研发支出"等科目，按票面利率计算确定的应付未付利息，贷记"应付利息"科目，按其差额借记或贷记"应付债券——利息调整"科目。对于一次还本付息的债券，应于资产负债表日按摊余成本和实际利率计算确定的债券利息费用，借记"在建工程"、"制造费用"、"财务费用"、"研发支出"等科目，按票面利率计算确定的应付未付利息，贷记"应付债券——应计利息"科目，按借贷之间的差额，借记或贷记"应付债券——利息调整"科目。实际利率与票面利率差异较小的，也可以采用票面利率计算确定利息费用。

（1）面值发行债券利息的账务处理。对于平价发行的分期付息、一次还本债券，每期计提利息时，按应计利息借记"财务费用"账户或"在建工程"账户，贷记"应付利息"账户。

【例 12-13】依例 12-10，企业以面值发行债券，假定按每半年计提并支付利息。已知该批债券筹措的资金用于购建固定资产。根据上述资料，广州珠江实业股份有限公司每半年应计提并支付的利息金额 = 1 000 000 × 8% × 1/2 = 40 000 元，账务处理如下：

借：在建工程　　　　　　　　　　　　　　　　　　　　　40 000
　　贷：应付利息　　　　　　　　　　　　　　　　　　　　　40 000
借：应付利息　　　　　　　　　　　　　　　　　　　　　　40 000
　　贷：银行存款　　　　　　　　　　　　　　　　　　　　　40 000

（2）非平价发行债券的溢价和折价摊销的账务处理。在举债期间，企业实际负担的各期利息费用，除每期支付的利息外，还应包括债券溢价或折价的摊销，即将债券溢价逐期在利息费用中扣除，将债券折价逐期转为利息费用。发行债券企业每期的利息费用，可用公式表示如下：

利息费用＝支付的利息－溢价的摊销 或 ＝支付的利息＋折价摊销

在债券溢价发行时，由于每期的应付债券账面价值不相等，计算确定的每期实际利息就不相等，每期的溢价摊销额也不相等。债券的账面价值逐期递减，则每期的财务费用也逐期递减，而每期应计利息相等，所以每期摊销的溢价是递增的。在债券折价发行时，债券的账面价值逐期递增，则每期的财务费用也逐期递增，而每期应计利息相等，所以每期摊销的折价也是递增的。

企业溢价发行债券时，应在债券存续期内按期计提利息并摊销溢价金额。每期计提利息并摊销溢价金额时，应按实际利息借记"财务费用"或"在建工程"科目，按溢价金额的摊销额借记"应付债券——利息调整"科目，按应计利息贷记"应付债券——应计利息"科目。若为分期付息债券，通过"应付利息"科目核算。企业折价发行债券时，应在债券的存续期内按期计提利息并摊销折价金额。每期计提利息并摊销折价金额时，应按实际利息借记"财务费用"科目或"在建工程"科目，按应计利息

贷记"应付债券——应计利息"科目，按折价金额的摊销额贷记"应付债券——利息调整"科目。若为分期付息债券，通过"应付利息"科目核算。

【例12-14】2007年12月31日，广州珠江实业股份有限公司经批准发行5年期一次还本、分期付息的公司债券10 000 000元，债券利息在每年12月31日支付，票面利率为年利率6%。假定债券发行时的市场利率为5%。甲公司该批债券实际发行价格 = 10 000 000×0.783 5 + 10 000 000×6%×4.329 5 = 10 432 700（元），甲公司根据上述资料，采用实际利率法和摊余成本计算确定的利息费用，如表12-1所示。

表12-1　　　　　　　　　　　　利息费用一览表　　　　　　　　　　　　单位：元

付息日期	支付利息	利息费用	摊销的利息调整	应付债券摊余成本
2007年12月31日				10 432 700
2008年12月31日	600 000	521 635	78 365	10 354 335
2009年12月31日	600 000	517 716.75	82 283.25	10 272 051.75
2010年12月31日	600 000	513 602.59	86 397.41	10 185 654.34
2011年12月31日	600 000	509 282.72	90 717.28	10 094 937.06
2012年12月31日	600 000	505 062.94*	94 937.06	10 000 000

*尾数调整。

根据表12-1的资料，广州珠江实业股份有限公司的账务处理如下：
（1）2007年12月31日发行债券时：
借：银行存款　　　　　　　　　　　　　　　　　　　　　　　10 432 700
　　贷：应付债券——面值　　　　　　　　　　　　　　　　　　10 000 000
　　　　　　　　——利息调整　　　　　　　　　　　　　　　　　　432 700
（2）2008年12月31日计算利息费用时：
借：财务费用等　　　　　　　　　　　　　　　　　　　　　　　　521 635
　　应付债券——利息调整　　　　　　　　　　　　　　　　　　　　78 365
　　贷：应付利息　　　　　　　　　　　　　　　　　　　　　　　600 000
2009年、2010年、2011年确认利息费用的会计处理同2008年。
（3）2012年12月31日归还债券本金及最后一期利息费用时：
借：财务费用等　　　　　　　　　　　　　　　　　　　　　　　505 062.94
　　应付债券——面值　　　　　　　　　　　　　　　　　　　10 000 000
　　　　　　　——利息调整　　　　　　　　　　　　　　　　　　94 937.06
　　贷：银行存款　　　　　　　　　　　　　　　　　　　　　　10 600 000

（3）在两个付息日之间发行债券的核算。上述内容所讲的债券发行，都是假定债券的发行日和起息日是一致的，但在实际工作中，债券有时是在两个付息日之间发行的。从理论上可以按照债券发行日至债券到期日之间的票面利率和市场利率的差别计算债券的现值。但这样做将需要为不同购买日期的债权人分别计算并支付不同的债券利息，为了简化核算，将上一付息日到发行日之间的应计利息包括在债券的售价中，也就是说，债券各购买者除了要付债券的买价外，还要加付从原发行日至债券实际发行日之间的应计利息。当然，债券发行企业在下一付息日仍须按原来规定付足每期利息。这一部分预先收取的利息形成企业的一项负债，记入"应付债券——应计利息"科目的贷方，在下一付息日予以冲回。至于发行债券时的溢价或折价，则应在实际发行日期与债券到期日期之间的所有期间内摊销。

【例12-15】假定广州珠江实业股份有限公司原定于2007年3月1日发行票面价值1 000元，每年3月1日和9月1日付息两次的3年期、年利率6%（市场利率也为6%）的债券1 000份，因故推迟至7月1日发行。则该公司在发行时应作如下会计分录：

借：银行存款　　　　　　　　　　　　　　　　　1 020 000
　　贷：应付债券——债券面值　　　　　　　　　　　　　1 000 000
　　　　　　　　——应计利息　　　　　　　　　　　　　　20 000

到9月1日支付半年利息时：

借：应付债券——应计利息　　　　　　　　　　　　　20 000
　　财务费用　　　　　　　　　　　　　　　　　　　10 000
　　贷：银行存款　　　　　　　　　　　　　　　　　　　30 000

（四）债券偿还的核算

企业发行的债券通常分为到期一次还本付息或一次还本、分期付息两种。采用一次还本付息方式的，企业应予债券到期支付债券本息时，借记"应付债券——面值、应计利息"科目，贷记"银行存款"科目。采用一次还本、分期付息方式的，在每期支付利息时，借记"应付利息"科目，贷记"银行存款"科目，债券到期偿还本金并支付最后一期利息时，借记"应付债券——面值"、"在建工程"、"财务费用"、"制造费用"等科目，贷记"银行存款"科目，按借贷双方之间的差额，借记或贷记"应付债券——利息调整"。

【例12-16】沿用例12-10的资料，假定广州珠江实业股份有限公司发行的债券为分期付息、到期还本债券。则到期应作如下会计分录：

借：应付债券——债券面值　　　　　　　　　　　1 000 000
　　贷：银行存款　　　　　　　　　　　　　　　　　　1 000 000

第四节　长期应付款

长期应付款是指长期借款和应付债券以外的其他各种长期应付款项，包括应付融资租入固定资产的租赁费，以分期付款方式购入固定资产发生的应付款项和应付补偿贸易引进设备款等。长期应付款除了具备长期负债的一般特点外，还有两个明显特点：一个特点是具有分期付款的性质，如补偿贸易引进设备应付款是在合同期内逐期偿还，融资租入固定资产的租赁费是在整个租赁期内逐期偿还的；另一个特点是长期应付款涉及的外币债务较多，其计价经常会和外币与人民币之间的汇率有关。如引进国外设备的价款是通过汇率将外币折算为人民币计算的，还款时汇率变动，会影响人民币的数额。

为了核算各种长期应付款，企业应设置"长期应付款"科目，并按长期应付款的种类和债权人进行明细核算。

一、应付融资租赁款

应付融资租赁款是指企业采用融资租赁方式租入固定资产而形成的长期负债，是在租赁开始日承租人应向出租人支付的最低租赁付款额。融资租入固定资产在租赁期间资产使用权、风险和报酬已经实质转移，承租人应将融资租入固定资产视为自有固定资产进行管理与核算。我国现行会计准则规定，融资租入固定资产，按租赁开始日租赁资产的公允价值与最低租赁付款额的现值两者中较低者，再加上初始直接费用，作为入账价值，借记"在建工程"、"固定资产"等科目；按最低租赁付款额，贷记"长期应付款——应付融资租赁款"、"银行存款"等科目；两者差额，借记"未确认融资费用"科目。承租企业按期支付的租金，借记"长期应付款——应付融资租赁款"科目，贷记"银行存款"科目。初始直接费用是指签订租赁合同过程中承租人发生可直接归属租赁项目的费用，如印花税、佣金、律师费、差旅费等。最低租赁付款额是指在租赁期内，承租人应支付或可能被要求支付的款项（不包括或有租金和履约成本），加上由承租人或与其有关的第三方担保的资产余值。资产余值是指租赁开始日估计的租赁期满时租赁资产的公允价值。承租人在计算最低租赁付款额的现值时，如果能够取得出租人租赁内含利率，应采用出租人的租赁内含利率作为折现率，否则，应用租赁合同规定的利率作为折现率。如果无法取得出租人的租赁内含利率且合同没有规定利率时，应当采用同期银行贷款利率作为折现率。租赁内含利率是指在租赁开始日，使最低租赁付款额的现值与未担保余值现值之和，等于租赁资产公允价值与出租人的初始直接费用之和的折现率。

【例12-17】20×1年12月28日，A公司与B公司签订了一份租赁合同。合同主要条款如下：

（1）租赁标的物：程控生产线。

（2）租赁期开始日：租赁物运抵A公司生产车间之日（即20×2年1月1日）。

（3）租赁期：从租赁期开始日算起36个月（即20×2年1月1日至20×4年12月31日）。

（4）租金支付方式：自租赁期开始日起每年年末支付租金1 000 000元。

（5）该生产线在20×2年1月1日B公司的公允价值为2 600 000元。

（6）租赁合同规定的利率为8%（年利率）。

（7）该生产线为全新设备，估计使用年限为5年。

（8）20×3年和20×4年两年，A公司每年按该生产线所生产的产品——微波炉的年销售收入的1%向B公司支付经营分享收入。（注：经营分享收入即或有租金的内容。）

A公司经济业务如下：

(1) 采用实际利率法确认本期应分摊的未确认融资费用。
(2) 采用年限平均法计提固定资产折旧。
(3) 20×3 年、20×4 年 A 公司分别实现微波炉销售收入 10 000 000 元和 15 000 000 元。
(4) 20×4 年 12 月 31 日，将该生产线退还 B 公司。
(5) A 公司在租赁谈判和签订租赁合同过程中发生可归属于租赁项目的手续费、差旅费 10 000 元。

要求：作出承租人 A 公司的会计处理。（注意与后面出租人的处理的区分）

A 公司的会计处理如下：

1. 租赁开始日的会计处理

第一步，判断租赁类型：

本例中租赁期（3 年）占租赁资产尚可使用年限（5 年）的 60%（小于 75%），没有满足融资租赁的标准；另外，最低租赁付款额的现值为 2 577 100 元（计算过程见后）大于租赁资产公允价值的 90%，即（2 600 000×90%）2 340 000 元，满足融资租赁的标准，因此，A 公司应当将该项租赁认定为融资租赁。

第二步，计算租赁开始日最低租赁付款额的现值，确定租赁资产的入账价值：

本例中 A 公司不知道出租人的租赁内含利率，因此应选择租赁合同规定的利率 8% 作为最低租赁付款额的折现率。

最低租赁付款额 = 各期租金之和 + 承租人担保的资产余值 = 1 000 000×3 + 0 = 3 000 000（元）。

每期租金 1 000 000 元的年金现值 = 1 000 000×(P/A, 3, 8%) = 1 000 000×0.025 771 = 25 771（元）。

每期租金的现值之和 = 1 000 000×25 771 = 2 577 100（元），小于租赁资产公允价值 2 600 000 元。

根据孰低原则，租赁资产的入账价值应为其折现值 2 577 100（元）。

第三步，计算未确认融资费用：

未确认融资费用 = 最低租赁付款额 − 最低租赁付款额现值 = 3 000 000 − 2 577 100 = 422 900（元）。

第四步，将初始直接费用计入资产价值：

初始直接费用是指在租赁谈判和签订租赁协议的过程中发生的可直接归属于租赁项目的费用。承租人发生的初始直接费用，通常有印花税、佣金、律师费、差旅费、谈判费等。承租人发生的初始直接费用，应当计入租入资产价值。账务处理为：

20×2 年 1 月 1 日，租入程控生产线：

借：固定资产——融资租入固定资产　　　　　　　　　2 587 100
　　未确认融资费用　　　　　　　　　　　　　　　　　422 900
　　贷：长期应付款——应付融资租赁款　　　　　　　　　3 000 000
　　　　银行存款　　　　　　　　　　　　　　　　　　　　10 000

注意：未确认融资费用属于负债类科目，并不是费用类科目。其在资产负债表中，没有这个项目，其直接体现在长期应付款的账面价值中。资产负债表中，直接按照长期应付款的账面价值=长期应付款-未确认融资费用填列。

2. 分摊未确认融资费用的会计处理

第一步，确定融资费用分摊率：

由于租赁资产的入账价值为其最低租赁付款额的折现值，因此该折现率就是其融资费用分摊率，即8%。

第二步，在租赁期内采用实际利率法分摊未确认融资费用（如表12-2所示）：

表12-2　　　　　　　　未确认融资费用分摊表（实际利率法）

20×2年12月31日　　　　　　　　　　　　　　单位：元

日　　期	租　　金	确认的融资费用	应付本金减少额	应付本金余额
①	②	③=期初⑤×8%	④=②-③	期末⑤=期初⑤-④
(1) 20×2.1.1				2 577 100
(2) 20×2.12.31	1 000 000	206 168	793 832	1 783 268
(3) 20×3.12.31	1 000 000	142 661.44	857 338.56	925 929.44
(4) 20×4.12.31	1 000 000	74 070.56	925 929.44	0
合　计	3 000 000	422 900	2 577 100	

做尾数调整：74 070.56=1 000 000-925 929.44

925 929.44=925 929.44-0

第三步，会计处理：

20×2年12月31日，支付第一期租金：

借：长期应付款——应付融资租赁款　　　　　　　　1 000 000
　　贷：银行存款　　　　　　　　　　　　　　　　　　1 000 000

20×2年1~12月，每月分摊未确认融资费用时，每月财务费用为206 168÷12=17 180.67（元）。

借：财务费用　　　　　　　　　　　　　　　　　　17 180.67
　　贷：未确认融资费用　　　　　　　　　　　　　　　17 180.67

20×3年12月31日，支付第二期租金：

借：长期应付款——应付融资租赁款　　　　　　　　1 000 000
　　贷：银行存款　　　　　　　　　　　　　　　　　　1 000 000

20×3年1~12月，每月分摊未确认融资费用时，每月财务费用为142 661.44÷12=11 888.45（元）。

借：财务费用　　　　　　　　　　　　　　　　　　11 888.45
　　贷：未确认融资费用　　　　　　　　　　　　　　　11 888.45

20×4年12月31日，支付第三期租金：

借：长期应付款——应付融资租赁款　　　　　　　　1 000 000
　　贷：银行存款　　　　　　　　　　　　　　　　　　1 000 000

20×4年1~12月，每月分摊未确认融资费用时，每月财务费用为74 070.56÷

12 = 6 172.55（元）。
  借：财务费用   6 172.55
    贷：未确认融资费用   6 172.55
 3. 计提租赁资产折旧的会计处理
 第一步，融资租入固定资产折旧的计算（见表12-3）。
 第二步，会计处理：
 20×2年2月28日，计提本月折旧 = 812 866.82 ÷ 11 = 73 896.98（元）
  借：制造费用——折旧费   73 896.98
    贷：累计折旧   73 896.98
20×2年3月~20×4年12月的会计分录，同上。

表12-3   融资租入固定资产折旧计算表（年限平均法）
20×2年1月1日   金额单位：元

日期	固定资产原价	估计余值	折旧率	当年折旧费	累计折旧	固定资产净值
① 20×2.1.1	2 587 100	0				2 587 100
② 20×2.12.31			31.42%	812 866.82	812 866.82	1 774 233.18
③ 20×3.12.31			34.29%	887 116.59	1 699 983.41	887 116.59
④ 20×4.12.31			34.29%	887 116.59	2 587 100	0
合计	2 587 100	0	100%	2 587 100		

注意：折旧率：11 ÷ 35 = 31.42%；12 ÷ 35 = 34.29%。

 4. 或有租金的会计处理
 20×3年12月31日，根据合同规定应向B公司支付经营分享收入100 000元：
  借：销售费用   100 000
    贷：其他应付款——B公司   100 000
 20×4年12月31日，根据合同规定应向B公司支付经营分享收入150 000元：
  借：销售费用   150 000
    贷：其他应付款——B公司   150 000
 5. 租赁期届满时的会计处理
 20×4年12月31日，将该生产线退还B公司：
  借：累计折旧   2 587 100
    贷：固定资产——融资租入固定资产   2 587 100

二、应付补偿贸易引进设备款

  补偿贸易是一种以信贷为基础而不直接使用现汇的贸易方法。应付补偿贸易引进设备款是指依据补偿贸易合同，买方从国外引进设备，再用该设备生产的产品（或双方规定的其他商品）抵偿其设备价款的长期应付款项。补偿方式有以直接产品补偿或以非直接商品补偿、劳务补偿等。为了核算补偿贸易引进设备款，企业应在"长期应付款"科目下设置"应付补偿贸易引进设备款"明细科目。企业按补偿贸易方式引进设备的价款、国外运杂费等，借记"在建工程"、"固定资产"等科目，贷记"长期应付款——应付补偿贸易引进设备款"科目；分期偿还引进设备款时，借记"长期应付款——应付补偿贸易引进设备款"科目，贷记相关资产科目。

【例12-18】广州珠江实业股份有限公司按补偿贸易方式，从国外凯瑟琳公司引进生产线一套，价款及国外运杂费、保险费等共计100万美元，无息，企业入账时汇率中间价为1美元=7.8元人民币，企业采用当日汇率中间价为记账汇率，广州珠江实业股份有限公司以人民币20万元支付国内运杂费和安装费，当日生产线安装完毕交付车间使用。合同规定分两年用其生产的产品出口抵偿，每年归还50万美元。第一年实际对凯瑟琳公司出口产品收入为50万美元；第二年再出口产品收入50万美元，为简化起见设汇率均为1美元=7.8元人民币。根据上述资料，编制广州珠江实业股份有限公司补偿贸易事项有关的会计分录如下。

(1) 从国外引进设备时：
借：在建工程——生产线　　　　　　　　　　　　　　　7 800 000
　　贷：长期应付款——补偿贸易引进设备款——美元户　　　7 800 000
(2) 支付国内运杂费及安装费时：
借：在建工程——生产线　　　　　　　　　　　　　　　200 000
　　贷：银行存款　　　　　　　　　　　　　　　　　　　200 000
(3) 安装完毕交付使用时：
借：固定资产——生产用固定资产　　　　　　　　　　　8 000 000
　　贷：在建工程——生产线　　　　　　　　　　　　　　8 000 000
(4) 每年产品出口销售（第1年、第2年作同样会计分录）：
借：应收账款——凯瑟琳公司——美元户　　　　　　　　3 900 000
　　贷：主营业务收入　　　　　　　　　　　　　　　　　3 900 000
(5) 每年归还引进设备款（第1年、第2年会计分录相同）
借：长期应付款——补偿贸易引进设备款——美元户　　　3 900 000
　　贷：应收账款——凯瑟琳公司——美元户　　　　　　　3 900 000

第五节　借款费用资本化

借款费用是指企业因借款而发生的利息及其他相关成本，包括借款利息、折价或溢价的摊销、辅助费用以及因外币借款而发生的汇兑差额等。

1. 借款利息

借款而发生的利息，包括企业向银行或其他金融机构等借入资金发生的利息、发行债券发生的利息，以及承担带息债务应计的利息等。

2. 折价或溢价的摊销

折价或溢价的摊销实质上是对借款利息的调整，因而构成了借款费用的组成部分。

企业应在借款的存续期间按实际利率法对折价或溢价进行分期摊销。

3. 辅助费用

因借款而发生的辅助费用是指企业在借款过程中发生的诸如手续费、佣金、印刷费、承诺费（为未使用贷款所支付的承诺费）等费用。由于这些费用是因安排借款而发生的，也是借入资金的一部分代价，因而这些费用构成了借款费用的组成部分。

4. 因外币借款而发生的汇兑差额

因外币借款而发生的汇兑差额是指由于汇率变动而对外币借款本金及其利息的记账本位币金额产生的影响金额。由于这部分汇兑差额是与外币借款直接相联系的，因而也构成借款费用的组成部分。

企业发生的借款费用，可直接归属于符合资本化条件的资产的购建或者生产的，应当予以资本化；其他借款费用，应当在发生时根据其发生额确认为费用，计入当期损益。

一、借款费用资本化概述

（一）应予资本化的资产范围

借款费用应予资本化的资产范围是符合资本化条件的资产。所谓符合资本化条件的资产，是指需要经过相当长时间的购建或者生产活动才能达到预定可使用或者可销售状态的固定资产、投资性房地产和存货等资产。其中"相当长时间"是指为资产购建或者生产所必需的时间，通常为1年以上（包括1年）。对于日常性生产（制造）或者在短期内且大量重复生产的存货、那些在购置时就已经可以使用或销售的资产以及由于人为或者故意等非正常因素导致资产的购建或者生产时间较长的，均不属于借款费用可以资本化的资产范围。符合借款费用资本化条件的存货，主要包括企业（房地产开发）开发的用于对外出售的房地产开发产品、企业制造的用于对外出售的大型机械设备等。

（二）应予以资本化的借款费用

企业从银行或其他金融机构借入的款项可分为专门借款和一般借款。所谓专门借款，是指为购建或生产符合资本化条件的资产而专门借入的款项，通常应有标明专门用途的借款合同；所谓一般借款，是指专门借款以外的其他借款。一般来说，专门借款在借款时已经指定用途，但往往专门借款满足不了需要，于是，企业还使用了专门借款以外的一般借款用于购建或者生产符合资本化条件的资产。无论专门借款还是一般借款，在满足一定条件的情况下，都可能予以资本化。

（三）借款费用资本化的确认原则

1. 利息、折价或溢价摊销的确认

可以归属于符合资本化条件的资产的借款利息、折价或溢价的摊销，予以资本化。这里所说的"符合资本化条件"，是指符合会计准则关于借款费用允许资本化的期间和资本化金额的确定方法等方面的规定。

2. 外币专门借款本金及利息的汇总差额的确认

在资本化期间外币专门借款本金及利息的汇兑差额，应予资本化，计入符合资本化条件的资产的成本。

3. 辅助费用的确认

专门借款发生的辅助费用，在购建的符合资本化条件的资产达到预定可使用或者可销售状态之前发生的，应当在发生时根据其发生额予以资本化，计入符合资本化条件的资产的成本；在购建或者生产的符合资本化条件的资产达到预定可使用或可销售状态之后发生的，应当在发生时根据其发生额确认为费用，计入当期损益。

（四）借款费用资本化的期间

资本化的期间是指借款费用从开始资本化到停止资本化的时间区间，确定借款费用资本化的期间是正确计算予以资本化的借款费用的重要前提。

1. 开始资本化

企业发生可以资本化的借款费用后，应确定何时开始资本化。现行会计准则规定，借款费用同时满足下列条件的，才能开始资本化：

（1）资产支出已经发生。资产支出包括为购建或者生产符合资本化条件的资产而以支付现金、转移非现金资产或者承担债务等形式发生的支出。注意：①对于购建或生产符合资本化条件的资产过程中所支付的现金（这里的现金是指广义的现金，它包括库存现金、银行存款和其他货币资金），显然直接占用了相关资金，应该将其包括在支出中。②对于购建或生产符合资本化条件的资产过程中所转移的非现金资产，尽管从表面上看，没有直接占用现金，但是，这些非现金资产的转移实质上导致了资源的流出，占用了相应的资金，只不过是以实物的形式表现出来而已。③对于购建或生产符合资本化条件的资产过程中承担的带息债务，它相当于企业借入资金支付购建或生产资产的相关款项，需要承担利息，导致资源流出，因此，带息负债应包括在购建或生产资产的支出中。需要说明的是，企业在购建或生产资产时向供应商赊货（且该赊货所形成的债务不附息）、为购建或生产资产所形成的应付职工薪酬等情况，尽管它们都构成在建工程成本，但并不包括在这里所指的"资产支出"范围之内，原因是它们并没有占用借款资金，当然也不必承担利息费用，否则会使利息费用的资本化金额高估。

（2）借款费用已经发生。这一条件是指已经发生了因购建固定资产而专门借入款项的利息、折价或溢价的摊销、辅助费用或汇兑差额。

（3）为使资产达到预定可使用或者可销售状态必要的购建或者生产活动已经开始。这一条件主要是指固定资产、投资性房地产和存货等资产的实体建造或生产活动已经开始。

在以上三个条件同时满足的情况下，因借款发生的利息、折价或溢价的摊销、汇兑差额等应当开始资本化，只要其中有一个条件没有满足，就不能开始资本化。需要注意的是，因安排专门借款而发生的一次性支付的辅助费用，一般不考虑开始资本化的三个条件，应当在发生时予以资本化，如发行公司债券的手续费、初始借款的手续费应当在实际支付时予以资本化。

2. 暂停资本化

我国会计准则规定：符合资本化条件的资产在购建或者生产过程中发生非正常中

断、且中断时间连续超过3个月的,应当暂停借款费用的资本化。在中断期间发生的借款费用应当确认为费用,计入当期损益,直至资产的购建或者生产活动重新开始。如果中断是使所购建或者生产的符合资本化条件的资产达到预定可使用或者可销售状态所必要的程序,则借款费用的资本化应当继续进行。

以固定资产购建为例,在固定资产的购建过程中,有时会因某些原因,比如企业与施工方发生了质量纠纷,工程用料没有及时供应,政府强令停建楼堂馆所,施工发生安全事故等,导致固定资产的购建活动发生较长时间的中断,在这种情况下,中断期间所发生的借款费用是否应该继续资本化。分析购建过程中可能发生的中断,必须解决两个问题:

第一,中断的原因。这又可以具体分为两类中断:一类是正常中断,如果所发生的中断是使所购建的固定资产达到预定可使用状态所必需的程序,或者由于可预见的不可抗力因素(如本地普遍存在的不利天气,雨季或台风季节等原因)导致施工停顿;另一类是非正常中断,如由于劳动纠纷导致工程中断,由于发生安全事故而导致工程中断,由于改变设计图纸导致工程中断,由于资金周转困难无法继续投入而导致工程中断等。

第二,中断时间的长短。无论何种原因造成的中断,中断的时间均会有长有短。如果中断时间较短,不论其是由于什么原因所导致的中断,在该期间所发生的借款费用可继续资本化而不必暂停,是符合一般会计原则和会计信息质量的基本要求的。但如中断时间较长,则应暂停资本化。

3. 停止资本化

借款费用停止资本化,意味着所发生的借款费用不允许再计入在建工程或者产品成本,而应计入当期损益,因此,在借款费用金额较大的情况下,合理确定停止资本化的时点,对于借款费用资本化金额的确定、资产价值的高低、当期财务费用和利润的大小均会产生较大的影响,故停止资本化时点的确定,显得十分重要。

(1)停止资本化的一般原则。我国会计准则规定,当所购建或者生产符合资本化条件的资产达到预定可使用或者可销售状态,应当停止其借款费用的资本化,以后发生的借款费用计入当期损益。"达到预定可使用或者可销售状态"是指资产已经达到购买方、建造方或者生产方预先设想的可以使用或者可以销售的状态。这可以从以下几个方面来加以判断:①符合资本化条件的资产的实体建造(包括安装)工作已经全部完成或者实质上已经完成;②所购建或者生产的符合资本化条件的资产与设计要求、合同规定或者生产要求相符或基本相符,即使有极个别与设计、合同或者生产要求不相符的地方,也不会影响其正常使用或者销售;③继续发生在所购建或者生产的符合资本化条件的资产上的支出金额很少或几乎不再发生。

如果所购建或者生产符合资本化条件的资产需要试生产或试运行,则在试生产结果表明资产能够正常运行或能够生产出合格产品时,或试运行结果表明能够正常运转或营业时,就应当认为资产已经达到预定可使用或者可销售状态,并应停止借款费用的资本化。

(2)在资产分别完工情况下的停止资本化。对于分别完工的资产,企业应区别以下不同情况,来界定借款费用停止资本化时点:①在资产分别完工的情况下,其任何一部分在其他部分继续建造期间可供使用或者可对外销售,且为使该部分资产达到预定可使用或者可销售状态所必要的购建或者生产活动实质上已经完成的,应当停止与该部分资产相关的借款费用的资本化。例如,由若干幢建筑物构成的工厂厂房,每幢厂房在其他厂房继续建造期间均可单独使用,那么,当其中的一幢厂房完工并达到预定可使用状态时,应停止该幢厂房借款费用的资本化。②在资产分别完工的情况下,其任何一个部分都必须在符合资本化条件的资产总体完成后才能投入使用或者可销售。对于这种情况,即使资产的各部分分别完工,也应在该资产整体完工时才停止借款费用的资本化。已经完工部分的借款费用仍应继续资本化。例如,涉及几项工程的钢铁厂,只有每项工程都建造完成后,整个钢铁厂才能正常运转,因而每一个单项工程完工后不停止资本化,须等到整个钢铁厂完工,达到预定可使用状态时才停止资本化。

二、借款费用资本化的核算

借款费用的计量涉及每期借款费用发生总额的计量、应予资本化的借款费用金额的计量和应当计入当期损益的借款费用的计量。三者之间存在这样一个数量关系:借款费用总额－资本化的借款费用＝计入当期损益的借款费用。借款费用总额只需要根据当期实际发生的借款利息、折价或溢价的摊销、辅助费用和汇兑差额计算确定即可,计入当期损益的借款费用可以根据上述等式来确定。因此,借款费用计量的关键在于如何计算确定每期应予以资本化的借款费用金额。由于借款利息、折价或溢价的摊销、辅助费用和汇兑差额在资本化确认的条件方面有所不同,下面根据我国会计准则的规定分别加以说明。

(一) 专门借款利息费用资本化金额的确定

为购建或者生产符合资本化条件的资产而专门借入款项的,应当以专门借款当期实际发生的借款费用,减去将未动用的借款金额存入银行取得的利息收入或者进行暂时性投资取得的投资收益后的金额,确定为专门借款利息费用的资本化金额,在资本化期间内,应当全部计入符合资本化条件的资产的成本,不计算借款资本化率。其计算公式为:每一会计期间专门借款利息的资本化金额＝专门借款当期实际发生的利息费用－尚未动用的借款资金的利息收入－尚未动用的借款资金暂时性投资取得的投资收益。专门借款利息资本化金额的计算公式中,专门借款当期实际发生的利息费用的计算,不考虑资产支出情况,直接根据专门借款金额、资本化期间以及借款利率计算。比如,专门借款 1 000 万元,利率 10%,计算期间为 1 年,则当期实际发生的专门借款利息就是 100 万元。尚未动用的借款金额存入银行取得的利息收入或者进行暂时性投资取得的投资收益是指专门借款在未使用的时间段内存入银行或进行暂时性投资所取得的利息收入或投资收益。比如,上例中,专门借款 1 000 万元,1 月 1 日投入 500 万元,7 月 1 日投入 500 万元,闲置专门借款资金均用于固定收益债券短期投资,假定该短期投资月收益率为 0.5%。则闲置的专门资金为 500 万元,闲置时间为半年,取得的投资收益为:$500 \times 0.5\% \times 6 = 15$(万元)。专门借款利息费用化金额 ＝ $100 - 15 = 85$(万元)。

(二) 一般借款利息费用资本化金额的确定

我国会计准则规定，为购建或者生产符合资本化条件的资产而占用了一般借款的，企业应当根据累计资产支出超过专门借款部分的资产支出加权平均数乘以所占用一般借款的资本化率，计算确定一般借款应予资本化的利息金额。由此可见，专门借款发生的所有利息只要在资本化期间内，可以全部资本化。如果所使用的资金超过了专门借款金额，企业只应将真正用于购建或者生产的借款产生的利息资本化，因此，在确定每期一般借款利息资本化金额时，资本化的利息费用应该与资产支出相挂钩。

根据上述原则，在应予资本化的每一会计期间，所购建或者生产符合资本化条件的资产应予资本化的利息金额为至当期末止购建或者生产符合资本化条件的资产累计资产支出加权平均数乘以资本化率之积，其计算公式为：每一会计期间一般借款利息的资本化金额＝至当期期末为止购建或者生产符合资本化条件的资产累计资产支出的加权平均数×资本化率。

1. 累计资产支出加权平均数的计算

累计资产支出加权平均数应按每笔资产支出金额乘以资产支出占用天数与会计期间所涵盖天数之比计算确定，其具体的计算公式为：累计支出加权平均数＝Σ［每笔资产支出金额×（每笔资产支出实际占用的天数/会计期间涵盖的天数）］。"资产支出实际占用的天数"是指发生在固定资产上的支出所应承担借款费用的时间长度，"会计期间涵盖的天数"是指计算应予资本化的借款费用金额的会计期间的长度。这两个时间长度，按天数计算最为精确，但考虑到有时在资产支出笔数较多、支出发生比较均衡、会计报告期较长的情况下，计算工作量较大，因此从遵循成本效益原则来讲，也可以在这种情况下，按照月、季、半年或年来计算累计资产支出加权平均数。

2. 资本化率的计算

我国会计准则规定，资本化率应当根据一般借款加权平均利率计算确定。

(1) 一般来说，在为购建或者生产符合资本化条件的资产只使用了一笔一般借款的情况下，该项借款的利率即为资本化率，如果这一项一般借款为采用面值发行的债券，则债券的票面利率即为资本化率。当为购建或者生产符合资本化条件的资产折价或溢价发行了一笔债券时，此时即使只存在这一笔借款，也不能直接将债券的票面利率作为资本化率，而应重新计算债券的实际利率作为资本化率。资本化率即实际利率的计算公式为：资本化率＝（债券当期实际发生的利息±当期应摊销的折价或溢价）/债券期初账面价值×100%。"债券当期实际发生的利息"是指当期按债券的票面价值乘以票面利率计算得出的利息金额。"当期应摊销的折价或溢价"是指按实际利率法计算的折价或溢价的每期摊销金额。"债券期初账面价值"是指每期期初债券的账面价值，包括上期应计的利息和上期应摊销的折价或溢价金额，如果债券是分期付息的，还应扣除分期付息情况下每期已经支付的利息金额。

(2) 为购建或者生产符合资本化条件的资产使用了一笔以上的一般借款，则资本化率应为这些一般借款的加权平均利率。如为购建或者生产符合资本化条件的资产使用了一笔以上的一般借款，在这些借款都没有折价或溢价的情况下，加权平均利率的计算公式为：加权平均利率＝一般借款当期实际发生的利息之和/一般借款本金加权平均数×100%。"一般借款当期实际发生的利息之和"是指企业因借入款项在当期实际发生的利息金额。"一般借款本金加权平均数"是指各一般借款的本金余额在会计期间内的加权平均数,其计算应根据每笔一般借款的本金乘以该借款在当期实际占用的天数与会计期间涵盖的天数之比确定,其计算公式为:一般借款本金 = ∑ [每笔一般借款本金×(每笔一般借款实际占用的天数/会计期间涵盖的天数)]

如果这些一般借款存在折价或溢价的情况,还应当将每期应摊销折价或溢价的金额作为利息的调整额,对加权平均利率即资本化率作相应调整。折价或溢价的摊销采用实际利率法,此时,加权平均利率的计算公式为:加权平均利率 =(一般借款当期实际发生的利息之和±当期应摊销的折价或溢价)/一般借款本金加权平均数×100%。

【例 12-19】广州珠江实业股份有限公司为建造一幢厂房于 2012 年 1 月 1 日按面值发行了 1 000 万元的 5 年期债券,年利率为 6%。厂房的建造工作从 2012 年 1 月 1 日开始,建造期为 3 年。2012 年资产支出情况如下:

1 月 1 日,支付购买工程用物资款项 234 万元,其中增值税进项税额为 34 万元;

2 月 1 日,支付项目设计方案费 50 万元;

3 月 1 日,支付工程用物资款 351 万元,其中增值税进项税额 51 万元;

7 月 1 日,支付建造该项资产的职工工资 60 万元;

8 月 1 日,支付工程用料款 117 万元,其中增值税进项税额为 17 万元;

10 月 1 日,将本公司生产的原材料用于工程建设,原材料成本为 100 万元,增值税进项税额为 17 万元,为生产这些产品所耗用的材料价款及增值税进项税额已支付。假定该项款项未产生利息收入。根据上述资料,广州珠江实业股份有限公司应做如下处理:

(1)2012 年实际发生的利息支出 = 1 000 × 6% = 60 万元。由于 2012 年的支出没有超过专门借款总额,所以所发生的利息支出全部予以资本化。

(2)编制会计分录:

借:在建工程——借款费用　　　　　　　　　　　600 000
　　贷:应付债券——应计利息　　　　　　　　　　　600 000

【例 12-20】广州珠江实业股份有限公司为工程建设动用了于 2012 年 12 月 1 日借入一笔银行借款(一般流动资金借款)1 000 万元,年利率为 10%,期限为 5 年,每年年末付息,到期还本。工程开工日为 2013 年 1 月 1 日,工程期为 3 年,2013 年有关支出如表 12-4 所示:

表 12-4　　　　　　　　　　2013 年有关支出表

日期	支付金额
1 月 1 日	100 万元
4 月 1 日	100 万元
7 月 1 日	100 万元
10 月 1 日	100 万元

则 2013 年借款利息费用的资本化额为多少？

认定开始资本化日为 2013 年 1 月 1 日；

当年累计支出加权平均数 = 100 × 12/12 + 100 × 9/12 + 100 × 6/12 + 100 × 3/12 = 250（万元）；

当年资本化率为借款利率 10%；

当年利息费用资本化额 = 250 × 10% = 25（万元）；

当年总的利息费用 = 1 000 × 10% = 100（万元）；

当年计入财务费用的利息费用 = 100 − 25 = 75（万元）；

会计分录如下：

借：在建工程	250 000	
财务费用	750 000	
贷：应付利息		1 000 000

（三）确定辅助费用资本化的金额

辅助费用是企业为了安排借款而发生的必要费用，包括借款手续费、承诺费、佣金等。如果企业不发生这些费用，就无法取得这些借款，因此辅助费用是企业借入款项所付出的一种代价，是借款费用的有机组成部分。与利息费用一样，为安排专门借款所发生的辅助费用也应资本化，计入资产成本。但是，由于辅助费用往往是在借款时一次发生的，因此它与利息费用在特征上是有所差别的，即使其中的承诺费是陆续发生的。但由于承诺费会随着划入的借款金额的增加而逐步减少，与利息费用通常随着借款金额的增加而增加的特点还是不同。

我国会计准则对辅助费用资本化金额的规定是：专门借款发生的辅助费用，在所购建或者生产的符合资本化条件的资产达到预定可使用或者可销售状态之前发生的，应当在发生时根据其发生额予以资本化，计入符合资本化条件的资产的成本；在所购建或者生产的符合资本化条件的资产达到预定可使用或者可销售状态之后发生的，应当在发生时根据其发生额确认为费用，计入当期损益。一般借款发生的辅助费用，应当在发生时根据其发生额确认为费用，计入当期损益。

（四）确定外币专门借款汇兑差额资本化金额

当企业为购建或者生产符合资本化条件的资产所借入的专门借款是外币借款时，由于在一般情况下，企业取得外币借款、使用外币借款和会计结算日往往并不一致，而外汇汇率又在随时发生变化，因此，外币借款会产生汇兑差额。汇兑差额资本化金额的确定方法，有两种方法可以选择：

（1）将每期所有外币专门借款的汇兑差额全部资本化，计入所购建或者生产符合资本化条件的资产的成本，而不论这些外币借款是否已被使用。在这种方法下，每期资本化的汇兑差额与资产支出不挂钩。

（2）将每期所有外币专门借款的汇兑差额中，应由所支出的外币借款部分承担的汇兑差额予以资本化，计入所购建或者生产符合资本化条件的资产的成本，其他汇兑差额则作为财务费用，计入当期损益，因此，在这种方法下，每期资本化的汇兑差额与资产支出相挂钩。

第一种方法相对比较简单，第二种方法复杂一些，但比较合理。由于考虑到外币专门借款汇兑差额一般金额不大，在计算其资本化金额时，是否将其与资产支出挂钩，对企业财务状况和经营业绩不会产生较大影响。同时，从成本效益原则考虑，如果将外币专门借款汇兑差额与资产支出相挂钩，计算的工作量会增加许多，在操作上有一定难度，因此，出于简化计算、减轻核算工作量的考虑，我国会计准则采纳了第一种方法。即如果专门借款为外币借款，则在应予资本化的每一会计期间，汇兑差额的资本化金额为当期外币专门借款本金及利息所发生的汇兑差额。

【例12-21】广州珠江实业股份有限公司以人民币为记账本位币，2012年1月1日为安装一条生产线，向银行借入3年期欧元借款180万欧元，年利率为8%。假定企业采用业务发生日汇率折算外币业务，借款当日的汇率为1欧元=8.20元人民币。企业按月计算应予资本化的借款费用金额，当期无其他外币借款。该生产线于当年1月1日开始安装，2月28日安装完毕，投入使用。安装期间，发生的支出情况如下：1月1日发生支出90万欧元，当日汇率为1欧元=8.20元人民币。2月1日发生支出60万欧元，当日汇率为当日汇率为1欧元=8.25元人民币。1月和2月各月月末汇率分别为：1月31日为1欧元=8.22元人民币。2月28日为1欧元=8.27元人民币。该企业按月计算借款费用资本化金额。假定长期借款一次还本付息。

根据上述资料，广州珠江实业股份有限公司应做如下会计处理：

（1）1月1日借入欧元借款时，企业应作如下会计分录：

借：银行存款——欧元户　　　　　　　　　　　14 760 000
　　贷：长期借款——欧元户　　　　　　　　　　　　　　14 760 000

当日发生美元支出时，企业应作如下账务处理：

借：在建工程　　　　　　　　　　　　　　　　7 380 000
　　贷：银行存款——欧元户（900 000×8.20）　　　　　7 380 000

（2）1月31日计算该月外币借款利息和外币借款本金及利息汇兑差额：

①利息资本化金额。

折合为人民币的借款利息=1 800 000×8%×1/12×8.22=98 640（元），本月应予资本化的利息金额为98 640元。

②汇兑差额资本化金额。

外币借款本金及利息的汇兑差额=1 800 000×(8.22-8.20)=36 000（元），应予资本化的汇兑差额等于当月该外币借款本金及利息实际发生的汇兑差额36 000元。

因此，1月份应予资本化的借款费用金额=98 640+36 000=134 640（元）。

1月31日，企业应作如下会计分录：

借：在建工程——借款费用　　　　　　　　　　134 640
　　贷：长期借款——欧元户　　　　　　　　　　　　　　134 640

（3）2月1日发生美元支出时，企业应作如下账务处理：

借：在建工程　　　　　　　　　　　　　　　　4 950 000
　　贷：银行存款——欧元户（600 000×8.25）　　　　　4 950 000

(4) 2月28日,该月外币借款利息和外币借款本金及利息的汇兑差额:

①利息资本化金额。

折合为人民币的借款利息 = 1 800 000 × 8% × 1/12 × 8.27 = 99 240(元),本月应予资本化的利息金额为 99 240 元。

②汇兑差额资本化金额。

外币借款本金及利息的汇兑差额 = 1 800 000 × (8.27 − 8.22) + 12 000 × (8.27 − 8.22) = 90 600(元),应予资本化的汇兑差额等于当月该外币借款本金及利息实际发生的汇兑差额即 90 600 元。2 月份应予资本化的借款费用金额 = 99 240 + 90 600 = 189 840(元)。2 月 28 日,企业应作如下账务处理:

借:在建工程——借款费用　　　　　　　　　　　　　　189 840
　　贷:长期借款——欧元户　　　　　　　　　　　　　　　189 840

三、借款利息费用资本化的账务处理

借款利息费用资本化账务处理比较简单,资本化期间发生的应予以资本化的利息费用,按其发生额借记"在建工程"、"固定资产"等科目(不应予以资本化的利息费用,则应借记"财务费用"科目),贷记"长期借款"、"应付债券"等科目。

四、借款费用的披露

企业应当在财务报告中披露下列与借款费用有关的信息:

(一) 当期资本化的借款费用金额

"当期资本化的借款费用金额"是指按规定计算的、当期已计入资产成本中的各项借款费用之和,包括当期资本化的利息、折价或溢价的摊销、汇兑差额和辅助费用之和。如果企业当期有两项或两项以上处于购建或者生产的资产,应当披露这些资产当期资本化的借款费用总额。

(二) 当期用于计算确定借款费用资本化金额的资本化率

由于企业在某一期间内,有新借入的款项,也有偿还的款项,而且当期可能存在一项以上处于购建或者生产中的资产,因此,为便于各期比较,企业应在财务报告中披露当期用于确定资本化金额的资本化率。

(1) 如果当期有两项或两项以上的资产,且各项资产适用的资本化率不同,应按资产项目分别披露,如果各项资产在确定资本化金额时适用的资本化率相同,则可以合并披露。

(2) 如果对外提供财务报告的期间长于计算借款费用资本化金额的期间,且在计算借款费用资本化金额的各期,用于确定资本化金额的资本化率均不相同,应分别各期披露;如果各期计算资本化金额所使用的资本化率相同,则可以合并披露。

第六节　或有事项和预计负债

一、或有事项

(一) 或有事项的定义

或有事项是指过去的交易或者事项形成的，其结果是必须由某些未来事项的发生或不发生才能决定的不确定事项。比如，企业售出一批商品并对商品提供售后担保，承诺在商品发生质量问题时由企业无偿提供修理服务。销售商品并提供售后担保是企业过去发生的交易，由此形成的未来修理服务构成一项不确定事项，修理服务的费用是否会发生以及发生金额是多少，将取决于未来是否发生修理请求以及修理工作量、费用等的大小。按照权责发生制原则，企业不能等到客户提出修理请求时，才确认因提供担保而发生的义务，而应当在资产负债表日对这一不确定事项做出判断，以决定是否在当期确认承担的修理义务。常见的或有事项包括：未决诉讼或未决仲裁、债务担保、产品质量保证（含产品安全保证）、亏损合同、重组义务、承诺、环境污染整治等。

(二) 或有事项的特征

1. 或有事项是因过去的交易或者事项形成的一种现存状况

例如，未决诉讼是企业因过去的经济行为导致起诉其他单位或被其他单位起诉，是现存的一种状况，而不是未来将要发生的事项。又如，产品质量保证是企业对已售出商品或已提供劳务的质量提供的保证，不是为尚未出售商品或尚未提供劳务的质量提供的保证。基于这一特征，未来可能发生的自然灾害、交通事故、经营亏损等事项，都不属于或有事项。

2. 或有事项的结果具有不确定性

第一，或有事项的结果是否发生具有不确定性。例如，企业为其他单位提供债务担保，如果被担保方到期无力还款，担保方将负连带责任，担保所引起的可能发生的连带责任构成或有事项。但是，担保方在债务到期时是否一定承担和履行连带责任，需要根据被担保方能否按时还款决定，其结果在担保协议达成时具有不确定性。又如，有些未决诉讼，被起诉的一方是否会败诉，在案件审理过程中是难以确定的，需要根据法院判决情况加以确定。第二，或有事项的结果预计将会发生，但发生的具体时间或金额具有不确定性。例如，某企业因生产排污治理不力并对周围环境造成污染而被起诉，如无特殊情况，该企业很可能败诉。但是，在诉讼成立时，该企业因败诉将支出多少金额，或者何时将发生这些支出，可能是难以确定的。

3. 或有事项的结果须由未来事项决定

或有事项的结果只能由未来不确定事项的发生或不发生才能决定。或有事项对企业会产生有利影响还是不利影响，或虽已知是有利影响或不利影响，但影响有多大，在或有事项发生时是难以确定的。这种不确定性的消失，只能由未来不确定事项的发生或不发生才能证实。例如，企业为其他单位提供债务担保，该担保事项最终是否会要求企业履行偿还债务的连带责任。一般只能看被担保方的未来经营情况和偿债能力。如果被担保方经营情况和财务状况良好且有较好的信用，按期还款，那么企业将不需要履行该连带责任。只有在被担保方到期无力还款时，担保方才承担偿还债务的连带责任。如果是现时义务且符合负债的确认条件，则为预计负债，在资产负债表中予以确认；如果是潜在义务或虽然是现时义务但不符合负债的确认条件，则为或有负债，不确认为负债，只在报表的附注中予以披露。

应注意的是，在会计处理过程中存在不确定性的事项并不都是或有事项，企业应当按照或有事项的定义和特征进行判断。例如，对固定资产计提折旧虽然也涉及对固定资产预计净残值和使用寿命进行分析和判断，带有一定的不确定性，但是固定资产折旧是已经发生的损耗，固定资产的原值是确定的，其价值最终会转移到成本或费用中也是确定的，该事项的结果是确定的，因此对固定资产计提折旧不属于或有事项。

二、或有负债

(一) 或有负债概述

或有负债是指过去的交易或事项形成的潜在义务，其存在须通过未来不确定事项的发生或不发生予以证实；或过去的交易或事项形成的现时义务，履行该义务不是很可能导致经济利益流出企业或该义务的金额不能可靠计量。从定义中可以看出，或有负债有两种含义：一种为潜在义务，这种义务是否能变为现时义务取决于未来不确定事项是否发生，如果发生则或有负债转化为确定负债，比如未决诉讼形成的或有负债。另一种为特殊的现时义务，这种现时义务的特殊性又表现为两个方面：一个方面是为履行该义务导致经济利益流出企业的可能性很小，如已贴现商业承兑汇票形成的或有负债；另一个方面是为履行该业务导致经济利益流出企业的金额难以计量，如产品质量保证形成的或有负债。确定负债通过设置负债科目进行核算，并在会计报表中予以反映。或有负债在不能确认为确定负债的情况下，会计上不能予以核算。由于或有负债对企业的财务状况和经营成果会产生直接或间接的影响，所以或有负债必须在会计报表的附注中予以披露，以使报表使用者能够准确地了解企业的会计信息，从而作出正确决策。

按《企业会计准则第13号——或有事项》的规定，企业应在会计报表附注中披露如下或有负债：已贴现商业承兑汇票形成的或有负债；未决诉讼、仲裁形成的或有负债；为其他单位提供债务担保形成的或有负债；其他或有负债（不包括极小可能导致经济利益流出企业的或有负债）。具体披露的内容有：或有负债的种类以及形成原因；或有负债预计产生的财务影响，以及获得补偿的可能性；无法预计的，应当说明原因；经济利益流出不确定性的说明。

(二) 主要或有负债分析

1. 已贴现商业承兑汇票形成的或有负债

商业汇票贴现是指持有人在急需现金的情况下，到银行或其他金融机构将尚未到期的商业汇票转让以取得现金的一种融资行为。企业在票据到期前，由于未知票据到期付款方是否能支付该款项，所以企业存在到期支付该款项的可能性。如果票据到期，付款人支付了该款项，则企业就解除了该项潜在的义务。但是如果付款人到期不能支付该款项，则企业应承担支付该款项的义务。这时，或有负债转化为确定的负债。

2. 为其他单位提供债务担保形成的或有负债

企业为其他单位提供债务担保是指在其他单位的债务中，已经由企业提供担保的债务到期不能偿还时，则企业承担为其他单位偿还债务的连带责任。在未知其他企业到期是否能够偿还债务时，企业存在为其他单位偿还债务的可能性。如果被担保企业到期偿还了债务，则企业就不存在为担保企业偿还债务的义务；如果被担保企业到期不能偿还其债务，则企业需要代为偿还该债务。这时，或有负债转化为确定的负债。

3. 未决诉讼、仲裁形成的或有负债

当企业涉及一项尚未判决的诉讼案件并且企业可能承担赔偿责任时，在不能确定判决结果前，企业存在承担赔偿责任的可能性。如果判决结果为胜诉，即企业不需要承担赔偿责任，则企业就不存在该项赔偿义务；如果判决结果为败诉，则企业需承担该项赔偿责任，这时或有负债就转化为确定的负债。

4. 其他或有负债

以产品质量保证为例，企业在售出产品或提供劳务后，承诺为客户提供售后服务，在产品售出或劳务提供时，企业并不知道是否会发生售后服务的费用以及售后服务费用的数额，但是企业存在承担售后服务费用的可能性。如果售出产品的质量好和提供劳务的质量高，则会少支出售后服务的费用，甚至不支出售后服务的费用；反之，企业将支出大量的售后服务费用。所以，企业的售后服务费用就形成了一项或有负债。

综上所述，各种或有负债经济利益流出的可能性很小。

三、预计负债

预计负债是指支出时间和金额不确定但符合负债确认条件的现时义务。或有事项的存在可能会使企业承担某种现时义务，如对外提供担保、未决诉讼、产品质量保证、重组义务、亏损性合同等或有事项都可能是企业承担某种现时义务。

(一) 预计负债的确认

根据《企业会计准则第 13 号——或有事项》的规定，因或有事项而产生的义务同时符合以下条件时，企业应将其确认为预计负债。

1. 该义务是企业承担的现时义务

即与或有事项相关的义务是在企业当前条件下已承担的义务，企业没有其他现实选择，只能履行该现实义务。通常情况下，过去的交易或事项导致现时义务是比较明确的，但也存在少数情况，如法律诉讼的特定事项是否已发生或这些事项是否已产生了一项现时义务可能难以确定，企业应当考虑包括资产负债表日后所有可获得的证据、专家意见等，以此确定资产负债表日是否存在现时义务。如果据此判断，资产负债表日很可能存在现时义务，且符合预计负债确认条件的，应当确认一项预计负债；如果资产负债表日现时义务很可能不存在的，企业应披露一项预计负债，除非含有经济利益的资源流出企业的可能性极小。

2. 履行该义务很可能导致经济利益流出企业

履行或有事项相关义务导致经济利益流出的可能性，通常按照一定的概率区间加以判断。一般情况下，发生的概率分为以下几个层次："基本确定"是指发生的可能性大于95%但小于100%；"很可能"是指发生的可能性大于50%但小于或等于95%；"可能"是指发生的可能性大于5%但小于或等于50%；"极小可能"是指发生的可能性大于0但小于或等于5%。履行与或有事项相关的现时义务时，导致经济利益流出企业的可能性超过50%，但尚未达到基本确定的程度。企业因或有事项承担了现时义务，并不说明该现时义务很可能导致经济利益流出企业。例如，2009年5月1日，甲企业与乙企业签订协议，承诺为乙企业的2年期银行借款提供全额担保。对于甲企业而言，由于担保事项而承担了一项现时义务但这项义务的履行是否很可能导致经济利益流出企业，需依据乙企业的经营情况和财务状况等因素加以确定。假定2009年年末，乙企业的财务状况恶化，且没有迹象表明可能发生好转。此种情况出现，表明乙企业很可能违约，从而甲企业履行承担的现时义务将很可能导致经济利益流出企业。反之，如果乙企业财务状况良好，一般可以认定乙企业不会违约，从而甲企业履行承担的现时义务不是很可能导致经济利益流出。

3. 该义务的金额能够可靠地计量

与或有事项相关的现时义务的金额能够合理地估计。由于或有事项具有不确定性，因或有事项产生的现时义务的金额也具有不确定性，因而需要估计。要对或有事项确认一项负债，相关现时义务的金额应当能够可靠估计。只有在其金额能够可靠地估计，并同时满足其他两个条件时，企业才能加以确认。例如，丁股份有限公司涉及一起诉讼案，根据以往的审判结果判断，公司很可能败诉，相关的赔偿金额也可以估算出一个区间。此时，就可以认为该公司因未决诉讼承担的现时义务的金额能够可靠地计量，如果同时满足其他两个条件，就可以将所形成的义务确认为一项负债。需要注意的是，预计负债应当与应付账款、应计项目等其他负债严格区分。预计负债未来支出的时间或金额具有一定的不确定性；应付账款是为已收到或已提供的、并已开出发票或已与供应商达成正式协议的货物或劳务支付的负债；应计项目是为已收到或已提供的、但还未支付、未开出发票或未与供应商达成正式协议的货物或劳务支付的负债，尽管有时需要估计应计项目的金额或时间，但是其不确定性通常小于预计负债。预计负债在资产负债表上以"预计负债"项目单独列示。

（二）预计负债的计量

当与或有事项有关的义务符合确认为负债的条件时，应当将其确认为预计负债，预计负债应当按照履行相关现时义务所需支出的最佳估计数进行初始计量。企业应当在资产负债表日对其账面价值进行复核。若有确凿证据表明该账面价值不能真实反映当前最佳估计数的，应当按照当前最佳估计数对该账面价值进行调整。此外，企业清偿预计负债所需支出还可能从第三方或其他方获得补偿。因此，或有事项的计量主要涉及两个问题：一个问题是最佳估计数的确定；另一个问题是预期可获得补偿的处理。

1. 最佳估计数的确定

预计负债应当按照履行相关现时义务所需支出的最佳估计数进行初始计量。最佳

估计数的确定应当分成两种情况处理:

第一,所需支出存在一个连续范围,且该范围内各种结果发生的可能性相同,则最佳估计数应当按照该范围内的中间值,即上下限金额的平均数确定。

【例12-22】2011年12月28日,广州珠江实业股份有限公司因合同违约而涉及一桩诉讼案。根据公司的法律顾问判断,最终的判决很可能对广州珠江实业股份有限公司不利。2011年12月31日,广州珠江实业股份有限公司尚未接到法院的判决,因诉讼须承担的赔偿金额也无法准确地确定。不过,据专业人士估计,赔偿金额可能是80万元至100万元之间的某一金额,而且这个区间内每个金额的可能性都大致相同。广州珠江实业股份有限公司应在2011年12月31日的资产负债表中确认一项负债金额为:$(80+100) \div 2 = 90$(万元)。

第二,所需支出不存在一个连续范围,或者虽然存在一个连续范围,但该范围内各种结果发生的可能性不相同。那么,如果或有事项涉及单个项目,最佳估计数按照最可能发生金额确定;如果或有事项涉及多个项目,最佳估计数按照各种可能结果及相关概率计算确定。"涉及单个项目"指或有事项涉及的项目只有一个,如一项未决诉讼、一项未决仲裁或一项债务担保等。"涉及多个项目"指或有事项涉及的项目不止一个,如产品质量保证。在产品质量保证中,提出产品保修要求的可能有许多客户,相应地,企业对这些客户负有保修义务。

【例12-23】2011年10月2日,广州珠江实业股份有限公司涉及一起诉讼案。2011年12月31日,广州珠江实业股份有限公司尚未接到法院的判决。在咨询了公司的法律顾问后,公司认为:胜诉的可能性为40%,败诉的可能性为60%。如果败诉,需要赔偿200万元。广州珠江实业股份有限公司在资产负债表中确认的负债金额应为最可能发生的金额,即200万元。

【例12-24】广州珠江实业股份有限公司公司是生产并销售FS产品,2011年第一季度,共销售FS产品600 130件,销售收入为360 000 000元。根据公司的产品质量保证条款,该产品售出后一年内,如发生正常质量问题,公司将负责免费维修。根据以前年度的维修记录,如果发生较小的质量问题,发生的维修费用为销售收入的1%;如果发生较大的质量问题,发生的维修费用为销售收入的2%。根据公司技术部门的预测,第一季度销售的产品中,80%不会发生质量问题;15%可能发生较小质量问题;5%可能发生较大质量问题。

广州珠江实业股份有限公司应在2011年第一季度末的资产负债表中确认负债金额为:$360\,000\,000 \times (0 \times 80\% + 1\% \times 15\% + 2\% \times 5\%) = 900\,000$(元)。

2. 预期可获得补偿的处理

如果企业清偿因或有事项而确认的负债所需支出全部或部分,预期由第三方或其他方补偿,则此补偿金额只有在基本确定(可能性95%以上)能收到时,才能作为资产单独确认,确认的补偿金额不能超过所确认负债的账面价值。预期可能获得补偿的情况通常有:发生交通事故等情况时,企业通常可从保险公司获得合理的赔偿;在某些索赔诉讼中,企业可对索赔人或第三方另行提出赔偿要求;在债务担保业务中,企业在履行担保义务的同时,通常可向被担保企业提出追偿要求。

企业预期从第三方获得的补偿是一种潜在资产，其最终是否真的会转化为企业真正的资产（即企业是否能够收到这项补偿）具有较大的不确定性。企业只能在基本确定能够收到补偿时才能对其进行确认。根据资产和负债不能随意抵销的原则，预期可获得的补偿在基本确定能够收到时应当确认为一项资产，而不能作为预计负债金额的扣减。

【例 12-25】2011 年 12 月 31 日，广州珠江实业股份有限公司因或有事项而确认了一笔金额为 100 000 元的负债；同时，公司因该或有事项，基本确定可从 NM 公司获得 40 000 元的赔偿。

广州珠江实业股份有限公司应分别确认一项金额为 100 000 元的负债和一项金额为 40 000 元的资产，而不能只确认一项金额为 60 000 元（100 000－40 000）的负债。同时，公司所确认的补偿金额 40 000 元不能超过所确认的负债的账面价值 100 000 元。

3. 预计负债的计量需要考虑的其他因素

企业在确定最佳估计数时应当综合考虑与或有事项有关的风险、不确定性、货币时间价值和未来事项等因素。

（1）风险和不确定性。风险是对交易或事项结果的变化可能性的一种描述。企业在不确定的情况下进行判断需要谨慎，使得收入或资产不会被高估，费用或负债不会被低估。但是，不确定性并不说明应当确认过多的预计负债和故意夸大支出或费用。企业应当充分考虑与或有事项有关的风险和不确定性，在此基础上按照最佳估计数确定预计负债的金额。

（2）货币时间价值。预计负债的金额通常应当等于未来应支付的金额。但是，因货币时间价值的影响，资产负债表日后不久发生的现金流出，要比一段时间之后发生的同样金额的现金流出负有更大的义务。所以，如果预计负债的确认时点距离实际清偿有较长的时间跨度，货币时间价值的影响重大（通常时间为 3 年以上且金额较大）。那么在确定预计负债的确认金额时，应考虑采用现值计量，即通过对相关未来现金流出进行折现后确认最佳估计数。将未来现金流出折算为现值时，需要注意以下三点：第一，用来计算现值的折现率，应当是反映货币时间价值的当前市场估计和相关负债特有风险的税前利率。第二，风险和不确定性既可以在计量未来现金流出时作为调整因素，也可以在确定折现率时予以考虑，但不能重复反映。第三，随着时间的推移即使在未来现金流出和折现率均不改变的情况下，预计负债的现值将逐渐增长，企业应当在资产负债表日，对预计负债的现值进行重新计量。

（3）未来事项。企业应当考虑可能影响履行现时义务所需金额的相关未来事项。也就是说，对于这些未来事项如果有足够的客观证据表明它们将发生，如未来技术进步、相关法规出台等，则应当在预计负债计量中考虑相关未来事项的影响，但不应考虑预期处置相关资产形成的利得。预期的未来事项可能对预计负债的计量较为重要。例如，某核电企业预计，在生产结束时清理核废料的费用将因未来技术的变化而显著降低。那么，该企业因此确认的预计负债金额应当反映有关专家对技术发展以及清理费用减少作出的合理预测。但是，这种预计需要取得相当客观的证据予以支持。

（三）预计负债核算的科目设置和主要账务处理

为了核算预计负债，应设置"预计负债"科目，该科目用来反映企业确认的对外提供担保、未决诉讼、产品质量保证、重组义务、亏损性合同等预计负债，贷方登记预计负债的发生数，借方登记实际偿还数或冲减数，期末贷方余额反映已确认尚未支付的预计负债。"预计负债"科目可按形成预计负债的交易或事项进行明细分类核算，该科目下设"产品质量保证"、"亏损合同"和"未决诉讼"等明细账。

（1）企业由对外提供担保、未决诉讼、重组义务产生的预计负债，应按确定的金额，借记"营业外支出"等科目，贷记"预计负债"科目；由产品质量保证产生的预计负债，按确定的金额借记"销售费用"科目，贷记"预计负债"科目；由资产弃置义务产生的预计负债，按确定的金额，借记"固定资产"或"油气资产"科目，贷记"预计负债"科目，在固定资产或油气资产的使用寿命内，按计算确定各期应负担的利息费用，借记"财务费用"科目，贷记"预计负债"科目。

（2）实际清偿或冲减预计负债时，借记"预计负债"科目，贷记"银行存款"等科目。预计负债的冲减是指企业清偿预计负债所需全部或部分预期由第三方补偿的金额。补偿金额只有在基本确定能够收到时才能作为资产单独确认，而且确认的补偿金额不应当超过预计负债的账面价值。

（3）根据确凿证据需要对已确认的预计负债进行调整时，调整增加的预计负债，借记有关科目，贷记"预计负债"科目，调整减少的预计负债做相反的会计分录。

（四）预计负债核算举例

1. 产品质量保证形成的预计负债

产品质量保证通常是指销售商或制造商在销售产品或提供劳务后，对客户提供服务的一种承诺。在约定期内（或终身保修），若产品或劳务在正常使用过程中出现质量或与之相关的其他属于正常范围的问题，企业负有更换产品、免费或只收成本价进行修理等责任。为此，企业应当在符合确认条件的情况下，于销售成立时确认预计负债。需要注意的是：在对产品质量保证确认预计负债时，如果发现保证费用的实际发生额与预计数相差较大，应及时对预计比例进行调整；如果企业针对特定批次产品确认预计负债，则在保修期结束时，应将"预计负债——产品质量保证"余额冲销，不留余额；已对其确认预计负债的产品，如企业不再生产了，那么应在相应的产品质量保证期满后，将"预计负债——产品质量保证"余额冲销，不留余额。

【例12-26】广州珠江实业股份有限公司2012年产品销售收入为100万元，企业向客户提供产品质量保证，如在一年内出现质量问题免费维修。预计售后维修费为销售收入的1%。2013年实际发生维修费为98万元。2013年产品销售收入为1 200万元，预计售后维修费为销售收入的0.9%～1%。据以上资料，编制会计分录如下：

（1）2012年年末时：

借：销售费用　　　　　　　　　　　　　　　　　　　　　　1 000 000
　　贷：预计负债——产品质量保证　　　　　　　　　　　　　　　1 000 000

（2）2013年实际发生维修费时：

借：预计负债——产品质量保证　　　　　　　　　　　　　　　980 000
　　贷：银行存款（或原材料）　　　　　　　　　　　　　　　　　980 000

(3) 2013 年年末时：

①冲回当年多估计的预计负债：

借：预计负债———产品质量保证　　　　　　　　　　　　　　　　20 000
　　贷：销售费用　　　　　　　　　　　　　　　　　　　　　　　　20 000

②对下一年预计负债重新确定最佳估计数：

下一年预计负债最佳估计数 =（12 000 000 ×0.9% + 12 000 000 ×1%）÷2 = 114 000（元）

借：销售费用　　　　　　　　　　　　　　　　　　　　　　　　114 000
　　贷：预计负债———产品质量保证　　　　　　　　　　　　　　　114 000

2. 未决诉讼或未决仲裁形成的预计负债

诉讼是指当事人不能通过协商解决争议，因而在人民法院起诉、应诉，请求人民法院通过审判程序解决纠纷的活动。诉讼尚未裁决之前，对于被告来说，可能形成一项或有负债或者预计负债；对于原告来说，则可能形成一项或有资产。仲裁是指纠纷的各方当事人依照事先约定或事后达成的书面仲裁协议，共同选定仲裁机构并由其对争议依法作出具有约束力裁决的一种活动。作为当事人一方，仲裁的结果在仲裁决定公布以前是不确定的，会构成一项潜在义务或现时义务，或者潜在资产。

【例 12-27】2011 年 11 月 10 日，广州珠江实业股份有限公司因合同违约而被 A 公司起诉。2011 年 12 月 31 日，公司尚未接到法院的判决。在咨询了公司的法律顾问后，广州珠江实业股份有限公司认为最终的法律判决很可能对公司不利。A 公司预计，如无特殊情况很可能在诉讼中获胜，假定 A 公司估计将来很可能获得赔偿金额 2 000 000 元。广州珠江实业股份有限公司预计将要支付的赔偿金额、诉讼费等费用为 1 500 000 ~ 2 000 000 元之间的某一金额，而且这个区间内每个金额的可能性都相同，其中诉讼费为 50 000 元。

广州珠江实业股份有限公司的会计业务处理如下：

(1) 广州珠江实业股份有限公司应在资产负债表中确认一项预计负债的金额为：

预计负债 =（1 500 000 + 2 000 000）÷2 = 1 750 000（元）

(2) 确认与未决诉讼有关的预计负债：

借：管理费用———诉讼费　　　　　　　　　　　　　　　　　　50 000
　　营业外支出　　　　　　　　　　　　　　　　　　　　　　1 700 000
　　贷：预计负债———未决诉讼　　　　　　　　　　　　　　　1 750 000

需要注意的是，对于未决诉讼，企业当期实际发生的诉讼损失金额与已计提的相关预计负债之间的差额，应分情况处理：第一，企业在前期资产负债表日，依据当时实际情况和所掌握的证据合理预计负债，应当将当期实际发生的诉讼损失金额和已计提的相关预计负债之间的差额，直接计入或冲减当期营业外支出。第二，企业在前期资产负债表日，依据当时实际情况和所掌握的证据，原本应当能够合理估计诉讼损失，但企业所作的估计却与当时的事实严重不符（如未合理预计损失或不恰当地多计或少计损失），应当按照重大会计差错更正的方法进行处理。第三，企业在前期资产负债表日，依据当时实际情况和所掌握的证据，确实无法合理预计诉讼损失，因而未确认预计负债，则在该项损失实际发生的当期，直接计入当期营业外支出。第四，资产负债表日后至财务报告批准报出日之间发生的需要调整或说明的未决诉讼，按照资产负债表日后事项的有关规定进行会计处理。"预计负债"项目在资产负债表中，列入"非流动负债"项目。

第十三章 所有者权益

第一节 所有者权益概述

一、所有者权益的含义

关于所有者权益的含义,有不同的说法,但共识要多于分歧。国际会计准则委员会将所有者权益表述为:"所有者权益是指企业的资产中扣除企业全部负债后的剩余权益。"而美国财务会计准则委员会则将所有者权益表述为:"所有者权益(或净资产)是某个主体的资产减去负债后的剩余权益。"这两个含义的解释侧重于从定量方面来对所有者权益进行界定,说明了所有者权益的量化办法,即"所有者权益 = 资产总计 - 负债总计"。

我国《企业会计准则——基本准则》第二十六条规定:"所有者权益是指企业资产扣除负债后由所有者享有的剩余权益。"这一定义说明了所有者权益的经济性质和构成。资产减负债后的余额,也称为净资产。因此,所有者权益是体现在净资产中的权益,是所有者对净资产的要求权。

所有者对企业的经营活动承担着最终的风险,与此同时,也享有最终的权益。如果企业在经营中获利,所有者权益将随着增长;反之,所有者权益将随之缩减。任何企业的所有者权益都是由企业的投资者投入资本及其增值所构成的。

所有者权益与负债虽然都是权益,共同构成企业的资金来源。但是负债和所有者权益之间存在着明显的区别:

(1) 性质不同。负债是债权人对企业资产的要求权,而所有者权益则是企业投资者对企业净资产的拥有权。

(2) 权利不同。债权人只享有到期收回债权本金及利息的权利,而无权过问企业的生产经营决策,也无权参与企业的收益分配;而所有者权益则可以通过股东大会和董事会,参与企业的生产经营决策,并享有剩余收益的要求权。

(3) 风险不同。债权人获取的利息一般是按一定的利率计算、预先可以确定的固定数额,企业不论盈利与否均应按期还本付息,而且,为了保证债权人的利益不受侵害,各国法律都规定债权人对企业资产的要求权优先于投资者,因此,对于处于破产清算状态的企业,企业的资产只有清偿了各种形式的负债后,才能在所有者之间分配,因而风险较小。所有者的投资回报则取决于企业的盈利水平和股利分配政策,风险较大。

(4) 偿还期限和顺序不同。负债通常都有确定的偿还期限,而所有者权益是一项企业可以长期使用的资金,所有者在企业的存续期内一般不得随意抽回出资。

二、所有者权益的构成

所有者权益虽然在不同的企业组织形式中的表现不尽相同，但从构成内容来看，我国的《企业会计准则——基本准则》第二十七条规定："所有者权益的来源包括所有者投入的资本、直接计入所有者权益的利得和损失、留存收益等。"所有者权益通常由实收资本（或股本）、资本公积（含资本溢价或股本溢价、其他资本公积）、盈余公积和未分配利润构成。

所有者投入的资本是指所有者投入企业的资本部分，它既包括构成企业注册资本或者股本部分的金额，也包括投入资本超过注册资本或者股本部分的金额，即资本溢价或者股本溢价，这部分投入资本在我国企业会计准则体系中被计入了资本公积。

直接计入所有者权益的利得和损失是指不应计入当期损益、会导致所有者权益发生增减变动的、与所有者投入资本或者向所有者分配利润无关的利得或者损失。直接计入所有者权益的利得和损失主要包括可供出售金融资产的公允价值变动额等。

留存收益是企业历年实现的净利润留存于企业的部分，主要包括累计计提的盈余公积和未分配利润。

因此，按所有者权益的形成来源来看，所有者权益可以分为实收资本、资本公积和留存收益。

三、不同组织形式的企业所有者权益的特征

企业是以营利为目的的经济组织，不同组织形式的企业，其所有者权益的来源、构成各不相同。我国目前的企业组织形式主要有非公司型企业和公司型企业两种类型。

（一）非公司型企业

1. 独资企业

独资企业是由个人出资创办、完全由个人经营的企业。按照法律规定，独资企业不是独立的法律主体，无独立行为能力，企业的资产全部归投资者个人享有，同时，投资者对企业的债务负有无限的清偿责任，在清算时，如果企业的财产不足以清偿债务时，则所有者应以个人财产予以清偿。独资企业的认定在我国尚无明确的法律依据，但我国个人开办的私营企业以及城乡个体工商户具有与西方国家独资企业相似的特征。需要说明的是，我国的国有独资企业不属于上述独资企业，它属于有限责任公司。

独资企业所有者权益的特点，简单地说，就是不区分企业中所有者投资净额与企业经营中所赚得的利润。不论是所有者投资，还是从企业中提取款项，以及企业所取得的利润，全部计入"业主资本"科目，即"业主资本"科目反映了独资企业所有者权益变动的全部过程和结果。

2. 合伙企业

合伙企业是由两个或两个以上的投资者订立合伙协议，共同出资、共同经营、共负盈亏的企业。与独资企业一样，合伙企业不是法律主体，各合伙人对企业的债务承担无限连带责任。在合伙企业的存续期间，合伙人的出资以及合伙企业取得的收益均为合伙企业的财产，归所有合伙人共有所有。即每位合伙人一旦将其财产投入企业，则

失去了个人对其财产的要求权。在西方国家，小型企业和提供专业服务的企业（如会计师事务所、律师事务所）通常采用这种组织形式。

合伙企业的非法人性质决定了合伙企业可以自己决定企业积累、分配收益及负担亏损的方法。因此，与独资企业一样，合伙企业的所有者权益可通过"业主资本"科目一并反映。但由于各合伙人出资比例的不同或者由于事先约定的收益、亏损分配方案而享有不同的权益份额，所以应分别反映各合伙人对企业的资本投入、从企业提款以及企业经营损益的分配。

(二) 公司型企业

公司是依法成立的以营利为目的的企业法人，公司制企业的出现是社会化大生产的产物，也是现代社会最主要、最典型的组织形式。《中华人民共和国公司法》（以下简称《公司法》）规定："公司是指依照本法在中国境内设立的有限责任公司和股份有限公司。"但针对我国存在大量全民所有制企业的现状，《公司法》又规定了凡国家授权的投资机构或国家授权的部门可以单独投资设立国有独资企业。

1. 有限责任公司

有限责任公司是指由2个以上、50个以下股东共同出资建立的企业。有限责任公司具有以下特点：

（1）有限责任公司是法律主体。有限责任公司是经有关部门核准成立的企业法人，具有与自然人同等的享受权利和承担义务的能力。公司的财产和债务在法律上不再视为股东个人的财产和债务，公司取得的收益应按照企业所得税法计算缴纳企业所得税。

（2）债务责任承担的有限性。有限责任公司以其全部资产对公司的债务承担有限责任，公司股东以其出资额为限对公司承担有限责任。因此，当公司破产清算时，如果公司的全部资产不足以清偿债务，股东也不必以个人的财产予以清偿。

（3）股东的出资不得随意抽回或转让。有限责任公司的股东在公司登记注册后，不得抽回出资，但可以在股东之间相互转让。如果股东向股东以外的人转让出资，则必须经全体股东过半数同意，不同意的股东应当购买该转让人的出资，如果不购买，则视为同意转让。

2. 股份有限公司

股份有限公司是全部资本由等额股份构成并通过发行股票筹集资本，股东以其所认购股份对公司承担有限责任，公司以全部财产对公司债务承担有限责任的企业法人。与有限责任公司相比，股份有限公司具有以下一些特点：

（1）资本划分为等额股份。股份有限公司将资本总额划分为若干等额股份，每股金额与股份数的乘积即是公司的股本总额。

（2）通过发行股票筹资。设立企业必须筹集资本，但只有股份有限公司可以采取公开发行股票的方式，向社会公众筹集资金，这就为股份公司筹集资本开辟了广阔的渠道。

（3）财产的所有权与经营权相分离。虽然股份有限公司的所有权属于全体股东，但股东通常不直接参与公司的日常经营管理，而委托具有专业技能、可以信赖的经理人员对公司进行日常管理。经理人员可以是股东，也可以不是股东。

（4）股票可以自由转让。股东可以根据自己的意愿，随时通过市场或其他方式转让其所拥有的公司股份，而不对公司的经营活动产生影响。

（5）财务报告公开。财务报告是企业财务状况和经营成果的集中反映，通常被视为企业的机密，而不愿意公开。但是对于股份有限公司，由于它向社会公开发行股票，股东人数众多，因此各国法律都要求股份有限公司应定期披露其财务报告和其他信息。

3. 国有独资企业

国有独资企业是指国家授权的投资机构或国家授权的部门单独投资设立的有限责任公司，它是有限责任公司的一种特殊形式，即股东只有国家一位。国有独资企业不设股东会，由国家授权的投资机构或国家授权的部门授权董事会行使股东会的部分职权，对公司的生产经营活动行使决策权。但公司的合并、分立、解散、增减资本和发行公司债券等重大决策，必须由国家授权的机构或部门批准。

不同的企业组织形式，对资产和负债的会计处理并无重大影响，但涉及所有者权益方面的会计处理却大不一样。公司组织，尤其是股份有限公司，已是当今世界上最为广泛采用的企业组织形式。它具有独资企业和合伙企业所不具备的生命力和优越性，在资本结构和筹资方式上更具有灵活性。因此，本教材选择股份有限公司的股东权益作为重点论述，其他则稍加提及。

第二节 实收资本

一、实收资本的确认

按照我国有关法律规定，投资者设立企业首先必须投入资本。实收资本是投资者投入资本形成法定资本的价值，所有者向企业投入的资本，在一般情况下无需偿还，可以长期周转使用。实收资本的构成比例，即投资者的出资比例或股东的股份比例，通常是确定所有者在企业所有者权益中所占的份额和参与企业财务经营决策的基础，也是企业进行利润分配或股利分配的依据，同时还是企业清算时确定所有者对净资产的要求权的依据。

二、实收资本的计量

（一）实收资本的取得

企业应当设置"实收资本"科目，核算企业接受投资者投入的实收资本，股份有限公司应将该科目改为"股本"。投资者可以用现金投资，也可以用现金以外的其他有形资产投资，符合国家规定比例的，还可以用无形资产投资。企业收到投资时，一般应作如下会计处理：收到投资人投入的现金，应在实际收到或者存入企业开户银行时，按实际收到的金额，借记"银行存款"科目，以实物资产投资的，应在办理实物产权转移手续时，借记有关资产科目，以无形资产投资的，应按照合同、协议或公司章程规定移交有关凭证时，借记"无形资产"科目，按投入资本在注册资本或股本中所占份额，贷记"实收资本"或"股本"科目，按其差额，贷记"资本公积——资本溢价"

或"资本公积——股本溢价"等科目。

1. 一般企业实收资本的会计核算

一般企业是指除股份有限公司以外的企业，如国有企业、有限责任公司和外商投资企业等企业。投资者投入资本的形成可以有很多种，如投资者可以用现金投资，也可以用实物资产投资，还可以用无形资产投资。一般企业投入资本通过"实收资本"科目核算。

（1）企业接受现金资产投资。企业收到投资者投入的资本时，应当以实际收到的或存入企业开户银行的金额作为实收资本入账，借记"库存现金"、"银行存款"科目，贷记"实收资本"科目。实际收到或者存入企业开户银行的金额超过投资者在企业注册资本中所占份额的部分，应记入"资本公积"科目。

【例13-1】某公司原来由三个投资者组成，每一投资者各投资100万元，共计实收资本300万元。经营一年后，有另一投资者欲加入该公司并希望占有25%的股份，经协商，该公司将注册资本增加到400万元。但该投资者不能仅投资100万元就能占到25%的股份，假定其应缴140万元。在这种情况下，只能将100万元作为实收资本入账，超过部分作为资本溢价，记入"资本公积"科目，据以上资料。编制会计分录如下：

借：银行存款　　　　　　　　　　　　　　　　　　1 400 000
　　贷：实收资本　　　　　　　　　　　　　　　　　　1 000 000
　　　　资本公积——资本溢价　　　　　　　　　　　　　400 000

（2）企业接受非现金资产投资。企业收到投资者以非现金资产投资时，对于收到的各项非现金资产，按其投资合同或协议约定的价值确定，但合同或协议约定的价值不公允的除外；同时企业应按投资合同或协议约定的价值作为实收资本入账。对于非现金资产入账价值超过其在注册资本中所占份额的部分，应当计入资本公积。

【例13-2】某公司接受甲企业以其所拥有的专利权作为出资。双方协议约定的价值为300万元，按照市场情况估计其公允价值为320万元，已办妥相关手续。某企业注册资本为600万元，该公司占某企业股权50%。据此资料编制会计分录如下：

借：无形资产　　　　　　　　　　　　　　　　　　3 200 000
　　贷：实收资本　　　　　　　　　　　　　　　　　　3 000 000
　　　　资本公积——资本溢价　　　　　　　　　　　　　200 000

2. 股份有限公司实收资本的核算

股份有限公司与一般企业相比，其显著特点在于将企业资本划分为等额股份，并通过发行股票的方式来筹集资本。其股票发行的会计核算通过"股本"科目进行，仅核算公司发行股票的面值或设定价值部分。在"股本"科目下，按股票种类及股东名称设置明细科目进行明细核算。

（1）股票的认购。公司发行股票，一般需要经过股东认购、交收股款、发行股票等阶段，时间间隔较长。股东认购时要填写认购书。办妥认购手续后，由代收股款的银行按照公司同银行签订的代售股款的协议代收和保存股款。一般情况下，不收齐全部的认购款，便不换发股票。在账务处理上，应反映认购人应履行的交款义务和公司在未来收款的权利。通常应设置"应收认股款"和"已认股本"两个科目,记录认购和实收股款的全过程。

在认购手续办妥后,应借记"应收认股款"科目,在未换发股票前,应贷记"已认股本"科目。"应收认股款"除短期无法收取的外,应列为公司的流动资产项目。"已认股本"是所有者权益的一个项目,是股本科目的一个具有过渡性质的账户。收到认股款后借记"应收认股款"科目。收齐全部认股款换发股票时,借记"已认股本"科目,并贷记"股本"科目。

【例13-3】珠江股份有限公司核定普通股本4 000万元,共计4 000万股,每股面值1元。认购价格为每股8元。201×年3月1日共被认购4 000万股。

201×年3月12日、3月18日、4月2日分别收到认购人交来的股款19 200万元、9 600万元和3 200万元。假定交款日全部交清认购款并对股东换发普通股票2 400万股、1 200万股和400万股。据以上资料,编制会计分录如下:

201×年3月1日时:
借:应收认股款——普通股　　　　　　　　　　　320 000 000
　　贷:已认股本——普通股　　　　　　　　　　　　40 000 000
　　　　已认资本公积——股本溢价　　　　　　　　280 000 000

201×年3月12日:
借:银行存款　　　　　　　　　　　　　　　　　192 000 000
　　贷:应收认股款——普通股　　　　　　　　　　192 000 000
借:已认股本——普通股　　　　　　　　　　　　 24 000 000
　　已认资本公积——股本溢价　　　　　　　　　168 000 000
　　贷:股本——普通股　　　　　　　　　　　　　 24 000 000
　　　　资本公积——股本溢价　　　　　　　　　　168 000 000

201×年3月18日时:
借:银行存款　　　　　　　　　　　　　　　　　 96 000 000
　　贷:应收认股款——普通股　　　　　　　　　　 96 000 000
借:已认股本——普通股　　　　　　　　　　　　 12 000 000
　　已认资本公积——股本溢价　　　　　　　　　 84 000 000
　　贷:股本——普通股　　　　　　　　　　　　　 12 000 000
　　　　资本公积——股本溢价　　　　　　　　　　 84 000 000

201×年4月2日时:
借:银行存款　　　　　　　　　　　　　　　　　 32 000 000
　　贷:应收认股款——普通股　　　　　　　　　　 32 000 000
借:已认股本——普通股　　　　　　　　　　　　 4 000 000
　　已认资本公积——股本溢价　　　　　　　　　 28 000 000
　　贷:股本——普通股　　　　　　　　　　　　　 4 000 000
　　　　资本公积——股本溢价　　　　　　　　　　 28 000 000

到规定期末,认股股东如违约不能履行付款协议,即应收认股款若未收回,可以没收已交股款、发还已交股款并另行招认或者发给部分股票。此时,应冲销"已认股款"和"应收认股款"等科目。

《公司法》规定,发行的股份超过招股说明书规定的截止期限尚未募足的,或者发行的股份股款交足后,发起人在30天内未召开创立大会的,认股人可以按所交股款并加计银行同期存款利息,要求发起人返还。

(2)股票的发行。股票的发行价格受发行时资本市场的需求和投资人对公司获利能力的估计的影响,公司发行股票的价格往往与股票的面值不一致。按照《公司法》的规定,同次发行的股票,每股的发行条件和价格应相同。任何单位或个人所认购的股份,每股应当支付相同价格。股票的发行价格,可以按票面金额,也可以超过票面金额,但不得低于票面金额。因此,我国目前仅允许股票溢价、等价发行,不能折价发行。发行时,记入"股本"科目的金额必须按照股票的票面金额入账。超过部分作为股票溢价,记入"资本公积——股本溢价"科目。

【例13-4】珠江股份有限公司发行每股面值为1元的普通股1 000万股;每股面值1元、年利率为8%的优先股50万股。根据股票的不同发行价格,编制会计分录。

假定均按面值发行,收到股款时:

借:银行存款   10 500 000
　　贷:股本——普通股   10 000 000
　　　　股本——优先股   500 000

假定溢价发行股票。若上述普通股按1.2元、优先股每股按1.5元的价格发行,收到股款时:

借:银行存款   12 750 000
　　贷:股本——普通股   10 000 000
　　　　股本——优先股   500 000
　　　　资本公积——股本溢价   2 250 000

(二)实收资本的增减变动

《中华人民共和国公司登记管理条例》规定,公司增加注册资本的,有限责任公司股东认缴新增资本的出资和股份有限公司的股东认购新股,应当分别依照《公司法》设立有限责任公司缴纳出资和设立股份有限公司缴纳股款的有关规定执行。公司法定公积金转增为注册资本的,验资证明应当载明留存的该项公积金不少于转增前公司注册资本的25%。公司减少注册资本的,应当自公告之日起45日后申请变更登记,并应当提交公司在报纸上登载公司减少注册资本公告的有关证明和公司债务清偿或者债务担保情况的说明。公司减资后的注册资本不得低于法定的最低限额。公司变更实收资本的,应当提交依法设立的验资机构出具的验资证明,并应当按照公司章程载明的出资时间、出资方式缴纳出资。公司应当自足额缴纳出资或者股款之日起30日内申请变更登记。

1. 实收资本增加的会计处理

(1)企业增加资本的一般途径。企业增加资本的途径一般有三条:一是将资本公积转为实收资本或者股本。会计上应借记"资本公积——资本溢价"或"资本公积——

股本溢价"科目，贷记"实收资本"或"股本"科目。二是将盈余公积转为实收资本。会计上应借记"盈余公积"科目，贷记"实收资本"或"股本"科目。这里要注意的是，资本公积和盈余公积均属所有者权益，转为实收资本或者股本时，企业如为独资企业的，核算比较简单，直接结转即可；如为股份有限公司或有限责任公司的，应按原投资者所持股份同比例增加各股东的股权。三是所有者（包括原企业所有者和新投资者）投入。企业接受投资者投入的资本，借记"银行存款"、"固定资产"、"无形资产"、"长期股权投资"等科目，贷记"实收资本"或"股本"等科目。

【例13-5】珠江有限责任公司由甲、乙二人共同投资设立，原注册资本为20 000 000元。甲、乙出资分别为15 000 000元和5 000 000元。为了扩大经营规模，经批准，珠江有限责任公司按照原出资比例将资本公积5 000 000元转增资本。

  借：资本公积   5 000 000
    贷：实收资本——甲   3 750 000
      ——乙   250 000

（2）股份有限公司发放股票股利。股份有限公司采用发放股票股利实现增资的，在发放股票股利时，按照股东原来持有的股数分配，如股东所持股份按比例分配的股利不足一股时，应采用恰当的方法处理。例如，股东会决议按股票面额的10%发放股票股利时（假定新股发行价格及面额与原股相同），对于所持股票不足10股的股东，将会发生不能领取的情况。在这种情况下，有两种方法可供选择，一种方法是将不足一股的股票股利改为现金股利，用现金支付；另一种方法是由股东相互转让，凑为整股。股东大会批准的利润分配方案中分配的股票股利，应在办理增资手续后，借记"利润分配"科目，贷记"股本"科目。

2. 实收资本减少的会计处理

企业实收资本减少的原因大体有两种，一种是资本过剩；另一种是企业发生重大亏损而需要减少实收资本。企业因资本过剩而减资，一般要发还股款。通常，企业发还投资的会计处理比较简单，按法定程序报经批准减少注册资本的，借记"实收资本"科目，贷记"库存现金"、"银行存款"等科目。

股份有限公司由于采用的是发行股票的方式筹集股本。发还股款时，则要回购发行的股票，发行股票的价格与股票面值可能不同。回购股票的价格也可能与发行价格不同，会计处理较为复杂。股份有限公司因减少注册资本而回购本公司股份的，应按实际支付的金额，借记"库存股"科目，贷记"银行存款"等科目。注销库存股时，应按股票面值和注销股数计算的股票面值总额，借记"股本"科目，按注销库存股的账面余额，贷记"库存股"科目。按其差额，冲减股票发行时原记入资本公积的溢价部分，借记"资本公积——股本溢价"科目，回购价格超过上述冲减"股本"及"资本公积——股本溢价"科目的部分，应依次借记"盈余公积"、"利润分配——未分配利润"等科目；如回购价格低于回购股份所对应的股本，所注销库存股的账面余额与所冲减股本的差额作为增加股本溢价处理，按回购股份所对应的股本面值，借记"股本"科目，按注销库存股的账面余额，贷记"库存股"科目。按其差额，贷记"资本公积——股本溢价"科目。

【例13-6】珠江股份有限公司截至201×年12月31日共发行股票30 000 000股，股票面值为1元，资本公积（股本溢价）6 000 000元，盈余公积4 000 000元。经股东大会批准，珠江股份有限公司以现金回购本公司股票3 000 000股并注销。假定珠江股份有限公司按照每股4元回购股票，不考虑其他因素，珠江股份有限公司的会计处理如下：

库存股的成本 = 3 000 000 × 4 = 12 000 000（元）

借：库存股	12 000 000
贷：银行存款	12 000 000
借：股本	3 000 000
资本公积——股本溢价	6 000 000
盈余公积	3 000 000
贷：库存股	12 000 000

【例13-7】沿用例13-6的资料，假定珠江股份有限公司以每股0.9元回购股票，其他条件不变。公司的会计处理如下：

库存股的成本 = 3 000 000 × 0.9 = 2 700 000（元）

借：库存股	2 700 000
贷：银行存款	2 700 000
借：股本	3 000 000
贷：库存股	2 700 000
资本公积——股本溢价	300 000

由于珠江股份有限公司以低于面值的价格回购股票。股本与库存股成本的差额300 000元应作增加资本公积处理。

第三节　资本公积

一、资本公积概述

资本公积是企业收到投资者超出其在企业注册资本（或股本）中所占份额的投资，以及直接计入所有者权益的利得和损失等。资本公积包括资本溢价（或股本溢价）和直接计入所有者权益的利得和损失等。

资本溢价（或股本溢价）是企业收到投资者超出其在企业注册资本（或股本）中所占份额的投资。形成资本溢价（或股本溢价）的原因有溢价发行股票、投资者超额缴入资本等。

直接计入所有者权益的利得和损失是指不应计入当期损益、会导致所有者权益发生增减变动的、与所有者投入资本或者向所有者分配利润无关的利得或者损失。

资本公积一般应当设置"资本（或股本）溢价"、"其他资本公积"明细科目核算。

二、资本公积的会计核算

(一) 资本溢价或股本溢价的核算

1. 资本溢价的核算

有限责任公司的出资者依其出资份额对企业经营决策享有表决权,依其所认缴的出资额对企业承担有限责任。在企业创立时,出资者认缴的出资额全部记入"实收资本"科目。在企业重组并有新的投资者加入时,为了维护原投资者的权益,新加入的投资者的出资金额并不一定全部作为实收资本处理。这是因为正常经营过程中投入的资金即使与企业创立时投入的资金在数量上一致,但其获利能力却不一致。企业创立时,要经过筹建、试生产经营、为产品寻找市场、开辟市场等过程,从投入资金到取得投资回报,这中间需要许多时间,并且这种投资具有风险性,在这个过程中资本利润率很低。而企业进行正常生产经营后,在正常情况下,资本利润率要高于企业初创阶段。而这个高于初创阶段的资本利润率是由初创时必要的垫支资本带来的,企业创办者并为此付出了代价。因此,相同数量的投资,由于出资时间不同,其对企业的影响程度不同,由此带给投资者的权利也不同。所以新加入的投资者要付出大于原有投资者的出资额,才能取得与原有投资者相同的投资比例。另外,原投资者对原有投资不仅从质量上发生变化,就是从数量上也可能发生变化,这是因为企业经营过程中实现利润的一部分,留在企业形成留存收益,而留存收益也属于投资者权益,但其未转入实收资本。新加入的投资者如与原投资者共享这部分留存收益,也要求其付出大于原有投资者的出资额,才能取得与原有投资者相同的投资比例。投资者投入的资本中按其投资比例计算的出资额部分,应记入"实收资本"科目,大于部分应记入"资本公积——资本溢价"科目。

【例13-8】假设珠江实业股份有限公司由甲、乙、丙三位股东各自出资150万元设立,设立时实收资本为450万元。经过四年的经营,公司留存收益计225万元。这时又有丁投资者有意加入该公司,并表示愿意出资270万元而仅占该企业股份的25%。据此资料,编制会计分录如下:

借:银行存款   2 700 000
  贷:股本   1 500 000
    资本公积——股本溢价   1 200 000

2. 股本溢价的核算

股份有限公司以发行股票的方式筹集股本,股票是企业签发的证明股东按其所持股份享有权利和承担义务的书面证明。由于股东按其所持的企业股份享有权利和承担义务,为了反映和便于计算各股东所持股份占企业全部股本的比例,企业的股本总额应按股票的面值与股份总数的乘积计算。我国有关法律法规规定,实收资本总额应与注册资本相等。因此,为提供企业股本总额及其构成注册资本等信息,在采用与股票面值相同的价格发行股票的情况下,企业发行股票取得的收入,应全部记入"股本"科目,在采用溢价发行股票的情况下,企业发行股票取得的收入,相当于股票面值部分记入"股本"科目,超过股票面值的溢价收入记入"资本公积——股本溢价"科目。至于委托证券商代理发行股票而支付的手续费、佣金等，应从溢价发行收入中扣除，企业应按扣除手续费、佣金后的数额记入"资本公积——股本溢价"科目。

同一控制下控股合并形成的长期股权投资，也会产生资本或股本溢价。因为同一控制下控股合并形成的长期股权投资，在合并日按取得被合并方所有者权益账面价值的份额，借记"长期股权投资"科目，按支付的合并对价的账面价值，贷记有关资产科目或借记有关负债科目，按其差额，贷记"资本公积（资本溢价或股本溢价）"科目；为借方差额的，借记"资本公积（资本溢价或股本溢价）"科目。"资本公积（资本溢价或股本溢价）"不足冲减的，借记"盈余公积"、"利润分配——未分配利润"科目。

（二）其他资本公积的核算

其他资本公积是指除资本溢价（或股本溢价）项目以外所形成的资本公积，其中主要包括直接计入所有者权益的利得和损失。

直接计入所有者权益的利得和损失主要由以下交易或事项引起：

1. 采用权益法核算的长期股权投资

长期股权投资采用权益法核算的，在持股比例不变的情况下，被投资单位除净损益以外所有者权益的其他变动，企业按持股比例计算应享用的份额，计入其他资本公积。处置采用权益法核算的长期股权投资时，还应结转原计入其他公积的相关金额，借记或贷记"资本公积（其他资本公积）"科目，贷记或借记"投资收益"科目。

2. 以权益结算的股份支付

股份支付是指企业为获取职工和其他方提供服务而授予权益工具或者承担以权益工具为基础确定的负债的交易。企业授予职工期权、认股权证等衍生工具或其他权益工具，对职工进行激励或者补偿，以换取职工提供的服务。以权益结算的股份支付换取职工或其他方投资服务的，应按照确定的金额计入其他资本公积。

3. 存货或自用房地产转换为投资性房地产

企业将作为存货的房地产转换为采用公允价值模式计量的投资性房地产时，转换日的公允价值小于账面价值的，按其差额，借记"公允价值变动损益"科目；转换日的公允价值大于账面价值的，按其差额，贷记"资本公积——其他资本公积"科目。

企业将自用的建筑物等转换为采用公允价值模式计量的投资性房地产时，转换日的公允价值小于账面价值的，按其差额，借记"公允价值变动损益"科目；转换日的公允价值大于账面价值的，按其差额，贷记"资本公积——其他资本公积"科目。

待该项投资性房地产处置时，因转换计入资本公积的部分应转入当期的其他业务收入，借记"资本公积——其他资本公积"科目，贷记"其他业务收入"科目。

4. 可供出售金融资产公允价值的变动

可供出售金融资产公允价值变动形成的利得，借记"可供出售金融资产——公允价值变动"科目，贷记"资本公积——其他资本公积"科目。公允价值变动形成的损失，作相反的会计分录。

（三）资本公积转增资本的会计处理

按照《公司法》的规定，法定公积金（资本公积和盈余公积）转为资本时，所留存的该项公积金不得少于转增前公司注册资本的25%。经股东大会或类似机构决议，用资本公积转增资本时。应冲减资本公积，同时按照转增前的实收资本（或股本）的结构或比例，将转增的金额记入"实收资本"（或"股本"）科目下各所有者的明细分类账。

第四节 留存收益

一、留存收益的性质及构成

（一）留存收益的性质

留存收益是股东权益的一个重要项目，是企业历年剩余的净收益累积而成的资本。虽然留存收益与投资者投入的资本属性一致，即均为股东权益，但与投入资本不同的是，投入资本是由所有者从外部投入公司的，它构成了公司股东权益的基本部分，而留存收益不是由投资者从外部投入的，而是依靠公司经营所得的盈利累计而形成的。

留存收益既然是股东权益，股东有权决定如何使用，按照公司章程或其他有关规定，公司可将留存收益在股东间进行分配，作为公司股东的投资所得；也可以为了某些特殊用途和目的，将其中一部分留在公司不予分配。可见，留存收益会因经营获取收益而增加，又会因分给投资者而减少。公司经营如果入不敷出，就意味着亏损。发生经营亏损将减少留存收益。

对留存收益有较大影响的是股利分配，公司将会因分配股利而大幅度减少留存收益。因此，公司必须有足够的留存收益才能分配股利，但这并不意味着只要有留存收益就能进行股利分配。公司往往会因特别目的或法令规定而限制留存收益，不作股利分配。我国的会计实务中，为了约束企业过量分配股利，有关法规均规定企业必须留有一定积累，如提取盈余公积，以利于企业持续经营、维护债权人利益。

（二）留存收益的构成

留存收益由盈余公积和未分配利润构成。盈余公积包括法定盈余公积和任意盈余公积。

1. 盈余公积

（1）法定盈余公积。公司制企业的法定公积金按照税后利润的10%的比例提取（非公司制企业也可按照超过10%的比例提取），在计算提取法定盈余公积的基数时，不应包括企业年初未分配利润。公司法定公积金累计额为公司注册资本的50%以上时，可以不再提取法定公积金。公司的法定公积金不足以弥补以前年度亏损的，在提取法定公积金之前，应当先用当年利润弥补亏损。

（2）任意盈余公积。公司从税后利润中提取法定公积金后，经董事会或者股东大会决议，还可以从税后利润中提取任意公积金。非公司制企业经类似权力机构批准也可提取任意盈余公积。

法定盈余公积和任意盈余公积的区别就在于其各自计提的依据不同。前者以国家的法律或行政规章为依据提取，后者则是由企业自行决定提取。

2．未分配利润

未分配利润是企业留待以后年度进行分配的结存利润，也是企业股东权益的组成部分。相对于股东权益的其他部分来说，企业对于未分配利润的使用分配有较大的自主权，从数量上讲，未分配利润是期初未分配利润，加上本期实现的税后利润，减去提取的各种盈余公积与分配利润后的余额。未分配利润有两层含义：第一是留待以后年度处理的利润；第二是未指定特定用途的利润。

二、留存收益的会计核算

（一）盈余公积的会计核算

为了反映盈余公积的形成及使用，企业应设置"盈余公积"科目，并按其种类设置明细科目，分别进行明细核算。

企业提取盈余公积时，借记"利润分配——提取法定盈余公积"科目，"利润分配——提取任意盈余公积"科目，贷记"盈余公积——法定盈余公积"、"盈余公积——任意盈余公积"科目。企业用提取的盈余公积弥补亏损或转增资本时，借记"盈余公积"科目，贷记"利润分配——盈余公积补亏"、"实收资本"或"股本"科目。

【例13-9】 珠江实业股份有限公司，2012年实现净利润4 000 000元。公司董事会于2013年3月31日提出公司当年利润分配方案，拟对当年实现的净利润进行分配。董事会提请批准的利润分配方案见表13-1。

表13-1　　　　　　　　　　　利润分配方案　　　　　　　　　　　单位：元

项　目	提请批准的方案
提取法定盈余公积	400 000
提取任意盈余公积	600 000
分配现金股利	2 400 000
项目合计	3 400 000

珠江实业股份有限公司应根据董事会提出的利润分配方案进行会计处理，编制会计分录如下：

借：利润分配——提取法定盈余公积　　　　　　　　　　　　400 000
　　　　　　——提取任意盈余公积　　　　　　　　　　　　600 000
　　贷：盈余公积——法定盈余公积　　　　　　　　　　　　400 000
　　　　　　　——任意盈余公积　　　　　　　　　　　　600 000

这里需说明的是，按规定对董事会或类似机构通过的利润分配方案中拟分配的现金股利或利润不作账务处理，但应在附注中披露。当董事会或类似机构通过的利润分配方案已经获得股东大会或类似机构审议批准后，企业方可按应支付的现金股利或利润，借记"利润分配"科目，贷记"应付股利"科目；实际支付现金股利或利润时，借记"应付股利"科目，贷记"银行存款"等科目。

（二）未分配利润的会计核算

在会计处理上，未分配利润是通过"利润分配"科目进行核算的，"利润分配"科目应当分别增加"提取法定盈余公积"、"提取任意盈余公积"、"应付现金股利或利润"、"转作股本的股利"、"盈余公积补亏"和"未分配利润"等科目进行核算。

1. 分配股利或利润的会计处理

经股东大会或类似机构决议，分配给股东或投资者的现金股利或利润，借记"利润分配——应付现金股利或利润"科目，贷记"应付股利"科目。经股东大会或类似机构决议，分配给股东的股票股利，应在办理增资手续后，借记"利润分配——转作股本的股利"科目，贷记"股本"科目。

2. 期末结转的会计处理

企业期末结转利润时，应将各损益类科目的余额转入"本年利润"科目，结平各损益类科目。结转后"本年利润"的贷方余额为当期实现的净利润，借方余额为当期发生的净亏损。年度终了，应将本年收入和支出相抵后结出的本年实现的净利润或净亏损，转入"利润分配——未分配利润"科目。同时，将"利润分配"科目所属的其他明细科目的余额，转入"未分配利润"明细科目。结转后，"未分配利润"明细科目的贷方余额，就是未分配利润的金额；如出现借方余额，则表示未弥补亏损的金额。"利润分配"科目所属的其他明细科目应无余额。

3. 弥补亏损的会计处理

企业在生产经营过程中既有可能发生盈利，也有可能出现亏损。企业在当年发生亏损的情况下，应当将本年发生的亏损自"本年利润"科目，转入"利润分配——未分配利润"科目，借记"利润分配——未分配利润"科目，贷记"本年利润"科目，结转后"利润分配"科目的借方余额，即为未弥补亏损的数额。然后通过"利润分配"科目核算有关亏损的弥补情况。

由于未弥补亏损形成的时间长短不同等原因，以前年度未弥补亏损有的可以以当年实现的税前利润弥补，有的则要用税后利润弥补。以当年实现的利润弥补以前年度结转的未弥补亏损，不需要进行专门的账务处理。企业应将当年实现的利润自"本年利润"科目，转入"利润分配——未分配利润"科目的贷方，其贷方发生额与"利润分配——未分配利润"的借方余额自然抵补。无论是以税前利润还是以税后利润弥补亏损，其会计处理方法均相同。但是，两者在计算交纳所得税时的处理是不同的。在以税前利润弥补亏损的情况下，其弥补的数额可以抵减当期企业应纳税所得额，而以税后利润弥补的数额，则不能作为纳税所得扣除处理。

【例13-10】珠江实业股份有限公司20×1年发生亏损96万元。公司适用的所得税税率为25%，不考虑由未弥补亏损确认的递延所得税资产。在年度终了时，企业应结转本年发生的亏损，编制会计分录如下：

借：利润分配——未分配利润　　　　　　　　　　　　960 000
　　贷：本年利润　　　　　　　　　　　　　　　　　　　　960 000

假设20×2年至20×6年，珠江实业股份有限公司每年均实现利润16万元。按照现行规定，企业在发生亏损以后的5年内可以税前利润弥补亏损。珠江实业股份有限公司在 20×2 年至 20×6 年均可在税前弥补亏损。此时，珠江实业股份有限公司在 20×2 年至 20×6 年每年年度终了时，均应编制如下会计分录：

借：本年利润　　　　　　　　　　　　　　　　　　　160 000
　　贷：利润分配——未分配利润　　　　　　　　　　　　160 000

20×2 年至 20×6 年各年年度终了，按上述会计处理的结果，20×6 年"利润分配——未分配利润"科目期末余额为借方余额 16 万元。即 20×6 年年初未弥补亏损为 16 万元。假设珠江实业股份有限公司 20×7 年实现税前利润 32 万元，按现行规定，该公司只能用税后利润弥补以前年度亏损。在 20×7 年终了时，珠江实业股份有限公司首先应当按照当年实现的税前利润计算交纳当年应负担的所得税，然后再将当期扣除计算交纳的所得税后的净利润，转入"利润分配"科目。珠江实业股份有限公司在 20×7 年计算交纳年度所得税时，其纳税所得额为 32 万元，当年应当交纳的所得税为 32×25% = 8（万元）。此时，该公司应编制会计分录如下：

(1) 计算交纳所得税时：

借：所得税费用　　　　　　　　　　　　　　　　　　　80 000
　　贷：应交税费——应交所得税　　　　　　　　　　　　80 000
借：本年利润　　　　　　　　　　　　　　　　　　　　80 000
　　贷：所得税费用　　　　　　　　　　　　　　　　　　80 000

(2) 结转本年利润，弥补以前年度未弥补亏损时：

借：本年利润　　　　　　　　　　　　　　　　　　　　240 000
　　贷：利润分配——未分配利润　　　　　　　　　　　　240 000

(3) 根据上述核算的结果，该公司 20×7 年"利润分配——未分配利润"科目的期末余额为 =（-16 + 24）= 8（万元）。

本例如果考虑由未弥补亏损确认的递延所得税资产，应按《企业会计准则第 18 号——所得税》的规定处理，即企业对于能够结转以后年度的可抵扣亏损和税款抵减，应当以很可能获得用来抵扣可抵扣亏损和税款抵减的未来应纳税所得额为限，确认相应的递延所得税资产。

三、股利分派

公司制企业的股东享有分配股利权。股利是指公司制企业依据公司章程规定发放给股东的投资报酬，其实质是公司财富中属于股东收益盈余的一部分。企业只有当经营获利、具有留存收益余额时才可分派股利。《公司法》规定，税后利润在提取了法定盈余公积之后，余下部分应先发放优先股股利，然后依董事会决定提取任意盈余公积，再余下的部分可向普通股股东分派普通股股利。在未付清优先股股利之前，公司不得发放普通股股利。

(一) 股利分派限制

股利是否发放，以何种形式发放，虽然公司管理当局可以作出决定，但在实务中还必须考虑一些有关限制。这些限制通常有如下几个方面：

1. 法律上的制约

在通常情况下，法律会直接制约公司的股利分配政策。这种制约表现为：不弥补亏损、不提取法定盈余公积、无偿债能力等均不得分配股利。这就要求公司不能因支付股利而减少资本总额，要维护法定资本的完整。按照这一要求，股利一般依据公司本期的净收益来分派。然而，如果公司本期经营有亏损，出于维护公司形象的考虑，公司可以运用以前年度的留存收益分派股利，但必须在弥补完亏损后进行，而且仍要保留一定数额的留存收益，特别是不能因发放股利而使股东权益降到核定的股本金额以下，因为如果这样，则债权人的利益便失去了应有的保障。

2. 现金支付能力的制约

留存收益通常以各种实物资产形式存在，而不是以现金的形式为企业所拥有。公司若要发放现金股利，就会受其现金支付能力的制约。一般来说，公司现金越多，资产流动性越大强，它支付股利的能力也就越强。事实上，大部分公司，由于将大量的资金用于购置固定资产，扩大企业经营规模，普遍存在资产流动性较差的现象。这类公司为了保持应付各种意外情况的能力，往往采取少发现金股利的策略。这必然使得股利分配受到限制。

3. 与优先股股东的契约

在发行优先股股票的条款中，有时会要求公司定期或不定期地收回优先股股票，并且在派发普通股股利时还可能有若干限制，以便有必要的资金收回优先股股票。这类限制的用意在于防止营运资本的削弱，以保护优先股股东和债权人利益。

4. 董事会的自行限制

公司董事会为股利发放的连续性和稳定性，也可能是出于为潜在损失做事先准备等原因，自行作出了限制发放股利的决定。

5. 股东要求与税收政策的制约

对公司股东而言，他们投资于公司的目的是为了获取经济利益。而这种经济利益可以来自于公司的股利，也可来自于出售股票的收益。高税率的股东可能希望少发股利而多留一些利润于公司，以便股票的价值提高而使其市价上升，低税率的股东则可能希望有较高的股利发放比率。这时，这类公司的股利政策可能是高低两者折中的产物。此外，国家的税收政策会影响股东的收益，从而引起股东对公司股利分配策略的选择。通常国家按照不同的产业结构政策，或者鼓励企业扩大留存收益用于再投资，或者抑制企业的留存收益，促使企业扩大现金股利分配。相应的税收政策便是对分给股东个人的股利征收个人所得税，留在企业的留存收益则免于征税。但对留存收益过大的企业，也可能征收不合理的留利税，以防止少数股东利用操纵股利分配达到逃避个人所得税的目的。

(二) 股利分派的有关日期

1. 宣告日

宣告日指董事会宣告分派股利的日期。它表明向股东支付股利的义务在这一天成立，也是公司会计上应登记有关股利负债的日期。

2. 股权登记日

股权登记日指公司宣告股利后所定下的在该日截止过户登记的日期，也称为停止过户日。其意义是只有在该日公司股东名册所记载的股东有权享有股利。而在该日以后取得股票的股东，则无权获取股利。因此，这一日可称为除息日。在该日以后取得的股票由于不能享受股利，称为除息股；反之，在该日之前取得的股票由于可以分配股利，故称为含息股。

3. 分派日

分派日也称为付息日，指实际支付股利的日期，通常公司是在股权登记截止后的若干天开始支付股利。

（三）股利的种类

1. 现金股利

现金股利指以现金方式分配给股东的股利。通常情况下，公司在决定是否分配现金股利时，应考虑以下因素：是否有足够的现金；是否有董事会的决定。派发现金股利，一方面会减少留存收益，另一方面会减少现金。派发股利后，会减少股东权益总额。由于现金股利一经宣布，就构成公司对股东的偿付责任。因此，要及时在"应付股利"科目上反映。

【例13-8】珠江实业股份有限公司在某年度经股东大会审议，通过了向全体股东每股派发0.6元的现金股利分配方案。珠江实业股份有限公司总股本为4 000万股。据此资料，编制会计分录如下：

宣告派发现金股利时：

借：利润分配　　　　　　　　　　　　　　　　　　　　24 000 000
　　贷：应付股利　　　　　　　　　　　　　　　　　　　　　24 000 000

2. 财产股利

财产股利指以现金资产以外的资产形式向股东派发的股利。最为常见的财产股利是以其持有的有价证券代替现金发给股东。公司虽有留存收益，但若无现金可供分配股利，可以考虑发放财产股利。这种财产股利在进行会计处理时，应以股利宣告日的公允市价作为入账基准，而不能以实际支付日为基准。这样确定的理由：用作股利分配的资产，在宣告之日起便已有了指定用途，公司不能因其市价的上下波动而获益或受损。

【例13-9】珠江实业股份有限公司某年度经股东大会审议，将为交易目的而持有的ABC公司的股票向股东派发1 000万元的财产股利。用于派发财产股利的ABC公司股票的账面价值为950万元，股利宣告日的市价为1 000万元。据此资料，编制会计分录如下：

（1）宣告派发现金股利时：

借：交易性金融资产　　　　　　　　　　　　　　　　　500 000
　　贷：投资收益　　　　　　　　　　　　　　　　　　　　　500 000
借：利润分配　　　　　　　　　　　　　　　　　　　　10 000 000
　　贷：应付股利　　　　　　　　　　　　　　　　　　　　　10 000 000

（2）派发财产股利时：

借：应付股利　　　　　　　　　　　　　　　　　　　　　　10 000 000
　　贷：交易性金融资产　　　　　　　　　　　　　　　　　　　　10 000 000

3. 负债股利

负债股利指公司用债券、应付票据等证券来发放的股利。发放负债股利往往是因为公司已宣布发放股利，但又面临现金不足的难题，这是一种权宜之计。公司可以推迟作出分派股利的宣告，或者推迟支付股利的日期。发放负债股利，一方面会相应地减少留存收益，另一方面会相应地增加负债。

【例13-10】珠江实业股份有限公司某年经股东大会审议，决定派发300万元的负债股利，并于股利发放日签发了期限为6个月的、票面利率为6%的应付票据。据此资料，编制会计分录如下：

（1）宣告派发时：

借：利润分配　　　　　　　　　　　　　　　　　　　　　　 3 000 000
　　贷：应付股利　　　　　　　　　　　　　　　　　　　　　　 3 000 000

（2）派发负债股利时：

借：应付股利　　　　　　　　　　　　　　　　　　　　　　 3 000 000
　　贷：应付票据　　　　　　　　　　　　　　　　　　　　　　 3 000 000

（3）票据到期支付票据本息时：

借：应付票据　　　　　　　　　　　　　　　　　　　　　　 3 000 000
　　财务费用　　　　　　　　　　　　　　　　　　　　　　　　 90 000
　　贷：银行存款　　　　　　　　　　　　　　　　　　　　　　 3 090 000

4. 股票股利

股票股利指公司用增发股票的方式发放的股利，俗称为"红股"。公司宣告和分发股票股利，既不影响公司的资产和负债，也不影响股东权益总额。它只是股东权益内部各项目之间发生的增减变动，即减少留存收益项目，增加股本项目。至于获取股票股利的股东，其所持股票数量虽有所增加，但在公司中所占股东权益的份额不会发生任何变化。公司发放股票股利的原因可能有：

（1）当公司需要现金以扩展业务时，为了保留现金，则发放股票股利既不减少公司现金，又能使股东分享收益；

（2）发放股票股利有利于股票流通；

（3）为了避免股东被征收所得税。

在大多数国家，股票股利并不被视为是一种所得，因此股东可免交个人所得税。

股票股利的会计处理，其主要的会计问题是计价，是决定应把多少金额转作股本，按面值转还是按市价转。在会计实务中一般都按其面值从留存收益转入股本，这样处理是符合实际成本会计原则的，同时，也能满足股东的愿望，即在股东看来就好比无偿配股。

【例13-11】珠江实业股份有限公司201×年度经股东大会审议，通过了向股东每10股派发3股股票股利的分配方案，珠江实业股份有限公司总股本4 000万股，每股面值1元。宣告派发股利当日每股市价为2.8元。据以上资料，编制会计分录如下：

(1) 假定按股票面值将留存收益转入股本科目。

① 宣告发放股票股利时：

派发的股票股利总数 = 4 000 × 3/10 = 1 200（万股）

用于派发的股票股利的留存收益 = 1 200 × 1 = 1 200（万元）

借：利润分配　　　　　　　　　　　　　　　　　　12 000 000
　　贷：待发股票股利　　　　　　　　　　　　　　　　12 000 000

② 实际派发股票股利时：

借：待发股票股利　　　　　　　　　　　　　　　　12 000 000
　　贷：股本　　　　　　　　　　　　　　　　　　　　12 000 000

我国法律法规规定，实际派发股票股利时，直接按股票的面值借记"利润分配"科目，贷记"股本"科目。

(2) 假定按股票市价将留存收益转入"股本"和"资本公积"科目。

① 宣告发放股票股利时：

派发的股票股利总数 = 4 000 × 3/10 = 1 200（万股）

用于派发的股票股利的留存收益 = 1 200 × 2.8 = 3 360（万元）

借：利润分配　　　　　　　　　　　　　　　　　　33 600 000
　　贷：待发股票股利　　　　　　　　　　　　　　　　12 000 000
　　　　资本公积　　　　　　　　　　　　　　　　　　21 600 000

② 实际派发股票股利时：

借：待发股票股利　　　　　　　　　　　　　　　　12 000 000
　　贷：股本　　　　　　　　　　　　　　　　　　　　12 000 000

5. 清算股利

公司如果在无留存收益的情况下，可以以现金或公司其他资产形式分配股利，这就称之为清算股利。清算股利不是真正的股利，其实质是资本的返回。从股东的角度看，如果公司分配的股利大于其投资后公司所获取的收益，其超过部分也可归属于清算股利。公司分配清算股利时，借记"股本"科目，贷记"资产"科目。

四、股票分割

(一) 股票分割的含义及性质

股票分割是指公司征得董事会和股东的认可后，将一张较大面值的股票拆成几张较小面值的股票。因此股票分割又称为股票拆细。当股票的价格达到了相当高的水平时，往往会影响流通。因大面值的股票转手困难，交易呆滞，不受投资者欢迎，从而抑制了小额投资者的投资热情。在此情况下，公司为降低其股票市价，将股票加以分割，降低其面值，增加股数，从而降低每股市价，刺激了小额投资者的"入市"欲望。我国采用无票流通方式，股票分割不需要办理任何法律手续，只要董事会作出决定即可。通常是证券公司接到公司通知后，在各股东账号上进行分割，表明其分割后的股数，然后股东就可以按新的股数进行交易。

股票分割时，虽然股票数增加面值变小，但股本的面值总额及其他股东权益并不因之而发生任何增减变化，故不必作任何会计处理。

(二) 股票分割与股票股利

股票分割与股票股利都不会使股东权益总额发生任何变动，变动的仅仅是股份总数，但两者还是有明显的区别：股票分割不影响公司的留存收益及股本总额，仅使每股面值减少；而股票股利将使股本总额扩大，公司留存收益减少，但每股面值不变。从两者对市场的影响来看，股票分割导致股票的市价下降是必然的，而股票股利的发放不一定使股票市价下降。因为大额的股票股利会使股票市价大幅下降，若是小额的股票股利，则对股票市价影响较小。

五、前期损益调整

前期损益调整是指因前期损益调整项目而调整留存收益时，这类项目不列入利润表，而是直接调整留存收益期初余额。公司除分派股利外，还可能存在引起前期损益调整的情况。按规定，企业年度财务报表报出后，如果由于以前年度记账差错等原因导致多计或少计利润，但以前年度的账目已经结清，不能再调整以前年度的利润的，会计核算时，不再调整以前年度的账目，而是通过"以前年度损益调整"科目，归集所有需要调整以前年度损益的事项，以及相关所得税的调整，并将其余额转入"利润分配——未分配利润"科目，同时，也不再调整以前年度财务报表，仅调整本年度的财务报表相关项目的年初数。

企业应设置"以前年度损益调整"科目核算。

(1) 企业调整增加以前年度利润或减少以前年度亏损，借记有关科目，贷记"以前年度损益调整"科目；调整减少以前年度利润或增加以前年度亏损，借记"以前年度损益调整"科目，贷记有关科目。

(2) 由于以前年度损益调整增加的所得税费用，借记"以前年度损益调整"科目，贷记"应交税费——应交所得税"科目；由于以前年度损益调整减少的所得税费用，借记"应交税费——应交所得税"，贷记"以前年度损益调整"科目。

(3) 经上述调整后，应将"以前年度损益调整"科目的余额转入"利润分配——未分配利润"科目。如为贷方余额，借记"以前年度损益调整"科目，贷记"利润分配——未分配利润"科目；如为借方余额，作相反的会计分录。

第十四章 收入、费用和利润

第一节 收入、费用和利润概述

一、收入及其分类

(一) 收入的概念

收入是指企业在日常活动中形成的、会导致所有者权益增加的、与所有者投入资本无关的经济利益的总流入。

(二) 收入的特征

收入的概念,表明收入具有以下四个特点:

1. 收入是企业日常活动形成的经济利益流入

日常活动指企业为完成其经营目标所从事的经常性活动以及与之相关的其他活动。如工业制造企业制造并销售产品、商业企业购进和销售商品、租赁企业出租资产、软件企业为客户开发软件、安装公司提供安装服务、咨询公司提供咨询服务、广告商提供广告策划服务等,由此产生的经济利益的总流入构成收入。此外,企业还有一些活动属于与经常性活动相关的活动,如制造企业转让无形资产使用权、出售不需用的材料等,由此产生的经济利益的总流入也构成收入。然而,企业有些活动不属于与经营性活动相关的活动,比如企业处理固定资产、无形资产等活动,由此产生的经济利益的总流入不构成收入,属于营业外收入。

2. 收入必然导致所有者权益的增加

收入无论表现为资产的增加还是负债的减少,根据"资产=负债+所有者权益"的会计等式,最终必然导致所有者权益的增加。不符合这一特点的经济利益流入不属于企业的收入,比如企业代税务局收取的税款等,性质上属于代收款项,应作为暂收应付款计入负债要素,而不能作为收入处理。

3. 收入可能表现为资产的增加或负债的减少,或两者兼而有之

收入通常表现为资产的增加,如在取得销售收入、提供劳务收入等的同时,银行存款或应收账款等资产项目也相应增加;有时也表现为负债的减少,如预收账款的销售业务,在提供了商品或劳务并确认收入的同时,预收账款得以抵偿;或者在增加资产的同时也减少负债,如预收账款的销售业务在确认收入的同时,预收账款得以抵偿,同时补收不足抵偿的账款。

4. 收入不包括所有者向企业投入资本导致的经济利益流入

收入只包括企业自身活动获得的经济利益流入，而不包括企业的所有者向企业投入资本而导致的经济利益流入。所有者向企业投入的资本，在增加资产的同时，直接增加所有者权益，不能作为企业收入。出租无形资产取得的使用费收入，商业银行发放贷款取得的利息收入等。

（三）收入的分类

1. 按在经营业务中所占比重可分为主营业务收入和其他业务收入

（1）主营业务收入是指企业为完成其经营目标所从事的主要经营活动取得的收入。比如制造企业销售产品、半成品和提供工业性劳务为主的收入，商业企业以销售商品为主的收入等。主营业务收入经常发生，并在收入中占有较大的比重。

（2）其他业务收入是指企业除主要经营业务以外的其他经营活动实现的收入。比如制造企业出租固定资产的租金收入、出售材料的收入等。其他业务收入不经常发生，金额一般较小，在收入中所占比重较小。

2. 按交易性质可分为销售商品收入、提供劳务收入和让渡资产使用权收入

（1）销售商品收入指企业通过销售产品或商品而取得的收入。如制造企业销售产成品、半成品取得的收入，商业企业销售商品取得的收入，房地产经营商销售自行开发的房地产取得收入等。

（2）提供劳务收入指企业通过提供劳务作业而取得的收入。比如制造企业提供工业性质作业取得的收入，商业企业提供代购代销劳务取得的收入，交通运输企业提供运输劳务取得的收入等。

（3）让渡资产使用权收入指企业通过让渡资产使用权而取得的收入。比如制造企业对外出租无形资产取得的使用费收入，商业银行发放贷款取得的利息收入等。

二、费用及其内容

（一）费用的概念

费用是指企业在日常活动中发生的、会导致所有者权益减少的、与向所有者分配利润无关的经济利益的总流出。

（二）费用的特征

虽然对费用的概念的理解世界各国存在一定的差异，但是一般认为费用具有以下三个特点：

1. 费用是企业日常活动中发生的经济利益流出

如制造企业制造并销售产品，商业企业购进和销售商品等，由此发生的经济利益的流出，就构成费用。之所以强调费用是企业日常活动中发生的经济利益流出，主要在于将其与企业在日常活动之外的一些偶发的事项而引起的企业经济利益流出区别开来。如企业因违反合同规定未及时支付供应商的货款而遭受的罚款，或因自然灾害造成设备、材料等损失，并不是企业经常发生的事项，由此而产生的损失不能作为费用

认定，而是作为企业的营业外支出处理。

2. 费用必然导致所有者权益的减少

如上所述，企业费用的发生会导致企业经济利益流出，而企业经济利益的所有权又归属于企业的所有者，因此，费用的发生最终会使企业的所有者权益减少。因为费用的本质是一种过去的、现实的或预期的现金流出，依据"资产＝负债＋所有者权益"会计等式，费用的增加，即资产的减少如果与负债无关，那么必然会减少企业的所有者权益。

3. 费用是与向所有者分配利润无关的经济利益的流出

向所有者（投资者）分配利润是企业将实现的利润分配给投资者的一项分配活动，在这种情况下虽然减少了企业的资产，但这种减少不是企业的经营活动所引起的，因而不属费用性支出。

(三) 费用的组成内容

1. 狭义费用的组成内容

上述费用的概念，就是狭义费用，也是我国《企业会计准则》所给出的关于费用的定义。根据这个定义，费用仅包括与企业商品生产或劳务提供等日常经营活动所产生的费用。这些费用在会计上一般称为营业费用，它属于企业的经常性经营费用，具体包括主营业务成本、营业税金及附加、其他业务成本、投资损失和期间费用（销售费用、管理费用、财务费用）等，这些费用的发生与企业的日常经营活动有直接联系，而且在会计期末都直接计入当期损益。

2. 广义费用的组成内容

从广义角度来看，企业费用还应包括企业在材料物资的采购、固定资产的购置过程中发生的各种支出，以及企业在产品生产、劳务提供过程中发生的，但不能计入当期损益的那部分费用。例如，企业的产品虽然被生产出来了，但暂时并没有被销售掉，由此而产生的材料消耗、人工费消耗和设备消耗等也属于企业在经营过程中发生的耗费，理所当然也应被视为企业的一种费用。这些费用的发生，不仅与企业经常性的经营活动有直接关系，而且是计算和确定主营业务成本、其他业务成本等费用的前提和基础。

此外，按照《企业会计准则》的规定可以直接计入当期利润的营业外支出（损失），虽然不作为费用的内容加以认定，而是直接计入企业的利润，即在"收入－费用＋利得（营业外收入）－损失（营业外支出）＝利润"公式中，营业外支出直接作为一个减项。这种做法与费用作为利润的减项是相同的，因而与等式中的费用也具有共同点，在一定意义上也可以看成是企业具有费用性质的支出。

关于费用的组成内容参见图 14-1。

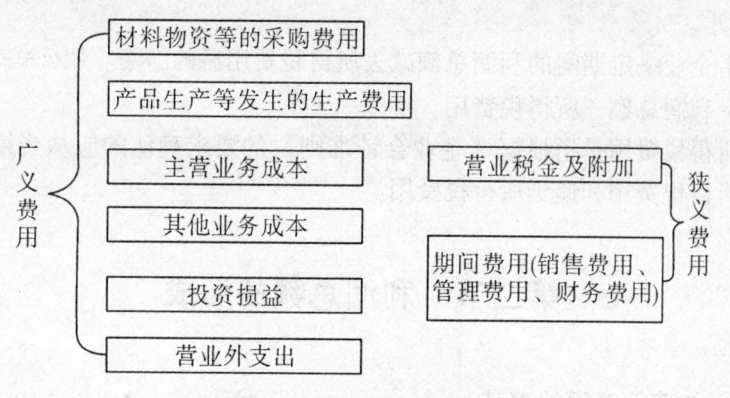

```
          ┌─ 材料物资等的采购费用
          │
          ├─ 产品生产等发生的生产费用
  广      │                          ┌─ 营业税金及附加         ┐
  义      ├─ 主营业务成本             │                          │ 狭
  费      │                          │                          │ 义
  用      ├─ 其他业务成本             ├─ 期间费用(销售费用、     │ 费
          │                          │   管理费用、财务费用)    │ 用
          ├─ 投资损益                                            ┘
          │
          └─ 营业外支出
```

图 14-1　费用的组成内容图示

对于上面提及的费用内容，本教材将重点介绍狭义费用，至于广义费用，特别是产品生产发生的生产费用，将在成本会计课程介绍。

三、利润及其构成

（一）利润的概念

利润是指企业在一定会计期间的经营成果，包括收入减去费用后的净额、直接计入当期利润的利得和损失等。其中，直接计入当期利润的利得和损失是指应当计入当期损益、会导致所有者权益发生增减变动的、与所有者投入资本或者向所有者分配利润无关的利得和损失。利润金额取决于收入和费用、计入当期利润的利得和损失金额。

（二）利润的构成

在利润表中，利润分为营业利润、利润总额和净利润三个层次。

1. 营业利润

营业利润指企业在一定期间的日常活动取得的利润。营业利润的具体构成可用公式表示如下：

营业利润＝营业收入－营业成本－营业税金及附加－销售费用－管理费用
　　　　－财务费用－资产减值损失±公允价值变动净损益±投资净损益

其中，营业收入包括主营业务收入和其他业务收入；营业成本包括主营业务成本和其他业务成本；营业税金及附加包括主营业务和其他业务应负担的营业税、消费税、城市维护建设税、资源税、土地增值税和教育费附加等。

2. 利润总额

利润总额指企业一定期间的营业利润，加上营业外收入减去营业外支出后的总额，即所得税前利润总额。用公式表示如下：

利润总额＝营业利润＋营业外收入－营业外支出

其中，营业外收入和营业外支出是指企业发生的与其经营活动无直接关系的收支项目，如处理固定资产净损益、债务重组损益、非货币性资产交换损益、罚款收入或支出等。

3. 净利润

净利润指企业一定期间的利润总额减去所得税费用后的净额。用公式表示如下：

净利润 = 利润总额 - 所得税费用

其中，所得税费用是指根据《企业会计准则》的要求确认的应从当期利润总额中扣除的当期所得税费用和递延所得税费用。

第二节 利润总额的形成

一、营业收入与营业费用的确认

(一) 营业收入的确认

1. 营业收入范围的明确

营业收入是指企业在从事销售商品、提供劳务和让渡资产使用权等日常经营业务过程中取得的收入，分为主营业务收入和其他业务收入两部分。主营业务收入是指企业进行经常性业务取得的收入，是利润形成的主要来源。不同行业主营业务收入的表现形式有所不同。工业企业的主营业务收入是指销售商品（产成品）、自制半成品以及提供代制、代修等工业性劳务取得的收入，称为产品销售收入；商品流通企业的主营业务收入是指销售商品取得的收入，称为商品销售收入。其他业务收入是指企业在生产经营过程中取得的除主营业务收入以外的各项收入，如转让无形资产使用权的收入等。

2. 销售商品收入的确认

确认销售商品收入，一般应具备以下五个条件：

（1）企业已将商品所有权上的主要风险和报酬转移给购货方。这主要是指产生销售商品收入的交易已经完成，商品所有权凭证或实物已移交给买方，商品未来发生的贬值、毁损等主要风险由买方承担，商品未来实现的经济利益由买方享有。判断企业是否已将商品所有权上的主要风险和报酬转移给购货方，应当关注交易的实质，并结合所有权凭证的转移进行判断。在通常情况下，转移商品所有权凭证并交付实物后，商品所有权上的主要风险和报酬也随之转移，如大多数零售商品。但在有些情况下，企业已将商品所有权凭证或实物交付给购买方，但商品所有权上的主要风险和报酬并未随之转移。如果企业仍然保留着商品所有权上的主要风险和报酬，则该项交易就不是一项销售，也不能确认销售收入。企业可能在以下几种情况下仍保留所有权上的主要风险和报酬：①企业销售的商品在质量、品种、规格等方面不符合合同规定的要求，又未根据正常的保证条款予以弥补，因而仍负有责任；②企业销售商品的收入是否能够取得，取决于代销方或受托方销售该商品的收入是否能取得；③企业尚未完成售出商品的安装或检验工作，而此项安装或检验任务又是销售合同的重要组成部分；④销售合同中规定了购买方在特定情况下有权退货的条款，而企业又不能确定退货的可能性。

（2）企业既没有保留通常与所有权相联系的继续管理权，也没有对售出的商品实施控制。这也是确认销售商品收入的必要条件之一。对已售出的商品实施继续管理或有效控制，可能源于仍拥有商品的所有权，也可能与商品的所有权无关。如果企业将商品售出后，仍然保留了与该商品所有权相联系的继续管理权，或仍然可以对该商品实施有效控制，则说明此项销售没有完成，不能确认相应的收入。

（3）收入的金额能够可靠地计量。如果存在影响价格变动的不确定因素，则在销售商品价格最终确定之前，不应确认销售商品收入。收入的金额能够可靠地计量，是收入确认的基本前提。企业应按照从购货方已收或应收的合同或协议的公允价值确定销售商品收入的金额。

（4）与交易相关的经济利益能够流入企业。企业销售商品的价款能否收回，是销售商品收入确认的重要条件。如果企业已将商品所有权上的主要风险和报酬转移给买方，且既没有保留通常与所有权相联系的继续管理权，也没有对售出的商品实施控制，但估计商品的价款收回的可能性不大，即使收入确认的其他条件均已满足，也不应确认该项销售商品收入。

（5）相关的成本能够可靠地计量。按照配比原则，与同一销售相关的收入和成本应在同一会计期间予以确认。因此，如果与商品相关的成本不能可靠地计量，也不能确认该项销售商品收入。

3. 提供劳务收入的确认

企业提供劳务，应区分不同情况进行确认。

（1）在资产负债表日能够对该项交易的结果进行可靠的估计，应按完工百分比法确认提供劳务收入。提供劳务交易的结果能够可靠地估计，是指同时满足下列条件：①收入的金额能够可靠地计量；②相关的经济利益很可能流入企业；③交易的完工进度能够可靠地确定；④交易中已发生和将发生的成本能够可靠地计量。完工百分比法是指按照劳务的完成程度确认收入和费用的方法。

（2）在资产负债表日，如果不能对该项交易的结果进行可靠的估计，则不能按完工百分比法确认收入。在这种情况下，企业应按照谨慎性要求进行处理，对已发生的成本和可能收回的金额进行尽可能合理的估计，只确认可能发生的损失，而不确认可能发生的收益。

4. 让渡资产使用权收入的确认

让渡资产使用权收入主要是指企业出租固定资产和无形资产取得的收入。确认让渡资产使用权收入，一般应同时具备以下两个条件：

（1）与提供劳务相关的经济利益很可能流入企业。相关的经济利益是否很可能流入企业，应根据交易双方的信用状况、支付能力等情况以及双方就结算方式、付款期限等达成的协议等进行判断。如果企业估计款项收回可能性不大，就不应该确认收入。

（2）相关的收入金额能够可靠地计量。企业应当分别按下列情况来确定让渡资产使用权收入金额：①利息收入金额，按照他人使用本企业货币资金的时间和实际利率计算确定；②使用费收入金额，按照有关合同或协议约定的收费时间和方法计算确定。

（二）营业费用的确认

营业费用是指企业在经营管理过程中为了取得营业收入而发生的费用，包括主营业务成本、其他业务成本、营业税金及附加、销售费用、管理费用和财务费用等。

确认营业费用应考虑三个问题：一是营业费用与营业收入的关系；二是营业费用的归属期；三是营业费用能准确地加以计量。具体来说，确认营业费用的标准有以下几种：

（1）按其与营业收入的直接联系确认营业费用。如果资产的减少与负债的增加和取得本期的营业收入有直接联系，就应确认为本期的营业费用。例如，已销商品的成本是为了取得营业收入而直接发生的耗费，应在取得营业收入的期间确认为营业费用；又如，为了推销商品发生的送货费用，与取得营业收入直接相关，也应在取得营业收入的期间确认为营业费用。

（2）按一定的分配方式确认营业费用。如果资产的减少或负债的增加与取得营业收入没有直接联系，但能够为若干个会计期间带来效益，则应采用一定的分配方式，分别确认为各期的营业费用。例如，管理部门使用的固定资产的成本，需要采用一定的折旧方法，分别确认为各期的折旧费用。

（3）在耗费发生时直接确认营业费用。如果资产的减少或负债的增加与取得营业收入没有直接联系，且只能为一个会计期间带来效益或受益期间难以合理估计，则应确认为当期的营业费用。例如，管理人员的工资，其支出的效益仅及于一个会计期间，应直接确认为当期营业费用；又如，广告费支出，虽然可能在较长时期内受益，但很难合理估计其受益期间，因而也可以直接确认为当期的营业费用。此外，对于某些虽然受益期限较长但数额较小的支出，按照重要性原则，也可以直接确认为当期的营业费用，如管理部门领用的管理工具等。

（4）某项资产的减少或负债的增加发生的耗费能准确加以计量的，应确认为营业费用。如果某项资产的耗费不能够加以计量，也无法作出合理的估计，就不能在利润表中确认为营业费用。

二、利润总额形成的核算

从"收入－费用＝利润"这个会计公式不难看出，利润的形成取决于营业收入和营业费用，具体来看，利润由主营业务收入、主营业务成本、其他业务收入、其他业务成本、营业税金及附加等、期间费用（销售费用、管理费用、财务费用）、资产减值损失、公允价值变动损益、投资净收益、营业外收支净额等项目形成。

（一）主营业务收入与主营业务成本的核算

1. 主营业务收入与主营业务成本的账务处理

在商品销售业务中，应在符合销售商品的确认条件时，确认销售收入并结转销售成本。根据具体销售方式，借记"银行存款"、"应收账款"等科目；根据实际价款贷记"主营业务收入"科目；根据收取的增值税销售税额，贷记"应交税费——应交增值税（销项税额）"科目。发生现金折扣业务，一般采用总价法核算。出现由于品种质量等不符合购销合同的规定而被客户退回的业务，企业在收到退回商品时，应退还货款或冲减应收账款，并冲减主营业务收入和增值税销项税额，借记"主营业务收入"、"应交税费——应交增值税（销项税额）"等科目，贷记"银行存款"、"应收票据"、

"应收账款"等科目。应由企业负担的发货及退货运杂费，计入销售费用。发生商品价格上的减让时（即销售折让）时，应根据销售折让的金额，借记"主营业务收入"、"应交税费——应交增值税（销项税额）"等科目，贷记"银行存款"、"应收票据"、"应收账款"等科目。在商品销售业务中，不论采用何种销售方式（现销或赊销）销售商品，均应结转已销商品（扣除销售退回）的成本，借记"主营业务成本"科目，贷记"库存商品"科目。

2. 现销业务的核算

现销业务的核算举例如下：

【例14-1】珠江实业股份有限公司于201×年12月1日，采用支票结算方式销售A产品100件，价款10 000元，增值税1 700元，A产品销售成本6 000元，货物税款已收，并存入银行。据以上资料，编制会计分录如下：

借：银行存款　　　　　　　　　　　　　　　　　　　　　　11 700
　　贷：主营业务收入　　　　　　　　　　　　　　　　　　　　10 000
　　　　应交税费——应交增值税（销项税额）　　　　　　　　　 1 700
借：主营业务成本　　　　　　　　　　　　　　　　　　　　　 6 000
　　贷：库存商品　　　　　　　　　　　　　　　　　　　　　　 6 000

3. 赊销业务的核算

（1）托收承付销售业务。托收承付是指收款人根据购销合同发货后委托其开户银行向异地付款人收取款项，付款人验单或验货后向其开户银行承兑付款的一种赊销方式。销货方应在办妥托收手续时确认销售收入。

【例14-2】珠江实业股份有限公司于201×年12月2日向东方公司销售B产品一批。B产品的制造成本为60 000元，销售价格为80 000元，增值税额为13 600元，合同中约定采用托收承付结算方式。珠江公司按合同约定的品种和质量发出B产品后，向银行办妥托收手续。据此资料，编制会计分录如下：

借：应收账款——东方公司　　　　　　　　　　　　　　　　　93 600
　　贷：主营业务收入　　　　　　　　　　　　　　　　　　　　80 000
　　　　应交税费——应交增值税（销项税额）　　　　　　　　　13 600
借：主营业务成本　　　　　　　　　　　　　　　　　　　　　60 000
　　贷：库存商品　　　　　　　　　　　　　　　　　　　　　　60 000

（2）分期收款销售业务。分期收款销售是指商品已经交付，但货款分期收回的一种赊销方式。在此方式下，销货方应当于商品交付购货方时，按照从购货方已收或应收的合同或协议价格确认收入，但已收或应收的合同或协议价款不公允的除外。

【例14-3】20×1年12月3日，珠江实业股份有限公司采用分期收款方式向珠海公司销售一批商品，商品的生产成本650 000元。根据合同约定，该批商品按照正常的销售价格800 000元及相应的增值税额136 000元进行结算，珠海公司收到商品时首次支付20%的货款，其余货款于每季末等额支付，分三次付清。据此资料，分析和编制会计分录如下：

珠江公司虽然采用的是分期收款销售方式，但收款期限较短，所售商品是按正常的售价进行结算的，也就是说该价款是公允的。因此，珠江公司应于交付商品时，按合同价款确认收入。

20×1年12月3日，销售商品并收到珠海公司首付的20%货款时：

已收合同价款 = 936 000 × 20% = 187 200（元）

应收合同价款 = 936 000 - 187 200 = 748 800（元）

借：银行存款	187 200
应收账款——珠海公司	748 800
贷：主营业务收入	800 000
应交税费——应交增值税（销项税额）	136 000
借：主营业务成本	650 000
贷：库存商品	650 000

20×2年2月28日，收到珠海公司支付的分期账款时：

分期应收账款 = 748 800 ÷ 3 = 249 600（元）

借：银行存款	249 600
贷：应收账款——珠海公司	249 600

以后各期收取分期账款的会计分录同上，此略。

如果已收或应收的合同或协议价款不公允，实质上具有融资性质的，销货企业应当在交付商品时，按照已收或应收的合同或协议价款的公允价值确认收入。已收或应收的合同或协议价款与其公允价值之间的差额，作为未实现融资收益，在合同或协议期间内采用实际利率法分期摊销，冲减财务费用，应收的合同或协议价款的公允价值，应当按照其未来现金流量的现值确定。

【例14-4】20×1年12月31日，珠江实业股份有限公司采用分期收款方式向深圳公司销售一套大型设备，其制造成本4 000 000元，根据合同约定，设备销售价格为6 000 000元（假定不考虑增值税），全部价款于每年年末等额支付，分5年付清。据此资料，分析和编制会计分录如下：

珠江公司应收账款的收取期间较长，相当于向客户提供长期信贷，具有融资的性质。因此，珠江公司不能按照应收的合同价款确认收入，而应当按照应收合同价款的现值作为公允价值，确认收入。假定珠江公司确定的折现率为7%。

计算应收合同价款的现值及未实现融资收益。

查年金现值系数表可知，5年期、7%的年金现值系数为4.100 197 44

每期应收账款 = 6 000 000 ÷ 5 = 1 200 000（元）

应收合同价款的现值 = 1 200 000 × 4.100 197 44 = 4 920 237（元）

未实现融资收益 = 6 000 000 - 4 920 237 = 1 079 763（元）

采用实际利率法分配未实现融资收益，见表14-1。

表14-1　　　　　　　　　未实现融资收益分配表（实际利率法）　　　　　　　单位：元

日　　期	分期应收款	确认的融资收益	应收款成本减少额	应收款摊余成本
①	②	③=期初⑤×7%	④=②-③	期末⑤=期初⑤-④
销售时				4 920 237
第一年末	1 200 000	344 417	855 583	4 064 654
第二年末	1 200 000	284 526	915 474	3 149 180
第三年末	1 200 000	220 443	979 557	2 169 623
第四年末	1 200 000	151 874	1 048 126	1 121 497
第五年末	1 200 000	78 503	1 121 497	0
合　　计	6 000 000	1 079 763	4 920 237	—

20×1年12月31日，确认销售商品收入时：
借：长期应收款——深圳公司　　　　　　　　　　　　　　　　　　6 000 000
　　贷：主营业务收入　　　　　　　　　　　　　　　　　　　　　4 920 237
　　　　未实现融资收益　　　　　　　　　　　　　　　　　　　　1 079 763
借：主营业务成本　　　　　　　　　　　　　　　　　　　　　　　4 000 000
　　贷：库存商品　　　　　　　　　　　　　　　　　　　　　　　4 000 000
20×2年12月31日，收取第一笔分期应收款时：
借：银行存款　　　　　　　　　　　　　　　　　　　　　　　　　1 200 000
　　贷：长期应收款——深圳公司　　　　　　　　　　　　　　　　1 200 000
以后各期收取分期账款的会计分录同上，此略。
20×2年12月31日，分配未实现融资收益时：
借：未实现融资收益　　　　　　　　　　　　　　　　　　　　　　344 417
　　贷：财务费用　　　　　　　　　　　　　　　　　　　　　　　344 417
20×3年12月31日，分配未实现融资收益时：
借：未实现融资收益　　　　　　　　　　　　　　　　　　　　　　284 526
　　贷：财务费用　　　　　　　　　　　　　　　　　　　　　　　284 526
以后各年分配未实现融资收益的会计分录依此类推，此略。
（3）商业汇票结算销售业务。

【例14-5】珠江实业股份有限公司201×年12月7日采用商业承兑汇票结算方式销售A商品一批，收到购货方（长江公司）承兑的商业汇票一张，价款250 000元，增值税额42 500元。商品制造成本150 000元。据此资料，编制会计分录如下：
借：应收票据——长江公司　　　　　　　　　　　　　　　　　　　292 500
　　贷：主营业务收入　　　　　　　　　　　　　　　　　　　　　250 000
　　　　应交税费——应交增值税（销项税额）　　　　　　　　　　42 500
借：主营业务成本　　　　　　　　　　　　　　　　　　　　　　　150 000
　　贷：库存商品　　　　　　　　　　　　　　　　　　　　　　　150 000

4. 销售退回业务的核算

销售退回是指企业售出的商品,由于重量、品种不符合要求等原因而发生退货。对于销售退回,企业应分别不同情况进行会计处理:

(1) 对于未确认收入的售出商品发生销售退回的,企业应按已记入"发出商品"科目的商品成本金额,借记"库存商品"科目,贷记"发出商品"科目。

(2) 如果退货发生在收入确认之后,则不论是本年销售的,还是以前年度销售的,除了属于资产负债表日后事项的销售退回外,均应冲减退回当月的销售收入,同时冲减销售成本。如该项销售退回已发生现金折扣的,应同时调整相关财务费用的金额;如该项销售退回允许扣减增值税额的,应同时调整"应交税费——应交增值税(销项税额)"科目的相应金额。

(3) 已确认收入的售出商品发生的销售退回属于资产负债表日后事项的,应当按照有关资产负债表日后事项的相关规定进行会计处理。

【例14-6】珠江实业股份有限公司于201×年12月8日,发生某客户因产品问题退回本月1日销售的A产品5件,价款5 000元,增值税850元,A产品销售成本为3 000元。企业已将转账支票交给客户。据此资料,编制会计分录如下:

借:主营业务收入   5 000
　　应交税费——应交增值税(销项税额)   850
　　贷:银行存款   5 850
借:库存商品   3 000
　　贷:主营业务成本   3 000

5. 销售折让业务的核算

销售折让是指企业因售出商品的质量不合格等原因而在售价上给予的减让。如果折让发生在确认收入之前,销货方应直接从原定的销售价格中扣除给予购货方的销售折让作为实际销售价格,确认收入。销售折让属于资产负债表日后事项的,应当根据不同情况分别作为资产负债表日后调整事项或非调整事项进行会计处理。

【例14-7】珠江实业股份有限公司于201×年12月9日发生由于某客户发现所购A产品一件外观存在问题,珠江公司同意给予该客户10%的销售折让117元。企业已将转账支票给予客户。据此资料编制会计分录如下:

借:主营业务收入   100
　　应交税费——应交增值税(销项税额)   17
　　贷:银行存款   117

6. 销售现金折扣业务的核算

销售现金折扣是指债权人为鼓励购货方尽早付款而给予的价款折扣。折扣条件通常采用一个简单的分式表示。例如,一笔赊销期限为30天的商品交易,销货方规定的现金折扣条件为10天内付款可得到2%的现金折扣,超过10天到20天内付款可得到1%的现金折扣,超过20天付款须按发票金额付款。现金折扣条件可表示为:2/10、1/20、N/30。因此购货方能够取得现金折扣,则发票金额扣除现金折扣后的余额,为购货方的实际付款金额。我国会计准则规定,一般采用总价法进行核算:在总价法下,按发票金额对应收账款及销售收入计价入账,购货方能够在折扣期限内付款,销货方应将购货方取得的现金折扣作为财务费用处理。

【例14-8】 珠江实业股份有限公司于201×年12月15日,采用赊销方式销售A产品30件,价款30 000元,增值税5 100元,A产品的销售成本18 000元。付款条件为:2/10、1/20、N/30;客户于20日付款,取得1%的现金折扣300元(假设现金折扣不考虑增值税),实付34 800元,企业收取转账支票。据此资料,按总价法编制会计分录如下:

销货时:
借:应收账款——×客户　　　　　　　　　　　　　　　　　　35 100
　　贷:主营业务收入　　　　　　　　　　　　　　　　　　　　30 000
　　　　应交税费——应交增值税(销项税额)　　　　　　　　　5 100
同时:
借:主营业务成本　　　　　　　　　　　　　　　　　　　　　18 000
　　贷:库存商品　　　　　　　　　　　　　　　　　　　　　　18 000
收款时:
借:银行存款　　　　　　　　　　　　　　　　　　　　　　　34 800
　　财务费用　　　　　　　　　　　　　　　　　　　　　　　　　300
　　贷:应收账款——×客户　　　　　　　　　　　　　　　　35 100

7. 已发出商品尚未确认为收入业务的核算

如企业售出的商品不符合销售收入确认的5个条件中的任何一条,均不确认为收入,为单独反映已发出但尚未确认销售收入的商品成本,企业应增设"发出商品"科目核算。已发出但尚未确认为收入的商品成本,应借记"发出商品"科目,贷记"库存商品"科目,同时将增值税发票上注明的增值税额转入应收账款。

【例14-9】 珠江实业股份有限公司201×年12月11日,采用托收承付结算方式销售B商品10件,价值20 000元,增值税3 400元,已办妥托收手续。该批商品的实际成本为15 000元。在办妥托收手续后得知,购货方发生财务困难,近期无法支付货款。据此资料,编制会计分录如下:

因与该项交易相关的经济利益不一定能流入企业,因而不能确认为收入,但要作出两项结转分录。

结转库存商品成本时:
借:发出商品　　　　　　　　　　　　　　　　　　　　　　　15 000
　　贷:库存商品　　　　　　　　　　　　　　　　　　　　　　15 000
结转应交增值税为应收账款时:
借:应收账款　　　　　　　　　　　　　　　　　　　　　　　　3 400
　　贷:应交税费——应交增值税(销项税额)　　　　　　　　　3 400
假如到8月20日,购货方财务好转承诺近期付款,珠江公司可以确认收入时:
借:应收账款　　　　　　　　　　　　　　　　　　　　　　　20 000
　　贷:主营业务收入　　　　　　　　　　　　　　　　　　　　20 000

同时，结转销售成本：

借：主营业务成本　　　　　　　　　　　　　　　　　　15 000
　　贷：发出商品　　　　　　　　　　　　　　　　　　　　　　15 000

8. 售后回购业务的核算

售后回购是指在销售商品的同时，销售方同意日后重新购买回该批商品的交易。在售后回购方式下，所售商品所有权上的主要风险和报酬实质上并没有从销售方转移到购货方，因而销售通常不应当确认收入，收到的款项应确认为负债；回购价格大于销售价格的，两者的差额在售后回购期间内按期计提利息费用，计入财务费用。企业在发出商品后，按实际收到的价款，借记"银行存款"科目，按增值税专用发票上注明的增值税额，贷记"应交税费——应交增值税（销项税额）"科目，按其差额，贷记"其他应付款"科目；计提利息费用时，借记"财务费用"科目，贷记"其他应付款"科目；按照合同约定日后重新购回该项商品时，按约定的商品回购价格，借记"其他应付款"科目，按增值税专用发票上注明的增值税额，借记"应交税费——应交增值税（进项税额）"科目，按实际支付金额，贷记"银行存款"等科目。

【例 14-10】珠江实业股份有限公司与东方公司签订一项售后回购协议，珠江公司向东方公司销售一批商品，售价为 500 000 元，增值税专用发票上注明的增值税税额为 85 000 元；该商品成本为 400 000 元。珠江公司日后再将所售商品购回，回购价格为 520 000 元，增值税额为 88 400 元。协议约定的售后回购期间为 20×1 年 12 月 1 日至 20×2 年 9 月 30 日。据此资料，编制会计分录如下：

(1) 20×1 年 12 月 1 日，珠江公司收到销售价款时：

借：银行存款　　　　　　　　　　　　　　　　　　　　585 000
　　贷：应交税费——应交增值税（销项税额）　　　　　　　　　85 000
　　　　其他应付款——东方公司　　　　　　　　　　　　　　500 000
借：发出商品　　　　　　　　　　　　　　　　　　　　400 000
　　贷：库存商品　　　　　　　　　　　　　　　　　　　　　400 000

(2) 20×1 年 12 月 31 日，珠江公司计提利息时：

每月计提的利息费用 =（520 000 - 500 000）÷ 10 = 2 000（元）

借：财务费用　　　　　　　　　　　　　　　　　　　　　2 000
　　贷：其他应付款——东方公司　　　　　　　　　　　　　　　2 000

以后各月计提利息费用的会计分录同上，此略。

(3) 20×2 年 9 月 30 日，珠江公司按约定的价格购回该批商品时：

借：其他应付款——东方公司　　　　　　　　　　　　　520 000
　　应交税费——应交增值税（进项税额）　　　　　　　　88 400
　　贷：银行存款　　　　　　　　　　　　　　　　　　　　　608 400
借：库存商品　　　　　　　　　　　　　　　　　　　　400 000
　　贷：发出商品　　　　　　　　　　　　　　　　　　　　　400 000

有确凿证据表明售后回购交易满足销售商品收入确认条件的，售后的商品按售价确认收入，回购的商品作为购进商品处理。

珠江实业股份有限公司 20×1 年 12 月份主营业务收入为 6 085 137 元（10 000 + 80 000 + 800 000 + 4 920 237 + 250 000 + 30 000 - 5 000 - 100），主营业务成本为 4 881 000 元（6 000 + 60 000 + 650 000 + 4 000 000 + 150 000 + 18 000 - 3 000），主营业务毛利为 204 137 元（6 085 137 - 4 881 000）。

（二）其他业务收入与其他业务成本的核算

1. 其他业务收入与其他业务成本的账务处理

其他业务收入是企业在从事其他业务过程中取得的收入。企业取得其他业务收入时，应借记"银行存款"等科目，贷记"其他业务收入"科目，如果取得了增值税销项税额，还应贷记"应交税费——应交增值税（销项税额）"科目。其他业务成本是企业在从事其他业务过程中为取得收入而发生的各项业务成本，如销售原材料结转其采购成本等。企业结转其他业务成本时，应借记"其他业务成本"科目，贷记"原材料"、"包装物"、"累计折旧"、"银行存款"等科目。

2. 其他业务收入与其他业务成本核算举例

【例 14-11】珠江实业股份有限公司在 201× 年 12 月 12 日销售多余材料一批，价款 10 000 元，增值税额 1 700 元，材料实际成本 6 000 元。货款收到并存入银行。据此资料，编制会计分录如下：

（1）收取款项时：

借：银行存款   11 700

    贷：其他业务收入   10 000

        应交税费——应交增值税（销项税额）   1 700

（2）月底结转材料成本时：

借：其他业务成本   6 000

    贷：原材料   6 000

【例 14-12】珠江实业股份有限公司于 201× 年 12 月 20 日将某项专利权出租给华山公司，每月收取租金收入 50 000 元；按租金 5% 计提应交营业税；该项专利权每月的摊销额为 25 000 元。据此资料，编制会计分录如下：

（1）收到租金收入时：

借：银行存款   50 000

    贷：其他业务收入   50 000

（2）计提应交营业税时：

借：其他业务成本   2 500

    贷：应交税费——应交营业税   2 500

（3）本月无形资产摊销时：

借：其他业务成本   25 000

    贷：累计摊销   25 000

珠江实业股份有限公司 201× 年 12 月份其他业务收入为 60 000 元（10 000 + 50 000）；其他业务成本为 33 500 元（6 000 + 2 500 + 25 000）；其他业务毛利为 26 500 元（60 000 - 33 500）。

(三) 营业税金及附加的核算

1. 营业税金及附加的账务处理

营业税金及附加主要指应由营业收入补偿的各种税金及附加，具体包括营业税、消费税、资源税、城市维护建设税和教育费附加。

企业取得应纳营业税的收入后，应按规定计算结转应交营业税，借记"营业税金及附加"科目，贷记"应交税费——应交营业税"科目；企业销售应纳消费税的商品，应按规定计算结转应交消费税，借记"营业税金及附加"科目，贷记"应交税费——应交消费税"科目；企业销售应纳资源税的商品，应按规定计算结转应交资源税，借记"营业税金及附加"科目，贷记"应交税费——应交资源税"科目；企业取得营业收入后，应按规定计算结转应交城市维护建设税和应交教育费附加，借记"营业税金及附加"科目，贷记"应交税费——应交城市维护建设税"和"应交税费——应交教育费附加"科目。

2. 营业税金及附加核算举例

【例14-13】 珠江实业股份有限公司于201×年12月份计算结转应交营业税2 000元，应交城市维护建设税800元，应交教育费附加400元。据此资料，编制会计分录如下：

借：营业税金及附加　　　　　　　　　　　　　　　　　　3 200
　　贷：应交税费——应交营业税　　　　　　　　　　　　2 000
　　　　　　　　——应交城市维护建设税　　　　　　　　　800
　　　　　　　　——应交教育费附加　　　　　　　　　　　400

珠江实业股份有限公司201×年12月营业税金及附加合计为3 200元。

(四) 销售费用的核算

1. 销售费用的账务处理

销售费用是指企业在销售商品和材料、提供劳务的过程中发生的各种费用，包括企业在销售商品过程中发生的保险费、包装费、展览费和广告费、商品维修费、预计产品质量保证损失、运输费、装卸费等以及为销售本企业商品而专设的销售机构（含销售网点、售后服务网点等）的职工薪酬、业务费、折旧费、固定资产修理费用等费用。企业根据实际发生的各种销售费用，借记"销售费用"科目，贷记有关科目。

2. 销售费用核算举例

【例14-14】 珠江实业股份有限公司201×年12月份发生下列销售费用：应付销售部门职工薪酬2 500元，用库存现金支付装卸费250元，用银行存款支付广告费用8 000元。据此资料，编制会计分录如下：

借：销售费用　　　　　　　　　　　　　　　　　　　　10 750
　　贷：应付职工薪酬　　　　　　　　　　　　　　　　　2 500
　　　　库存现金　　　　　　　　　　　　　　　　　　　　250
　　　　银行存款　　　　　　　　　　　　　　　　　　　8 000

珠江实业股份有限公司201×年12月销售费用合计10 750元。

（五）管理费用的核算

1. 管理费用的账务处理

管理费用是指企业为组织和管理企业生产经营所发生的管理费用，包括企业在筹建期间内发生的开办费、董事会和行政管理部门在企业的经营管理中发生的或者应由企业统一负担的公司经费（包括行政管理部门职工工资及福利费、物料消耗、低值易耗品摊销、办公费和差旅费等）、工会经费、董事会费（包括董事会成员津贴、会议费和差旅费等）、聘请中介机构费、咨询费（含顾问费）、诉讼费、业务招待费、房产税、车船税、土地使用税、印花税、技术转让费、矿产资源补偿费、研究费用、排污费以及企业生产车间（部门）和行政管理部门等发生的固定资产修理费用等。企业发生管理费用时，应借记"管理费用"科目，贷记有关科目。

2. 管理费用核算举例

【例14-15】珠江实业股份有限公司201×年12月份根据发生的管理费用资料，编制会计分录如下：

（1）应付行政管理部门职工薪酬10 000元。

借：管理费用　　　　　　　　　　　　　　　　10 000
　　贷：应付职工薪酬　　　　　　　　　　　　　　　10 000

（2）计提公司管理部门房屋折旧费5 000元。

借：管理费用　　　　　　　　　　　　　　　　5 000
　　贷：累计折旧　　　　　　　　　　　　　　　　　5 000

（3）本月无形资产摊销2 000元。

借：管理费用　　　　　　　　　　　　　　　　2 000
　　贷：累计摊销　　　　　　　　　　　　　　　　　2 000

（4）用银行存款支付业务招待费800元。

借：管理费用　　　　　　　　　　　　　　　　800
　　贷：银行存款　　　　　　　　　　　　　　　　　800

（5）结转应交车船使用税500元。

借：管理费用　　　　　　　　　　　　　　　　500
　　贷：应交税费　　　　　　　　　　　　　　　　　500

（6）管理部门人员报销差旅费300元，以现金支付。

借：管理费用　　　　　　　　　　　　　　　　300
　　贷：库存现金　　　　　　　　　　　　　　　　　300

（7）计提工会经费600元。

借：管理费用　　　　　　　　　　　　　　　　600
　　贷：应付职工薪酬——工会经费　　　　　　　　　600

（8）用银行存款支付诉讼费1 000元。

借：管理费用　　　　　　　　　　　　　　　　1 000
　　贷：银行存款　　　　　　　　　　　　　　　　　1 000

珠江实业股份有限公司201×年12月份发生管理费用为20 200元（10 000 +

5 000 + 2 000 + 800 + 500 + 300 + 600 + 1 000)。

(六) 财务费用的核算

1. 财务费用的账务处理

财务费用是指企业为筹集生产经营所需要资金等而发生的筹资费用,包括利息支出(减利息收入)、汇兑损益以及相关的手续费、企业发生的现金折扣或收到的现金折扣等。企业发生财务费用时,应借记"财务费用"科目,贷记有关科目。企业取得的利息收入,其数额与利息支出相比一般较小,在我国未单列科目核算,应抵减利息支出,借记"银行存款"等科目,贷记"财务费用"科目。

2. 财务费用的核算举例

【例 14 – 16】珠江实业股份有限公司 201× 年 12 月份根据发生的财务费用资料,编制会计分录如下:

(1) 用银行存款支付金融机构手续费 200 元,支付短期借款利息 600 元。

借:财务费用　　　　　　　　　　　　　　　　　　800
　　贷:银行存款　　　　　　　　　　　　　　　　　　800

(2) 收到银行存款利息 100 元。

借:银行存款　　　　　　　　　　　　　　　　　　100
　　贷:财务费用　　　　　　　　　　　　　　　　　　100

珠江实业股份有限公司 201× 年 12 月份发生的财务费用计 700 元(800 – 100)。

(七) 资产减值损失

1. 资产减值损失的账务处理

资产减值损失是指企业根据资产减值等准则计提各项资产减值准备所形成的损失。资产减值准备具体包括坏账准备、存货跌价准备、长期股权投资减值准备、持有至到期投资减值准备、固定资产减值准备、在建工程减值准备、工程物资减值准备、投资性房地产减值准备、无形资产减值准备、商誉减值准备、可供出售金融资产减值准备等。

企业应根据确认的减值损失,借记"资产减值损失"科目,贷记"坏账准备"、"存货跌价准备"、"长期股权投资减值准备"、"持有至到期投资减值准备"、"固定资产减值准备"、"在建工程减值准备"、"工程物资减值准备"、"投资性房地产减值准备"、"无形资产减值准备"、"商誉减值准备"、"可供出售金融资产减值准备"等科目。

企业在计提坏账准备、存货跌价准备、持有至到期投资减值准备等后,相关资产的价值又得以恢复的,应在原已计提的减值准备金额内,按恢复增加的金额,借记"坏账准备"、"存货跌价准备"、"持有至到期投资减值准备"等科目,贷记"资产减值损失"科目。

企业计提的长期股权投资减值准备、固定资产减值准备、在建工程减值准备、工程物资减值准备、投资性房地产减值准备、无形资产减值准备、商誉减值准备,按照我国会计准则的规定,一经计提不得转回。

2. 资产减值损失的核算举例

【例14-17】珠江实业股份有限公司201×年12月份根据下列发生的资产减值业务，编制会计分录如下：

（1）12月月末计提固定资产减值准备2 500元。

借：资产减值损失　　　　　　　　　　　　　　　　　2 500
　　贷：固定资产减值准备　　　　　　　　　　　　　　　　2 500

（2）12月月末计提坏账准备1 000元。

借：资产减值损失　　　　　　　　　　　　　　　　　1 000
　　贷：坏账准备　　　　　　　　　　　　　　　　　　　　1 000

（3）12月月末冲减存货跌价准备600元。

借：存货跌价准备　　　　　　　　　　　　　　　　　　600
　　贷：资产减值损失　　　　　　　　　　　　　　　　　　　600

珠江实业股份有限公司201×年12月资产减值损失为2 900元（2 500+1 000-600）。

（八）公允价值变动损益的核算

1. 公允价值变动损益的账务处理

公允价值变动损益是指企业交易性金融资产、交易性金融负债，以及采用公允价值模式计量的投资性房地产等业务中公允价值变动形成的应计入当期损益的利得或损失。有关资产的公允价值高于其账面价值时，应确认公允价值变动收益，借记有关资产科目，贷记"公允价值变动损益"科目；有关资产的公允价值低于其账面价值时，应确认公允价值变动的损失，进行相反的会计处理，借记"公允价值变动损益"科目，贷记有关资产科目。

2. 公允价值变动损益举例

【例14-18】珠江实业股份有限公司201×年12月份发生交易性金融资产公允价值低于其账面价值10 000元的公允价值变动业务，编制会计分录如下：

借：公允价值变动损益　　　　　　　　　　　　　　　10 000
　　贷：交易性金融资产——公允价值变动　　　　　　　　　10 000

珠江实业股份有限公司201×年12月份的公允价值变动损益为-10 000元。

（九）投资收益的核算

1. 投资收益的账务处理

投资收益是指企业根据长期股权投资准则确认的投资收益或投资损失，取得、持有、出售交易性金融资产和指定为以公允价值计量且其变动计入当期损益的金融资产实现的损益，承担、出售交易性金融负债和指定为以公允价值计量且其变动计入当期损益的金融负债实现的损益，持有、出售可供出售金融资产实现的损益，持有、出售持有至到期投资实现的损益等。投资收益大于投资损失的差额为投资净收益；反之为投资净损失。企业发生的投资收益，应设置"投资收益"科目核算，并在"投资收益"科目中按具体投资项目进行明细核算。

2. 投资收益核算举例

【例14-19】 珠江实业股份有限公司201×年12月份发生以下投资业务，编制会计分录如下：

(1) 用支票10 000元购入债券，初始确认为持有至到期投资。

借：持有至到期投资	10 000
贷：银行存款	10 000

(2) 将上述债券到期全部出售，收取价款9 500元，存入银行。

借：银行存款	9 500
投资收益	500
贷：持有至到期投资	10 000

(3) 确认结转当月国库券利息收入1 500元。

借：持有至到期投资	1 500
贷：投资收益	1 500

珠江实业股份有限公司201×年12月份投资净收益为1 000元（1 500-500）。

（十）营业外收支净额的核算

1. 营业外收支净额的账务处理

营业外收支净额指营业外收入与营业外支出的差额。营业外收入是指企业在经营活动以外取得的收入，具体包括固定资产出售净收益，以及罚没利得、政府补助利得、确实无法支付的应付账款和盘盈利得等。企业取得营业外收入时，应借记有关科目，贷记"营业外收入"科目。营业外支出是指企业在经营活动以外发生的支出，包括固定资产盘亏、毁损、报废和出售的净损失，以及非常损失、公益性捐赠支出、赔偿金和违约金支出、盘亏损失等。企业发生营业外支出时，应借记"营业外支出"科目，贷记有关科目。

2. 营业外收支净额核算举例

【例14-20】 珠江实业股份有限公司201×年12月按规定转销固定资产盘盈5 000元，据此资料，编制会计分录如下：

借：以前年度损益调整	5 000
贷：利润分配——未分配利润	5 000

【例14-21】 珠江实业股份有限公司201×年12月对外进行非公益性捐赠2 500元，据此资料，编制会计分录如下：

借：营业外支出	2 500
贷：银行存款	2 500

珠江实业股份有限公司201×年12月份营业外收支净额为2 500元。

（十一）利润总额形成的核算

1. 利润总额形成的账务处理

利润总额是指企业在交纳所得税之前实现的利润。企业应设置"本年利润"科目，核算企业本年度实现的利润（或亏损）。年度终了时，企业应将各收益类科目的余额转入本科目贷方,将各费用、支出类科目的余额转入本科目借方。结转以后,"本年利润"科目余额如在借方,则表示企业发生的亏损总额,余额如在贷方,则反映企业本年度累计实现的利润总额。

2. 利润总额形成核算举例

【例14-22】根据例14-1~例14-21资料,珠江实业股份有限公司201×年12月31日,将本月实现的营业收入和发生的营业费用转入"本年利润"科目。据此编制会计分录。

(1) 将营业收入转入"本年利润"科目时:

借:主营业务收入	6 085 137
其他业务收入	60 000
投资收益	1 000
贷:本年利润	6 146 137

(2) 将营业费用转入"本年利润"科目时:

借:本年利润	4 964 750
贷:主营业务成本	4 881 000
其他业务成本	33 500
营业税金及附加	3 200
销售费用	10 750
管理费用	20 200
财务费用	700
资产减值损失	2 900
公允价值变动损益	10 000
营业外支出	2 500

珠江实业股份有限公司201×年12月份形成利润总额为1 181 387元(6 146 137 - 4 964 750)。

第三节 所得税费用

我国所得税会计采用了资产负债表债务法,要求企业从资产负债表出发,通过比较资产负债表上列示的资产、负债,按照会计准则规定确定的账面价值与按照税法规定确定的计税基础,对于两者之间的差异分别应纳税暂时性差异与可抵扣暂时性差异,确认相关的递延所得税负债与递延所得税资产,并在此基础上确定每一会计期间利润表中的所得税费用。

一、当期所得税

当期所得税费用是指按照税法规定计算确定的针对当期发生的交易和事项,应交纳给税务部门的所得税金额,即当期应交所得税。由于企业会计税前利润与应纳税所得额的计算口径、计算时间可能不一致，因而两者之间可能存在差异。

例如，企业购买国债取得的利息收入，在会计核算中作为投资收益计入了会计税前利润；而所得税法规定国债利息收入免征所得税，不计入应纳税所得额。企业应从会计税前利润中扣除上述差异，计算应纳所得税额。

又如，超过所得税法规定的计税工资标准以及业务招待费标准的支出等，在会计核算中作为费用抵减了会计税前利润，但所得税法不允许将其在税前扣除。企业应在会计税前利润的基础上，补加上述差异，计算应纳税所得额。

再如，企业确认的公允价值变动损益等，在会计核算中已调整了税前会计利润，但所得税法规定不计入应纳税所得额。企业应在会计税前利润的基础上，调整上述差异，计算应纳税所得额。

总之，企业在确定当期应交所得税时，对于当期发生的交易或事项，会计处理与税法处理不同的，应在会计利润的基础上，按照适用税收法规的规定进行调整，计算出当期应纳税所得额，按照应纳税所得额与适用所得税税率计算确定当期应交所得税。

企业按照税法规定计算确定的当期应交所得税，借记"所得税费用——当期所得税费用"科目，贷记"应交税费——应交所得税"科目。

【例14-23】 前述珠江实业股份有限公司201×年12月份的应纳税所得额和应交所得税计算如下（假定所得税税率为25%，为简化举例，假定税法不允许在所得税前抵扣所有资产减值损失）。

会计税前利润	1 181 387 元
减：国债利息收入	1 500 元
加：非公益性捐赠支出	2 500 元
资产减值损失	2 900 元
减：公允价值变动收益	10 000 元
应纳税所得额	1 175 287 元

应交所得税 = 1 175 287 × 25% = 293 821.75（元）

编制会计分录如下：

借：所得税费用——当期所得税费用　　　　　　　293 821.75
　　贷：应交税费——应交所得税　　　　　　　　　　　293 821.75

二、递延所得税

递延所得税费用是指由于暂时性差异的发生或转回而确认的所得税费用，它是递延所得税负债与递延所得税资产的差额。

（一）资产、负债的计税基础

1. 资产的计税基础

资产的计税基础是指企业收回资产账面价值过程中，按照税法规定计算应纳税所得额时可以自应税经济利益中抵扣的金额，即某一项资产在未来期间计税时按照税法规定可以税前扣除的金额。

资产在某一资产负债表日的计税基础 = 资产成本 - 以前期间已税前列支的金额

通常情况下，资产在取得时其入账价值（账面价值）与其计税基础是相同的。但由于在后续计量过程中因《企业会计准则》规定与税法规定不同，使得资产的账面价值与计税基础之间产生了暂时性差异。如固定资产、无形资产等长期资产在某一资产负债表日的计税基础是指其成本扣除按照税法规定已在以前期间税前扣除的累计折旧额或累计摊销额后的金额。

例如，固定资产折旧与减值准备的计提。假设某项设备的原价为 1 000 万元，使用年限为 10 年，会计处理时按直线法计提折旧，税法处理时按双倍余额递减法计算税前扣除折旧费用，净残值为 0。在使用 2 年后的会计期末，企业对该项设备计提了 80 万元的固定资产减值准备。则在该会计期末，该项设备的账面价值为 1 000 − 100 − 100 − 80 = 720（万元），计税基础为 1 000 − 200 − 160 = 640（万元），两者之间的暂时性差异为 80 万元。

2. 负债的计税基础

负债的计税基础是指负债的账面价值减去未来期间按照税法规定计算应纳税所得额时可予抵扣的金额。

负债的计税基础 = 负债的账面价值 − 未来可税前列支的金额

通常情况下，短期借款、应付票据、应付账款、其他应付款等负债的确认和偿还，不会对当期损益和应纳税所得额产生影响，因此其计税基础即为账面价值。但在某些情况下，对自费用中提取的负债的确认可能会影响损益，并影响不同期间的应纳税所得额，使其计税基础与账面价值之间产生差额。

例如，企业因或有事项确认的预计负债。《企业会计准则》规定对于预计负债，在满足确认条件时，按照履行现时义务所需支出的最佳估计数确认。假定企业因产品售后服务确认了 100 万元预计负债，计入当期损益。按照税法规定，与预计负债相关的费用，视相关交易事项的具体情况，一般在实际发生时准予税前扣除，因此该项预计负债的计税基础为 0。这就是说，在期末资产负债表中，该项预计负债的账面价值为 100 万元，计税基础为 0，两者之间的暂时性差异为 100 万元。

(二) 暂时性差异

暂时性差异是指资产、负债的账面价值与其计税基础不同产生的差额。未作为资产和负债确认的项目，按照所得税法规定可以确定其计税基础的，该计税基础与其账面价值之间的差额也属于暂时性差异。例如，对企业附有销售退回条件的商品销售尚未确认的收入，按税法规定，应当计缴所得税，这就是说，虽然企业没有将应收的款项确认为一项资产，但仍产生了暂时性差异。

按照暂时性差异对未来期间应税金额的影响，可将暂时性差异分为应纳税暂时性差异和可抵扣暂时性差异。

应纳税暂时性差异是指在确定未来收回资产或清偿负债期间的应纳税所得额时，将导致产生应纳税金额的暂时性差异。具体来说。资产的账面价值大于其计税基础或者负债的账面价值小于其计税基础，将产生应纳税暂时性差异。

【例 14 − 24】珠江实业股份有限公司 201 × 年 1 月 1 日购入股票，实际支付价款为 10 000 元，确认为交易性金融资产；12 月 31 日，该股票的公允价值为 13 000 元，确认公允价值变动损益3 000元。

201×年12月31日，该交易性金融资产的计税基础仍为10 000元，账面价值为13 000元，两者之间的差异为3 000元。由于在未来期间出售该股票时只能按照10 000元在所得税前抵扣，因此，这3 000元差异属于应纳税暂时性差异。

可抵扣暂时性差异是指在确定未来收回资产或清偿债务期间的应纳税所得额时，将导致产生可抵扣金额的暂时性差异。具体来说，资产的账面价值小于其计税基础或者负债的账面价值大于其计税基础，将产生可抵扣暂时性差异。

【例14－25】珠江实业股份有限公司201×年1月1日购入一台固定资产，原值为60 000元，假定无预计净残值，税法规定采用直线法计提折旧，折旧年限为5年；该公司采用直线法计提折旧，折旧年限为3年。

201×年1月1日，该固定资产的账面价值为60 000元，计税基础也为60 000元，无差异。201×年，按照税法规定应计提折旧12 000元，年末计税基础为48 000元；该公司实际计提折旧20 000元，年末账面价值为40 000元；两者之间的差额为8 000元。由于该固定资产在未来期间可以按照48 000元在所得税前抵扣，比该固定资产的账面价值多8 000元，因此这8 000元差异属于可抵扣暂时性差异。

由上可知，资产的账面价值大于其计税基础或者负债的账面价值小于其计税基础的，产生应纳税暂时性差异；资产的账面价值小于其计税基础或者负债的账面价值大于其计税基础的，产生可抵扣暂时性差异。

按照税法规定允许抵减以后年度利润的可抵扣亏损，也视同可抵扣暂时性差异。

企业在取得资产、负债时，应当确定其计税基础，并在资产负债表日，根据资产的账面价值和计税基础的变化情况，重新计算资产、负债的账面价值和计税基础的期末数。如果资产、负债的账面价值与其计税基础的期末数存在差异的，应当按《企业会计准则》的规定，分别认定为应纳税暂时性差异和可抵扣暂时性差异。

(三) 递延所得税资产与递延所得税负债

递延所得税资产是指按照可抵扣暂时性差异和现行税率计算确定的资产，其性质属于预付的税款，在未来期间抵扣应纳税款。期末递延所得税资产大于期初递延所得税资产的差额，应确认为递延所得税收益，冲减所得税费用，借记"递延所得税资产"科目，贷记"所得税费用"科目；反之，则应冲减递延所得税资产，并作为递延所得税费用处理，借记"所得税费用"科目，贷记"递延所得税资产"科目。该科目期末借方余额反映企业已确认的递延所得税资产的余额。

递延所得税负债是指按照应纳税暂时性差异和现行税率计算确定的负债，其性质属于应付的税款，在未来期间转为应纳税款。期末递延所得税负债大于期初递延所得税负债的差额，应确认为递延所得税费用，借记"所得税费用"科目，贷记"递延所得税负债"科目；反之，则应冲减递延所得税负债，并作为递延所得税收益处理，借记"递延所得税负债"科目，贷记"所得税费用"科目。该科目期末贷方余额反映企业已确认的递延所得税负债的余额。

【例14－26】珠江实业股份有限公司201×年12月31日资产负债表中有关项目及其计税基础如表14－2所示：

表14-2 单位：元

项目	账面价值（期末）	计税基础	暂时性差异	
			应纳税暂时性差异	可抵扣暂时性差异
固定资产	40 000	48 000		8 000
交易性金融资产	13 000	10 000	3 000	
合计			3 000	8 000

假定除上述项目外，该公司其他资产、负债的账面价值与其计税基础不存在差异，则该企业12月份发生的递延所得税资产、递延所得税负债、递延所得税费用如下（现行税率25%）：

递延所得税资产 = 8 000 × 25% = 2 000（元）

递延所得税负债 = 3 000 × 25% = 750（元）

递延所得税费用 = 750 - 2 000 = -1 250（元）（收益）

编制相关会计分录如下：

借：递延所得税资产　　　　　　　　　　　　　　　2 000
　　贷：所得税费用——递延所得税费用　　　　　　　　　2 000
借：所得税费用——递延所得税费用　　　　　　　　　 750
　　贷：递延所得税负债　　　　　　　　　　　　　　　　 750

上述表明，该公司201×年12月份递延所得税收益为1 250元（750-2 000）。结合例14-23，珠江实业股份有限公司12月份所得税费用为292 571.75元（293 821.75-1 250）。

三、所得税费用

企业某一会计期间的所得税费用（或收益），即当期利润表中的所得税费用（或收益），由按税法规定计算的当期所得税费用（即当期应交所得税）和递延所得税费用（或收益）两部分组成。即利润表中应予确认的所得税费用为两者之和，即：所得税费用 = 当期所得税 + 递延所得税。其中递延所得税费用等于因确认递延所得税负债而产生的所得税费用减去因确认递延所得税资产而产生的所得税费用，差额为负数的，为递延所得税收益。

显然，所得税费用（或收益）计算的关键在于递延所得税费用（或收益）的计算，而递延所得税费用（或收益）计算的关键在于确定资产、负债的计税基础，资产、负债的计税基础一经确定，即可计算暂时性差异并在此基础上确认、计算递延所得税资产、递延所得税负债以及递延所得税费用。

企业应设置"所得税费用"科目核算企业根据所得税准则确认的应从当期利润总额中扣除的所得税费用，并按照"当期所得税费用"、"递延所得税费用"进行明细核算。期末，应将该科目的余额转入"本年利润"科目，借记"本年利润"科目，贷记"所得税费用（当期所得税费用、递延所得税费用）"科目，结转后本科目应无余额。

第四节 净利润及其分配

一、净利润的概念

1. 净利润的账务处理

净利润是指企业的税前利润（即利润总额）扣除所得税费用后的利润净额（即余额）。

净利润通过"本年利润"科目进行核算。净利润可以在每月月末结转一次，也可以在年末结转。期末，企业将所得税费用结转到"本年利润"科目时，借记"本年利润"科目，贷记"所得税费用"科目。通过"本年利润"科目计算出净利润（即用税前的利润总额扣除所得税）。企业按上述步骤计算出"本年利润"余额后，若"本年利润"科目为借方余额，则借记"利润分配——未分配利润"科目，贷记"本年利润"科目；若"本年利润"科目为贷方余额，则借记"本年利润"科目，贷记"利润分配——未分配利润"科目。结转后，"本年利润"科目应无余额。

2. 净利润核算举例

【例 14-27】珠江实业股份有限公司 201×年 12 月 31 日，结转本月所得税费用 282 321.75 元至"本年利润"科目。据此资料，编制会计分录如下：

借：本年利润　　　　　　　　　　　　　　　292 571.75
　　贷：所得税费用　　　　　　　　　　　　　　292 571.75

结合例 14-22，珠江实业股份有限公司 201×年 12 月份净利润为 888 815.30 元（1 181 387-292 571.75）。

二、利润分配的核算

1. 利润分配的数额及程序

企业利润分配的数额是当期实现净利润，加上年初未分配利润（或减去年初未弥补亏损）后的余额，即可供分配的利润。一般按下列顺序进行分配：

（1）提取法定盈余公积。这是指企业根据有关资料的规定，按照净利润的 10% 提取盈余公积。法定盈余公积累计金额超过企业注册资本的 50% 以上时，可以不再提取。

（2）提取任意盈余公积。这是指企业按照股东大会决议提取的盈余公积。

（3）应付现金股利或利润。这是指企业按照利润分配方案分配给股东的现金股利，也包括非股份有限公司分配给投资者的利润。

（4）转作股本的股利。这是指企业按照利润分配方案以分派股票股利的形式转作股本的股利，也包括非股份有限公司以利润转赠的资本。

2. 利润分配核算的科目设置及账务处理

企业应当设置"利润分配"科目，用来核算利润的分配（或亏损的弥补）情况，以及历年积存的未分配利润（或未弥补亏损）。借方登记由"本年利润"科目转入的亏损数、利润分配数，贷方登记由"本年利润"科目转入的可供分配的利润数或已弥补的亏损数，期末贷方余额反映历年尚未分配的利润（或未弥补亏损）。企业应设置"提取法定盈余公积"、"提取任意盈余公积"、"应付股利"、"盈余公积补亏"、"未分配利润"等明细科目进行明细核算。

企业按有关法律规定提取的法定盈余公积时，借记"利润分配——提取法定盈余公积"科目，贷记"盈余公积——法定盈余公积"；按股东大会决议提取任意公积时，借记"利润分配——提取任意盈余公积"科目，贷记"盈余公积——任意盈余公积"科目；按股东大会或类似机构决议分配给股东的现金股利，借记"利润分配——应付现金股利或利润"科目，贷记"应付股利或利润"科目；按股东大会决议分配给股东的股票股利，在办理转增资本后，借记"利润分配——转作股本的股利"科目，贷记"股本"科目，如有差额，贷记"资本公积——股本溢价"科目。企业用盈余公积弥补亏损时，借记"盈余公积——法定盈余公积或任意盈余公积"科目，贷记"利润分配——盈余公积补亏"科目。年度终了，企业应将"利润分配"科目所有其他明细科目余额转入"未分配利润"明细科目。结转后，除"未分配利润"明细科目外，其他明细科目无余额。

3. 利润分配核算举例

【例14-28】珠江实业股份有限公司201×年12月份的净利润为888 815.30元，以前年度未发生亏损，按当月净利润的10%提取法定盈余公积88 881.53元，按当月净利润的5%提取任意盈余公积44 440.77元。据以上资料，编制会计分录如下：

借：利润分配——提取法定盈余公积　　　　　　　　88 881.53
　　　　　　——提取任意盈余公积　　　　　　　　44 440.77
　贷：盈余公积——法定盈余公积　　　　　　　　　88 881.53
　　　　　　——任意盈余公积　　　　　　　　　　44 440.77

【例14-29】201×年12月，珠江实业股份有限公司按股东大会决议分配给股东现金股利300 000元，据此资料，编制会计分录如下：

借：利润分配——应付现金股利　　　　　　　　　　300 000
　贷：应付股利　　　　　　　　　　　　　　　　　300 000

【例14-30】珠江实业股份有限公司201×年12月31日，"本年利润"科目净利润2 000 000元，"利润分配——提取法定盈余公积"借方发生额为830 000元，"利润分配——提取任意盈余公积"借方发生额415 000元，"利润分配——应付现金股利或利润"借方发生额为500 000元。据此资料，进行年终结转，编制会计分录如下：

(1) 结转本年利润时：

借：本年利润　　　　　　　　　　　　　　　　　　2 000 000
　贷：利润分配——未分配利润　　　　　　　　　　2 000 000

(2) 结转本年利润分配时：

借：利润分配——未分配利润　　　　　　　　　　　1 745 000
　贷：利润分配——提取法定盈余公积　　　　　　　830 000
　　　　　　——提取任意盈余公积　　　　　　　　415 000
　　　　　　——应付现金股利　　　　　　　　　　500 000

将上述分录登记"利润分配——未分配利润"科目如表14-3所示。

表14-3　　　　　　　　　利润分配——未分配利润　　　　　　　　　单位：元

（2）利润分配转入	1 745 000	年初余额	200 000
		（1）本年利润转入	2 000 000
本期发生额	1 745 000	本期发生额	2 000 000
		年末余额	455 000

第十五章 财务会计报告

第一节 财务会计报告概述

一、财务会计报告的作用

财务会计报告是指企业对外提供的某一特定日期财务状况和某一会计期间经营成果以及现金流量的文件。编制财务会计报告是为了满足各利益相关者对财务信息的要求,为其进行经济决策提供依据。

财务会计报告的作用具体包括如下几个方面:

1. 向投资者提供企业经营状况及盈利能力的信息

企业的投资者可以根据财务会计报告提供的资料,了解企业的财务状况和经营成果,以便正确地判断投资风险与投资前景,从而作出扩大投资或收回投资的决策。

2. 向债权人提供企业偿债能力的会计信息

企业的债权人可以根据财务会计报告的资料,了解企业的信用基础、偿债能力,以便作出对企业的信用决策。

3. 向财政、税务等政府部门提供企业的经营业绩和遵守国家有关法规情况的会计信息

政府各部门通过审查企业财务会计报告,了解企业对国家有关政策的执行情况。同时将企业财务会计报告逐级汇总,为国家提供全面、综合的会计信息,以便作出正确的决策。

4. 向内部职工提供企业获利能力、支付能力的会计信息

企业内部职工利用财务会计报告提供的资料,了解企业的盈利情况和稳定性,从而评估企业可能提供的劳动报酬、福利待遇和就业机会的能力,以便作出继续提供服务还是调离的决策。

不同的使用者对会计信息的要求不完全相同,他们需要的资料也不可能全部由财务会计报告来提供,财务会计报告只能针对各使用者共同的要求而制定。

二、财务会计报告的种类

企业财务会计报告是对企业财务状况、经营成果、现金流量的结构性表述,至少应包括:资产负债表、利润表、现金流量表、所有者权益(或股东权益,下同)变动表及附注。财务会计报告的各个组成部分是互相联系的,它们从不同角度说明企业的财务状况、经营成果和现金流量等情况。按照不同标准(角度),企业的财务报表可以

划分为以下种类：

(一) 按反映经济活动的状态划分，分为静态报表和动态报表

(1) 静态报表是综合反映企业资产、负债、所有者权益时点资料的报表，如资产负债表。

(2) 动态报表是综合反映企业财务活动在一定时期内变动情况资料的报表，如利润表、现金流量表、所有者权益变动表。

(二) 按报送时间划分，分为月报、季报、半年报和年报

(1) 月报是每月度终了时编制的报表，如资产负债表、利润表；

(2) 季报是季度终了时编制的报表；

(3) 半年报是每个会计年度的前6个月结束后编制的报表；

(4) 年报是年度终了时编制的报表，全部报表在年度终了时均应上报。

月报和季报要求简明扼要，及时反映；年报要求揭示完整，反映全面；半年报在会计信息的详细程度方面，介于月报和年报之间。

(三) 按编制单位及报送范围划分，分为基层报表、汇总报表和合并报表

(1) 基层报表是每一个独立核算的企业根据自身核算资料编制的报表，本章介绍的财务报表即属基层报表。

(2) 汇总报表是由企业主管部门或上级机关，根据所属单位报送的财务报表，连同本单位财务报表汇总编制的综合性报表。

(3) 合并报表是以控股合并方式拥有和控制另一企业时编制的，包括被控公司在内的整个集团的报表。

财务报表附注是为帮助使用者理解财务报表的内容，而对报表有关项目所作的解释和说明。它是财务报表不可缺少的组成部分。

三、财务会计报告的编制要求

企业编制财务会计报告，应当根据真实的交易、事项以及完整、准确的账簿记录等资料，并按照国家统一的会计准则及会计制度规定的基础、编制依据、编制原则和方法，以提高财务会计报告的质量，发挥其应有的作用。

(一) 持续经营为基础

根据实际发生的交易和事项，按照《企业会计准则——基本准则》和其他各项会计准则的规定进行确认和计量，在此基础上编制财务报表。

以持续经营为基础编制财务报表不再合理的，企业应当采用其他基础编制财务报表，并在附注中披露这一事实。

(二) 一致性

财务报表项目的列报应当在各个会计期间保持一致，不得随意变更。但下列情况除外：

(1) 会计准则要求改变财务报表项目的列报。

(2) 企业经营业务的性质发生重大变化后，变更财务报表项目的列报能够提供更可靠、更相关的会计信息。

(三) 重要性

重要性是指财务报表某项目的省略或错报会影响使用者据此作出经济决策的，该项目具有重要性。重要性应当根据企业所处环境，从项目的性质和金额大小两方面予以判断。

性质或功能不同的项目，应当在财务报表中单独列报，但不具有重要性的项目除外。性质或功能类似的项目，其所属类别具有重要性的，应当按其类别在财务报表中单独列示。

(四) 完整性

财务报表中的资产项目和负债项目的金额以及收入项目和费用项目的金额不得相互抵销，但其他会计准则另有规定的除外。需要注意的是，资产项目按扣除减值准备后的净额列示不属于抵销；非日常活动产生的损益，以收入扣减费用后的净额列示不属于抵销。

(五) 可比性

当期财务报表的列报，至少应当提供所有列报项目上一可比会计期间的比较数据，以及与理解当期财务报表相关的说明，但其他会计准则另有规定的除外。

根据会计准则的规定，财务报表项目的列报发生变更的，应当对上期比较数据按照当期的列报要求进行调整，并在附注中披露调整的原因和性质，以及调整的各项目金额。对上期比较数据进行调整不切实可行的，应当在附注中披露不能调整的原因。不切实可行是指企业在作出所有合理努力后仍然无法采用某项规定。

(六) 披露

企业应当在财务报表的显著位置至少披露下列各项内容：
(1) 编报企业的名称；
(2) 资产负债表日或财务报表涵盖的会计期间；
(3) 人民币金额单位；
(4) 财务报表是合并财务报表的，应当予以说明。

四、财务会计报告的编报程序

(一) 编制财务会计报告前的准备工作

企业在编制年度财务会计报告前，应当全面清查资产、核实债务。此外，还应进行账证、账账核对，检查会计处理是否符合会计准则、会计制度的规定。

(二) 财务会计报告的审查验证

为了发挥注册会计师的社会监督作用，维护投资者和债权人的合法权益，要求每个企业必须按照制度规定编制财务报表。任何组织或者个人不得授意、指使、强令企业编制和对外提供虚假的或者隐瞒重要事实的财务会计报告。

企业的财务会计报告必须经过独立于企业的机构进行检查和验证并出具查证报告，以证实报告提供信息的公正、真实、合法。为保证企业财务会计报告的真实性，国家规定注册会计师在审查企业财务会计报告时，应根据《中华人民共和国公司法》、《中华人民共和国注册会计师条例》、《中国注册会计师执业准则》、《注册会计师检查验证会计报表规则》、《企业会计准则第 30 号——财务报表列报》、《企业会计准则第 31 号——现金流量表》、《企业会计制度》等法律法规进行检查验证，并对所出具的审计报告负责。

（三）财务会计报告的报送与公布

企业应当依照法律、行政法规和国家统一的会计规范中有关财务会计报告提供期限的规定，及时对外提供财务会计报告。月度中期财务会计报告应当于月度终了后 6 天内（节假日顺延，下同）对外提供；季度中期财务会计报告应当于季度终了后 15 天内对外提供；半年度中期财务会计报告应当于年度中期结束后 60 天内（相当于两个连续的月份）对外提供；年度财务会计报告应当于年度终了后 4 个月内对外提供。

《公司法》规定，有限责任公司按照公司章程规定的期限将财务会计报告送交各股东，股份有限公司的财务会计报告应当在召开股东大会年会的 20 日以前制备于本公司，供股东查阅。上市公司必须按照法律、行政法规的规定，定期公开其财务状况和经营成果，在每个会计年度内按季公布一次财务会计报告。

第二节　资产负债表

一、资产负债表的性质和结构

资产负债表是总括反映企业在某一特定日期（月末、季末、半年末、年末）全部资产、负债和所有者权益构成情况的报表。由于它反映的是某一时点企业的财务状况，所以又称为静态会计报表。

资产负债表是根据资产、负债和所有者权益之间的恒等关系，按照一定的分类标准和排列顺序把企业在一定日期记录在册的资产、负债和所有者权益的各个项目的大量数据进行浓缩整理后编制而成的。会计等式"资产＝负债＋所有者权益"是编制资产负债表的理论依据。

目前，国际上普遍采用的资产负债表格式主要有账户式和报告式两种。我国企业的资产负债表采用账户式结构。

账户式资产负债表的基本结构分为左、右两方，每一方的项目自上而下垂直排列。左方列示资产项目，流动性大的资产排在上面，流动性小的资产排在下面；右方列示负债和所有者权益项目，一般按权益者对企业求偿权的先后顺序排列：流动负债在上面、长期负债在中间、所有者权益项目在下面。左右两方分别有"报表项目名称"、"年初数"、"期末数"三栏。资产负债表一般由表首、正表和补充资料、表尾四部分构成。

(1) 表首部分。资产负债表的表首部分需列明报表的名称、编制单位、编表日期、报表编号和货币单位。

(2) 正表部分。正表部分是资产负债表的主体和核心,其左方为资产,右方为负债和所有者权益。

①资产类项目。一般按照其流动性强弱依次排列,包括流动资产和非流动资产两大项。每一大项又按其流动性强弱分为若干具体项目依次排列。例如,第一大项中各项目排列顺序为货币资金、交易性金融资产、应收票据、应收账款、应收股利、其他应收款、存货等。第二大项包括可供出售金融资产、各类长期投资、长期应收款、固定资产、生产性生物资产、油气资产、无形资产、长期待摊费用、递延所得税资产等。

②负债类项目。一般按照负债偿还期长短,将负债分为流动负债和非流动负债两大类。偿还期在1年内(含1年)的为流动负债,超过1年的为非流动负债。偿还期短的负债排列在前,偿还期长的负债排列在后。流动负债包括短期借款、应付票据、应付账款、应付职工薪酬、应交税费、应付利息、应付股利、其他应付款等。非流动负债包括长期借款、应付债券、长期应付款等。

③所有者权益项目。它包括实收资本(或股本)、资本公积、盈余公积和未分配利润等项目。

(3) 补充资料部分。补充资料部分是对正表内容的补充说明。例如,为了使报告使用者更明确企业资产的现状,需在正表后补充说明已贴现的商业承兑汇票、融资租入固定资产原值等。

(4) 表尾部分。表尾部分列示企业单位主管、会计主管、审核、制表等责任人,以明确责任。

账户式资产负债表的具体结构及填制如表15-1所示。

表15-1 资产负债表(账户式) 会企01表

编制单位:广东白云股份有限公司　　　201×年12月31日　　　单位:元

资产	年初余额	期末余额	负债和所有者权益(或股东权益)	年初余额	期末余额
流动资产:			流动负债:		
货币资金	1 809 100	1 242 167	短期借款	500 000	300 000
交易性金融资产	26 800	28 800	应付票据	250 000	100 000
应收票据	80 000	0	应付账款	760 000	675 000
应收账款	392 000	429 940	预收账款	12 000	24 000
预付账款	65 000	0	应付职工薪酬	51 000	51 000
应收股利	0	0	应交税费	40 800	120 917
应收利息	0	0	应付利息	0	0
其他应收款	4 500	4 500	应付股利	0	81 145
存货	468 200	599 910	其他应付款	65 000	65 000
一年内到期非流动资产	0	0	一年内到期非流动负债	850 000	400 000

表15-1(续)

资产	年初余额	期末余额	负债和所有者权益（或股东权益）	年初余额	期末余额
其他流动资产	0	0	其他流动负债	0	0
流动资产合计	2 845 600	2 368 317	流动负债总计	2 528 800	1 817 062
非流动资产：			非流动负债：		
持有至到期投资	0	0	长期借款	950 000	1 220 500
长期股权投资	295 500	295 500	应付债券	0	0
长期应收款	0	0	长期应付款	0	0
固定资产	2 309 000	3 305 400	专项应付款	0	0
在建工程	1 600 000	670 000	预计负债	0	0
工程物资	0	152 100	递延所得税负债	8 000	17 900
固定资产清理	0	0	其他非流动负债	0	0
无形资产	960 000	880 000	非流动负债合计	958 000	1 238 400
研发支出	0	20 000	负债合计	3 486 800	3 055 462
商誉	0	0	所有者权益(或股东权益)：		
长期待摊费用	150 000	100 000	实收资本（或股本）	4 200 000	4 200 000
递延所得税资产	0	0	资本公积	233 300	233 300
其他非流动资产	0	0	减：库存款	0	0
非流动资产合计	5 314 500	5 423 000	盈余公积	150 000	171 555
			未分配利润	90 000	131 000
			所有者权益（或股东权益）合计	4 673 300	4 735 855
资产总计	8 160 100	7 791 317	负债和所有者权益（或股东权益）合计	8 160 100	7 791 317

单位主管： 会计主管： 审核： 制表：

二、资产负债表的编制方法

资产负债表的编制大致分为三个阶段。第一阶段是准备阶段。即认真做好编报前的各项准备工作，包括财产清查、对账、结账等，以保证填列在表中的各项金额正确无误。第二阶段是编表阶段。就是根据企业会计准则应用指南的有关规定，认真计算并填列表内各项金额。第三阶段是复核阶段。这一阶段的主要工作是请有关领导或会计主管人员审核，并签名盖章。下面重点介绍编表阶段的内容。

（一）"年初余额"各项目的数据来源及填列方法

资产负债表中各项目分为"年初余额"和"期末余额"两类。"年初余额"栏内各项数字，应根据上年末资产负债表"期末余额"栏内所列数字直接填列。如果本年度资产负债表规定的各个项目的名称和内容同上年度不一致，应对上年度末资产负债表的各个项目的名称和数字按照本年度的规定进行调整，填入本表"年初余额"栏内。

(二)"期末余额"各项目的数据来源及填列方法

这是编制当期资产负债表的主要环节。资产负债表各项目的"期末余额"，应根据有关总分类账户及明细分类账户的期末余额直接填列或分析、计算填列，大多数项目是根据总分类账户余额直接填列的。资产负债表项目的填列方法，具体可归纳为以下几种类型。

1. 直接根据总分类账户期末余额填列

某些项目的含义和口径与有关总分类账户是完全一致的，可直接根据这类总分类账户的期末余额填列。例如，根据"交易性金融资产"、"应收票据"、"应收利息"、"应收股利"、"其他应收款"、"固定资产清理"、"短期借款"、"长期借款"、"应付票据"、"应付职工薪酬"、"应交税费"、"应付股利"、"应付利息"、"其他应付款"、"实收资本"、"资本公积"、"盈余公积"等账户的期末余额可以直接填列。

2. 根据总分类账户期末余额计算填列

表中有些项目反映的经济内容概括了若干个总分类账户所反映的经济内容，则应根据若干个总分类账户的期末余额计算填列。例如，"货币资金"项目应根据"库存现金"、"银行存款"、"其他货币资金"科目的期末余额合计数填列；又如，"存货"项目应根据"材料采购"、"原材料"、"材料成本差异"、"包装物及低值易耗品"、"库存商品"、"委托加工物资"、"生产成本"等科目的期末余额的合计数，减去"存货跌价准备"科目期末余额后的计算金额填列；"固定资产"项目应按减去相应的"累计折旧"科目期末余额计算填列；再如，"未分配利润"项目应根据"本年利润"科目的期末余额与"利润分配"科目的期末余额的合计数填列，年终根据"利润分配"科目余额直接填列。

3. 根据若干明细分类账户期末余额计算填列

表中有些项目反映的经济内容是在有关总分类账户所属的明细分类账户上分别反映的，则应根据有关总分类账户所属明细分类账户的期末余额分析计算填列。例如，"应收账款"项目应根据"应收账款"、"预收账款"总账科目所属明细科目的借方余额之和计算填列；"预付账款"项目应根据"预付账款"、"应付账款"总账科目所属明细科目的借方余额之和计算填列；"应付账款"项目应根据"应付账款"、"预付账款"总账科目所属明细科目的贷方余额之和计算填列；"预收账款"项目应根据"预收账款"、"应收账款"总账科目所属明细科目的贷方余额之和计算填列。

4. 根据总账科目或明细科目余额分析填列

例如，"1年内到期的非流动资产"项目应根据"持有至到期投资"、"长期应收款"科目所属明细科目余额中将于1年内到期的数额之和计算填列；"持有至到期投资"、"长期应收款"项目应根据"持有至到期投资"、"长期应收款"总账科目余额扣除1年内到期的长期债券投资的数额填列；"1年内到期的非流动负债"项目应根据"长期借款"、"应付债券"、"长期应付款"总账科目所属明细科目余额中将于1年内到期的数额之和计算填列；"长期借款"、"应付债券"、"长期应付款"等项目应分别根据"长期借款"、"应付债券"、"长期应付款"等总账科目余额扣除1年内到期的数额填列。

三、资产负债表编制举例

【例15-1】 广东白云股份有限公司将其201×年12月31日总账和明细账中有关资产、负债和所有者权益的科目余额,根据"资产=负债+所有者权益"的会计等式试算平衡后,编制账户余额表,见表15-2。并依此填列201×年12月31日资产负债表有关项目的期末余额,详见表15-1。

表15-2　　　　　　　　　　　　　科目余额表
　　　　　　　　　　　　　　　　201×年12月31日　　　　　　　　　　　　　　单位:元

科目名称	借方余额	科目名称	贷方余额
库存现金	3 100	短期借贷	300 000
银行存款	1 217 067	应付票据	100 000
其他货币资金	22 000	应付账款	675 000
交易性金融资金	28 800	其他应付款	65 000
应收票据	0	应付职工薪酬	51 000
应收账款	503 000	应付股利	81 145
坏账准备	-10 060	应交税费	120 917
预付账款	0	预收账款	24 000
其他应收款	4 500	长期借贷	1 620 500
材料采购	280 000	1年内到期的非流动负债	400 000
原材料	33 000	递延所得税负债	17 900
包装物	10 000	股本	4 200 000
低值易耗品	10 000	资本公积	233 300
库存商品	283 600	盈余公积	171 555
材料成本差异	1 000	利润分配(未分配利润)	131 000
存货跌价准备	-17 690		
长期股权投资	300 000		
长期股权投资减值准备	-4 500		
固定资产	3 625 400		
累计折旧	-235 000		
固定资产减值准备	-85 000		
工程物资	152 100		
在建工程	670 000		
无形资产	1 200 000		
累计摊销	-320 000		
研发支出	20 000		
长期待摊费用	100 000		
合计	7 791 317	合计	7 791 317

第三节 利润表

一、利润表的性质和结构

利润表又称损益表，是反映企业在一定时期经营成果的报表。企业在一定时期内的经营成果应由当期营业收入和费用按收入实现原则和收入费用配比原则计算出来。利润表反映企业在一定时期内净利润的形成或经营亏损的发生过程。

利润表的结构也有账户式和报告式两种。我国会计实务采用分步报告式（多步式）的利润表。

多步式利润表是按一定顺序，将经营中的收入（收益）、成本（费用）垂直排列，并将利润计算过程分为以下三个步骤：

第一步：计算营业利润。

营业利润 = 营业收入 − 营业成本 − 营业税金及附加 − 销售费用 − 管理费用 − 财务费用 − 资产减值损失 + 公允价值变动收益 + 投资收益

（营业收入 = 主营业务收入 + 其他业务收入；营业成本 = 主营业务成本 + 其他业务成本）

第二步：计算利润总额。

利润总额 = 营业利润 + 营业外收入 − 营业外支出

第三步：计算净利润。

净利润 = 利润总额 − 所得税费用

多步式利润表根据上述计算步骤，采用上下加减的结构。利润表有项目、本期金额、上期金额三栏。年度利润表上"本期金额"应为本年实际数，"上期金额"应为上年实际数。如果编制月份利润表，"本期金额"应为本月数，"上期金额"为上年同期数。

利润表也由表首、正表、补充资料、表尾四个部分组成。多步式利润表具体结构如表 15 − 4 所示。

二、利润表编制方法及举例

利润表编制主要有以下两个步骤：

第一步：根据上年度利润表"本期金额"栏内所列各项数字填入本年度利润表"上期金额"栏内。如果上年度利润表规定的各个项目的名称和内容同本年度不相一致，应对上年度各个项目的名称和数字按本年度的规定进行调整。

第二步：根据损益类期末账户发生额数据填入利润表中的相应项目，即可计算出本年度的营业利润、利润总额及净利润。

【例15-2】广东白云股份有限公司编制201×年利润表资料如表15-3所示。

表15-3　　　　　　　　　损益类账户本年发生额表　　　　　　　　单位：元

账户名称	借方余额	账户名称	贷方余额
主营业务成本	890 000	主营业务收入	1 460 000
其他业务成本	10 000	其他业务收入	40 000
营业税金及附加	21 250	公允价值变动损益	2 000
销售费用	28 000	投资收益	40 000
管理费用	224 700	营业外收入	0
财务费用	34 500		
资产减值损失	38 250		
营业外支出	70 000		
所得税费用	59 600		

根据上述资料编制利润表（见表15-4）：

表15-4　　　　　　　　　利润表（多步式）　　　　　　　　　　会企02表
编制单位：广东白云股份有限公司　　　　201×年度　　　　　　　　　单位：元

项目	本期金额	上期金额
一、营业收入	1 500 000	1 200 000
减：营业成本	900 000	750 000
营业税金及附加	21 250	18 000
销售费用	28 000	25 000
管理费用	224 700	191 000
财务费用	34 500	50 000
资产减值损失	38 250	25 000
加：公允价值变动收益	2 000	1 000
投资收益	40 000	50 000
二、营业利润	273 300	192 000
加：营业外收入		30 000
减：营业外支出	70 000	65 000
三、利润总额	203 300	157 000
减：所得税费用	59 600	48 000
四、净利润	165 700	109 000
五、每股收益		
（一）基本每股收益	（略）	（略）
（二）稀释每股收益	（略）	（略）

股票公开上市的公司还要在净利润下列示普通股每股收益的数据，以便报表使用者评价企业的获利能力。

采用多步式利润表，便于同类型企业之间的比较，也便于前后各期利润表上相应项目之间的比较，更有利于预测企业今后的盈利能力。

第四节 现金流量表

一、现金流量表的性质和作用

现金流量表是反映企业在一定会计期间内有关现金和现金等价物的流入和流出情况的会计报表。

现金是指企业库存现金以及可以随时用于支付的存款，如活期及到期的银行存款、外埠存款、银行汇票、银行本票、信用卡存款等。不能随时用于支付的存款不属于现金。但提前通知银行便可支取的定期存款也属现金。

现金等价物是指企业持有的期限短、流动性强、易于转换为已知金额现金、价值变动很小的投资。现金等价物通常包括 3 个月到期的股票、债券等短期投资。权益性投资变现的金额通常不确定，因而不属于现金等价物。企业应当根据具体情况，确定现金等价物的范围，一经确定不得随意变更。

现金流量是指现金和现金等价物的流入和流出。现金流量表的主要作用表现在以下几个方面：

（1）反映一定时期内企业现金及现金等价物的来龙去脉。这些信息是资产负债表和利润表不能提供的。

（2）有助于评价企业的支付能力、偿债能力和产生净现金流量的能力。例如，一个企业在一定时期内的净资产较高，账面利润也比较丰厚，但应收账款过大，坏账隐患严重，存货积压较多，企业净现金流量其实并不充裕，其真正的支付能力和偿债能力并不大。报表使用者若只看资产负债表及利润表提供的会计信息，很可能会被误导。

（3）有利于预测企业未来的发展情况，分析企业资金流动是否合理。

（4）有利于与国际会计惯例协调，对于我国企业开展跨国经营、境外筹资、加强国际经济合作有积极的作用。

二、现金流量表的编制

（一）现金流量的分类

现金流量表将企业一定时期的现金流量分为三类：

（1）经营活动产生的现金流量。经营活动是指企业投资活动和筹资活动以外的所有交易和事项。

（2）投资活动产生的现金流量。投资活动是指企业长期资产的购建和不包括在现金及现金等价物范围内的投资及其处置活动。

（3）筹资活动产生的现金流量。筹资活动是指导致企业资本及债务规模和构成发生变化的活动。

（二）经营活动现金流量的列报方法

我国《企业会计准则》规定，我国企业现金流量表采用直接法报告。同时，要求在附注中按间接法将净利润调节为经营活动现金流量的信息。

直接法是通过现金流入和支出的主要项目，直接反映企业经营活动的现金流量。一般是以利润表中主营业务收入为起算点，调整与经营活动有关的项目的增减变动，然后计算出经营活动产生的现金流量。

间接法是以本期净利润为起算点，调整不涉及现金的收入、费用、营业外收支以及有关项目的增减变动，据此计算出经营活动产生的现金流量。

（三）现金流量表的编制方法和程序

1. 工作底稿法

用工作底稿法编制现金流量表，就是以工作底稿为手段，以利润表和资产负债表数据为基础，对每一项目进行分析并编制调整分录，从而编制出现金流量表。在直接法下，整个工作底稿分纵向和横向两方。纵向分三段：资产负债表项目、利润表项目、现金流量表项目。横向分五栏：项目栏、期初数、调整分录的借方、调整分录的贷方、期末数。采用工作底稿法编制现金流量表的程序是：

（1）将资产负债表的期初数和期末数过入工作底稿的期初数栏和期末数栏，并将利润表的本期数过入工作底稿的期末数栏；

（2）对当期经济业务进行分析并编制调整分录；

（3）将调整分录过入工作底稿中的相应部分；

（4）核对调整分录，借贷合计应当相等，资产负债表项目期初数加减调整分录中的借贷金额以后，应当等于期末数；

（5）根据工作底稿的现金流量表项目，编制现金流量表。

2. T形账户法

用T形账户法，就是以T形账户为手段，以利润表和资产负债表数据为基础，对每一项目进行分析并编制调整分录，从而编制出现金流量。

（四）现金流量表补充资料的编制

现金流量表补充资料的信息主要有三部分：

（1）将净利润调整为经营活动的现金流量；

（2）不涉及现金收支的投资和筹资活动；

（3）现金及现金等价物的净变动情况。

现金流量表的补充资料也应根据有关账户记录加以调整，且"现金及现金等价物的净变动额"应与现金流量表正表中的该项目相符。

三、现金流量表编制举例

【例15-3】根据表15-1和表15-4提供的资料，在按直接法报告经营活动产生的现金流量的情况下，采用工作底稿法，可按以下步骤编制现金流量表：

第一步：将资产负债表各项目的期初数和期末数过入工作底稿的期初数栏和期末

数栏；将利润表各项目的本期数过入工作底稿的期末数栏（见表 15-5）。

第二步：对当期业务进行分析并编制调整分录。编制调整分录时，以利润表项目为基础，从"营业收入"开始，结合资产负债表项目逐一进行分析。本例调整分录如下：

(1) 分析调整营业收入。分析本期所确认的营业收入，对应哪些非现金项目。本例中对应应收账款、应收票据两个非现金项目。

①确定本期所确认的营业收入为 1 500 000 元，增值税销项税额为 255 000 元。

②由于并非全部为现金销售，营业收入与销项税额还对应非现金项目。本例中对应应收账款、应收票据项目，因而需要分析这两个非现金项目的变动（增加或减少数）。若本例中应收账款余额增加 103 000 元，应收票据余额减少 80 000 元。假设应收账款与应收票据的贷方发生额都对应有现金流入，则只需作如下分录（但实际情况不是这样，因而后面还需进一步调整）。

借：经营活动现金流量——销售商品收到的现金　　　　　1 732 000
　　应收账款　　　　　　　　　　　　　　　　　　　　　103 000
　贷：营业收入　　　　　　　　　　　　　　　　　　　　1 500 000
　　　应交税费——应交增值税（销项税额）　　　　　　　255 000
　　　应收票据　　　　　　　　　　　　　　　　　　　　80 000

(2) 分析调整营业成本。分析营业成本与购买商品支付的现金之间的关系，购买商品支付的现金还应包括支付的增值税进项税额。而实际上商品的购进不一定都是现金购买；购进商品也不一定都在本期销售，并构成销售商品成本。因此一家工业企业存货成本的增加除了购进存货之外，还有存货的加工成本与分摊成本，如工资、折旧费、摊销等。本笔分录只是作初步调整，即在营业成本的基础上，将应付票据的减少数、应付账款的减少数以及存货的增加数都暂且作为"购买商品支付的现金"。

借：营业成本　　　　　　　　　　　　　　　　　　　　　900 000
　　应交税费——应交增值税（进项税额）　　　　　　　　56 083
　　应付票据　　　　　　　　　　　　　　　　　　　　　150 000
　　应付账款　　　　　　　　　　　　　　　　　　　　　85 000
　　存货　　　　　　　　　　　　　　　　　　　　　　　142 900
　贷：经营活动现金流量——购买商品支付的现金　　　　　1 268 983
　　　预付账款　　　　　　　　　　　　　　　　　　　　65 000

(3) 调整本年营业税费。暂且将本期所确认的"营业税金及附加"作为"支付的各项税费"的现金流出，如有必要，后面再在此基础上进一步调整，确定"支付的各项税费"的准确金额。

借：营业税金及附加　　　　　　　　　　　　　　　　　　21 250
　贷：经营活动现金流量——支付的各项税费　　　　　　　21 250

(4) 计算销售费用付现。暂且将本期确认的销售费用都作为"支付的其他与经营活动有关的现金"，后面再在此基础上进一步调整。

借：销售费用　　　　　　　　　　　　　　　　　　　　　28 000
　贷：经营活动现金流量——支付的其他与经营活动有关的现金　　28 000

（5）调整本期确认的管理费用。暂且将本期确认的"管理费用"的发生额都作为"支付的其他与经营活动有关的现金"，后面再在此基础上进一步调整。

借：管理费用　　　　　　　　　　　　　　　　　　　　　　224 700
　　贷：经营活动现金流量——支付的其他与经营活动有关的现金　　224 700

（6）分析调整财务费用。按照我国现行会计准则与会计制度，企业在一定时期内所确认的财务费用与经营活动产生的现金流量无直接关系，但广东白云股份有限公司本年发生了 24 000 元的应收票据贴现息，它导致应收票据减少，并无相应的现金流入，而在调整分录（1）中，我们假定所有应收票据的减少都有现金流入，因而应在分录（1）的基础上进一步调整减少 24 000 元的"销售商品收到的现金"。

借：财务费用　　　　　　　　　　　　　　　　　　　　　　34 500
　　贷：经营活动现金流量——销售商品收到的现金　　　　　　24 000
　　　　长期借款　　　　　　　　　　　　　　　　　　　　10 500

（7）分析调整资产减值损失。资产减值损失的确认，不涉及现金流量。

借：资产减值损失　　　　　　　　　　　　　　　　　　　　38 250
　　贷：应收账款（坏账准备）　　　　　　　　　　　　　　7 060
　　　　存货（跌价准备）　　　　　　　　　　　　　　　11 190
　　　　固定资产（减值准备）　　　　　　　　　　　　　20 000

（8）分析调整公允价值变动收益。公允价值变动收益的确认，不涉及现金流量。

借：交易性金融资产　　　　　　　　　　　　　　　　　　　2 000
　　贷：公允价值变动收益　　　　　　　　　　　　　　　　2 000

（9）分析调整投资收益。在我国，"取得投资收益所收到的现金"属于投资活动产生的现金流量。

借：投资活动现金流量——取得投资收益所收到的现金　　　　40 000
　　贷：投资收益　　　　　　　　　　　　　　　　　　　　40 000

（10）分析调整营业外支出。广东白云股份有限公司本年确认的营业外支出 70 000 元，涉及处置固定资产损失 40 000 元，固定资产盘亏 30 000 元。处置固定资产有 40 000 元现金流入。

借：营业外支出　　　　　　　　　　　　　　　　　　　　　70 000
　　投资活动现金流量——处置固定资产收到的现金　　　　　400 000
　　固定资产（累计折旧）　　　　　　　　　　　　　　　　485 000
　　固定资产（减值准备）　　　　　　　　　　　　　　　　125 000
　　贷：固定资产（原价）　　　　　　　　　　　　　　　1 080 000

（11）分析调整所得税费用。所得税费用的确认，不涉及现金流量。

借：所得税费用　　　　　　　　　　　　　　　　　　　　　59 600
　　贷：递延所得税负债　　　　　　　　　　　　　　　　　9 900
　　　　应交税费　　　　　　　　　　　　　　　　　　　49 700

（12）分析调整坏账准备。本年发生坏账 5 000 元，冲减了应收账款与坏账准备，也就是说，该项应收账款的减少，并没有相应的现金流入，因而需要调整减少分录（1）所确定的"销售商品收到的现金"项目的金额。

  借：应收账款（坏账准备）   5 000
    贷：经营活动现金流量——销售商品收到的现金   5 000

（13）分析调整预收款项。因商品未交，现金已收。按会计准则规定，暂时不能记入"主营业务收入"账户，但实际已有现金流入企业，这是收到的与经营活动有关的现金，因而需要调整（增加）"经营活动产生的现金流量"金额。

  借：经营活动现金流量——收到的与经营活动有关的现金   24 000
    贷：预收账款   24 000

（14）分析调整固定资产。分录（10）在分析调整营业外支出时，已涉及固定资产减少的调整，此处调整固定资产的增加额。

  借：固定资产   1 606 400
    贷：投资活动现金流量——购建固定资产所支付的现金   106 400
      在建工程   1 500 000

（15）分析调整本期计提的折旧。本期计提折旧 120 000 元，其中 100 000 元计入了产品成本，它导致存货增加 100 000 元，但并没有任何现金流出，而分录（2）假设将所有存货的增加都列入"购买商品支付的现金"，故而应在分录（2）的基础上再调整该项折旧费用，调整减少"购买商品支付的现金"；另外 20 000 元计入了管理费用，由于前述分录（5）假设本期确认的全部管理费用都对应有现金流出，属于"支付的其他与经营活动有关的现金"，因而这 20 000 元折旧费应调整减少"支付的其他与经营活动有关的现金"。

  借：经营活动现金流量——购买商品支付的现金   100 000
         ——支付的其他与经营活动有关的现金   20 000
    贷：固定资产（累计折旧）   120 000

（16）分析调整在建工程和工程物资。"在建工程"本期有 150 万元转为固定资产，期末尚有 67 万元，故本期借方发生额为 57 万元，"工程物资"的本期增减变动额为 152 100 元，由此可确定与此相关的"购建固定资产支付的现金"。

  借：在建工程   570 000
    工程物资   152 100
    贷：投资活动现金流量——购建固定资产所支付的现金   562 100
     （其中有 410 000 元属于发给在建工程工人工资）
     长期借款——应付利息   160 000

（17）分析调整无形资产。本例中广东白云股份有限公司本期无购建或处置无形资产的业务，无这方面的现金流入或流出。本期无形资产摊销金额为 80 000 元，它增加了本期管理费用 80 000 元，但无相应的现金流出，而上述调整分录（5）假设本期确认的所有管理费用都对应有现金流出，并记作"支付的其他与经营活动有关的现金"，因而需要对分录（5）的初步调整作如下进一步的调整。

  借：经营活动现金流量——支付的其他与经营活动有关的现金   80 000
    贷：无形资产（累计摊销）   80 000

（18）分析调整研发支出。

  借：研发支出   200 000
    贷：投资活动的现金流量——支付的其他与投资活动有关的现金   200 000

(19) 分析调整长期待摊费用。

借：经营活动现金流量——购买商品支付的现金　　　　　50 000
　　贷：长期待摊费用　　　　　　　　　　　　　　　　　　　 50 000

(20) 分析调整短期借款。广东白云股份有限公司本期"短期借款"有 200 000 元的借方发生额，系该公司以现金偿还短期借款本金，属筹资活动的现金流出。

借：短期借款　　　　　　　　　　　　　　　　　　　　　200 000
　　贷：筹资活动现金流量——偿还债务所支付的现金　　　　　 200 000

(21) 分析调整应付职工薪酬。本期"应付职工薪酬"科目借方发生额为 1 037 000 元，其中支付给在建工程人员的工资 410 000 元，属于"投资活动的现金流量——购建固定资产所支付的现金"，调整分录 (16) 已作调整，其余 627 000 元属于"支付给职工以及为职工支付的现金"；其中，有 581 400 元计入了产品成本，它增加了存货，但与"购买商品支付的现金"无关，因而应在分录 (2) 的基础上调整减少"购买商品支付的现金" 581 400 元。计入管理费用的 45 000 元，则应在分录 (5) 的基础上调整减少"支付的其他与经营活动有关的现金"。

借：应付职工薪酬　　　　　　　　　　　　　　　　　　　627 000
　　贷：经营活动现金流量——支付给职工以及为职工支付的现金　 627 000
借：经营活动现金流量——购买商品支付的现金　　　　　 581 400
　　　　　　　　　　——支付给职工以及为职工支付的现金　 45 600
　　贷：应付职工薪酬　　　　　　　　　　　　　　　　　　　 627 000

(22) 分析调整应交税费。由于增值税的销项税额已于分录 (1) 调整，进项税额已通过分录 (2) 调整，本期确认的"营业税金及附加"已通过分录 (3) 调整，而且本期确认的"营业税金及附加"与实际交纳数一致，因而此处只需分析调整确定该公司实际上交税务机关的增值税与所得税。本期实际缴纳增值税 120 000 元，所得税 48 500 元。

借：应交税费　　　　　　　　　　　　　　　　　　　　　168 500
　　贷：经营活动现金流量——支付的各项税费（增值税）　　 120 000
　　　　　　　　　　　　——支付的各项税费（所得税）　　　 48 500

(23) 分析调整 1 年内到期的非流动负债。

借：1 年内到期的非流动负债　　　　　　　　　　　　　　850 000
　　贷：筹资活动现金流出——偿还债务所支付的现金　　　　　 850 000
借：长期借款　　　　　　　　　　　　　　　　　　　　　400 000
　　贷：1 年内到期的非流动负债　　　　　　　　　　　　　　 400 000

(24) 分析调整长期借款。

借：筹资活动现金流量——借款所收到的现金　　　　　　 500 000
　　贷：长期借款　　　　　　　　　　　　　　　　　　　　　 500 000

(25) 结转净利润。

借：净利润　　　　　　　　　　　　　　　　　　　　　　165 700
　　贷：未分配利润　　　　　　　　　　　　　　　　　　　　 165 700

(26) 提取盈余公积及分配股利。

借：未分配利润　　　　　　　　　　　　　　　　　　　　102 700

　　贷：盈余公积　　　　　　　　　　　　　　　　　　　　21 555

　　　　应付股利　　　　　　　　　　　　　　　　　　　　81 145

(27) 最后调整现金净变化额。

借：现金净减少额　　　　　　　　　　　　　　　　　　　566 933

　　贷：现金（货币资金）　　　　　　　　　　　　　　　　566 933

(28) 结转损益。

借：营业收入　　　　　　　　　　　　　　　　　　　　1 500 000

　　公允价值变动收益　　　　　　　　　　　　　　　　　　2 000

　　投资收益　　　　　　　　　　　　　　　　　　　　　 40 000

　　贷：营业成本　　　　　　　　　　　　　　　　　　　900 000

　　　　营业税金及附加　　　　　　　　　　　　　　　　　21 250

　　　　销售费用　　　　　　　　　　　　　　　　　　　　28 000

　　　　管理费用　　　　　　　　　　　　　　　　　　　224 700

　　　　财务费用　　　　　　　　　　　　　　　　　　　　34 500

　　　　资产减值损失　　　　　　　　　　　　　　　　　　38 250

　　　　营业外支出　　　　　　　　　　　　　　　　　　　70 000

　　　　所得税费用　　　　　　　　　　　　　　　　　　　59 600

　　　　净利润　　　　　　　　　　　　　　　　　　　　165 700

表 15-5　　　　　　　　　　　现金流量表工作底稿　　　　　　　　　　单位：元

项目	期初数	调整分录 借方	调整分录 贷方	期末数
一、资产负债表项目				
借方项目：				
货币资金	1 809 100		(27)566 933	1 242 167
交易性金融资产	268 00	(8)2 000		28 800
应收票据	80 000		(1)80 000	0
应收账款	392 000	(1)103 000 (12) 5 000	(7)7 060	492 940
预付账款	65 000		(2)65 000	0
其他应收款	4 500			4 500
存货	468 200	(2)142 900	(7)11 190	599 910
长期股权投资	295 500			295 500
固定资产	2 309 000	(10)485 000 (10)125 000 (14)1 606 400	(7)20 000 (10)1 080 000 (15)120 000	3 305 400
工程物资	0	(16)152 100		152 100
在建工程	1 600 000	(16)570 000	(14)1 500 000	670 000

表15-5(续)

项目	期初数	调整分录 借方	调整分录 贷方	期末数
无形资产	960 000		(17)80 000	880 000
研发支出	0	(18)20 000		20 000
长期待摊费用	150 000		(19)50 000	100 000
借方项目合计	8 160 100			7 791 317
				本期数
贷方项目:				
短期借款	500 000	(20)200 000		300 000
应付票据	250 000	(2)150 000		100 000
应付账款	760 000	(2)85 000		675 000
预收账款	12 000		(13)12 000	24 000
其他应付款	65 000			65 000
应付职工薪酬	51 000	(21)627 000	(21)627 000	51 000
应付股利	0		(26)81 145	81 145
应交税费	40 800	(2)56 083 (22)168 500	(1)255 000 (11)49 700	120 917
一年内到期的非流动负债	850 000	(23)850 000	(23)400 000	400 000
长期借款	950 000	(23)400 000	(6)10 500 (15)160 000 (24)500 000	1 220 500
递延所得税负债	8 000		(11)9 900	17 900
实收资本	4 200 000			4 200 000
资本公积	233 300			233 300
盈余公积	150 000		(26)21 555	171 555
未分配利润	68 000		(25)165 700	131 000
贷方项目合计	8 160 100	(26)1 027 00		7 791 317
				本期数
二、利润表项目				
营业收入			(1)1 500 000	1 500 000
营业成本		(2)900 000		900 000
营业税金及附加		(3)21 250		21 250
销售费用		(4)28 000		28 000
管理费用		(5)224 700		224 700
财务费用		(6)34 500		34 500
资产减值损失		(7)38 250		38 250
公允价值变动损益			(8)2 000	2 000
投资收益			(9)40 000	40 000
营业外收入				
营业外支出		(10)70 000		70 000

表15－5(续)

项目	期初数	调整分录 借方	调整分录 贷方	期末数
所得税费用		(11)59 600		59 600
净利润		(25)165 700		165 700
				本期数
三、现金流量表项目				
(一)经营活动产生的现金流量				
销售商品、提供劳务收到的现金		(1)1 732 000 (13)24 000	(6)24 000 (12)5 000	1 727 000
现金流入小计				1 727 000
购买商品、支付劳务收到的现金		(15)100 000 (19)50 000 (21)581 400	(2)1 268 983	537 583
支付给职工以及为职工支付的现金			(21)627 000	627 001
支付的各种税费			(3)21 250 (22)120 000 (22)48 500	189 750
支付的其他与营业活动有关的现金		(15)20 000 (17)80 000 (21)45 600	(4)28 000 (5)224 700	107 100
现金流出小计				1 461 433
经营活动产生的现金流量净额				265 567
(二)投资活动产生的现金流量				
收到投资所收到的现金				
取得投资收益所收到的现金		(9)40 000		
处置固定资产收到的现金净额		(10)400 000		400 000
现金流入小计				440 000
购建固定资产所支付的现金			(14)106 400 (16)562 100	668 500
支付其他与投资活动有关的现金			(18)20 000	20 000
现金流入小计				688 500
投资活动产生的现金流量净额				-248 500
(三)筹资活动产生的现金流量				
借款所收到的现金		(24)500 000		500 000
现金流入小计				500 000
偿还债务所支付的现金			(20)200 000 (23)850 000	1 050 000
现金流出小计				1 050 000
筹资活动产生的现金流量净额				-560 000
(四)现金及现金等价物净增加额		(27)566 933		566 933
调整分录借贷合计		11 532 616	11 532 616	

第三步：编制现金流量表（如表15-6所示）。

表15-6　　　　　　　　　　　现金流量表　　　　　　　　　　　会企03表
编制单位：广东白云股份有限公司　　　　　201×年度　　　　　　　　单位：元

项目	金额
一、经营活动产生的现金流量	
销售商品、提供劳务收到的现金	1 727 000
收到的税费返还	
收到的其他与经营活动有关的现金	
现金流入小计	1 727 000
购买商品、支付劳务收到的现金	537 583
支付给职工以及为职工支付的现金	627 000
支付的各种税费	189 750
支付的其他与营业活动有关的现金	107 100
现金流出小计	1 461 433
经营活动产生的现金流量净额	265 567
二、投资活动产生的现金流量	
收回投资所收到的现金	
取得投资收益所收到的现金	40 000
处置固定资产、无形资产和其他长期资产所支付的现金净额	400 000
收到的其他与经营活动有关的现金	
现金流入小计	440 000
购建固定资产、无形资产和其他长期资产所支付的现金	668 500
投资所支付的现金	
支付的其他与投资活动有关的现金	20 000
现金流出小计	688 500
投资活动产生的现金流量净额	-248 500
三、筹资活动产生的现金流量	
吸收投资所收到的现金	
借款所收到的现金	500 000
收到的其他与经营活动有关的现金	
现金流入小计	500 000
偿还债务所支付的现金	1 050 000
分配股利、利润或偿付利息所支付的现金	10 000
支付的其他与筹资活动有关的现金	
现金流出小计	1 060 000
筹资活动产生的现金流量净额	-560 000
四、汇率变动对现金的影响	
五、现金及现金等价物净增加额	-566 933

企业在采用直接法列报经营活动产生的现金流量的情况下，还应当采用间接法在现金流量表附注中披露将净利润调节为经营活动现金流量的信息（如表15-7所示）。

表15-7　　　　　　　　　将净利润调节为经营活动现金流量　　　　　　　　单位：元

补充资料	金额
1. 将净利润调节为经营活动现金流量	
净利润	165 700
加：计提的资产减值准备	38 250
固定资产折旧	120 000
无形资产摊销	80 000
长期待摊费用摊销	50 000
处置固定资产、无形资产和其他长期资产的损失（减：收益）	82 810
固定资产报废损失	
公允价值变动损失（减：收益）	-2 000
财务费用	34 500
投资损失（减：收益）	-40 000
递延所得税资产减少	
递延所得税负债增加	9 900
存货的减少（减：增加）	-131 710
经营性应收项目的减少（减：增加）	13 000
经营性应收项目的减少（减：减少）	-154 883
其他	
经营活动产生的现金流量净额	265 567
2. 不涉及现金收支的投资和筹资	
债务转为资本	
1年内到期的可转换公司债券	
融资租入固定资产	
3. 现金及现金等价物净增加情况	
现金的期末余额	1 242 167
减：现金的期初余额	1 809 100
加：现金等价物的期末余额	
减：现金等价物的期初余额	
现金及现金等价物净增加额	-566 933

第五节 所有者权益变动表

一、所有者权益变动表的性质与内容

所有者权益（股东权益）变动表是反映构成所有者权益的各个组成部分当期的增减变动情况的报表。报表应列示属于所有者权益的净利润以及直接计入所有者权益的利得和损失。直接计入所有者权益的利得和损失包括：可供出售的金融资产公允价值变动净额、权益法下被投资单位其他所有者权益变动的影响、与计入所有者项目有关的所得税的影响等。

所有者权益变动表至少应当列示下列项目的信息：①净利润；②直接计入所有者权益的利得和损失项目及其总额；③会计政策变更和差错更正的累积影响金额；④所有者投入资本和向所有者分配利润；⑤按规定提取盈余公积；⑥实收资本（股本）、资本公积、盈余公积、未分配利润的期初和期末余额及其调节情况。

所有者权益变动表的主要作用是让投资人（股东）和其他报表使用者了解企业所有者权益增减变动的原因。

二、所有者权益变动表的编制

所有者权益变动表的编制程序如下：①将上年年末资产负债表中所有者权益各项目的金额填入所有者权益变动表中的相应栏目；②将本年度利润表中的净利润数在所有者权益变动表上列示；③将本年度发生的所有者权益的利得和损失、资本（股本）增减数、利润分配数在所有者权益变动表上的相应项目中列示；④根据以上资料，计算分析填列本年度所有者权益各项目增减变动金额及合计数。

仍以广东白云股份有限公司201×年年末的资料为例，其201×年度所有者权益变动表如表15-8所示。

表15-8　　　　　　　　　所有者权益权（股东权益）变动表　　　　　　　　　会企04表
编制单位：广东白云股份有限公司　　　　　201×年度　　　　　　　　　　　单位：元

项　目	本年金额						上年金额					
	实收资本（或股本）	资本公积	减:库存股	盈余公积	未分配利润	所有者权益合计	实收资本（或股本）	资本公积	减:库存股	盈余公积	未分配利润	所有者权益合计
一、上年年末余额	4 200 000	233 300		150 000	90 000	4 673 300						
1. 会计政策变更												
2. 前期差错更正												
二、本年年初余额	4 200 000	233 000		150 000	90 000	467 300						
三、本年增减变动金额（减少以"-"号填列）				21 555	90 000	84 555						
（一）净利润					165 700	165 700						
（二）直接计入所有者权益的利得和损失												
1. 可供出售金融资产公允价值变动净额												

表15-8(续)

项目	本年金额						上年金额					
	实收资本（或股本）	资本公积	减:库存股	盈余公积	未分配利润	所有者权益合计	实收资本（或股本）	资本公积	减:库存股	盈余公积	未分配利润	所有者权益合计
2. 权益法下被投资单位其他所有者权益变动的影响												
3. 与计入所有者权益项目相关的所得税影响												
4. 其他												
小计												
(三) 所有者投入和减少资本												
1. 所有者投入资本												
2. 股份支付计入所有者权益的金额												
3. 其他												
(四) 利润分配					-102 700	-81 145						
1. 提取盈余公积				21 555	-21 555							
2. 对所有者（或股东）的分配					-81 145	-81 145						
(五) 所有者权益内部结转												
1. 资本公积转增资本												
2. 盈余公积转增资本												
3. 盈余公积弥补亏损												
4. 其他												
四、本年年末余额	4 200 000	233 300		171 555	153 000	4 757 855	略	略	略	略	略	略

第六节 财务报表附注

一、财务报表附注的作用

财务报告的核心是财务报表，但随着经济环境的复杂化以及人们对相关信息要求的不断提高，表外信息在整个财务报告系统中的地位日益突出，已成为使用者正确理解报表数据和判断报表信息计量不可或缺的部分。财务报表附注是表外信息的一种主要的揭示方式。编制和披露财务报表附注是提高财务报告的整体水平和层次的一种重要手段，是充分披露原则的体现。

财务报表附注是财务报表的重要组成部分，是对资产负债表、利润表和所有者权益变动表等报表中列示项目的文字描述或明细资料以及对未能在这些报表中列示项目的说明。它旨在帮助报表使用者能透彻地理解财务报表的内容，了解企业的基本情况和对企业具有重要影响的财务事项等重要信息。它是对报表内容的补充说明和合理延伸，可以弥补表内揭示信息固有的局限性，并丰富报表的信息含量，对增进会计信息的可理解性、提高会计信息的相关性、可比性，从而保障会计信息质量具有重要的作用。

必须指出，报表附注不能用来取代报表内容所确认的事实，也不能用来修正表内文字说明或数字描述上的错误。

二、财务报表附注披露的主要内容

按照《企业会计准则第30号——财务会计列表》，一般企业报表附注披露的内容包括如下：

1. 企业的基本情况

（略）

2. 财务报表的编制基础

财务报表的编制应当以持续经营为基础。在编制财务报表时，企业的管理层应对企业的持续经营能力进行评估，若因某些事项的高度不确定性对持续经营能力产生重大怀疑时，应当在附注中披露导致对持续经营能力产生重大怀疑的影响因素；处于非持续经营状态下的企业，财务报表的编制则应当采用其他基础，在附注中应当对未以持续经营为基础作出声明，并披露原因及所采用的编制基础。

3. 遵循《企业会计准则》的声明

企业在附注中应当声明编制的财务报表符合企业会计准则的要求，真实、完整地反映了企业的财务状况、经营成果和现金流量等有关信息。

4. 重要会计政策和会计估计的说明

会计政策是指企业在会计核算时所遵循的具体原则以及企业所采纳的具体会计处理方法。企业在附注中应当披露重要的会计政策及其确定的依据等。重要的会计政策包括：收入确认的具体原则、资产期末计价的方法、长期股权投资的核算方法、所得税的核算方法、借款费用的处理方法等。

会计估计是指企业对结果不确定的交易或事项以最近可利用的信息为基础所作的判断。企业在附注中应当披露重要的会计估计以及会计估计中所采用的关键假设和不确定的因素。重要的会计估计包括：坏账准备的计提比例、固定资产预计可收回金额等。

5. 会计政策和会计估计变更以及差错更正的说明

企业应当按照相关会计准则的规定，披露会计政策和会计估计变更以及差错更正的有关情况。主要包括重要会计政策变更的内容、理由及变更的影响数等；会计估计变更的内容、理由及变更的影响数等；重大会计差错的内容及更正金额。

6. 报表重要项目的说明

这部分内容是对在财务报表中被高度概括、浓缩的项目作具体的分解、解释或补充。企业对报表重要项目的说明，应当按照资产负债表、利润表、现金流量表、所有者权益变动表及其项目列示的顺序，采用文字和数字描述相结合的方式进行披露。

7. 或有事项的说明

或有事项是指过去的交易或者事项形成的，其结果须由某些未来事项的发生或不发生才能决定的不确定事项。企业应当按照相关会计准则的规定，披露与或有事项有关的预计负债和或有负债的情况。

8. 资产负债表日后事项的说明

资产负债表日后事项是指资产负债表日至财务报告批准报出日之间发生的有利或不利事项，包括调整事项和非调整事项。调整事项是指对资产负债表日已经存在的情况提供了新的进一步证据的事项。企业对发生的资产负债表日后调整事项，应当依据新的证据调整资产负债表日的财务报表。非调整事项是指资产负债表日后发生情况的事项。为了提供更多有用的会计信息，企业在附注中应当披露重要的资产负债表日后非调整事项，包括性质、内容，及其对企业财务状况和经营成果的影响；应当披露资产负债表日后，企业利润分配方案中拟分配的以及审议批准宣告发放的股利或利润。

9. 关联方关系及其交易的说明

企业应当披露有关其母公司和子公司、合营企业和联营企业基本情况的信息。企业与关联方发生交易的，应分别说明各关联方关系的性质、交易类型及交易要素，如交易的金额、未结算项目的金额、定价政策等。

10. 需要说明的其他事项

需要说明的其他事项，例如，企业用于担保或其他原因造成所有权受到限制的资产及其账面价值；被投资单位向投资企业转移资金的能力受到限制的具体情况；对于期末逾期借款、应披露贷款单位、借款金额、逾期时间、年利润、逾期未偿还的原因和预期还款期；债务重组方式、确认的债务重组利得或损失总额；股份支付交易对当期财务状况和经营成果的影响等。

第十六章 财务报表分析

第一节 财务报表分析概述

一、财务分析的意义

财务分析是以企业财务报告反映的财务指标为主要依据,对企业的财务状况和经营成果进行分析、评价,并为进一步分析企业的发展趋势、经营前景提供重要的财务信息的一种方法。财务分析是进行财务管理的一种重要方法。财务分析提供的信息,不仅能说明企业目前的财务状况,更重要的是能为企业未来的财务决策和财务计划提供重要依据,它在财务管理环节中起着承上启下的重要作用。

企业的财务情况及经营成果,虽然反映在财务报告及其他有关资料上,但这些资料仅是对财务活动及其结果的浅层次的描述,未能揭示其本质特征和内在联系,所以有必要对这些资料进行分析研究,使它们转化为决策和管理更直接、更有用的相关信息。

对财务信息的使用者来说,做好财务分析工作具有以下重要意义。

(一) 财务分析为企业加强和改善内部管理提供依据

通过财务分析可以评价企业财务状况的好坏,揭示企业财务活动中存在的矛盾,总结财务管理工作的经验教训,从而采取措施,改善经营管理,挖掘潜力,实现企业的理财目标。另外,通过财务分析能够检查出企业内部各职能部门和单位对于分解落实的各项财务指标完成的情况,考核各职能部门和单位的业绩,以利于合理进行奖励,加强企业内部责任制。

(二) 财务分析为企业投资者、债权人和其他有关部门及人员的投资决策提供依据

通过财务分析可以为投资者、债权人和其他有关部门和人员提供正确、完整的财务分析资料,便于他们更加深入地了解企业的财务状况、经营成果和现金流量情况,为他们作出经济决策提供依据。同时,可以检查财务法规、制度的执行情况,促进企业正确处理各方面的财务关系,维护各方面的合法权益。

(三) 财务分析为政府经济管理部门实施宏观调控提供依据

政府经济管理部门,通过汇总企业的财务分析资料,掌握经济运行的情况和质量及存在的问题,据以制定经济政策和措施,管理和调控国民经济运行。

二、财务分析的内容

财务分析的不同主体出于不同的利益考虑，在对企业进行财务分析时有着各自不同的要求，使得他们的财务分析内容既有共性又有不同的侧重。

（一）企业的所有者

所有者或股东，作为投资人，必然高度关心其资本的保值和增值状况，即对企业投资的回报率极为关注。对于一般投资者来讲，更关心企业提高股息、红利的发放。而对于拥有企业控制权的投资者，考虑更多的是如何增强竞争实力，扩大市场占有率，降低财务风险和纳税支出，追求长期利益的持续、稳定增长。

（二）企业债权人

由于债权人不能参与企业剩余收益分配，因此债权人必须对其投资的安全性予以关注。债权人在进行企业财务分析时，最关心的是企业是否有足够的支付能力，以保证其债务本息能够及时、足额地得以偿还。

（三）企业经营决策者

为满足不同利益主体的需要，协调各方面的利益关系，企业经营者必须对财务的各个方面，包括营运能力、偿债能力、盈利能力及发展能力的全部信息予以详尽地了解和掌握，以及时发现问题，采取对策，规划和调整市场定位目标、策略，进一步挖掘潜力，为经济效益的持续稳定增长奠定基础。

（四）政府

政府兼具多重身份，既是宏观经济管理者，又是国有企业的所有者和重要的市场参与者，因此政府对企业财务分析的关注点因身份的不同而异。政府对国有企业投资的目的，除关注投资所产生的社会效应外，还必然对投资的经济效益予以考虑。在谋求资本保全的前提下，期望能够同时带来稳定增长的财政收入。因此，政府考核企业经营理财状况，不仅需要了解企业资金占用的使用效率，预测财政收入增长情况，有效地组织和调整社会资源的配置，而且还要借助财务分析，检查其是否存在违法违纪、浪费国家财产的问题，最后通过综合分析，对企业的发展后劲及对社会的贡献程度进行分析考察。

尽管不同利益主体进行财务分析有着各自的侧重点，但就企业总体来看，财务分析可归纳为 4 个方面：偿债能力分析、营运能力分析、盈利能力分析和发展能力分析。其中，偿债能力是财务目标实现的稳健保证；营运能力是财务目标实现的物质基础；盈利能力是前两者共同作用的结果，同时也对两者的增强起着推动作用；发展能力是企业壮大实力的潜在能力。四者相辅相成，共同构成企业财务分析的基本内容。

三、财务分析的分类

财务分析的种类很多，按照不同的标志，可以将财务分析分为以下几类。

（一）按分析的主体来划分

财务分析按分析的主体来划分，可以分为内部分析和外部分析。

内部分析是企业内部管理部门对本企业生产经营过程中的财务状况所进行的分析。这种财务分析不仅要利用财务会计所提供的会计资料，也要利用管理会计和其他方面所提供的经济资料，是对整个生产经营活动的全面分析。通过这种分析，可以了解企业的财务状况是否良好，生产经营活动是否有效率，存在什么问题，从而为今后的生产经营提供决策依据。

外部分析是企业外部的利益集团根据各自的要求对企业进行的财务分析。这种分析因各自的目的不同，分析的范围也不同。它可以是对企业某一方面进行局部的财务分析，也可以是对整个企业的各方面进行全面的财务分析。

（二）按财务分析的对象来划分

按财务分析的对象来划分，可以分为资产负债表分析、损益表分析和现金流量表分析。企业资产负债表分析是以资产负债表为对象进行的财务分析。通过资产负债表，可以分析企业资产的流动状况、负债水平、偿还债务能力、企业的经营风险等财务状况。

损益表分析是以损益表为对象进行的财务分析。在分析企业的盈利状况和经营成果时，必须从损益表中获取财务资料。而且分析企业的偿债能力也应结合损益表，因为一个企业的偿债能力同其获利能力是密切相关的。一般而言，获利能力强，偿还债务的能力也强。因此，现代财务分析的中心正逐渐由资产负债表转向损益表。

现金流量表分析是以现金流量表为对象进行的财务分析。通过对现金流量表的分析，可以了解到企业现金的流动状况和企业财务状况变动的全貌，可以有效地评价企业的偿付能力。

（三）按财务分析的方法来划分

按财务分析的方法来划分，可以分为比率分析法和比较分析法。

比率分析法是将财务报表中的相关项目进行对比，从而得出一系列财务比率，以此来揭示企业的财务状况。

比较分析法是将企业本期的财务状况同以前不同时期的财务状况进行对比，从而揭示出企业财务状况的变动趋势，这是纵向比较。也可以进行横向比较，即把本企业的财务状况与同行业的平均水平或其他企业进行对比，以了解本企业在同行业中所处的水平，以及财务状况中存在的问题。

（四）按财务分析的目的来划分

按财务分析的目的来划分，可分为偿债能力分析、获利能力分析、营运能力分析、发展趋势分析和综合分析等。

四、财务分析的程序

如前所述，财务分析无论是对企业的经营管理者来说，还是对投资者、债权人来说，都是至关重要的。那么如何才能使财务分析更有效呢？这就要遵循科学的程序。财务分析的程序就是进行财务分析的步骤，一般包括以下几个步骤。

(一) 确定财务分析的范围，收集有关资料

财务分析的范围取决于财务分析的目的。它可以是企业经营活动的某一方面，也可以是企业经营活动的全过程。如债权人一般只关心企业的偿债能力，因此他往往只对企业的偿债能力进行分析；而企业的经营管理者则要进行全面的财务分析。财务分析的范围一旦确定后，需要收集哪些资料也就确定了。

(二) 选择适当的分析方法进行对比，作出评价

常用的财务分析方法有比率分析法、比较分析法等，这些方法各有特点，如何选用，要视财务分析的目的和范围而定。一般情况下，局部财务分析可单独选用某一种方法；全面财务分析则应综合运用各种方法，以便进行对比，作出客观、全面的评价。

(三) 进行因素分析，抓住主要矛盾

通过财务分析，可以找出影响企业经营活动的各种因素，在诸多因素中，有企业外部因素，也有企业内部因素；有有利因素，也有不利因素。在对这些因素进行分析时，必须抓住影响企业生产经营活动的主要因素，采取有效措施，改善经营管理。

(四) 为经营决策提供依据

财务分析的最终目的是为经营决策提供依据。通过上述的比较分析，可以针对经营中存在的问题，提出各种改进方案，然后对比，从中选出最佳方案。

五、财务分析的基本方法

财务分析的方法一般可分为定量分析和定性分析。定量分析是指评价者采用科学的方法，对所收集的数据资料进行加工、计算等量化处理，从量上评价出企业的财务状况和经营成果；定性分析是指分析者运用所掌握的情况和资料，凭借其智慧和经验，对定量的结果解析和评价。财务分析过程，是定量分析和定性分析相结合的过程。财务分析的基本方法主要有以下几种：

(一) 比较分析法

比较分析法是通过对同一经济指标数值的比较，来揭示经济指标的数量关系和数量差异的一种方法。比较分析法的主要作用在于揭示财务活动中的数量关系和存在的差距，从中发现问题，为进一步分析原因、挖掘潜力指明方向。比较分析法是最基本的分析方法，其他分析法建立在比较分析法的基础之上。

(二) 比率分析法

比率分析法是指通过计算经济指标的比率来确定和分析经济活动变动程度的一种分析方法。

比率指标可以有不同的类型，主要有以下三种：

1. 构成比率

构成比率又称结构比率，用于计算部分占总体的比重，反映的是部分与总体的关系，如固定资产占总资产的比重、负债占总资产的比重等。利用构成比率指标，可以考察总体中某个部分的形成和安排是否合理，从而协调各项财务活动。

2. 效率比率

效率比例是用以计算某项经济活动中所费与所得的比例，反映的是投入与产出的关系，如销售利润率、成本费用利润率、总资产利润率等。利用效率比率指标，可以进行得失比较，从而考察经营成果，评价经济效益的水平。

3. 相关比率

相关比率是用以计算在部分与总体关系、投入与产出关系之外具有相关关系的指标的比率，反映的是有关经济活动之间的联系，如流动比率、速动比率、产权比率等。利用相关比率指标，可以考察有联系的相关业务安排得是否合理，以保障生产经营活动能够顺畅运行。

（三）趋势分析法

趋势分析法是将两期或连续数期财务报告中的相关指标或比率进行对比，求出它们增减变动的方向、数额和幅度的一种方法。采用这种方法，可以揭示企业财务状况和生产经营情况的变化，分析引起变化的主要原因、变动的性质，并预测企业未来的发展前景。

（四）因素分析法

因素分析法是依据分析指标与其影响因素的关系，从数量上确定各因素对分析指标影响方向和影响程度的一种方法。采用这种方法的出发点在于，当有若干因素对分析指标发生影响作用时，假定其他各个因素都无变化，按顺序确定每一个因素单独变化所产生的影响。

具体运用时，首先确定被分析指标受哪些因素的影响，并且把它们之间的关系列成算式；然后选用一定的计算方法，测算各因素对指标的影响程度。常用的计算方法有两种：连环替代法和差额分析法。

第二节 财务报表分析常用的财务比率

评价企业财务状况与经营成果的分析指标包括偿债能力分析指标、营运能力分析指标、盈利能力分析指标、发展能力分析指标。

现将后面举例时需要用到的广东白云股份有限公司的资产负债表（表16-1）和利润表（表16-2）列举如下：

表16-1　　　　　　　　　　　　　资产负债表
编制单位：广东白云股份有限公司　　　2012年12月31日　　　　　　　　单位：元

资产：	年初数	期末数	负债及所有者权益	年初数	期末数
流动资产：			流动负债：		
货币资金	50 000	75 000	短期借款	173 250	304 500
应收账款	425 000	375 000	应付账款	110 000	220 000
存货	42 250	385 000	流动负债合计	283 250	525 000

表16-1(续)

资产：	年初数	期末数	负债及所有者权益	年初数	期末数
流动资产合计	517 250	835 000	长期借款	300 000	375 000
固定资产原价	810 000	815 000	长期负债合计	300 000	375 000
减：累计折旧	—	—	负债合计	583 250	900 000
固定资产净值	810 000	815 000	所有者权益：		
			实收资本	225 000	225 000
			资本公积	270 000	272 500
			盈余公积	129 000	129 500
			未分配利润	120 000	123 000
			所有者权益合计	744 000	750 000
资产总计	1 327 250	1 650 000	负债及所有者权益总计	1 327 250	1 650 000

表16-2　　　　　　　　　　利润表
编制单位：广东白云股份有限公司　　　2012年度　　　　　　　　　　　单位：元

项　目	上年金额	本年金额
一、主营业务收入	1 800 000	1 904 400
减：主营业务成本	1 100 000	1 263 600
主营业务税金及附加	201 500	217 800
二、主营业务利润	498 500	423 000
减：管理费用	40 000	50 000
财务费用	50 000	60 000
三、营业利润	408 500	313 000
加：营业外收入	30 150	78 390
减：营业外支出	29 900	15 390
四、利润总额	408 750	376 000
减：所得税	102 187.5	94 000
五、净利润	306 562.5	282 000

一、偿债能力分析

偿债能力是指企业偿还到期债务本息的能力，它包括短期偿债能力和长期偿债能力。

（一）短期偿债能力分析

短期偿债能力是指企业流动资产对流动负债及时足额偿还的保证程度，是衡量企业当前财务能力，特别是流动资产变现能力的重要标志。

分析短期偿债能力的常用指标有流动比率、速动比率和现金比率。

1. 流动比率

流动比率是流动资产与流动负债的比率。它是衡量企业资产流动性的大小，判明企业短期债务偿还能力最通用的比率。用于评价企业流动资产在短期债务到期前，可以变为现金用于偿还流动负债的能力。其计算公式如下：

流动比率＝流动资产÷流动负债×100%

该比率表明企业每一元流动负债有多少流动资产作为其偿还的保障。一般认为，流动比率越高，反映企业短期偿债能力越强，企业财务风险越小，债权人的权益越有保障，安全程度越高。国际上通常认为，流动比率的下限为100%，而流动比率等于200%时较为恰当。它表明企业财务状况稳定可靠，除了满足日常生产经营的流动资金需要外，还有足够的财力偿付到期短期债务。

【例16-1】根据表16-1资料，该公司2012年的流动比率如下（计算结果保留两位小数，下同）：

年初流动比率：517 250÷283 250×100%＝183%

年末流动比率：835 000÷525 000×100%＝159%

该公司2012年年初和年末的流动比率均接近一般公认标准，反映该公司具有较强的短期偿债能力。

2. 速动比率

速动比率是企业速动资产与流动负债的比值，用于衡量企业流动资产中可以立即用于偿付流动负债的能力。

速动资产是流动资产减去变现能力较差项目，如不稳定的存货、预付账款、一年内到期的非流动资产和其他流动资产等之后的余额。由于剔除了存货等变现能力较弱且不稳定的资产，因此，速动比率较之流动比率能够更加准确、可靠地评价企业资产的流动性及其偿还短期负债的能力。其计算公式如下：

速动比率＝速动资产÷流动负债×100%

一般情况下，速动比率越高，表明企业偿还流动负债的能力越强。国际上通常认为，速动比率等于100%时较为适当。如果速动比率小于100%，必使企业面临很大的偿债风险；如果速动比率大于100%，尽管债务偿还的安全性很高，但却会因企业现金及应收账款资金占用过多而大大增加企业的机会成本。

【例16-2】根据表16-1资料，该公司2012年的速动比率如下：

年初速动比率：475 000÷283 250×100%＝168%

年末速动比率：450 000÷525 000×100%＝86%

该公司2012年年末的速动比率比年初降低了许多，但接近一般公认标准，反映该公司具有比较强的短期偿债能力，应加强应收账款的回收。

3. 现金比率

现金比率是现金类资产与流动负债的比率，它反映出企业直接偿付流动负债的能力。这里的现金类资产指广义的现金，包括现金和现金等价物，即货币资金和持有的易于变现的有价证券，如可随时出售的短期有价证券、可贴现和转让票据等。其计算公式如下：

现金比率＝现金类资产÷流动负债×100%

一般来说，现金比率在20%为好，表明企业经营活动产生的现金净流量较多，能够保障企业按时偿还到期债务。但也不是越大越好，现金比率太大则表示企业流动资金利用不充分，收益能力不强。因此，采用现金比率分析企业短期偿债能力时应与流动比率、速动比率结合起来。

【例16-3】根据表16-1资料，该公司2012年的现金比率如下：

年初现金比率：50 000÷283 250×100% = 18%

年末现金比率：75 000÷525 000×100% = 14%

该公司2012年年末的现金比率较年初降低了一些，但接近公认标准，反映该公司的短期偿债能力较强。

（二）长期偿债能力分析

长期偿债能力是指企业偿还长期负债的能力。反映企业长期偿债能力的财务指标主要有资产负债率、产权比率和已获利息倍数。

1. 资产负债率

资产负债率是指企业负债总额对资产总额的比率。它表明企业资产总额中，债权人提供资金所占的比重，以及企业资产对债权人权益的保障程度。其计算公式如下：

资产负债率 = 负债总额÷资产总额×100%

一般情况下，资产负债率越小，表明企业长期偿债能力越强。但是，也并非说该指标对谁都是越小越好。对债权人来说，该指标越小越好，这样企业偿债越有保证。对企业所有者来说，如果该指标较大，说明利用较少的自有资产投资形成了较多的生产经营用资产，不仅扩大了生产经营规模，而且在经营状况良好的情况下，还可以利用财务杠杆的原理，得到较多的投资利润，如果指标过小则表明企业对财务杠杆利用不够。但资产负债率过大，则表明企业的债务负担重，企业资金实力不强，不仅对债权人不利，而且企业有濒临倒闭的危险。一般认为，资产负债率的适宜水平在40%~60%。我国《公司法》规定，公司公开上市，其净资产与资产总额的比例必须在30%以上，即负债占资产总额的比例不得高于70%。

【例16-4】根据表16-1资料，该公司2012年的资产负债率如下：

年初资产负债率 = 583 250÷1 327 250×100% = 44%

年末资产负债率 = 900 000÷1 650 000×100% = 55%

该公司2012年年初和年末的资产负债率均在公认标准范围内，说明公司长期偿债能力较强，这样有助于增强债权人对向公司出借资金的信心。

2. 产权比率

产权比率是指负债总额与所有者权益总额的比率，是企业财务结构稳健与否的重要标志。它反映企业所有者权益对债权人权益的保障程度。其计算公式如下：

产权比率 = 负债总额÷所有者权益总额×100%

一般情况下，产权比率越高，企业所存在的风险也越大，长期偿债能力较弱，不管企业盈利情况如何，企业必须履行支付利息和偿还本金的义务和责任。产权比率越低，表明企业的长期偿债能力越强，债权人承担的风险越小，也就愿意向企业增加借款，但企业不能充分地发挥负债的财务杠杆效应。

一般认为，该指标1:1最理想，如果认为资产负债率应当在40%~60%，则意味着产权比率应当维持在70%~150%。

产权比率与资产负债率对评价偿债能力的作用基本相同，两者的主要区别是：资产负债率侧重于分析债务偿付安全性的物质保障程度；产权比率则侧重于揭示财务结构的稳健程度以及自有资金对偿债风险的承受能力。

【例16-5】根据表16-1资料，该公司2012年的产权比率如下：

年初产权比率 = 583 250 ÷ 744 000 × 100% = 78%

年末产权比率 = 900 000 ÷ 750 000 × 100% = 120%

该公司2012年年初和年末的产权比率较高，表明公司的长期偿债能力较强，债权人的保障程度较高。

3. 已获利息倍数

已获利息倍数又称利息保障倍数，是指企业息税前利润与利息费用的比率，用以衡量企业偿付借款利息的能力。其计算公式如下：

已获利息倍数 = 息税前利润 ÷ 利息费用 × 100%

公式中的分母"利息费用"是指本期发生的全部应付利息，不仅包括利润表中财务费用项目中的利息费用，还包括计入固定资产成本的资本化利息。资本化利息虽然不在利润表中扣除，但仍然是要偿还的。

公式中的"息税前利润"是指利润表中未扣除利息费用和所得税费用之前的利润。由于我国现行利润表中利息费用没有单列，而是混在财务费用之中，外部报表使用者只好用"利润额加财务费用"来估计。

一般情况下，已获利息倍数越高，表明企业长期偿债能力越强；相反，则表明企业没有足够资金来偿还债务利息，企业偿债能力越弱。国家利息费用保障倍数通常在3~6之间。不同行业的利息费用保障倍数也是有区别的，美国的食品加工业接近10，而工程类企业只有4，说明已获利息倍数与行业有关。

【例16-6】根据表16-2的资料，该公司2011年度、2012年度已获利息倍数如下：

2011年度的已获利息倍数 = (408 750 + 50 000) ÷ 50 000 = 9.18

2012年度的已获利息倍数 = (376 000 + 60 000) ÷ 60 000 × 100% = 7.27

从以上计算结果来看，该公司2011年度和2012年度的已获利息倍数都较高，说明有足够的付息能力。

二、营运能力分析

营运能力是指企业充分利用现有资源创造社会财富的能力，它可用来评价企业对拥有资源的利用程度和能力。其实质就是要以尽可能少的资产占用、尽可能短的时间周转，生产尽可能多的产品，创造尽可能多的销售收入。

由于企业财务状况稳定与否和获利能力强弱都与营运能力有密切关系。因此，营运能力分析能够用以评价一个企业的经营水平、管理水平，乃至预测企业的发展前景，对各个利益主体来说关系重大。

反映企业营运能力的财务指标主要有流动资产周转率、应收账款周转率、存货周转率、固定资产周转率、总资产周转率。

1. 流动资产周转率

流动资产周转率（次数）是指企业一定时期营业收入与流动资产平均余额的比率，是表示流动资产周转速度、用以评价企业全部流动资产利用效率的重要指标。用时间表示的流动资产周转率就是流动资产周转天数（周转期）。其计算公式如下：

流动资产周转率(次数) = 营业收入 ÷ 流动资产平均余额

流动资产平均余额 = (期初流动资产 + 期末流动资产) ÷ 2

流动资产周转天数(周转期) = 360 天 ÷ 流动资产周转率(次数)

流动资产周转率反映了企业流动资产的周转速度，它是从企业全部资产中流动性最强的流动资产角度对企业资产的利用效率进行的分析，以进一步揭示影响企业资产质量的主要因素。通常认为，正常经营情况下流动资产周转率越高（周转天数越少），反映流动资产周转速度越快，可相对节约流动资金，等于相对扩大资产投入，增强企业盈利能力；反之，流动资产周转速度缓慢，则需要补充新的流动资金参加周转，必然降低企业的盈利能力和偿债能力。

2. 应收账款周转率

应收账款周转率是一定时期内营业收入与平均应收账款余额的比率，或称应收账款周转次数。用时间表示的应收账款周转率就是应收账款周转天数，也称平均收现期，反映应收账款的变现速度。其计算公式如下：

应收账款周转率(次数) = 营业收入 ÷ 平均应收账款

应收账款周转天数 = 360 天 ÷ 应收账款周转率(次数)

平均应收账款 = (年初应收账款余额 + 年末应收账款余额) ÷ 2

其中，分子"营业收入"既包括可能收回的金额，也包括可能无法收回的金额；分母"平均应收账款"中的"应收账款"数额包括资产负债表中"应收账款"与"应收票据"等全部赊销应收款项，并应使用未扣除坏账准备的应收账款总额。

【例 16-7】根据表 16-1 和表 16-2 的资料，同时假定该公司 2010 年年末的应收账款余额为 360 000 元，2011 年度和 2012 年度应收账款周转率计算如表 16-3 所示。

表 16-3　　　　　　　　　　应收账款周转率计算表　　　　　　　　　　单位：元

项　目	2010 年	2011 年	2012 年
营业收入	——	1 800 000	1 904 400
应收账款年末余额	——	425 000	375 000
平均应收账款余额	360 000	392 500	400 000
应收账款周转率/次	——	4.59	4.76
应收账款周转天数/天	——	78.43	75.63

2011 年度平均应收账款余额 = (360 000 + 425 000) ÷ 2 = 392 500（元）

2011 年度应收账款周转率（次数） = 1 800 000 ÷ 392 500 = 4.59（次）

2011 年度应收账款周转天数 = 360 ÷ 4.59 = 78.43（天）

2012 年度平均应收账款余额 = (425 000 + 375 000) ÷ 2 = 400 000（元）

2012 年度应收账款周转率（次数）= 1 904 400 ÷ 400 000 = 4.76（次）

2012 年度应收账款周转天数 = 360 ÷ 4.76 = 75.63（天）

从以上计算可看出，2012 年度应收账款周转率比 2011 年度的应收账款周转率略有改善，但都较低，说明公司应加强应收账款的催收工作，缩短应收账款周转天数，加快应收账款的变现速度。

3. 存货周转率

存货周转率是一定时期营业成本与存货平均余额的比率，或称存货的周转次数。用时间表示的存货周转率称存货周转天数，用于衡量企业的销售能力和存货周转速度。其计算公式如下：

存货周转率(次数) = 营业成本 ÷ 存货平均余额

存货周转天数 = 360 天 ÷ 存货周转率(次数)

存货平均余额 = (期初存货 + 期末存货) ÷ 2

其中，存货是扣除了存货跌价准备后的净额。

一般来讲，存货周转率越高，表明企业存货周转速度越快，存货的占用水平越低，流动性越强，存货转换为现金或应收账款的速度越快。提高存货周转率可以提高企业的变现能力，而存货周转速度越慢，存货储存过多，占用资金多，有积压现象，则变现能力越差。

【例 16-8】根据表 16-1 和表 16-2 的资料，同时假定该公司 2010 年年末的存货余额为 21 000 元，该公司 2011 年度、2012 年度存货周转率计算如表 16-4 所示。

表 16-4　　　　　　　　　存货周转率计算表　　　　　　　　　单位：元

项　目	2010 年	2011 年	2012 年
营业成本	——	1 100 000	1 263 600
存货年末余额	21 000	42 250	385 000
平均存货余额	——	31 625	213 625
存货周转率/次		34.78	5.92
存货周转天数/天		10.35	60.81

2011 年度存货平均余额 = (21 000 + 42 250) ÷ 2 = 31 625（元）

2011 年度存货周转率(次数) = 1 100 000 ÷ 31 625 = 34.78（次）

2011 年度存货周转天数 = 360 ÷ 34.78 = 10.35（天）

2012 年度存货平均余额 = (42 250 + 385 000) ÷ 2 = 213 625（元）

2012 年度存货周转率(次数) = 1 263 600 ÷ 213 625 = 5.92（次）

2012 年度存货周转天数 = 360 ÷ 5.92 = 60.81（天）

从以上计算可看出，2012 年的存货周转次数比 2011 年度有所延缓，该公司 2012 年度的存货管理效率不如 2011 年度，其原因可能与 2012 年度存货较大幅度增长有关。

说明公司应加强存货的管理工作，缩短存货周转天数。

4. 固定资产周转率

固定资产周转率是指企业一定时期营业收入与平均固定资产的净值的比值，是衡量固定资产利用效率的一项指标。其计算公式如下：

固定资产周转率(次数) = 营业收入 ÷ 固定资产平均净值

固定资产周转天数 = 360 天 ÷ 固定资产周转率(次数)

固定资产平均净值 = (期初固定资产平均净值 + 期末固定资产平均净值) ÷ 2

需要说明的是，与固定资产有关的价值指标有固定资产原价、固定资产净值和固定资产净额等。其中，固定资产原价是指固定资产的历史成本。固定资产净值为固定资产原价扣除已计提的累计折旧后的金额。固定资产净额则是固定资产扣除已计提的累计折旧以及已计提的减值准备后的余额。

一般来说，固定资产周转率越高，表明企业固定资产利用充分，同时也能表明企业固定资产投资得当，固定资产结构合理，能够充分发挥效率，营运能力较强；反之，如果固定资产周转率不高，则表明固定资产使用效率不高，设备闲置没有充分利用，提供的生产成果不多，企业的营运能力不强。

【例16-9】根据表16-1和表16-2的资料，同时假定该公司2010年年末的固定资产净值为600 000元，该公司2011年度和2012年度固定资产周转率计算如表16-5所示。

表16-5　　　　　　　　固定资产周转率计算表　　　　　　　　单位：元

项　目	2010 年	2011 年	2012 年
营业收入净额	——	1 800 000	1 904 400
固定资产年末净值	——	810 000	815 000
平均固定资产净值	600 000	705 000	812 500
固定资产周转率/次		2.55	2.34
固定资产周转期/天		141.18	153.85

2011 年度固定资产平均净值 = (600 000 + 810 000) ÷ 2 = 705 000 (元)

2011 年度固定资产周转率(次数) = 1 800 000 ÷ 705 000 = 22.55 (次)

2011 年度固定资产周转期(周转天数) = 360 ÷ 2.55 = 141.18 (天)

2012 年度固定资产平均净值 = (810 000 + 815 000) ÷ 2 = 812 500 (元)

2012 年度固定资产周转率(次数) = 1 904 400 ÷ 812 500 = 2.34 (次)

2012 年度固定资产周转期(周转天数) = 360 ÷ 2.34 = 153.85 (天)

从以上计算可看出，该公司2012年固定资产周转率比2011年的固定资产周转率略低，固定资产周转天数比较慢，表明固定资产使用效率不高，应充分利用闲置设备。

在运用固定资产周转率指标分析时，应注意以下问题：企业固定资产所采用的折旧方法和折旧年限的不同，会导致不同的固定资产账面净值，也会对固定资产周转率的计算产生重要影响，造成指标的人为差异。

5. 总资产周转率

总资产周转率是指企业一定时期的营业收入与总资产平均余额的比率，又称总资产周转次数，反映全部资产的周转速度，用于衡量全部资产的利用效率。用时间表示的总资产周转率就是总资产周转天数。其计算公式如下：

总资产周转率（次数）＝营业收入÷总资产平均余额

总资产周转天数＝360天÷总资产周转率（次数）

总资产平均余额＝（资产总额年初数＋资产总额年末数）÷2

总资产周转速度越快，说明企业利用全部资产进行经营的效率高，资产的有效使用程度也越高，销售能力越强；如果该指标较低，则说明企业利用全部资产进行经营的效率较差，造成资金浪费，最终会影响企业的获利能力。企业应采用各种措施来提高企业的资产利用程度，比如提高销售收入或处理多余的资产。

【例16-10】根据表16-1和表16-2的资料，同时假定该公司2010年年末的资产总额为1 200 750元，该公司2011年度和2012年度总资产周转率的计算如表16-6所示。

表16-6　　　　　　　　　　　总资产周转率计算表　　　　　　　　　　单位：元

项　目	2010年	2011年	2012年
营业收入	——	1 800 000	1 904 400
资产年末总额	1 200 750	1 327 250	1 650 000
平均资产总额	——	1 264 000	1 488 625
总资产周转率/次	——	1.42	1.28
总资产周转期/天	——	253.52	281.25

2011年度平均资产总额＝（1 200 750＋1 327 250）÷2＝1 264 000（元）

2011年度总资产周转率（次数）＝1 800 000÷1 264 000＝1.42（次）

2011年度总资产周转期（周转天数）＝360÷1.42＝253.52（天）

2012年度平均资产总额＝（1 327 250＋1 650 000）÷2＝1 488 625（元）

2012年度总资产周转率（次数）＝1 904 400÷1 488 625＝1.28（次）

2012年度总资产周转期（周转天数）＝360÷1.28＝281.25（天）

从以上计算结果可以看出，该公司2012年度与2011年度相比，总资产周转率略有下降，比上年慢了近28天，说明该公司利用全部资产进行经营的效率还有待进一步提高。

在运用总资产周转率指标分析时，必须注意以下两个问题。

（1）如果企业的总资产周转率突然上升，而企业的销售收入与以往持平，则有可能是企业本期报废了大量的固定资产造成的，并不能说明企业资产利用率提高。

（2）在进行总资产周转率分析时，也应以企业以前年度的实际水平、同行业水平作为参照物进行对比分析，从中找出差距，挖掘企业潜力，提高资产利用效率。

需要说明的是，在上述指标的计算中均以年度作为计算期。在实际中，计算期应视分析的需要而定,但应保持分子与分母在时间口径上的一致。如果资金占用的波动性较大,企业应采用更详细的资料进行计算。如果各期占用额比较稳定,波动不大,季度、年度的平均资金占用额也可以用期初数和期末数的平均数来计算。

三、盈利能力分析

盈利能力是指企业资金增值的能力,即企业获取利润的能力,它通常体现为企业收益数额的大小与水平的提高。通过对盈利能力进行分析,可以反映和衡量企业的经营业绩,并发现经营管理中的问题。反映企业盈利能力的指标有很多,其中应用比较广泛的主要有销售毛利率、销售净利率、成本费用利润率、总资产报酬率、资本保值增值率和净资产收益率等。此外,上市公司经常使用的盈利能力指标还有每股收益、每股股利、市盈率和每股净资产等。

1. 销售毛利率

销售毛利率是指毛利占销售收入的百分比,其中毛利是销售收入与销售成本的差。其计算公式如下:

销售毛利率 = (销售收入 - 销售成本) ÷ 销售收入 × 100%

该指标越高对管理费用、销售费用和财务费用等期间费用的承受能力越强,盈利能力越强;反之,盈利能力越弱。销售毛利率是企业销售净利率的最初基础和保障,没有足够大的毛利率便不可能有盈利。

【例 16 - 11】根据表 16 - 2 的资料,该公司 2011 年和 2012 年的销售毛利率计算如下:

2011 年度销售毛利率 = (1 800 000 - 1 100 000) ÷ 1 800 000 × 100% = 39%

2012 年度销售毛利率 = (1 904 400 - 1 263 600) ÷ 1 904 400 × 100% = 34%

从以上计算可以看出,2012 年与 2011 年相比,销售毛利率有所下降,说明公司销售的初始盈利能力在减弱。

2. 销售净利率

销售净利率是企业净利润与营业收入的比率,是用来衡量企业一定时期销售收入获取利润的能力,是盈利能力的代表性财务指标。其计算公式如下:

销售净利率 = (净利润 ÷ 营业收入) × 100%

该指标越高,说明企业通过扩大销售获取利润的能力越强。

【例 16 - 12】根据表 16 - 3 的资料,该公司 2011 年和 2012 年的销售净利率计算如下:

2011 年销售净利率 = 306 562.5 ÷ 1 800 000 × 100% = 17%

2012 年销售净利率 = 282 000 ÷ 1 904 400 × 100% = 15%

从以上计算可看出,2012 年与 2011 年相比,销售净利率下降了,表明公司获取净利润的能力在减弱。

3. 成本费用利润率

成本费用利润率是企业利润总额与成本费用总额的比率,表示企业每百元成本费用能够取得多少利润。其计算公式如下:

成本费用利润率 = 利润总额 ÷ (营业成本 + 期间费用) × 100%
            = 利润总额 ÷ (营业成本 + 销售费用 + 管理费用 + 财务费用) × 100%

该指标越高，说明企业为获得收益而付出的代价越小，企业获利能力越强。因此，通过这个比率不仅可以评价企业获利能力的高低，也可以评价企业对成本费用的控制能力和经营管理水平。

【例 16-13】根据表 16-2 的资料，该公司 2011 年和 2012 年的成本费用利润率计算如下：

2011 年成本费用利润率 = 408 750 ÷ (1 100 000 + 201 500 + 40 000 + 50 000) × 100%
                    = 408 750 ÷ 1 391 500 × 100% = 29%

2012 年成本费用利润率 = 376 000 ÷ (1 263 600 + 217 800 + 50 000 + 60 000) × 100%
                    = 376 000 ÷ 1 591 400 × 100% = 24%

从以上计算可看出，2012 年与 2011 年相比，成本费用利润率下降了，说明公司为获取收益而付出的代价较上年增加了，盈利能力减弱了，表明公司成本控制要进一步提高。

4. 总资产报酬率

总资产报酬率是净利润与平均资产总额的比率。它是反映企业资产综合利用效果的指标，也是衡量企业利用负债和所有者权益总额取得盈利能力的重要指标。其计算公式如下：

总资产报酬率 = 净利润 ÷ 平均资产总额 × 100%

平均资产总额 = (期初资产总额 + 期末资产总额) ÷ 2

该指标越高，表明资产利用效果越好，利用资产创造的利润越多，企业的盈利能力越强，企业的经营管理水平越高；否则相反。

【例 16-14】根据表 16-1、表 16-2 和表 16-6 的资料，得知该公司 2010 年年末资产总额为 1 200 750 元，则 2011 年和 2012 年的总资产报酬率计算如下：

2011 年总资产报酬率 = 306 562.5 ÷ [(1 200 750 + 1 327 250) ÷ 2] × 100%
                  = 306 562.5 ÷ 1 264 000 × 100% = 24%

2012 年总资产报酬率 = 282 000 ÷ [(1 327 250 + 1 650 000) ÷ 2] × 100%
                  = 282 000 ÷ 1 488 625 × 100% = 19%

从以上计算看出，2012 年与 2011 年相比，总资产报酬率下降了，表明公司利用资产创造的利润在减少，资产利用效率在降低，企业的盈利能力越来越弱，应该加强企业的经营管理水平。

5. 资本保值增值率

资本保值增值率是指年末所有者权益与年初所有者权益的比率，反映所有者投资的保值增值情况。其计算公式如下：

资本保值增值率 = (年末所有者权益 ÷ 年初所有者权益) × 100%

该指标越高，说明企业增值能力越强；反之，说明企业经营业绩不佳，增值能力较弱。该指标通常大于 100%。

【例16-15】根据表16-1的资料，同时假定该公司2010年年末所有者权益为730 000元，该公司2011年和2012年资本保值增值率计算如下：

2011年资本保值增值率 = (744 000÷730 000)×100% = 102%

2012年资本保值增值率 = (750 000÷744 000)×100% = 101%

从以上计算可看出，2012年与2011年相比，资本保值增值率下降了，说明公司的经营业绩欠佳，增值能力变弱了。

6. 净资产收益率

净资产收益率是企业实现的净利润与平均净资产的比率，反映股东享有权益所获得的报酬。它是评价企业自有资本及其积累获取报酬水平的最具综合性与代表性的指标，反映企业资本运营的综合效益。其计算公式如下：

净资产收益率 = (净利润÷平均净资产)×100%

平均净资产 = (所有者权益年初数 + 所有者权益年末数)÷2

通过对该指标的综合对比分析，可以看出企业获利能力在同行业中所处的地位，以及与同类企业的差异水平。指标越高，说明所有者投资带来的收益越高，企业资本的盈利能力越强，对企业投资人和债权人权益的保证程度越高；反之，说明企业资本的盈利能力较弱。

【例16-16】根据表16-1、表16-2和例16-15的资料，该公司2011年和2012年净资产收益率计算如下：

2011年净资产收益率 = 306 562.5÷[(730 000 + 744 000)÷2]×100%

　　　　　　　　　= 306 562.5÷737 000×100% = 42%

2012年净资产收益率 = 282 000÷[(744 000 + 750 000)÷2]×100%

　　　　　　　　　= 282 000÷747 000×100% = 38%

从以上计算可看出，2012年与2011年相比，净资产收益率下降了，说明所有者给公司投资所带来的收益在减少，企业资本的盈利能力变弱了。

四、发展能力分析

发展能力是企业在生存的基础上，扩大规模、壮大实力的潜在能力，是公司核心竞争力、公司综合能力的体现。公司的财务状况、核心业务、经营能力、公司制度、人力资源、行业环境等因素对公司的发展能力有重要影响。分析企业发展能力主要考察以下几项指标。

1. 营业收入增长率

营业收入增长率是企业本年营业收入增长额与上年营业收入总额的比率。它反映企业营业收入的增减变动情况。其计算公式为：

营业收入增长率 = 本年营业收入增长额÷上年营业收入总额×100%

　　　　　　　 = (本年营业收入总额 - 上年营业收入总额)÷上年营业收入总额
　　　　　　　　×100%

营业收入增长率是评价企业成长状况和发展能力的重要指标，它可预测企业经营业务拓展趋势。不断增加的营业收入，是企业生存的基础和发展的条件。该指标若大于0，表示企业本年的营业收入有所增长，企业市场前景越好；该指标若小于0，则说明产品或服务不适销对路、质次价高，或是在售后服务等方面存在问题，产品销售不出去，市场份额将会萎缩。该指标在实际操作中，可结合企业前三年的营业收入的增长率做出趋势性分析判断。

【例16-17】根据表16-2的资料，该公司2012年度的营业收入增长率计算如下：
2012年度营业收入增长率=(1 904 400 - 1 800 000)÷1 800 000 = 5.8%

从以上数据可以看出，该指标大于0，表示企业本年的营业收入有所增长，增长速度有所增快，企业市场前景良好。

2. 资本积累率

资本积累率是指企业本年所有者权益增长额与年初所有者权益总额的比率。它反映企业当年资本的积累能力，是评价企业发展潜力的重要指标。其计算公式如下：

资本积累率 = 本年所有者权益增长额÷年初所有者权益总额×100%

= (所有者权益年末数 - 所有者权益年初数)÷年初所有者权益总额×100%

资本积累率反映投资者投入企业资本的保全性和增长性。该指标若大于0，表明企业的资本积累越多，应对风险、持续发展的能力越大；该指标若小于0，表明企业资本受到侵蚀，所有者利益受到损害，应予以充分重视。

【例16-18】根据表16-2的资料，该公司2012年度的资本积累率计算如下：
2012年度的资本积累率 = (750 000 - 744 000)÷744 000×100% = 1%

从以上数据可以看出，该公司2012年度的资本积累率大于0，表明企业持续发展的潜力大。

3. 总资产增长率

总资产增长率是企业本年总资产增长额与年初资产总额的比率。它反映企业本期资产规模的增长情况。其计算公式如下：

总资产增长率 = 本年总资产增长额÷年初资产总额×100%

= (资产总额年末数 - 资产总额年初数)÷年初资产总额×100%

总资产增长率是从企业资产总量扩张方面衡量企业的发展潜力，表明企业规模增长水平对企业发展后劲的影响。该指标越高，表明企业一定时期内资产经营规模扩张的速度越快。但在实际分析时，应当注意资产规模的质与量的关系，以及企业的后续发展能力，以避免资产盲目扩张。

【例16-19】根据表16-1的资料，该公司2012年度的总资产增长率计算如下：
2012年度的总资产增长率 = (1 650 000 - 1 327 250)÷1 327 250×100% = 24%

从以上数据可以看出，该公司2012年度的总资产增长率较高，表明企业持续发展的潜力较大。

4. 营业利润增长率

营业利润增长率是企业本年营业利润增长额与上年营业利润总额的比率，反映企业营业利润的增减变动情况。其计算公式如下：

营业利润增长率 = 本年营业利润增长额 ÷ 上年营业利润总额 × 100%
　　　　　　　= (本年营业利润总额 − 上年营业利润总额) ÷ 上年营业利润总额
　　　　　　　　× 100%

由于一般增长率指标在分析时仅反映当期情况，而利用营业利润增长率能够反映企业资本积累或资本扩张的历史发展状况，以及企业稳步发展的趋势。该指标越高，表明企业所有者权益得到程度越大，企业可以长期使用的资金越充足，抗风险和持续发展的能力越强。

【例16-20】根据表16-2的资料，该公司2012年度的营业利润增长率计算如下：
2012年度的营业利润增长率 = (313 000 − 408 500) ÷ 408 500 = −23%

从以上数据可以看出，该公司2012年度的营业利润增长率为负值，表明企业可以长期使用的资金不充足，抗风险和持续发展的能力越弱，企业应加强成本费用管理。

附 录

附录1： 常用会计科目名称和编号（工商企业）

（依据2006年《企业会计准则》编制）

总序	顺序	代号	科目名称	总序	顺序	代号	科目名称
一、资 产 类				80	46	2202	应付账款
1	1	1001	现金	81	47	2203	预收账款
2	2	1002	银行存款	82	48	2211	应付职工薪酬
5	3	1012	其他货币资金	83	49	2221	应交税费
8	4	1101	交易性金融资产	84	50	2231	应付利息
10	5	1121	应收票据	85	51	2232	应付股利
11	6	1122	应收账款	86	52	2241	其他应付款
12	7	1123	预付账款	93	53	2401	递延收益
13	8	1131	应收股利	94	54	2501	长期借款
14	9	1132	应收利息	95	55	2502	应付债券
18	10	1221	其他应收款	100	56	2701	长期应付款
19	11	1231	坏账准备	101	57	2702	未确认融资费用
26	12	1401	材料采购	102	58	2711	专项应付款
27	13	1402	在途物资	103	59	2801	预计负债
28	14	1403	原材料	104	60	2901	递延所得税负债
29	15	1404	材料成本差异	三、共 同 类			
30	16	1405	库存商品	107	61	3101	衍生工具
31	17	1406	发出商品	108	62	3201	套期工具
32	18	1407	商品进销差价	109	63	3202	被套期项目
33	19	1408	委托加工物资	四、所有者权益类			
34	20	1411	包装物及低值易耗品（或周转材料）	110	64	4001	实收资本
40	21	1471	存货跌价准备	111	65	4002	资本公积
41	22	1501	持有至到期投资	112	66	4101	盈余公积
42	23	1502	持有至到期投资减值准备	114	67	4103	本年利润

(续)

总序	顺序	代号	科目名称	总序	顺序	代号	科目名称
43	24	1503	可供出售金融资产	115	68	4104	利润分配
44	25	1511	长期股权投资	116	69	4201	库存股
45	26	1512	长期股权投资减值准备	五、成 本 类			
46	27	1521	投资性房地产	117	70	5001	生产成本
47	28	1531	长期应收款	118	71	5101	制造费用
48	29	1532	未实现融资收益	119	72	5201	劳务成本
50	30	1601	固定资产	120	73	5301	研发支出
51	31	1602	累计折旧	六、损 益 类			
52	32	1603	固定资产减值准备	124	74	6001	主营业务收入
53	33	1604	在建工程	129	75	6051	其他业务收入
54	34	1605	工程物资	131	76	6101	公允价值变动损益
55	35	1606	固定资产清理	138	77	6111	投资收益
62	36	1701	无形资产	142	78	6301	营业外收入
63	37	1702	累计摊销	143	79	6401	主营业务成本
64	38	1703	无形资产减值准备	144	80	6402	其他业务支出
65	39	1711	商誉	145	81	6405	营业税金及附加
66	30	1801	长期待摊费用	155	82	6601	销售费用
67	41	1811	递延所得税资产	156	83	6602	管理费用
69	42	1901	待处理财产损溢	157	84	6603	财务费用
二、负 债 类				159	85	6701	资产减值损失
70	43	2001	短期借款	160	86	6711	营业外支出
77	44	2101	交易性金融负债	161	87	6801	所得税费用
79	45	2201	应付票据	162	88	6901	以前年度损益调整

附录2： 复利终值系数表

n	1%	2%	3%	4%	5%	6%	7%	8%	9%	10%	11%
1	1.01	1.02	1.03	1.04	1.05	1.06	1.07	1.08	1.09	1.1	1.11
2	1.02	1.04	1.061	1.082	1.103	1.124	1.145	1.166	1.188	1.21	1.232
3	1.03	1.061	1.093	1.125	1.158	1.191	1.225	1.26	1.295	1.331	1.368
4	1.041	1.082	1.126	1.17	1.216	1.262	1.311	1.36	1.412	1.464	1.518
5	1.051	1.104	1.159	1.217	1.276	1.338	1.403	1.469	1.539	1.611	1.685
6	1.062	1.126	1.194	1.265	1.34	1.419	1.501	1.587	1.677	1.772	1.87
7	1.072	1.149	1.23	1.316	1.407	1.504	1.606	1.714	1.828	1.949	2.076
8	1.083	1.172	1.267	1.369	1.477	1.594	1.718	1.851	1.993	2.144	2.305
9	1.094	1.195	1.305	1.423	1.551	1.689	1.838	1.999	2.172	2.358	2.558
10	1.105	1.219	1.344	1.48	1.629	1.791	1.967	2.159	2.367	2.594	2.839
11	1.116	1.243	1.384	1.539	1.71	1.898	2.105	2.332	2.58	2.853	3.152
12	1.127	1.268	1.426	1.601	1.796	2.012	2.252	2.518	2.813	3.138	3.498
13	1.138	1.294	1.469	1.665	1.886	2.133	2.41	2.72	3.066	3.452	3.883
14	1.149	1.319	1.513	1.732	1.98	2.261	2.579	2.937	3.342	3.797	4.31
15	1.161	1.346	1.558	1.801	2.079	2.397	2.759	3.172	3.642	4.177	4.785
16	1.173	1.373	1.605	1.873	2.183	2.54	2.952	3.426	3.97	4.595	5.311
17	1.184	1.4	1.653	1.948	2.292	2.693	3.159	3.7	4.328	5.054	5.895
18	1.196	1.428	1.702	2.026	2.407	2.854	3.38	3.996	4.717	5.56	6.544
19	1.208	1.457	1.754	2.107	2.527	3.026	3.617	4.316	5.142	6.116	7.263
20	1.22	1.486	1.806	2.191	2.653	3.207	3.87	4.661	5.604	6.727	8.062
21	1.232	1.516	1.86	2.279	2.786	3.4	4.141	5.034	6.109	7.4	8.949
22	1.245	1.546	1.916	2.37	2.925	3.604	4.43	5.437	6.659	8.14	9.934
23	1.257	1.577	1.974	2.465	3.072	3.82	4.741	5.871	7.258	8.954	11.026
24	1.27	1.608	2.033	2.563	3.225	4.049	5.072	6.341	7.911	9.85	12.239
25	1.282	1.641	2.094	2.666	3.386	4.292	5.427	6.848	8.623	10.835	13.585
26	1.295	1.673	2.157	2.772	3.556	4.549	5.807	7.396	9.399	11.918	15.08
27	1.308	1.707	2.221	2.883	3.733	4.822	6.214	7.988	10.245	13.11	16.739
28	1.321	1.741	2.288	2.999	3.92	5.112	6.649	8.627	11.167	14.421	18.58
29	1.335	1.776	2.357	3.119	4.116	5.418	7.114	9.317	12.172	15.863	20.624
30	1.348	1.811	2.427	3.243	4.322	5.743	7.612	10.063	13.268	17.449	22.892
40	1.489	2.208	3.262	4.801	7.04	10.286	14.974	21.725	31.409	45.259	65.001
50	1.654	2.692	4.384	7.107	11.467	18.42	29.457	46.902	74.358	117.39	184.57

(续)

n	12%	13%	14%	15%	16%	17%	18%	19%	20%	25%	30%
1	1.12	1.13	1.14	1.15	1.16	1.17	1.18	1.19	1.2	1.25	1.3
2	1.254	1.277	1.3	1.323	1.346	1.369	1.392	1.416	1.44	1.563	1.69
3	1.405	1.443	1.482	1.521	1.561	1.602	1.643	1.685	1.728	1.953	2.197
4	1.574	1.63	1.689	1.749	1.811	1.874	1.939	2.005	2.074	2.441	2.856
5	1.762	1.842	1.925	2.011	2.1	2.192	2.288	2.386	2.488	3.052	3.713
6	1.974	2.082	2.195	2.313	2.436	2.565	2.7	2.84	2.986	3.815	4.827
7	2.211	2.353	2.502	2.66	2.826	3.001	3.185	3.379	3.583	4.768	6.275
8	2.476	2.658	2.853	3.059	3.278	3.511	3.759	4.021	4.3	5.96	8.157
9	2.773	3.004	3.252	3.518	3.803	4.108	4.435	4.785	5.16	7.451	10.604
10	3.106	3.395	3.707	4.046	4.411	4.807	5.234	5.695	6.192	9.313	13.786
11	3.479	3.836	4.226	4.652	5.117	5.624	6.176	6.777	7.43	11.642	17.922
12	3.896	4.335	4.818	5.35	5.936	6.58	7.288	8.064	8.916	14.552	23.298
13	4.363	4.898	5.492	6.153	6.886	7.699	8.599	9.596	10.699	18.19	30.288
14	4.887	5.535	6.261	7.076	7.988	9.007	10.147	11.42	12.839	22.737	39.374
15	5.474	6.254	7.138	8.137	9.266	10.539	11.974	13.59	15.407	28.422	51.186
16	6.13	7.067	8.137	9.358	10.748	12.33	14.129	16.172	18.488	35.527	66.542
17	6.866	7.986	9.276	10.761	12.468	14.426	16.672	19.244	22.186	44.409	86.504
18	7.69	9.024	10.575	12.375	14.463	16.879	19.673	22.901	26.623	55.511	112.455
19	8.613	10.197	12.056	14.232	16.777	19.748	23.214	27.252	31.948	69.389	146.192
20	9.646	11.523	13.743	16.367	19.461	23.106	27.393	32.429	38.338	86.736	190.05
21	10.804	13.021	15.668	18.822	22.574	27.034	32.324	38.591	46.005	108.42	247.065
22	12.1	14.714	17.861	21.645	26.186	31.629	38.142	45.923	55.206	135.525	321.184
23	13.552	16.627	20.362	24.891	30.376	37.006	45.008	54.649	66.247	169.407	417.539
24	15.179	18.788	23.212	28.625	35.236	43.297	53.109	65.032	79.497	211.758	542.801
25	17	21.231	26.462	32.919	40.874	50.658	62.669	77.388	95.396	264.698	705.641
26	19.04	23.991	30.167	37.857	47.414	59.27	73.949	92.092	114.475	330.872	917.333
27	21.325	27.109	34.39	43.535	55	69.345	87.26	109.589	137.371	413.59	1 192.533
28	23.884	30.633	39.204	50.066	63.8	81.134	102.967	130.411	164.845	516.988	1 550.293
29	26.75	34.616	44.693	57.575	74.009	94.927	121.501	155.189	197.814	646.235	2 015.381
30	29.96	39.116	50.95	66.212	85.85	111.065	143.371	184.675	237.376	807.794	2 619.996
40	93.051	132.78	188.88	267.86	378.72	533.87	750.38	1 051.7	1 469.8	7 523.2	36 119
50	289	450.74	700.23	1 083.7	1 670.7	2 566.2	3 927.4	5 988.9	9 100.4	70 065	497 929

附录3：　　　　　　　　　　　　复利现值系数表

n	1%	2%	3%	4%	5%	6%	8%	10%	12%
1	0.99	0.98	0.97	0.961	0.952	0.943	0.925	0.909	0.892
2	0.98	0.961	0.942	0.924	0.907	0.889	0.857	0.826	0.797
3	0.97	0.942	0.915	0.888	0.863	0.839	0.793	0.751	0.711
4	0.96	0.923	0.888	0.854	0.822	0.792	0.735	0.683	0.635
5	0.951	0.905	0.862	0.821	0.783	0.747	0.68	0.62	0.567
6	0.942	0.887	0.837	0.79	0.746	0.704	0.63	0.564	0.506
7	0.932	0.87	0.813	0.759	0.71	0.665	0.583	0.513	0.452
8	0.923	0.853	0.789	0.73	0.676	0.627	0.54	0.466	0.403
9	0.914	0.836	0.766	0.702	0.644	0.591	0.5	0.424	0.36
10	0.905	0.82	0.744	0.675	0.613	0.558	0.463	0.385	0.321
11	0.896	0.804	0.722	0.649	0.584	0.526	0.428	0.35	0.287
12	0.887	0.788	0.701	0.624	0.556	0.496	0.397	0.318	0.256
13	0.878	0.773	0.68	0.6	0.53	0.468	0.367	0.289	0.229
14	0.869	0.757	0.661	0.577	0.505	0.442	0.34	0.263	0.204
15	0.861	0.743	0.641	0.555	0.481	0.417	0.315	0.239	0.182
16	0.852	0.728	0.623	0.533	0.458	0.393	0.291	0.217	0.163
17	0.844	0.714	0.605	0.513	0.436	0.371	0.27	0.197	0.145
18	0.836	0.7	0.587	0.493	0.415	0.35	0.25	0.179	0.13
19	0.827	0.686	0.57	0.474	0.395	0.33	0.231	0.163	0.116
20	0.819	0.672	0.553	0.456	0.376	0.311	0.214	0.148	0.103
21	0.811	0.659	0.537	0.438	0.358	0.294	0.198	0.135	0.092
22	0.803	0.646	0.521	0.421	0.341	0.277	0.183	0.122	0.082
23	0.795	0.634	0.506	0.405	0.325	0.261	0.17	0.111	0.073
24	0.787	0.621	0.491	0.39	0.31	0.246	0.157	0.101	0.065
25	0.779	0.609	0.477	0.375	0.295	0.232	0.146	0.092	0.058
26	0.772	0.597	0.463	0.36	0.281	0.219	0.135	0.083	0.052
27	0.764	0.585	0.45	0.346	0.267	0.207	0.125	0.076	0.046
28	0.756	0.574	0.437	0.333	0.255	0.195	0.115	0.069	0.041
29	0.749	0.563	0.424	0.32	0.242	0.184	0.107	0.063	0.037
30	0.741	0.552	0.411	0.308	0.231	0.174	0.099	0.057	0.033
31	0.734	0.541	0.399	0.296	0.22	0.164	0.092	0.052	0.029
32	0.727	0.53	0.388	0.285	0.209	0.154	0.085	0.047	0.026
33	0.72	0.52	0.377	0.274	0.199	0.146	0.078	0.043	0.023
34	0.712	0.51	0.366	0.263	0.19	0.137	0.073	0.039	0.021
35	0.705	0.5	0.355	0.253	0.181	0.13	0.067	0.035	0.018
36	0.698	0.49	0.345	0.243	0.172	0.122	0.062	0.032	0.016

(续)

n	14%	15%	16%	18%	20%	25%	30%	35%	40%	50%
1	0.877	0.869	0.862	0.847	0.833	0.8	0.769	0.74	0.714	0.666
2	0.769	0.756	0.743	0.718	0.694	0.64	0.591	0.548	0.51	0.444
3	0.674	0.657	0.64	0.608	0.578	0.512	0.455	0.406	0.364	0.296
4	0.592	0.571	0.552	0.515	0.482	0.409	0.35	0.301	0.26	0.197
5	0.519	0.497	0.476	0.437	0.401	0.327	0.269	0.223	0.185	0.131
6	0.455	0.432	0.41	0.37	0.334	0.262	0.207	0.165	0.132	0.087
7	0.399	0.375	0.353	0.313	0.279	0.209	0.159	0.122	0.094	0.058
8	0.35	0.326	0.305	0.266	0.232	0.167	0.122	0.09	0.067	0.039
9	0.307	0.284	0.262	0.225	0.193	0.134	0.094	0.067	0.048	0.026
10	0.269	0.247	0.226	0.191	0.161	0.107	0.072	0.049	0.034	0.017
11	0.236	0.214	0.195	0.161	0.134	0.085	0.055	0.036	0.024	0.011
12	0.207	0.186	0.168	0.137	0.112	0.068	0.042	0.027	0.017	0.007
13	0.182	0.162	0.145	0.116	0.093	0.054	0.033	0.02	0.012	0.005
14	0.159	0.141	0.125	0.098	0.077	0.043	0.025	0.014	0.008	0.003
15	0.14	0.122	0.107	0.083	0.064	0.035	0.019	0.011	0.006	0.002
16	0.122	0.106	0.093	0.07	0.054	0.028	0.015	0.008	0.004	0.001
17	0.107	0.092	0.08	0.059	0.045	0.022	0.011	0.006	0.003	0.001
18	0.094	0.08	0.069	0.05	0.037	0.018	0.008	0.004	0.002	0
19	0.082	0.07	0.059	0.043	0.031	0.014	0.006	0.003	0.001	0
20	0.072	0.061	0.051	0.036	0.026	0.011	0.005	0.002	0.001	0
21	0.063	0.053	0.044	0.03	0.021	0.009	0.004	0.001	0	0
22	0.055	0.046	0.038	0.026	0.018	0.007	0.003	0.001	0	0
23	0.049	0.04	0.032	0.022	0.015	0.005	0.002	0.001	0	0
24	0.043	0.034	0.028	0.018	0.012	0.004	0.001	0	0	0
25	0.037	0.03	0.024	0.015	0.01	0.003	0.001	0	0	0
26	0.033	0.026	0.021	0.013	0.008	0.003	0.001	0	0	0
27	0.029	0.022	0.018	0.011	0.007	0.002	0	0	0	0
28	0.025	0.019	0.015	0.009	0.006	0.001	0	0	0	0
29	0.022	0.017	0.013	0.008	0.005	0.001	0	0	0	0
30	0.019	0.015	0.011	0.006	0.004	0.001	0	0	0	0
31	0.017	0.013	0.01	0.005	0.003	0	0	0	0	0
32	0.015	0.011	0.008	0.005	0.002	0	0	0	0	0
33	0.013	0.009	0.007	0.004	0.002	0	0	0	0	0
34	0.011	0.008	0.006	0.003	0.002	0	0	0	0	0
35	0.01	0.007	0.005	0.003	0.001	0	0	0	0	0
36	0.008	0.006	0.004	0.002	0.001	0	0	0	0	0

附录4： 年金终值系数表

n	1%	2%	3%	4%	5%	6%	7%	8%	9%	10%	11%
1	1	1	1	1	1	1	1	1	1	1	1
2	2.01	2.02	2.03	2.04	2.05	2.06	2.07	2.08	2.09	2.1	2.11
3	3.03	3.06	3.091	3.122	3.153	3.184	3.215	3.246	3.278	3.31	3.342
4	4.06	4.122	4.184	4.246	4.31	4.375	4.44	4.506	4.573	4.641	4.71
5	5.101	5.204	5.309	5.416	5.526	5.637	5.751	5.867	5.985	6.105	6.228
6	6.152	6.308	6.468	6.633	6.802	6.975	7.153	7.336	7.523	7.716	7.913
7	7.214	7.434	7.662	7.898	8.142	8.394	8.654	8.923	9.2	9.487	9.783
8	8.286	8.583	8.892	9.214	9.549	9.879	10.26	10.637	11.028	11.436	11.859
9	9.369	9.755	10.159	10.583	11.027	11.491	11.978	12.488	13.021	13.579	14.164
10	10.462	10.95	11.464	12.006	12.578	13.181	13.816	14.487	15.913	15.937	16.722
11	11.567	12.169	12.808	13.486	14.207	14.972	15.784	16.645	17.56	18.531	19.561
12	12.683	13.412	14.192	15.026	16.917	16.87	17.888	18.977	20.141	21.384	22.713
13	13.809	14.68	15.618	16.627	17.713	18.882	20.141	21.495	22.953	24.523	26.212
14	14.947	15.974	17.086	18.292	19.599	21.015	22.55	24.215	26.019	27.975	30.095
15	16.097	17.293	18.599	20.024	21.579	23.276	25.129	27.152	29.361	31.772	34.405
16	17.258	18.639	20.157	21.825	23.657	25.673	27.888	30.324	33.003	35.95	39.19
17	18.43	20.012	21.762	23.698	25.84	28.213	30.84	33.75	36.974	40.545	44.501
18	19.615	21.412	23.414	25.645	28.132	30.906	33.999	37.45	41.301	45.599	50.396
19	20.811	22.841	25.117	27.671	30.539	33.76	37.379	41.446	46.018	51.159	56.939
20	22.019	24.297	26.87	29.778	33.066	36.786	40.995	45.762	51.16	57.275	64.203
25	28.243	32.03	36.459	41.646	47.727	54.865	63.249	73.106	84.701	98.347	114.41
30	34.785	40.588	47.575	56.085	66.439	79.058	94.461	113.28	136.31	164.49	199.02
40	48.886	60.402	75.401	95.026	120.8	154.76	199.64	259.06	337.89	442.59	581.83
50	64.463	84.579	112.8	152.67	209.35	290.34	406.53	573.77	815.08	1 163.9	1 668.8

(续)

n	12%	13%	14%	15%	16%	17%	18%	19%	20%	25%	30%
1	1	1	1	1	1	1	1	1	1	1	1
2	2.12	2.13	2.14	2.15	2.16	2.17	2.18	2.19	2.2	2.25	2.3
3	3.374	3.407	3.44	3.473	3.506	3.539	3.572	3.606	3.64	3.813	3.99
4	4.779	4.85	4.921	4.993	5.066	5.141	5.215	5.291	5.368	5.766	6.187
5	6.353	6.48	6.61	6.742	6.877	7.014	7.154	7.297	7.442	8.207	9.043
6	8.115	8.323	8.536	8.754	8.977	9.207	9.442	9.683	9.93	11.259	12.756
7	10.089	10.405	10.73	11.067	11.414	11.772	12.142	12.523	12.916	15.073	17.583
8	12.3	12.757	13.233	13.727	14.24	14.773	15.327	15.902	16.499	19.842	23.858
9	14.776	15.416	16.085	16.786	17.519	18.285	19.086	19.923	20.799	25.802	32.015
10	17.549	18.42	19.337	20.304	21.321	22.393	23.521	24.701	25.959	33.253	42.619
11	20.655	21.814	23.045	24.349	25.733	27.2	28.755	30.404	32.15	42.566	56.405
12	24.133	25.65	27.271	29.002	30.85	32.824	34.931	37.18	39.581	54.208	74.327
13	28.029	29.985	32.089	34.352	36.786	39.404	42.219	45.244	48.497	68.76	97.625
14	32.393	34.883	37.581	40.505	43.672	47.103	50.818	54.841	54.196	86.949	127.91
15	37.28	40.417	43.842	47.58	51.66	56.11	6.965	66.261	72.035	109.69	167.29
16	42.753	46.672	50.98	55.717	60.925	66.649	72.939	79.85	87.442	138.11	218.47
17	48.884	53.739	59.118	65.075	71.673	78.979	87.068	96.022	105.93	173.64	285.01
18	55.75	61.725	68.394	75.836	84.141	93.406	103.74	115.27	128.12	218.05	371.52
19	63.44	70.749	79.969	88.212	98.603	110.29	123.41	138.17	154.74	273.56	483.97
20	72.052	80.947	91.025	120.44	115.38	130.03	146.63	165.42	186.69	342.95	630.17
25	133.33	155.62	181.87	212.79	249.21	292.11	342.6	402.04	471.98	1 054.8	2 348.8
30	241.33	293.2	356.79	434.75	530.31	647.44	790.95	966.7	1 181.9	3 227.2	8 730

附录5： 年金现值系数表

n	1%	2%	3%	4%	5%	6%	8%	10%	12%	14%	15%
1	0.99	0.98	0.97	0.961	0.952	0.943	0.925	0.909	0.892	0.877	0.869
2	1.97	1.941	1.913	1.886	1.859	1.833	1.783	1.735	1.69	1.646	1.625
3	2.94	2.883	2.828	2.775	2.723	2.673	2.577	2.486	2.401	2.321	2.283
4	3.901	3.807	3.717	3.629	3.545	3.465	3.312	3.169	3.037	2.913	2.854
5	4.853	4.713	4.579	4.451	4.329	4.212	3.992	3.79	3.604	3.433	3.352
6	5.795	5.601	5.417	5.242	5.075	4.917	4.622	4.355	4.111	3.888	3.784
7	6.728	6.471	6.23	6.002	5.786	5.582	5.206	4.868	4.563	4.288	4.16
8	7.651	7.325	7.019	6.732	6.463	6.209	5.746	5.334	4.967	4.638	4.487
9	8.566	8.162	7.786	7.435	7.107	6.801	6.246	5.759	5.328	4.946	4.771
10	9.471	8.982	8.53	8.11	7.721	7.36	6.71	6.144	5.65	5.216	5.018
11	10.367	9.786	9.252	8.76	8.306	7.886	7.138	6.495	5.937	5.452	5.233
12	11.255	10.575	9.954	9.385	8.863	8.383	7.536	6.813	6.194	5.66	5.42
13	12.133	11.348	10.634	9.985	9.393	8.852	7.903	7.103	6.423	5.842	5.583
14	13.003	12.106	11.296	10.563	9.898	9.294	8.244	7.366	6.628	6.002	5.724
15	13.865	12.849	11.937	11.118	10.379	9.712	8.559	7.606	6.81	6.142	5.847
16	14.717	13.577	12.561	11.652	10.837	10.105	8.851	7.823	6.973	6.265	5.954
17	15.562	14.291	13.166	12.165	11.274	10.477	9.121	8.021	7.119	6.372	6.047
18	16.398	14.992	13.753	12.659	11.689	10.827	9.371	8.201	7.249	6.467	6.127
19	17.226	15.678	14.323	13.133	12.085	11.158	9.603	8.364	7.365	6.55	6.198
20	18.045	16.351	14.877	13.59	12.462	11.469	9.818	8.513	7.469	6.623	6.259
21	18.856	17.011	15.415	14.029	12.821	11.764	10.016	8.648	7.562	6.686	6.312
22	19.66	17.658	15.936	14.451	13.163	12.041	10.2	8.771	7.644	6.742	6.358
23	20.455	18.292	16.443	14.856	13.488	12.303	10.371	8.883	7.718	6.792	6.398
24	21.243	18.913	16.935	15.246	13.798	12.55	10.528	8.984	7.784	6.835	6.433
25	22.023	19.523	17.413	15.622	14.093	12.783	10.674	9.077	7.843	6.872	6.464
26	22.795	20.121	17.876	15.982	14.375	13.003	10.809	9.16	7.895	6.906	6.49
27	23.559	20.706	18.327	16.329	14.643	13.21	10.935	9.237	7.942	6.935	6.513
28	24.316	21.281	18.764	16.663	14.898	13.406	11.051	9.306	7.984	6.96	6.533
29	25.065	21.844	19.188	16.983	15.141	13.59	11.158	9.369	8.021	6.983	6.55
30	25.807	22.396	19.6	17.292	15.372	13.764	11.257	9.426	8.055	7.002	6.565
40	32.834	27.355	23.114	19.792	17.159	15.046	11.924	9.779	8.243	7.105	6.641
50	39.196	31.423	25.729	21.482	18.255	15.761	12.233	9.914	8.304	7.132	6.66

（续）

n	16%	18%	20%	22%	24%	25%	30%	35%	40%	45%	50%
1	0.862	0.847	0.833	0.819	0.806	0.799	0.769	0.74	0.714	0.689	0.666
2	1.605	1.565	1.527	1.491	1.456	1.44	1.36	1.289	1.224	1.165	1.111
3	2.245	2.174	2.106	2.042	1.981	1.952	1.816	1.695	1.588	1.493	1.407
4	2.798	2.69	2.588	2.493	2.404	2.361	2.166	1.996	1.849	1.719	1.604
5	3.274	3.127	2.99	2.863	2.745	2.689	2.435	2.219	2.035	1.875	1.736
6	3.684	3.497	3.325	3.166	3.02	2.951	2.642	2.385	2.167	1.983	1.824
7	4.038	3.811	3.604	3.415	3.242	3.161	2.802	2.507	2.262	2.057	1.882
8	4.343	4.077	3.837	3.619	3.421	3.328	2.924	2.598	2.33	2.108	1.921
9	4.606	4.303	4.03	3.786	3.565	3.463	3.019	2.665	2.378	2.143	1.947
10	4.833	4.494	4.192	3.923	3.681	3.57	3.091	2.715	2.413	2.168	1.965
11	5.028	4.656	4.327	4.035	3.775	3.656	3.147	2.751	2.438	2.184	1.976
12	5.197	4.793	4.439	4.127	3.851	3.725	3.19	2.779	2.455	2.196	1.984
13	5.342	4.909	4.532	4.202	3.912	3.78	3.223	2.799	2.468	2.204	1.989
14	5.467	5.008	4.61	4.264	3.961	3.824	3.248	2.814	2.477	2.209	1.993
15	5.575	5.091	4.675	4.315	4.001	3.859	3.268	2.825	2.483	2.213	1.995
16	5.668	5.162	4.729	4.356	4.033	3.887	3.283	2.833	2.488	2.216	1.996
17	5.748	5.222	4.774	4.39	4.059	3.909	3.294	2.839	2.491	2.218	1.997
18	5.817	5.273	4.812	4.418	4.079	3.927	3.303	2.844	2.494	2.219	1.998
19	5.877	5.316	4.843	4.441	4.096	3.942	3.31	2.847	2.495	2.22	1.999
20	5.928	5.352	4.869	4.46	4.11	3.953	3.315	2.85	2.497	2.22	1.999
21	5.973	5.383	4.891	4.475	4.121	3.963	3.319	2.851	2.497	2.221	1.999
22	6.011	5.409	4.909	4.488	4.129	3.97	3.322	2.853	2.498	2.221	1.999
23	6.044	5.432	4.924	4.498	4.137	3.976	3.325	2.854	2.498	2.221	1.999
24	6.072	5.45	4.937	4.507	4.142	3.981	3.327	2.855	2.499	2.221	1.999
25	6.097	5.466	4.947	4.513	4.147	3.984	3.328	2.855	2.499	2.222	1.999
26	6.118	5.48	4.956	4.519	4.151	3.987	3.329	2.855	2.499	2.222	1.999
27	6.136	5.491	4.963	4.524	4.154	3.99	3.33	2.856	2.499	2.222	1.999
28	6.152	5.501	4.969	4.528	4.156	3.992	3.331	2.856	2.499	2.222	1.999
29	6.165	5.509	4.974	4.531	4.158	3.993	3.331	2.856	2.499	2.222	1.999
30	6.177	5.516	4.978	4.533	4.16	3.995	3.332	2.856	2.499	2.222	1.999
40	6.233	5.548	4.996	4.543	4.165	3.999	3.333	2.857	2.499	2.222	1.999
50	6.246	5.554	4.999	4.545	4.166	3.999	3.333	2.857	2.499	2.222	1.999

参考文献

1. 财政部会计司编写组. 企业会计准则讲解 [M]. 北京：中国人民大学出版社，2007.
2. 中国注册会计师协会. 会计 [M]. 北京：中国财政经济出版社，2012.
3. 戴新民. 中级财务会计学 [M]. 北京：清华大学出版社，2008.
4. 刘永泽. 中级财务会计 [M]. 大连：东北财经大学出版社，2012.
5. 苏强. 中级财务会计 [M]. 北京：经济科学出版社，2011.
6. 熊细银，樊南昌. 财务会计 [M]. 天津：天津大学出版社，2011.
7. 盖地，赵书和. 财务会计 [M]. 北京：经济科学出版社，2010.
8. 王欣兰. 财务管理 [M]. 北京：清华大学出版社，2010.
9. 胡国柳. 财务管理学 [M]. 成都：西南财经大学出版社，2010.
10. 贾守华. 财务会计学 [M]. 长春：吉林大学出版社，2009.
11. 王红娟. 财务会计 [M]. 北京：北京理工大学出版社，2010.
12. 李玉敏. 中级财务会计 [M]. 北京：中国财政经济出版社，2010.
13. 张蔚文. 财务会计学 [M]. 广州：华南理工大学出版社，2007.
14. 中华人民共和国财政部. 企业会计准则 [M]. 北京：经济科学出版社，2006.
15. 财政部会计资格评价中心. 中级会计实务 [M]. 北京：经济科学出版社，2011.